Klaus Hornung · Das totalitäre Zeitalter

KLAUS HORNUNG

DAS TOTALITÄRE ZEITALTER

Bilanz des 20. Jahrhunderts

PROPYLÄEN

© 1993 Verlag Ullstein GmbH, Berlin · Frankfurt/Main
Propyläen Verlag
Satz: Nagel Fototype, Berlin
Druck und Verarbeitung: Wiener Verlag, Himberg bei Wien
Printed in Austria 1993
ISBN 3 549 05327 4

Gedruckt auf Papier mit chlorfrei gebleichtem Zellstoff

Die Deutsche Bibliothek – CIP-Einheitsaufnahme

Hornung, Klaus:
Das totalitäre Zeitalter : Bilanz des 20. Jahrhunderts / Klaus Hornung. – Berlin ; Frankfurt/Main : Propyläen, 1993
ISBN 3-549-05327-4

Für Maria
und unsere Töchter Ulrike, Beatrice,
Bettina und Cathrine

INHALT

9 EINLEITUNG
Epochenwechsel
22 GEISTIGE WURZELN UND TRIEBKRÄFTE DER EPOCHE
Politischer Messianismus und totalitäre Herrschaft
58 DAS WETTERLEUCHTEN
Die Diktatur der Jakobiner
82 DIE SAAT
Karl Marx und der kommunistische Messianismus
117 DIE GRUNDLEGUNG
Lenin und der totalitäre Einparteistaat der Sowjetunion
147 DIE PERFEKTION
Stalin und die totalitäre Despotie
184 DAS GEGEN- UND NACHBILD
Hitler und der totalitäre Nationalsozialismus
235 DER KRIEG
Totalitäre Außenpolitik und die Konfrontation der beiden Parteistaaten
267 OFFENSIVE UND VERSCHLEIERUNG
Faschismus-Doktrin und antifaschistische Strategie
299 DER IMPORT DES SIEGERS
Die zweite totalitäre Diktatur im halben Deutschland
353 DIE ZUKUNFT DER FREIHEIT
Gefahren und Voraussetzungen
377 NACHWORT
379 ANMERKUNGEN
424 PERSONENREGISTER

Ich bin von der uneingeschränkten Freiheit ausgegangen und schließe mit dem absoluten Despotismus.

SCHIGALJOW IN FJODOR DOSTOJEWSKIJS »DÄMONEN«

EINLEITUNG
Epochenwechsel

Am Abend der verlorenen Schlacht bei Valmy gegen die Truppen der Französischen Revolution 1792 hatte Goethe zu den preußischen Offizieren die denkwürdigen Worte gesprochen: »Von hier und heute geht eine Epoche der Weltgeschichte aus, und ihr könnt sagen, ihr seid dabei gewesen.« Heute, zweihundert Jahre später, steht Europa und stehen die Deutschen wieder an einer Epochenscheide. Mit dem Zusammenbruch der Sowjetunion ist der Ost-West-Konflikt im Zeichen der weltpolitischen Bipolarität nach über vierzig Jahren an sein Ende gekommen. Die revolutionären Ereignisse in Europa seit 1989 haben die deutsche und die europäische Teilung überwunden. Das System von Jalta ist wie ein Kartenhaus zusammengebrochen, Europa ist aus dem Ausnahmezustand nach dem Zweiten Weltkrieg in die Normalität seiner Geschichte zurückgekehrt.

Wir sind Zeugen des Endes des totalitären Zeitalters in Europa. Nachdem 1945 der nationalsozialistische Totalitarismus in der selbstproduzierten Katastrophe versank, ging nun auch der erste, der bolschewistische Totalitarismus vor unseren Augen an seinen eigenen Widersprüchen zugrunde. Die ehemalige Sowjetunion, Osteuropa und der östliche Teil unseres Landes erinnern an Landschaften nach dem Abzug einer katastrophalen Flut. Es offenbart sich das ganze Ausmaß des Ruins, den der Sowjetkommunismus in seinem ehemaligen Herrschaftsbereich zwischen Elbe und Pazifik hinterläßt. Ein System, das im Zeichen der endgültigen »Emanzipation« und Erlösung der Menschheit begonnen hatte, vernichtete die Volkswirtschaft, die Umwelt, das Bildungswesen und nicht zuletzt die Moral und den Sinnhorizont der Menschen. Es wollte die Triebfedern des gesellschaftlichen Reichtums von ihren kapitalistischen Fesseln befreien mit dem Ergebnis hoffnungsloser Armut der Mehrheit. Es wollte einen »neuen Menschen« schaffen mit dem Resultat, daß die zwischenmenschliche Solidarität zerrüttet ist, Mafia-Banden das gesellschaftliche Gewebe wie Krebs durchwuchern und oft selbst die intimsten Beziehungen durch das Odium des Verrats und der Zusammenarbeit mit der Geheimpolizei verdorben wurden. So endete ein System, das vor fünfundsiebzig Jahren die Menschheit zu den »lichten Höhen des Kommunismus« führen wollte, zum letzten Krieg zwecks Abschaffung aller Kriege aufrief und das »Paradies der Arbeiter und Bauern« beschwor. Selten haben eine Ideologie und eine Gesellschaftsordnung sich selbst so ad absurdum geführt, zerfressen von innerer Erosion, zusammengebrochen an den eigenen Prämissen, denen – jedenfalls für die Denkenden und Sehenden – die Zeichen der Unvernunft, Überhebung und Menschenfeindlichkeit auf der Stirn geschrieben standen.

Doch werden die Menschen diese Lektion der Geschichte lernen? Kennen sie die Triebkräfte, die zur Entstehung und Macht der totalitären Systeme unserer Epoche führten, zu den Katastrophen des Jahrhunderts, die Millionen auslöschten und das Glück von Hunderten weiterer Millionen zerbrachen? Sind Zeitgenossen schon wissende Zeugen? Auch heute ist die Zahl derer groß, »die sich ohne Unterlaß um sich selbst bewegen, um sich kleine und vulgäre Freuden zu verschaffen, die ihre Seelen ausfüllen«[1]. Tatsächlich: »Wenige Zeiten haben gewußt, welche Geschichte sich mit ihnen abspielt und was die Geschichte über sie wissen würde.«[2]

Die Orientierungslosigkeit der westlichen Konsumgesellschaften am Ende des totalitären Zeitalters ist groß, besonders bei den Deutschen. Mit der Öffnung des Brandenburger Tors stehen gerade sie am Beginn einer neuen Epoche, als Volk und Land der Mitte, das seinen neuen Platz finden und ausfüllen muß. Ihnen ist die staatliche Einheit zurückgegeben worden. Nun müssen sie als große Nation in die Gemeinschaft der europäischen Völker zurückkehren. Wenn Winston Churchill einmal irritiert über die Deutschen gesagt hat, man wisse nie, woran man mit ihnen sei, man habe sie entweder an der Gurgel oder auf den Knien, so gilt es für die Deutschen jetzt endlich, diese Extrempositionen ihrer neueren Geschichte zu verlassen und sich künftig in normaler Haltung zu bewegen: auf den Beinen. Ihre Rückkehr in die Politik, in die volle Verantwortung für ihr Schicksal nach Jahrzehnten der Spaltung und Vormundschaft, steht noch aus. Noch fehlt ihnen ein sicheres Bewußtsein ihrer Identität und ihrer Interessen als Nation unter Nationen, noch übernehmen sie leichter fremde Urteile, anstatt selbst politische Urteilsfähigkeit zu entwickeln. Mit Recht schreibt Arnulf Baring in seinem Buch *Deutschland, was nun?*: »Wir bilden uns seit 1945 ein, wir hätten die Vergangenheit begriffen. Wir haben aber überhaupt nichts begriffen. Wir haben sehr einseitige Schlußfolgerungen gezogen, nämlich immer das Gegenteil von dem für richtig zu halten, was Hitler und seine Zeitgenossen für richtig gehalten haben.«[3] Noch wirkt das Trauma des Zusammenbruchs von 1945 fort, noch tun sich die Deutschen schwer, durch den Nebel historisch-politischer Orientierungslosigkeit in die klareren Gefilde politischer Mündigkeit vorzustoßen.

Die Epochenwende am Ende des Jahrhunderts bietet jetzt die Chance, daß wir endlich mit unserer Geschichte ins reine kommen, »wieder Boden unter die Füße bekommen und die Selbstfindung unseres Volkes mit seiner Selbstachtung eins werden lassen«[4]. Jetzt beginnt, um mit Georg W. F. Hegel zu reden, »die Eule der Minerva ihren Flug«. Aus der Chance des Erkennens und Begreifens dessen, was mit uns in der zu Ende gegangenen Epoche geschah, erwächst die Pflicht zur Orientierung, um nicht als Korkpfropfen auf dem aufgewühlten Meer der Zeitgeschichte oder in seinen Brackwassern zu dümpeln. Es stellt sich die Aufgabe, um nochmals Hegel zu zitieren, »unsere Zeit in Gedanken zu fassen«[5].

Die folgende Darstellung versucht, in der Entstehung und Herrschaft der beiden totalitären Systeme des Jahrhunderts, in ihrer schließlichen militärischen Konfrontation und in dem dann weitere vier Jahrzehnte währenden Konflikt zwischen der totalitären Sowjetunion und den liberalen Demokratien des Westens den roten Faden zum Verständnis der Epoche zu finden. An der Wurzel der totalitären Herrschaftssysteme und des mit dem Epochendatum 1917 beginnenden europäischen und dann globalen Bürgerkrieges stoßen wir auf einen politischen Messianismus, der zur Reißbrettskizze unmittelbarer politischer und gesellschaftlicher Praxis wurde. Seit dem späten 18. Jahrhundert entfaltete sich der Glaube, daß die Menschen die Unvollkommenheiten ihrer Bedingungen überwinden, die Welt gleichsam neu erschaffen können. Die Jakobiner-Diktatur 1793/94 mit ihrer »Gewißheit, den revolutionären Willen der Geschichte zu verkörpern«, wurde zum Wetterleuchten des »ersten, pathetischen Versuchs, utopische Vorstellungen in die Praxis zu übertragen«[6]. Mit der Schubkraft der Industriellen Revolution und der von ihr erzeugten proletarisierten Massen wuchs im 19. Jahrhundert der Wille, den von der radikalen Aufklärung und den Jakobinern zuerst geträumten großen Traum endlich zu verwirklichen. Bei Karl Marx drängte der messianisch-utopische Impuls zur »Veränderung« der Welt in ihren Grundfesten, wie es in der 11. These über Feuerbach heißt. Der »Allmächtigkeitswahn« dieses revolutionären Messianismus beruhte auf einigen wenigen einfachen Motiven. Die Forderung der Abschaffung des Privateigentums wurde seit Marx zum Archimedischen Punkt, und die Durchsetzung radikaler Gleichheit wurde zu einer Verheißung von sozialreligiöser Kraft. Am Ende sollte ein »neuer Mensch« stehen, den es durch »Erziehung«, Indoktrination, wenn nicht durch Züchtung zu schaffen galt.

Marx' politischer Messianismus kam nicht, wie er selbst angenommen hatte, in den entwickelten Industriestaaten West- und Mitteleuropas zum Durchbruch, sondern im zurückgebliebenen Rußland. Hier verschmolzen säkular gewordene russisch-orthodoxe Erlösungssehnsüchte mit dem Marxschen Angebot der innerweltlichen Überwindung aller Entfremdung zu einer Botschaft und Strategie von gewaltiger Stoßkraft und weltweitem Anspruch. Mit seherischer Kraft hat vor allem Fjodor Dostojewskij die beginnende Feuersbrunst »nicht auf den Dächern, sondern in den Köpfen« gezeichnet, die Heraufkunft der »Dämonen«, die das neue Jahrhundert bestimmen würden. Fanatiker der Menschenliebe erstrebten in der Tradition der utopischen Sozialisten wie Charles Fourier, Pierre-Joseph Proudhon oder Alexander Herzen das Paradies auf Erden durch den großen revolutionären Umsturz. Wie ihr Zeitgenosse Karl Marx, von dem sie noch nichts wußten, waren sie überzeugt, »daß es außer meiner Entscheidung über die öffentliche Formel keine geben kann« (Schigaljow in den »Dämonen«), daß sie als Elite berufen sein würden, über die Herde von neun Zehnteln der Menschheit zu herrschen, wie es angeblich den modernen naturwissenschaftlichen Erkenntnissen entsprach. Sie propagierten im Namen der »Wissenschaft der Zerstörung« das Recht dieser revolutionären Elite auf Gewalt und Lüge und begannen schon lange vor Lenin, die Militarisierung der revolutionären Bewegung, die eiserne Parteidisziplin einer konspirativen Vereinigung ins Werk zu setzen. Mit Recht konnten sie erwarten, daß die ältere Generation mit ihrer Politur des »neumodischen, unumgänglichen Liberalismus« ihnen den Weg bahnen würde.

Die Genese des Bösen begann nach Dostojewskijs und später Alexander Solschenizyns Überzeugung im »Gerede« der Debattierklubs liberaler Hochschullehrer, philanthropischer Totengräber der Freiheit, die durch die Zersetzung der Gesellschaft den Umstürzlern in die Hände arbeiteten. Zuerst galt es die Anarchie zu schaffen, um dann die absolute Despotie errichten zu können: »Wir bringen Trunksucht, Klatsch, Verrat; wir bringen unerhörte Sittenverderbnis; wir werden jedes Genie im Keim ersticken. Alles wird unter einen Nenner gebracht, volle Gleichheit hergestellt ... Sklaven müssen doch Leiter haben. Voller Gehorsam, voller Unpersönlichkeit«, sagt Schigaljow in den »Dämonen«. Und Dostojewskij sieht in Umrissen schon die Massenmorde und Genozide der Zukunft voraus: »Einmal alle dreißig Jahre läßt auch Schigaljow einen Krampfanfall zu, und dann fangen auf einmal alle an, sich gegenseitig aufzufressen, bis zu einem bestimmten Grad, nur deswegen, damit es nicht langweilig wird. Denn Langeweile ist eine aristokratische Empfindung; im Schigaljowismus aber gibt es keine Wünsche. Wünsche und Leiden sind für uns, für die Sklaven der Schigaljowismus.« In lichten Momenten erkennt der machthungrige Intellektuelle sogar den ganzen Widerspruch seiner Theorie und Praxis: »Ich bin von der uneingeschränkten Freiheit ausgegangen und schließe mit dem absoluten Despotismus.«

In den Konzepten der Leninschen Weltrevolution besaß Deutschland von Anfang an einen strategisch herausragenden Ort: Die im Oktober 1917 in Petrograd entzündete Lunte des revolutionären Weltprozesses würde erst endgültig gesiegt haben, wenn die rote Fahne auf dem Berliner Schloß wehte und die Revolution sich auch in Mittel- und Westeuropa durchgesetzt hatte. Zwischen 1919 und 1923 verbreiteten immer wieder aufflammende kommunistische Aufstandsversuche in Deutschland, von der Komintern strategisch und agitatorisch gelenkt und 1923 sogar von sowjetrussischen Militärspezialisten mitorganisiert, tiefsitzende und lange vorhaltende Schrecken. Die reformistische deutsche und westeuropäische Sozialdemokratie war der erste Gegner, auf den der weltrevolutionäre Anspruch der Dritten Internationale traf. Mit der Spaltung der marxistischen Arbeiterbewegung waren sich die feindlichen Brüder gegenseitig zu Hauptfeinden geworden.[7] Doch dann begann Hitler, die Angst- und Abwehrgefühle einer durch Niederlage und Revolution erschütterten bürgerlichen Gesellschaft zu mobilisieren. Hier entstand eine Synthese des Widerstands gegen die moderne Industrie- und »Asphaltkultur« und »kulturbolschewistische« Libertinage mit einer technisch-bürokratischen Modernität und Effizienz eigenen totalitären Charakters, von Hitler bewußt zur Radikalität einer Gegenutopie gesteigert, die dem Marxismus-Leninismus gewachsen sein sollte. Nicht zufällig stellte Hitler sich mit seinen gegenutopischen Heilsplänen zur Rettung der Welt unter das Symbol des »dritten« oder »tausendjährigen Reiches«, und auch er gewann Massenanhang mit seinem politisch-messianischen Heilsversprechen.

So entfaltete sich zwischen 1917 und 1945 gerade auf deutschem Boden ein dichtes Netz von Wirkungen und Gegenwirkungen zwischen den beiden totalitären Bewegungen und Systemen. Daß dessen Zusammenhänge dem allgemeinen Geschichtsbewußtsein in Deutschland nach dem Zweiten Weltkrieg entfielen oder bewußt vorenthalten wurden, machte die verbreitete Lehre von der »Singularität« des nationalsozialistischen Totalitarismus und seiner Verbrechen möglich. Erst seit den achtziger Jahren wurde der Tatbestand dieses »europäischen Bürgerkriegs« dem Vergessen entrissen und damit langjährige Gewißheiten gegen wütenden Widerstand in Frage gestellt.[8]

Der 1917 begonnene Wirkungszusammenhang setzte sich aber auch nach 1945 nahtlos fort, am augenfälligsten in der deutschen Teilung und in der Etablierung der zweiten Diktatur auf deutschem Boden durch den Export des siegreichen Sowjetkommunismus bis zur Elbe. Der europäische Bürgerkrieg erweiterte sich zu einem ideologisch-politischen Weltbürgerkrieg von noch einmal mehr als vierzig Jahren Dauer.

Nach dem Zusammenbruch des sowjetkommunistischen Systems wird nun eine umfassende Sicht auf die beiden in mörderischer Konfrontation einander gegenüberstehenden Systeme und Ideologien möglich, in deren Feindschaft auch immer der wechselseitige Haß auf das Spiegelbild wirksam war. Jetzt wird deutlich, daß sie einander enger zugeordnet waren, als lange Zeit angenommen wurde; Unterschiede und Gemeinsamkeiten treten klarer hervor. Die unterschiedliche Dauer der Herrschaft des Nationalsozialismus von nur zwölf Jahren und des Sowjetkommunismus von vierundsiebzig Jahren mußte sich auch qualitativ niederschlagen. Der totalitäre Eingriff in die Gesellschaft war im Fall der Sowjetunion, wie sich jetzt offenbart, ungleich intensiver und führte zur Zerstörung des Bauerntums, des Privateigentums und der Bereitschaft und Fähigkeit der Menschen zu persönlicher Initiative.

Hitlers Obsession der Rassenreinheit und Rassenkämpfe forderte das zivilisierte Bewußtsein der Welt heraus. Dem Marxismus-Leninismus trug dagegen »die Berufung auf ein humanitäres Menschheitsvermächtnis nicht nur lange Zeit die Glaubensenergie und Hingabebereitschaft von Millionen Anhängern, sondern auch, weit über seinen engeren Herrschaftsbereich hinaus, Verständnis sowie stille oder sogar organisierte Sympathie ein«[9]. Gemeinsam aber waren beiden epocheprägenden Bewegungen ihre Wurzeln im politischen Messianismus und seinem Glauben, »daß sich die Welt nach einem ausgedachten Bilde von Grund auf ändern lasse«[10]. Und beider Träume von der goldenen Menschheitszukunft endeten nicht zufällig in Vernichtungsprogrammen: in Genoziden und Soziziden an ganzen Klassen, Rassen und Völkern. Für beide Bewegungen gilt, was Alexander Jakowlew über seine Auseinandersetzung mit dem Stalinismus gesagt hat: daß es sich um eine seelisch zermürbende Arbeit handele, »bei der man ständig eingehüllt ist in die Asche von Millionen«.

Marx und Engels hatten einst selber verkündet, daß die Wahrheit einer Theorie sich an ihrer Probe in der gesellschaftlichen Praxis erweise. Nach diesem Kriterium hat der marxistisch-leninistische »real existierende Sozialismus« nach einem Experiment von über siebzig Jahren Dauer seine Probe nicht bestanden. Nachdem Marx und Engels beansprucht hatten, den Sozialismus »von der Utopie zur Wissenschaft« fortentwickelt zu haben, beobachten wir heute besonders in Deutschland seine eigentümliche Rückentwicklung zur Utopie, seine Wiederkehr als Mythos. Für Stefan Heym zum Beispiel war er »ein ganz großer Traum der Menschheit«, den man nicht so ohne weiteres aufgeben solle, nur weil seine versuchte erste Realisierung gescheitert ist.[11] Aber dies wird nicht hindern, daß das böse Erwachen aus den politisch-messianischen und utopischen Träumen, die sich in den totalitären Systemen inkarniert hatten, zu tiefgreifenden Korrekturen am Bild unseres Jahrhunderts führen wird. Es wird ein Gesamtbild des totalitären Zeitalters in allen seinen Wechselwirkungen möglich und die Erkenntnis, »daß beide Ideologien, bei aller Unterschiedlichkeit ihrer Aspekte und Intentionen, das Entscheidende gemeinsam haben: die Zerstörung der Person, die Vernichtung menschlicher Zukunft«[12].

Die unmittelbar Betroffenen, die Menschen in der bisherigen Sowjetunion, in Osteuropa und in der einstigen DDR, »Moskaus westlichster Provinz«, haben inzwischen mit der kritischen Revision ihrer jüngsten Geschichte begonnen. In seiner historischen Abschiedsbotschaft als Präsident der untergegangenen Sowjetunion hat Michail Gorbatschow am Weihnachtstag 1991 keinen

Zweifel daran gelassen, daß die Völker der Sowjetunion »im Würgegriff des administrativen Kommandosystems« und im »Frondienst an der Ideologie« erstickt seien. Dann zog er die Bilanz seiner knapp siebenjährigen Amtszeit: »Das totalitäre System, das uns daran gehindert hatte, schon längst ein blühendes Wohlstandsland zu werden, ist liquidiert worden.«[13] Boris Jelzin hat seine Landsleute aufgefordert, den »totalitären Alptraum, den wir als Erbe mit uns herumschleppen«, zu überwinden.[14] Und Eduard Schewardnadse betont, daß die totalitäre Ideologie und das in ihrem Namen errichtete System dafür verantwortlich sind, daß sich die Völker der bisherigen Sowjetunion »in einem katastrophalen Zustand« befinden: »Indem wir überflüssigerweise die Idole der Pseudoideologie eifrig anbeteten, haben wir unser Volk ins Unglück gestürzt.«[15]

Die geistige Vorhut im Osten Europas hat damit begonnen, die zentrale Erfahrung des Jahrhunderts zu verarbeiten, daß die politisch-messianischen System-Utopien allesamt zu totalitären und inhumanen Ergebnissen führen mußten. Sie nimmt auch von dem untauglichen Versuch Abschied, die marxistisch-leninistische Idee durch die Ausrede ihrer »Deformation« im Stalinismus zu retten, und erkennt, daß die stalinistischen Exzesse nicht möglich gewesen wären ohne die vorherige, von Lenin zu verantwortende Ausbildung »eines vollständig totalitären Staates«. Der Historiker Jurij Afanasjew läßt keinen Zweifel daran, daß »unser gewaltiges soziales Experiment« schon früh »die generelle Lebensuntüchtigkeit dieser sozialen Utopie bewies. Lenins sozialistisches Endziel setzte ein politisches Monopol der Partei voraus, die Beseitigung der ökonomischen Vielfalt (einschließlich des Privateigentums) und die Monopolisierung der Politik. Dabei haben wir das Ausmaß dieser Tragödie, die 1917 begann, noch gar nicht richtig begriffen. Ich meine damit nicht nur die Zigmillionen Menschen, die beim Versuch, eine Wahnidee zu verwirklichen, ihr Leben lassen mußten. Ich meine auch die kolossalen moralischen Verluste bei denen, die überlebten.«[16] Und der Moskauer Historiker Wjatscheslaw Daschitschew hat dem noch die internationale Dimension der totalitären Herrschaftssysteme hinzugefügt mit der Feststellung, »daß eine totalitäre Diktatur, ganz gleich auf welchem sozial-ökonomischen Boden sie gedeiht, eine Gefahr für den Frieden darstellt«[17]. Der Weg zu einem Gesamtpanorama des totalitären Zeitalters ist damit geöffnet.

Auch die historisch-politischen Wissenschaften und die politische Publizistik in der bisherigen Sowjetunion haben die kritische Beschäftigung mit der totalitären Vergangenheit begonnen. Die Archive der KPdSU und der Komintern öffnen sich und geben den Blick frei auf die Gemeinsamkeiten und Ähnlichkeiten des kommunistischen und des faschistischen Totalitarismus. Ein erstes bedeutsames Beispiel war die große Stalin-Biographie von Generaloberst Dimitrij Wolkogonow, Leiter des Instituts für Militärgeschichte des früheren Verteidigungsministeriums der Sowjetunion.[18] 1981 erschien in Moskau die erste Hitler-Biographie von Daniel Melnikow und Ljudmila Tschornaja, die sowohl wegen ihres Inhalts als auch wegen ihrer Vorgeschichte aufschlußreich ist.[19] Ihr Manuskript lag bereits 1968 vor, die Partei und die Zensurbehörde verweigerten jedoch lange die Veröffentlichung mit der Begründung, die Darstellung der nationalsozialistischen Herrschaft weise zu viele Parallelen mit dem sowjetischen System auf, sie enthalte einen »unkontrollierten Subtext«. Schon 1981 war jener »Subtext« deutlich genug: Wenn etwa von Hitlers »Bartholomäus-Nacht« gegen die SA-Führung am 30. Juni die Rede war, so mußte sich dem sowjetischen Leser die Erinnerung an die Ermordung des Leningrader Parteisekretärs Sergej Kirow ein knappes halbes Jahr später, am 1. Dezember 1934, geradezu aufdrängen und ebenso die anschließenden Jahre der Stalinschen »Säuberungen«. Die Ähnlichkeiten, Parallelen und Vergleichbarkeiten beider Systeme, etwa des Führerkultes und der Manipulation der Öffentlichkeit durch die gleichgeschalteten Medien des Parteistaates, waren nun einmal nicht aus der Welt zu schaffen. Auf die NS-Propagandaformel »Ein Volk – ein Reich – ein Führer« antwortete das sowjetische Echo »Stalin, die Partei und das Volk sind eins« oder auch umgekehrt.

Zu Beginn des Jahres 1992 erschien in der Reform-Zeitschrift *Ogonjok* ein Beitrag von Wjatscheslaw Kostikow »Luzifer auf dem russischen Rendez-vous«[20] mit einer vergleichenden Analyse des

»Ideen-Korbs« von Kommunismus und Faschismus sowie der Praxis der beiden totalitären Systeme. Im Blick auf die Ideologien schreibt Kostikow, »daß wir es mit Nestlingen aus dem gleichen Horst zu tun haben«. Der Verfasser zitiert Nikolai Bucharin, der im April 1923 in aller Öffentlichkeit eingestand, daß die italienischen Faschisten Mussolinis sich in ihren Kampfmethoden »mehr als jede andere Partei die Erfahrungen der russischen Revolution zu eigen gemacht haben und in der Praxis anwendeten«. Kostikow geht vor allem auf die Erziehung in beiden Systemen ein, die unter dem Leitstern der Schaffung eines »neuen Menschen« und eines kämpferischen Kollektivismus und Antiindividualismus stand und deren Institutionen den Menschen von der Kinderkrippe über die parteistaatlichen Jugendorganisationen (Komsomol, Hitlerjugend) bis zu den Veteranenorganisationen erzogen, beeinflußten und betreuten. Kostikow nennt den Kriegskommunismus Lenins und Trotzkijs das Modell für den »totalitären Apparat« Hitlers »mit seiner vollständigen Unterwerfung des einzelnen Menschen unter den Staat, mit seiner totalen Überwachung von Körper und Seele eines jeden«. Kostikow spart auch den Krieg nicht aus und schreibt: »Wir können uns nicht damit zufriedengeben, daß wir uns als Flaggschiff des Antifaschismus verstehen. Der Krieg zwischen der UdSSR und Deutschland war keine Schlacht zwischen einem guten Kommunismus und einem schlechten Faschismus. Es war ein Kampf zwischen zwei totalitären Ungeheuern.«

Der Blick auf die Gleichheiten, Ähnlichkeiten und Beziehungen zwischen den beiden totalitären Systemen unseres Jahrhunderts gleicht der Entdeckung einer Terra incognita. Die zeitgeschichtliche Forschung wird auf lange Sicht damit beschäftigt sein, das Quellenmaterial zu sichten und tragfähige Urteile zu erarbeiten. Aufmerksam wird man dabei nicht zuletzt auf die Stimmen von früheren Gläubigen und Überzeugten hören müssen, die nun in der Lage sind, ihre Erfahrungen und Irrtümer zu reflektieren und zu beurteilen. Dieses Bemühen ist auch bei früheren führenden Exponenten des Marxismus-Leninismus in der ehemaligen DDR anzutreffen. Günter Schabowski, seinerzeit

Mitglied des Politbüros der SED und Erster Sekretär der SED-Bezirksleitung Ost-Berlin, hat die »Quintessenz« seiner Erfahrung mit dem Real-Sozialismus wie folgt formuliert: »Dieser Kommandosozialismus, der Versuch, die Gesellschaft umzustrukturieren nach einem Ideenkonzept, also nach einem geistigen Schnittmusterbogen, ist gescheitert, nachdem wir und andere Länder die Möglichkeit hatten, ihn vierzig Jahre lang auszuprobieren. Überall hat es zu den gleichen Konsequenzen geführt. Die zutage getretenen Entartungen, die repressiven Seiten des Systems, haben zur Auflösung des Systems überhaupt geführt. Auch das ist eine Lehre, die uns durch das Leben vermittelt wurde. Jeder, der für ähnliche messianische Neigungen anfällig ist, muß sich das hinter die Ohren schreiben.«[21] Eine ähnlich kritische Bilanz zieht Professor Ludwig Elm, lange Jahre Mitglied der Sektion für Marxismus-Leninismus an der Universität Jena, wenn er feststellt, daß »jene ideell-politische Traditionslinie, die – in der Tradition des Jakobinismus stehend – 1917 in die historisch konkrete Ausprägung des ›Marxismus-Leninismus‹ mündete, sich insgesamt als Sackgasse und Fehlentwicklung erwiesen hat und gerade in ihren fortgeschrittensten Resultaten am unmißverständlichsten gescheitert ist.«[22]

Die folgende Darstellung versucht, den Bogen nachzuzeichnen, der von der Jakobiner-Diktatur bis zum Zusammenbruch des totalitären Kommunismus in der Sowjetunion und Osteuropa reicht, dessen Zeitzeugen wir sind. Was mit der improvisierten Frühform von 1793/94 begonnen hatte, die Herrschaft einer entschlossenen Minderheit im Namen einer »bewaffneten Weltanschauung« (Edmund Burke), sollte schließlich in unserem Jahrhundert der Weltkriege und Kalten Kriege, der totalitären Revolutionen und Herrschaftssysteme die globale Szenerie bestimmen. Die Quintessenz enthüllt sich als politischer Messianismus, verkörpert in Bewegungen und Systemen, die ihren ideologischen Wahrheits- und politischen Monopolanspruch um jeden Preis, auch den der Freiheit und Würde, ja selbst der physischen Existenz der Menschen durchzusetzen versuchten. Der Totalitarismus in seiner doppelten Gestalt wurde zur bewegenden Kraft des 20. Jahrhunderts, seine Verbrechen zum unauslöschlichen Kainszeichen der Epoche. Seine ruinöse Hinterlassenschaft, materiell wie kulturell und geistig, wird unsere Zeit noch lange belasten. Die Grundimpulse dieser Epoche offenzulegen und Maßstäbe zu ihrer Deutung zu finden, die Einfallspforten der politisch-messianischen und totalitären Kräfte in die Gesellschaft, in Geist und Seele der Menschen zu benennen, die Verbrechen der »Führer« und den Opportunismus der vielen bloßzulegen und das Knäuel der Wechselwirkungen zwischen den beiden totalitären Systemen zu entwirren, sind wir den kommenden Generationen in Deutschland und Europa schuldig als Beitrag zur historisch-politischen »Ortsbestimmung der Gegenwart« und als Orientierung für die Zukunft.

GEISTIGE WURZELN UND TRIEBKRÄFTE DER EPOCHE
Politischer Messianismus und totalitäre Herrschaft

Seit dem 18. Jahrhundert reiften in Europa die politischen Ideenkreise und Kräfte heran, die bis in unsere Tage wirksam waren. Das große Laboratorium der Französischen Revolution brachte Liberalismus und Demokratie, Konservativismus und Nationalismus, Sozialismus und Revolution, imperialistisches und rassistisches Denken als geistige Kräfte und politische Gruppierungen hervor. Hier entstanden nicht zuletzt jene »politischen Religionen«, die dann im Verlauf des 19. Jahrhunderts mit quasireligiöser Unbedingtheit und zugleich wissenschaftlichem Geltungsanspruch auf den Plan traten und die komplexe gesellschaftliche und politische Realität auf *eine* Wahrheit reduzieren wollten. Seit der zweiten Hälfte des 19. Jahrhunderts begannen diese säkularisierten Heilsreligionen Massenzulauf zu gewinnen. Marxismus und Rassegedanke entwickelten sich zu umfassenden Geschichts- und Kulturideologien. Eine Gesellschaft, die vom Umbruch der Industriellen Revolution und dem Schwinden christlicher Überlieferung erschüttert wurde, suchte Orientierung und Sicherheit in den großen Formeln der neuen politischen Ideologien und Bewegungen mit ihrer populären Durchschlagskraft und ihrem eingängigen Erklärungsmuster, das die Welt in Gut und Böse, falsch und richtig, Freund und Feind einteilte.[1]

Messianisches und chiliastisches Denken in der europäischen Geistesgeschichte

Die »politischen Religionen« des 19. und 20. Jahrhunderts hatten tiefe Wurzeln in den chiliastisch-millenarischen und messianisch-eschatologischen Strömungen der europäischen Geistesgeschichte.² Die Vorstellung von der Weltgeschichte als eines großen Kampfes zwischen den Mächten des Lichts und der Finsternis, aus dem schließlich, nach Totengericht und Auferstehung der Guten, das ewige Gottesreich hervorgehen würde, reichte bis auf altiranische Wurzeln zurück. Sie ist im Alten und Neuen Testament anzutreffen und fand in der Spätantike Ausprägungen in der sogenannten Gnosis als Erlösungsstreben des Menschen aus dem Elend seiner irdischen »Entfremdung«. Als Manichäismus drang sie sogar in die Alte Kirche ein, die sich ihrer immer wieder zu erwehren hatte. Vor allem in Zeiten des Umbruchs fand chiliastisches Denken, meist verbunden mit kollektiven apokalyptischen Ängsten und Erwartungen, immer wieder machtvolle Resonanz. Gegen Ende des Staufer-Imperiums deutete der süditalienische Abt Joachim de Fiore (gestorben 1202) die christliche Heilsgeschichte erstmals um in einen diesseitigen Geschichtsprozeß, der in Stufen seiner Vollendung entgegengeht: vom Reich des Vaters und des Alten Testaments im Zeichen der Furcht über das Reich des Sohnes und der Gnade hin zum »Dritten Reich« des Heiligen Geistes und des ewigen Evangeliums ohne Institutionen wie Kirche oder Sakramente.

Diese Vorstellungen eines Tausendjährigen Reiches der Gerechtigkeit und Harmonie begleiteten die offizielle Kirche als Unterströmung auch in den folgenden Jahrhunderten. Die Bewegung der Katharer, der »Reinen«, in Südfrankreich und Oberitalien lehnte kirchliche und weltliche Obrigkeit ab, ebenso die in der »joachimitischen« Tradition stehende Sekte der »Brüder und Schwestern des freien Geistes« in Flandern und im Rheinland, die dann nach Böhmen gelangte und dort in den religiös-politischen Bewegungen der Hussiten, Taboriten und Böhmischen Brüder Fortsetzungen fand. Religiös-chiliastische und auch schon sozialrevolutionäre Stimmungen finden sich in den Bauernaufständen des 14. bis 16. Jahrhunderts. Im deutschen Bauernkrieg von 1525 faßte eine der Parolen die Idee der Gleichheit der Menschen in der Frage zusammen: »Als Adam grub und Eva spann, wer war denn da der Edelmann?« Sie wurde von Thomas Müntzer und den »Wiedertäufern« von Münster aufgegriffen, wo chiliastischer

Mystizismus und Gleichheitsforderungen erstmals zu einem totalitär-terroristischen Gemisch verschmolzen und 1535 eine Schreckensherrschaft im Namen des Dritten, des Tausendjährigen Reiches errichtet wurde.

Geschichtsphilosophie des Fortschritts

Seit der Mitte des 18. Jahrhunderts begann die Aufklärung den messianisch-chiliastischen Glauben an eine künftige Welt vollkommener Harmonie in die Idee der Perfektion und Selbsterziehung des Menschengeschlechts durch das Licht der Vernunft umzuprägen. Aus der Eschatologie, der Lehre von den letzten Dingen und dem Ziel der Geschichte, wurde eine Geschichtsphilosophie, die Geschichte deutete als Ergebnis menschlichen Tuns und menschlicher Arbeit, als Hoffnung und Plan des »Fortschritts«.[3] Neue Eliten, die »philosophes« und Intellektuellen, gründeten ihren Machtanspruch nun auf ihr angebliches Wissen um den geschichtlichen Gesamtprozeß. Die Menschen wurden geschichtsgläubig und ließen sich durch irdische Glücksverheißungen im Namen des gleichen Rechts auf die Güter dieser Erde leicht mobilisieren. Die Geschichtsphilosophen beanspruchten, der Menschheit den Weg in die Zukunft zu weisen, in der sich der Sinn der Geschichte erfüllen werde.

Im Einparteistaat der Jakobiner sollte sich diese Geschichtsphilosophie der Aufklärung geradezu zu einer neuen Lichtreligion steigern. Vor Eintritt in das Paradies war freilich eine tiefgreifende Reinigung der Menschheit nötig, und es sollte der Auftrag der Revolution sein, diese Reinigung zu vollziehen. Es zeigte den religiös-messianischen Hintergrund dieser Geschichts- und Revolutionsphilosophie der radikalen Aufklärung, daß sie eine außerordentliche Kraft der Diskriminierung der Feinde entfaltete, denen »nichts als der Tod« gebühre.[4] Die Revolution wurde zum reinigenden Durchgangsstadium auf dem Weg vom bisherigen Reich des Bösen zum Sonnenaufgang der Vernunft und des Guten. Da es um nichts Geringeres ging als um die Emanzipation der

Menschheit im Namen von Freiheit, Gleichheit und Brüderlichkeit, wurden alle die, die man als Feinde der Emanzipation zu erkennen glaubte, zu Verbrechern, wie man das schon in den Religionskriegen des 16. und 17. Jahrhunderts gekannt hatte. Die Politik wurde zur Dienstmagd einer geschichtlichen Mission, sie trat in den Dienst von Heilsdeutungen und Heilswillen, nunmehr innerweltlicher Art, und damit wurde ihr Anspruch in unerhörter Weise sowohl erweitert wie vertieft.

Die Tradition der politisch-gesellschaftlichen Utopien

Jahrhundertelang war die europäische Geschichte schon begleitet worden von philosophisch-literarischen Traktaten, in denen Vorstellungen der Planung, Gestaltung und Umgestaltung der Gesellschaft niedergelegt waren. Auch diese Patentrezepte perfekter Ordnung, nicht selten verbunden mit Vorschlägen zu Gewaltkuren für gesellschaftliche Übel, hatten ihre Konjunktur vor allem in Umbruchzeiten, etwa an der Schwelle zur neuzeitlichen Moderne in Renaissance und Humanismus.

Platon hatte als erster das Bild eines vollkommenen Ordnungsstaates mit Philosophenkönigen und einer Kriegerkaste von »Wächtern« an der Spitze entworfen, die über die Masse unmündiger Handwerker (»Banausen«), Bauern und unfreier Sklaven herrschen sollten.[5] Schon diese erste Utopie machte den Versuch, das Werden und Vergehen der Geschichte durch den Endzustand eines statischen Gleichgewichts im Staat und eines unwandelbaren Glücks der Menschen zu überwinden. Wer dieses Gleichgewicht störte, sollte durch Zwang ausgeschaltet werden, etwa durch die Verbannung der Intellektuellen, der zweckfreien Künste und der Literatur aus dem Staat oder durch strenge eugenische Vorschriften für die Herrenschicht, bei der alle Macht, nicht zuletzt die wirtschaftliche Verteilungsmacht konzentriert werden sollte.

Der englische Staatskanzler Thomas Morus (1478-1535) gab mit seinem Traktat »De optimo rei publicae stato deque nova insula Utopia« (1517) dieser Literaturgattung den Namen.[6] Im Unterschied zu Platon sollte der Staat des Morus mit einem Minimum von Zwang auskommen. Das entsprach nicht nur der insularen Erfahrung des Autors »hinter den Wällen des Ozeans«, sondern auch seinem »neuzeitlichen« Glauben an die Vernunft und Güte des Menschen. Morus entwarf ein rational-zweckmäßiges gesellschaftliches System vollkommener Harmonie, das schon kommunistische Lebensformen rechtfertigte mit gleicher – sechsstündiger – Arbeitszeit für alle, Einheitskleidung und gemeinsamen Mahlzeiten in Staatskantinen. Die Harmonie der Bürger Utopias war nur um den Preis einer geplanten Gesellschaft und eines konformistischen Lebens zu haben.

Wie bei Morus der frühneuzeitliche Geist der Vernunft und des Humanismus wirksam war, so fanden bei dem spanischen Mönch Campanella (1568-1639) die astronomischen Entdeckungen seit Galilei und Johannes Kepler ihren Niederschlag. Campanellas »Sonnenstaat« war ein nach kosmischen Prinzipien und Gesetzen eingerichteter totaler Staat. Seine Bewohner, die Solarier, waren dienende Glieder des Kollektivs und zugleich Funktionäre einer staatssozialistischen Ordnung unter einer umfassenden hierarchischen Bürokratie mit dem »Metaphysicus« an der Spitze, der weltlich-politische und geistlich-religiöse Macht in seiner Hand vereinigte. Die Funktionäre waren stets weltliche Obrigkeit und Priester zugleich, etwa mit dem Recht, durch die Beichte auch in die tiefsten Seelenbezirke des Menschen hineinblicken zu können, eine Vorstellung, die die traumatischen Erfahrungen der stalinistischen Schauprozesse und marxistisch-leninistischen Selbstkritiken sowie die totalitären Spitzelsysteme unseres Jahrhunderts vorwegnahm.

Wenig später wurden die Fortschritte in Physik und Mechanik und das Modell der Maschine für die Gebildeten so überwältigend, daß sie meinten, die einfachen Gesetze der Mathematik, Geometrie und Mechanik nun auch auf die gesellschaftlich-politischen Verhältnisse der Menschen umstandslos übertragen und für ihre Ordnung nutzen zu können. Thomas Hobbes' »Leviathan« (1651) und John Mandevilles »Bienenfabel« (1724) stellten derartige Versuche dar. Wie etwa in der Physik Isaak Newtons

Gravitationsgesetz von Anziehung und Abstoßung gilt, wollte man nun auch in der sozialen Welt ein Gleichgewicht zwischen Eigenliebe und Wohlwollen als Voraussetzung gesellschaftlicher Harmonie herstellen. Das philosophische Konstrukt der »Natürlichen Ordnung« (»Ordre Naturel«) schien einen archimedischen Punkt zur Entschleierung der Gesetze von Natur und Menschenwelt und damit auch zu ihrer vernünftigen Anwendung und Ordnung zu liefern.[7] Je mehr man sich der Französischen Revolution näherte, desto mehr verbreitete sich ein geradezu »demiurgischer Allmächtigkeitsanspruch«[8], ein ingenieurhaftes Verständnis von Staat und Gesellschaft. Julien Lamettrie (1709-1751), Vorleser Friedrichs des Großen und dessen »Hofatheist«, wie Voltaire spottete, verstand in seinem Buch »L'Homme machine« die Maschine als Schlüssel für die Erkenntnis auch von Mensch und Gesellschaft.[9] Und die Abgeordneten der Nationalversammlung und des Konvents sahen sich als »Ingenieure der richtigen Ordnung«, mit der Aufgabe betraut, die gesellschaftlichen Verhältnisse so einzurichten, daß sie den Menschen zu einem »vernünftigen und tugendhaften« Verhalten geradezu nötigten.[10]

Eigentum und Ungleichheit
als Wurzeln der gesellschaftlichen Übel

Was aber hinderte, daß die chiliastischen Hoffnungen und utopischen Rezepte und Planungen bisher nicht in die politisch-soziale Wirklichkeit übersetzt werden konnten und das Zusammenleben der Menschen nicht so reibungslos funktionierte wie Natur und Mechanik? Beide Überlieferungen hielten die Antwort bereit: Die zentrale Quelle aller gesellschaftlichen Übel war die Ungleichheit der Menschen, und das Privateigentum war die eigentliche »Ursünde«, das »Tor zu hundert Lastern und Mißbräuchen«. Ohne Eigentum hätte sich weder die Habgier, »cette peste universelle«, noch die Ungleichheit entwickelt.[11] Seine Abschaffung war konsequenterweise das entscheidende Heilmittel gegen die ganze Fülle gesellschaftlicher Übel. Diese Meinung vertraten nicht nur die frühen Kommunisten des 18. Jahrhunderts wie Morelly und Mably, sondern auch Hauptvertreter der Aufklärung wie etwa Diderot und Jean-Jacques Rousseau, der eine tiefe Kluft zwischen dem Geist des Eigentums und dem Gemeingeist feststellte.

In seinem berühmten Zweiten Discours »Über den Ursprung und die Grundlagen der Ungleichheit unter den Menschen« (1755) ist Rousseau dieser Frage mit jugendlicher Leidenschaft nachgegangen[12]: Die Ungleichheit, »so gut wie nicht vorhanden im Naturzustand«, habe durch Seßhaftigkeit, Arbeitsteilung, Eigentum und die entsprechenden Gesetze ihren festen rechtlichen Bestand erhalten. Insofern sei »der erste, dem es in den Sinn kam, ein Grundstück einzuhegen und zu behaupten: ›Das gehört mir‹, und der Menschen fand, einfältig genug, ihm zu glauben, der eigentliche Gründer der bürgerlichen Gesellschaft«. Rousseaus revolutionäre Folgerung lautete: »Wieviele Verbrechen, Kriege, Mordtaten, Elend und Scheußlichkeit hätte *der* Mann dem Menschengeschlecht erspart, der die Pfähle herausgerissen, den Graben eingeebnet und seinen Mitmenschen zugerufen hätte: ›Hütet euch, diesem Betrüger zu glauben! Ihr seid verloren, wenn ihr vergeßt, daß die Früchte allen gehören und die Erde niemandem!‹« Die Teilung des Bodens in die Privateigentümer führte, so Rousseau weiter, zur Polarisierung der Gesellschaft in Mangel und Überfluß. Aus dem Grundbesitz entwickelten sich Herrschaft und Knechtschaft, stets neue Fesseln für die Schwachen und neue Kräfte für die Reichen. Ohne die Einrichtung von Eigentumsgesetzen wären Regierungen überflüssig geblieben. Zur Willkürherrschaft war es dann nur noch ein Schritt, und aus der Anarchie des Konkurrenzkampfes um Besitz und Eigentum erhob »der Despotismus sein scheußliches Haupt«.

Die Konsequenz zog Rousseau in seinem »Gesellschaftsvertrag« (»Contrat Social«): Während die überlieferten und bestehenden politisch-gesellschaftlichen Verhältnisse unrechtmäßige Willkürgewalt waren und der Mensch »überall in Ketten liegt«, ergab sich aus der neuen Quelle allen Rechts, der »Natürlichen Ordnung«, die Forderung, daß er »frei geboren« sei, man also die Rechtmäßigkeit der Regierung nur daraus abzuleiten brauche.

Rousseau und die monistische Demokratie

Der Gesellschaftsvertrag als Grundlage der neuen »rechtmäßigen« Ordnung, die nur demokratisch sein konnte, hat nach Rousseaus berühmten Worten im Kern »einen einzigen Paragraphen: das vollständige Aufgehen des Individuums mit allen seinen Rechten in der Gesamtheit. Jedermann muß sich gänzlich hingeben, sich selbst und alle seine Kräfte, zu denen auch das Vermögen gehört, das er etwa besitzt. Ebenso wie die Natur jedem Menschen eine absolute Gewalt über alle seine Glieder gibt, verleiht der Gesellschaftsvertrag dem Gesellschaftskörper eine absolute Gewalt über seine Angehörigen.«[13]

Hat Rousseau die Konsequenz dieses Ansatzes erkannt oder hat er an die Vereinbarkeit von Freiheit und Gleichheit, persönlicher Freiheit und egalitärer Demokratie geglaubt? Das weltgeschichtliche Resultat seines Konstrukts des »allgemeinen Willens« (»volonté générale«), dem sich die Individuen mit allen ihren Rechten »hinzugeben« haben, war jedenfalls, daß damit elitären Minderheiten die Möglichkeit gegeben war, diesen »wahren« Volkswillen zu interpretieren, ja ihn überhaupt erst herzustellen, auf jeden Fall in seinem Namen zu sprechen und zu herrschen.[14] Diese Konsequenz gilt um so mehr, als Rousseau mit aller Schärfe die Beseitigung aller »Sonderinteressen« in der Gesellschaft gefordert hat, die Einebnung der sozialen Verschiedenheit und Ungleichheit zugunsten von Gleichheit und Homogenität. Er wurde damit zum ersten und wichtigsten Theoretiker des Konzepts der »monistischen« Demokratie, in der Freiheit nur noch realisiert werden kann in der vom Gemeinwillen, der *volonté générale*, vorgezeichneten Richtung und wo die Wissenden, die *philosophes*, definieren, was das Gesamtinteresse ist. Wer die Definitionsmacht hat, darüber zu entscheiden, welches der »wahre Wille« des Volkes ist und wer seine Gegner sind, die »Volksfeinde«, »Reaktionäre«, »Egoisten« oder »Konterrevolutionäre«, und wer zugleich über die politische Sanktionsmacht verfügt, diese Unterscheidung von Freund und Feind auch durchzusetzen, der gewinnt die Allmacht und Unfehlbarkeit eines Despotismus neuer Art.

Das große Schisma: Liberale und totalitäre Demokratie

Rousseaus monistische Demokratie-Theorie wurde zum Mutterschoß der »totalitären Demokratie« und damit auch des großen Schismas zwischen der liberal-pluralistischen und der monistisch-totalitären Demokratie, das die Geschichte des 19. und 20. Jahrhunderts zunehmend bestimmen sollte.[15] Während Rousseaus Demokratie-Theorie den einheitlichen Willen, die Geschlossenheit und Handlungsfähigkeit der politisch geeinten Gesellschaft an die erste Stelle setzt, geht die liberale Demokratie von der realen Vielfalt der Gruppen, Interessen und Ideen in einem Volk aus. Sie anerkennt den Pluralismus in der Absicht, die Freiheit des Individuums zu sichern und den Gesamtwillen, den gesellschaftlichen Konsens, aus Verhandlung und Kompromiß der Gruppen und Interessen hervorgehen zu lassen.[16] Das monistische Demokratieverständnis bietet dagegen »kleinen Minderheiten die ideologische Basis, den Volkswillen in Übereinstimmung mit deren eigenen subjektiven Interessen zu definieren und notfalls sogar mit Gewalt gegen die Interessen und Wünsche des faktischen Volkes durchzusetzen«[17]. Schon die theoretische Problemanalyse führt also zu dem Ergebnis, daß die Demokratie im monistischen Sinne Rousseaus leicht in die Herrschaft einer Minderheit umschlagen kann, seien es nun sogenannte »Volksbeauftragte« oder andere Führer mit demagogischer und charismatischer Begabung. Und die reale historisch-politische Erfahrung der letzten zweihundert Jahre hat diesen »springenden Punkt« der Theorie immer wieder bestätigt.

Wir haben in dieser Zeit – beginnend mit der Jakobiner-Diktatur bis zu den totalitären Systemen unserer Tage – immer wieder revolutionäre Minderheiten erlebt, die sich ausdrücklich auf den Volkswillen beriefen und als dessen Sprecher und Diener ausgaben. In Wirklichkeit manipulierten sie ihn nach ihren Vorstellungen. Dieses Apriori wird zumeist gespeist aus einem leidenschaftlichen politisch-messianischen Umgestaltungswillen, der dabei alle Konsequenzen der Gewaltsamkeit in Kauf nimmt. So hat zum Beispiel Robespierre den jakobinischen Terror auf seinem Höhepunkt 1794 mit der Begründung verteidigt, es gelte, »die Wünsche der Natur zu erfüllen, die Bestimmung des Menschengeschlechts zu vollenden, die Versprechungen der Philosophie wahrzumachen. Wer zwischen uns und unseren Feinden wählt, wählt zwischen der Humanität und ihren Unterdrückern ... Es gilt, die gute Gesellschaft zu schaffen.«[18] Hier ist nirgends vom Volk die Rede, um so mehr aber von dem großen Plan, nach dem es umgestaltet werden soll. Aus dieser messianischen Sicht ist, wie Hippolyte Taine, der scharfsichtige Kritiker der Französischen Revolution, gesagt hat, »der Mensch der Gegenwart ein verunstaltetes Geschöpf, das der Staat wiederherstellen, ein begonnenes Werk, das der Staat vollenden muß. Dieser hat also eine doppelte Aufgabe: Zuerst niederzureißen und dann aufzubauen; er wird zuerst den Naturmenschen aus seiner künstlichen Hülle herausschälen, um ihn später als Gesellschaftsmenschen zu reproduzieren.«[19]

Die »wahre Demokratie« als Ziel der Geschichte

Die neuen revolutionären Eliten entnehmen ihren Herrschaftsanspruch aus einem angeblich unfehlbaren Wissen um Weg und Ziel, Gesetz und Sinn der Geschichte im Maß des »Fortschritts« zu immer mehr Freiheit *und* Gleichheit. Dieser geistige Absolutismus rechtfertigt sich nicht mehr durch das traditionelle »dei gratia«, sondern durch das angebliche Wissen von Eingeweihten um die Geschichte – »historiae gratia«[20]. Das ist zuerst bei den Führern der jakobinischen Revolution zu beobachten. Aber auch hier hat dann Karl Marx am konsequentesten formuliert: Zur Herrschaft ist berufen, wer die Auflösung des »Rätsels der Geschichte« kennt, das heißt das Proletariat, wenn es die »geistigen Waffen« seiner, Marxens, Geschichtsphilosophie übernimmt und anwendet.[21] So schreiben Marx und Engels im Kommunistischen Manifest, daß die Kommunisten »theoretisch vor der übrigen Masse des Proletariats die Einsichten in die Bedingungen, den Gang und die allgemeinen Resultate der proletarischen Bewegung voraus« hätten. Der Herrschaftsanspruch des Philosophenkönigs Marx, des »Darwins der geschichtlichen Welt«, wie ihn Engels rühmte, war gestellt.

Wir befinden uns hier am Ausgangspunkt der späteren totalitären Systeme. Für sie alle ist kennzeichnend, daß Avantgarden aus ihrer angeblich überlegenen Einsicht in die »tiefen Gesetzmäßigkeiten« des geschichtlich-gesellschaftlichen Gesamtprozesses die Rechtmäßigkeit ihres Herrschaftsanspruchs ableiten. Diese »Elitetheorie der Wahrheit« wird jedoch nicht unvermittelt proklamiert, sondern in »demokratische« Bekenntnisse gehüllt, indem man die »wahre Demokratie« im Sinn radikaler »Freiheit und Gleichheit« als das Ziel der Geschichte ausgibt, zu dem die revolutionären Eliten in Selbstlosigkeit die Massen hinführen werden.[22] Durch ihre geschichtsphilosophische Erleuchtung kennen die neuen Machthaber den Willen der Geschichte und damit auch den wahren Willen und die Bedürfnisse des Volkes besser als dieses selbst[23], und das ermöglicht ihnen, mit »gutem Gewissen« Widerstrebende zu eliminieren und auf den »Kehrichthaufen der Geschichte« zu befördern, wie Leo Trotzkij dann mit der Hybris des Erleuchteten den geschlagenen Gegnern zurufen wird. Die totalitäre Übung, die tatsächliche Willensäußerung des Volkes als letztlich unerhebliche, nur »arithmetische« Größe gering zu achten (Rousseau nennt sie verächtlich die »volonté de tous«), in Pseudo-Akklamationen oder Plebisziten zu manipulieren oder auch gänzlich zu unterdrücken, hat *hier* ihre Wurzel. Die allein maßgebliche »politische« Mehrheit kann jederzeit von einer Minderheit verkörpert werden – von Volksbeauftragten, Generalsekretären, Politbüros, Diktatoren und Despoten –, wenn es ihr nur gelingt, ihren Einklang mit dem Willen der Geschichte glaubhaft zu machen und die so gewonnene Autorität, mit welchen Mitteln auch immer, aufrechtzuerhalten.[24]

Der Herrschaftswille der »Aufgeklärten« und die Gehorsamsbereitschaft der großen Zahl wird nicht nur durch das angebliche Wissen der ersteren um Gang und Ziel der Geschichte vermittelt, sondern auch durch die Prämisse, daß der qualitative Sprung vom korrupten Jetzt zur Freiheit wahrer Demokratie nur durch eine reinigende Revolution und die vorübergehende diktatorische

Herrschaft der Avantgarde erfolgen könne. Dieser politische Messianismus, der tiefen Emotionen und Sehnsüchten der menschlichen Natur entspricht und sie zu befriedigen verspricht, tritt in der Vorstellung eines »letzten Gefechts« als Vorbedingung eines dann endgültigen und immerwährenden herrschafts- und ausbeutungslosen Zustands deutlich hervor. Hier wird den Menschen Erlösung zugesagt unter der Voraussetzung des Fegefeuers der Revolution und auf dem Umweg über die zeitweilige Herrschaft der Wissenden und Aufgeklärten, die geistig-geistliche und politische Führung in ihrer Hand vereinen. »Der Zeitpunkt, *wann* die Herrschaft der Aufgeklärten umgewandelt werden könne in eine Herrschaft der Massen, ist einfach zu bestimmen: Wenn der Wille der Massen mit dem Willen der Aufgeklärten zusammenfällt. Das ist ein gutes Rezept für Diktatur.«[25] In diesem Sinne wird die Französische Revolution im Zuge ihrer Radikalisierung zu dem einschneidenden Versuch, messianische Sehnsüchte und utopische Reißbrettskizzen endlich in politische Praxis zu übertragen und aus dem Glauben Politik werden zu lassen, die Menschen könnten die Unvollkommenheit ihrer Bedingungen überwinden und die Welt neu erschaffen, da ja die Geschichte selbst und die von ihr erleuchteten wissenden Agenten nicht irren könnten und es nur der Realisierung einiger weniger Prämissen – wie etwa der Beseitigung des Privateigentums oder des Sieges der schöpferischen Rasse über die minderwertige – bedürfe, um eine schließlich versöhnte Welt ohne Leidenschaften, Konflikte und Kriege entstehen zu lassen.

Propheten des künftigen Unheils

Aus der Schar der Mahner und Warner unter den nachdenklichen Geistern Europas, die die falschen Prämissen und daraus erwachsenden Gefahren der »totalitären Demokratie« früh erkannten, sollen hier einige genannt werden. Charles de Montesquieu, der Autor des Grundbuchs des europäischen Liberalismus »Vom Geist der Gesetze« (1748), warnte früh davor, »die Macht des Volkes« mit der »Freiheit des Volkes« zu verwechseln und sich von der Volkssouveränität eine automatische Mehrung der Freiheit zu versprechen.[26] In der unmittelbaren Erfahrung der jakobinischen Diktatur und des Militärkaisertums Napoleon Bonapartes beschrieb Benjamin Constant den neuartigen »demagogischen Despotismus« in seiner Mischung aus populärer Agitation und Gewalt.[27] Der spanische Politiker und Staatsdenker Juan Donoso Cortés prophezeite im spanischen Parlament im Blick auf die Revolutionswelle von 1848/49, die Welt werde »mit eilendsten Schritten der Einrichtung eines Despotismus entgegengehen, des gigantischsten und zerstörerischsten, dessen sich die Menschen erinnern können«. Je mehr das »religiöse Thermometer« falle und je schwächer die moralischen Schranken würden, desto mehr erhielten Verwaltung, Polizei und Armeen freie Bahn. Die historisch bekannte Tyrannei sei begrenzt gewesen durch die Kleinheit der Staaten und den Mangel an technischen Mitteln. Künftig würden den modernen Tyranneien Eisenbahn, Dampfschiffahrt und Telegraphie zur Verfügung stehen mit dem Ergebnis einer »gigantischen, kolossalen, universellen, unmeßbaren Tyrannei«.[28]

Hellsichtig stellte in Frankreich Alexis de Tocqueville in seinem berühmten Buch »Über die Demokratie in Amerika« (1835) die von vielen Zeitgenossen unverstandene Frage, »welche Art von Despotismus die demokratischen Nationen zu befürchten« hätten. Die zentrale wirkende Kraft (»fait générateur«) der »großen demokratischen Revolution« sah Tocqueville in der fortschreitenden Entwicklung zur Gleichheit, nicht nur der politisch-staatsbürgerlichen, sondern auch in einem umfassenden gesellschaftlichen Sinn als »Gleichheit der Bedingungen«, also einer »traditionsfreien Gleichheit der Ausgangsstellung aller Menschen, die man das spezifische Merkmal moderner Gesellschaften nennen könnte«.[29] In der Forderung radikaler Gleichheit sah Tocqueville aber eine freiheitsfeindliche Konsequenz wirksam. Despotische Regierungen ließen »sich um so leichter in einem Volk einsetzen, wo die gesellschaftlichen Bedingungen gleich sind«. In diesem »Despotismus neuer Art« boten demagogische Minderheiten ideologische Sinnantworten und Geborgenheit ebenso an wie eine maximale Erfüllung materieller Ansprüche mit dem Ergebnis, daß die »Sucht nach Wohlstand« in der egalitären Gesellschaft »ungleich leidenschaftlicher und anhaltender« als die Sucht nach Freiheit würde und auch zur Hinnahme von Knechtschaft führen könnte. So sei es dann auch nicht verwunderlich, »daß diese Art von geregelter, milder und friedsamer Herrschaft sich mit einigen der äußeren Formen der Freiheit meist besser, als man denkt, verbinden ließe, und daß es ihr sogar nicht unmöglich wäre, sich geradezu im Schatten der Volkssouveränität einzunisten«. Und die Menschen nähmen Bevormundung um so leichter hin, wenn sie sich sagen könnten, daß sie ihre Vormünder selbst ausgewählt haben.[30]

In seinem zweiten großen Buch »Der alte Staat und die Revolution« (1855) zeichnete Tocqueville ein Porträt der neuen revolutionären Eliten, der Klasse der Literaten und Intellektuellen. Während die alte Aristokratie in Verwaltungsroutine und Privilegien erstarrt gewesen sei, hätten die neuen Eliten vermocht, »die allgemeine Bewegung der Gesellschaft [zu] begreifen, zu beurteilen, was im Geist der Massen vor sich geht, und dessen Folgen vorauszusehen«. Unter den Intellektuellen habe sich eine »literarische Politik« des bloß Möglichen und der Proklamation allgemeiner Gesetze entwickelt. »Ohne je an die Mittel zu ihrer Ausführung zu denken«, habe die literarische Politik mit der Revolution praktisch zu werden begonnen: »Ihre Opfer von morgen wissen noch nichts davon; sie glauben, die totale, plötzliche Umbildung einer so komplizierten alten Gesellschaft könnte sich ohne Erschütterung nur mit Hilfe der Vernunft und durch ihre alleinige Kraft vollziehen. Die Unglücklichen!«[31]

Tocqueville versuchte, den Tendenzen zu totalitärer Demokratie und demokratisch eingekleideter Despotie durch die Mobilisierung des freiheitlichen Instrumentariums entgegenzuwirken. Gewaltenteilung, Minderheits- und Menschenrechtsschutz in einem funktionierenden Rechtsstaat, unabhängige Justiz und dezentrale Selbstverwaltung, Pflege und Festigung der Verfassungsinstitutionen wie der geistig-moralischen und religiösen Kräfte, Pressefreiheit und eine Gesellschaft, die den Pluralismus gegen Zentralisierungs- und Konformitätsdruck verteidigt – das waren die Gegenmittel, die Tocqueville beschwor.

In England war schon Edmund Burke mit seinen klarsichtigen »Betrachtungen über die Französische Revolution« (1790) vorausgegangen, die den Gegensatz zwischen dem abstrakt universalistischen und individualistischen Freiheitsverständnis der Französischen Revolution und den in der nationalen Tradition der Briten verwurzelten Freiheiten hervorhoben.[32] In seinen »Letters on a Regicide Peace« (1797), die sich leidenschaftlich gegen den Friedensschluß mit den Königsmördern in Paris wandten, arbeitete er den Grundzug der Revolution heraus: Dahinter stehe eine »armed doctrine«, eine bewaffnete Ideologie, die sich vom Typus der traditionellen Staaten in Europa grundlegend unterscheide. Unabhängig davon, ob man sich im formellen Kriegszustand oder in einem trügerischen völkerrechtlichen Frieden befinde, verbreiteten ihre Parteigänger ihre ideologische Subversion über Landes- und Staatsgrenzen hinweg. Burke entdeckte damit den neuartigen politisch-revolutionären Krieg, der im 20. Jahrhundert zum Markenzeichen totalitärer Außenpolitik werden sollte.

Walter Bagehot konnte in der Mitte des 19. Jahrhunderts die Exempel der jakobinischen Diktatur und des plebiszitären Militärkaisertums der beiden Napoleone überblicken und vergleichende Schlüsse ziehen. Diese angeblichen »gouvernements du peuple« beriefen sich auf plebiszitäre Akklamation und betrieben eine neopaternalistische Wohlfahrtspolitik. Besonders das Kaisertum Napoleons III. charakterisierte Bagehot als »Benthamite despotism« (unter Bezug auf die von Jeremy Bentham in den 1830er Jahren proklamierte Politik des »größtmöglichen Glücks für die größtmögliche Zahl«), der Gefahr lief, »soziale« Ziele für politischen Machtgewinn und für Machtbehauptung zu instrumentalisieren. Sehr klar durchschaute Bagehot die demokratische Fiktion dieser modernen Herrscher »im Namen des Volkes«, die sich nicht mehr als »Gesalbte Gottes«, sondern als »Beauftragte des Volkes« (»the peoples' agents«) verstanden, wenn er dem »Benthamite despot« die Legitimationsformel in den Mund legt: »I'm where I am because I know better than any one else what is good for the French people, and they know that I know better ... I am your advocate and your leader: make me supreme, and I will govern for your good and in your name.«[33]

Zu den »Regenpfeifern« des 19. Jahrhunderts, die die Zweideutigkeit des »Fortschritts« und die in ihm enthaltenen despotischen Gefahren hellsichtig erkannten, gehörte auch einer der Gründungsväter der politischen Soziologie in Deutschland und Zeitgenosse von Karl Marx, Lorenz von Stein (1815-1890). Er hatte die Anfänge der sozialistischen und kommunistischen Bewegung in Paris miterlebt und war zu dem Ergebnis gekommen, daß sie nicht zu der beabsichtigten Gerechtigkeit und Gleichheit in einer klassenlosen Gesellschaft führen werde, sondern zu einem bloßen Austausch der Eliten, indem sich die künftige herrschende Klasse aus der bisher unterdrückten rekrutieren würde. In einer Gesellschaft vollkommener Eigentumslosigkeit der einzelnen mußten diejenigen, die im Namen des vergesellschafteten Eigentums und der vergesellschafteten Arbeit zu sprechen und zu handeln beanspruchten, zu den neuen Herren werden, die über Eigentum, Arbeit und Arbeiter grenzenlos verfügen konnten. Stein durchschaute als einer der ersten nicht nur die Vertretungsfiktion von Herrschaft in der totalitären Demokratie, er sah auch die politisch-ökonomischen Konsequenzen einer solchen Gesellschaft voraus: nicht nur die Erzeugung von Armut, die man im Namen von Freiheit und Gleichheit noch als gerechtfertigt darstellen konnte, »sondern auch eine wahre Sklaverei, die im absoluten Widerspruch mit der Idee der Gleichheit steht«. Nach Steins Überzeugung konnte der Kommunismus nur »eine neue und noch unerträglichere Unfreiheit an die Stelle der gesellschaftlichen Abhängigkeit« in der bestehenden Gesellschaft setzen, »nur mit dem Unterschiede, daß in dieser die einzelnen Kapitalien, in jener das Kapital der Gemeinschaft die Arbeit despotisch beherrschen«. »Terrorismus und Schreckensherrschaft« mußten die unvermeidliche Folge sein. Stein lieferte damit eine der frühesten und treffendsten Prognosen für den unvermeidlichen Umschlag des kommunistischen Freiheits- und Gleichheitsversprechens in einen staatsmonopolistischen Kasernenkommunismus. Er irrte indessen in der Erwartung, das kommunistische Modell werde »unbeklagt und unbekämpft durch die eigene innere Unmöglichkeit untergehen«[34]. Die Menschheit bestand darauf, die Utopie erst in einem gigantischen geschichtlichen Großversuch zu erproben, bevor sie sich von ihrem Irrtum überzeugen ließ.

Auch der Baseler Historiker Jacob Burckhardt (1818-1897) gehörte zu jenen, die den politischen Wettersturz in Europa mit höchster Sensibilität prognostizierten.[35] Wesentliche Ursachen des künftigen Unheils waren nach seiner Überzeugung in Rousseaus Lehre von der Güte der Menschennatur zu erkennen, aus der Gebildete und ihnen folgende Massen »die Doktrin eines goldenen Zeitalters« herausdestillierten. Burckhardt sah Fortschritt und allgemeines Wahlrecht in politischen Systemen münden, die von »Volksführern und Volksmassen« bestimmt wurden – massengesellschaftliche »Militärstaaten« mit einem »überwachten Maß von Misere mit Avancement und in Uniform, täglich unter Trommelwirbel«. Der Mann in Basel fürchtete die leicht zu führenden Massen, ein künftiges Geschlecht, »das von Josef und allen Erzvätern nichts mehr weiß« und weder historisch zu denken vermag noch politisch urteilsfähig ist. Chauvinistische Unruhen in Frankreich, ausgelöst von dem damaligen Kriegsminister General Boulanger, ließen in Jacob Burckhardt das »Gedankenbild von den terribles simplificateurs, welche über unser altes Europa kommen werden«, entstehen und weckten in ihm den bitteren Spott über die »schönen großen Männer mit den Talenten eines Unteroffiziers«, Verkörperungen der Massensehnsüchte und um so erfolgreicher, je mehr sie kollektiven Stolz, sei es der Nation oder der Klasse, stimulierten und neue Geborgenheit durch ideologische Sinnangebote versprachen. Ein »hirnerweichter Radikalismus« der Freiheit und Gleichheit leistete nach Burckhardts Überzeugung Vorarbeit für den Umschlag der radikalen Demokratie in einen »absolut rechtlosen Despotismus ... angeblich republikanischer Militärkommandos«, die dann ohne Rücksicht auf Recht und wirtschaftliche Vernunft »absolut brutal regieren« würden. Burckhardts tiefes geschichtliches Verständnis öffnete ihm den Weg zu treffsicheren politischen Urteilen über die absehbare Zukunft.

Industrielle Revolution, Sozialdarwinismus, Imperialismus

Inzwischen wuchsen die materiellen, ökonomischen und sozialen Voraussetzungen des politischen Wettersturzes heran. Die Industrielle Revolution löste in West- und Mitteleuropa einen tiefgreifenden Wandel von der Agrar- zur industriellen Massengesellschaft aus. Europa erlebte eine Bevölkerungsexplosion. In Deutschland zum Beispiel wuchs die Bevölkerung zwischen 1800 und 1890 um über 25 Millionen. Zwischen der Reichsgründung 1871 und dem Ausbruch des Ersten Weltkrieges 1914 stieg die Einwohnerzahl des Deutschen Reiches von 40 auf nahezu 68 Millionen, was einem jährlichen Zuwachs von etwa 800 000 Menschen entsprach. Noch bis zur Mitte der 1890er Jahre verließen jährlich etwa 100 000 Deutsche die Heimat, vor allem mit dem Ziel Amerika.[36] Die Konkurrenz der Industriestaaten verschärfte sich. Jeder suchte sich einen möglichst großen Anteil am Welthandel zu sichern. Das Zeitalter des wirtschaftlichen Liberalismus und des Freihandels ging zu Ende. Wirtschaftlich-politische Expansion, der Erwerb von Absatz- und Siedlungsgebieten sowie von Rohstoffquellen in Übersee, sollte die Probleme lösen. Überall in Europa radikalisierte sich der Nationalismus zum Imperialismus mit chauvinistischen und militaristischen Zügen. Großbritannien erklomm den Gipfel seiner Weltgeltung mit der faktischen Beherrschung der Weltmeere. Das maritim-imperiale Expansionsprogramm des Kolonialministers Joseph Chamberlain oder des Diamantenkönigs Cecil Rhodes, die sich davon nicht zuletzt auch die Lösung der sozialen Probleme im Mutterland versprachen, war das Pendant zur Expansionspolitik des Zarenreichs unter der Flagge des Panslawismus und zum wachsenden weltpolitischen Ehrgeiz der Deutschen in der Wilhelminischen Ära.[37]

Diese Realfaktoren des geschichtlichen Prozesses spiegelten sich in den Veränderungen des geistigen und kulturellen Lebens, die ihrerseits wieder auf die Interpretation des Zeitgeschehens zurückwirkten. Die Ideen der deutschen Klassik, Romantik und der idealistischen Philosophie verblaßten; wissenschaftlicher Positivismus und materialistisches Denken waren im Vormarsch und hielten sich für die Vorhut des Fortschritts. Die »einfachen« Formeln des marxistischen Klassenkampfes oder biologistisch-rassistischer Welterklärung boten sich als Schlüssel zur Lösung der »Welträtsel« an und fanden Zulauf. Die Evolutionstheorie Charles Darwins schien sich auch zur Erklärung und Steuerung des gesellschaftlichen und politischen Lebens zu eignen. Der »Sozialdarwinismus« propagierte Politik vor allem als Kampf um den »Platz an der Sonne«, um »Lebensraum« und »Futterplatz«.[38] Eine populärwissenschaftliche Broschürenliteratur verbreitete diese gerade durch ihre Einfachheit überzeugend klingenden Lehren, besonders in den wachsenden kleinbürgerlichen Schichten, wie die Bildungsgeschichte Adolf Hitlers beispielhaft zeigt.

Friedrich Nietzsches Leidenschaftlichkeit schien hinter die Geheimnisse des Lebens und der Geschichte zu leuchten und goß Öl ins Feuer, wenn er die Durchsetzung einer neuen Herrenmoral gegen die Sklavenmoral des Christentums und der »Schlechtweggekommenen« pries. In Frankreich entstand ein ganzer Kontext »konterrevolutionärer« Philosopheme, mit der Rassenlehre des Grafen Joseph Arthur Gobineau, dem Antimodernismus von Charles Maurras und dem schon präfaschistischen Blut- und Boden-Nationalismus von Maurice Barrès.[39] Ähnliche Ideen im Zeichen der Rassenlehre und eines wachsenden Antisemitismus fanden auch in Deutschland Verbreitung, etwa durch das Buch des in Bayreuth im Umkreis Richard Wagners lebenden Deutsch-Engländers Houston Stewart Chamberlain, aber auch im Donauraum und bis in das zaristische Rußland und seine politischen, intellektuellen und militärischen Führungsschichten hinein. In Deutschland wurden diese doktrinären Weltanschauungen vor allem im Kleinbürgertum und in der Bauernschaft mit ihren Existenzängsten gegenüber dem raschen Industrialisierungsprozeß aufgenommen.

Alle diese sozialökonomischen und geistigen Entwicklungen standen in einem gesamteuropäischen Zusammenhang, entfalteten sich auf einem Kontinent, der vor 1914 zwar eine wachsende Prosperität erlebte, aber auch zunehmend härter werdende innenpolitische Verteilungskämpfe, die Ausdruck der politischen Ansprüche aufstrebender Schichten, der Industriearbeiterschaft wie der rasch wachsenden Angestelltenschaft, waren.[40] Was immer man unter der »sozialen Frage« verstehen mochte, sie spitzte sich zu und machte viele aufnahmebereit für sozialistische Revolutionserwartungen oder für Gewaltlösungen im Namen eines integralen Nationalismus, waren es nun die Ideen von Marx und Engels, eines Georges Sorel in Frankreich, Friedrich Nietzsches oder des imperialistischen Alldeutschtums in Deutschland oder eines Charles Dilke (»Greater Britain«, 1868), Cecil Rhodes oder Rudyard Kipling in Großbritannien. Allerorten wurde die Verherrlichung der eigenen Rasse und des Krieges zunehmend populär.

Überall in Europa wuchs das politische Gewicht der Massen in dem Maß, in dem sich das allgemeine Wahlrecht, dieser Indikator der »großen demokratischen Revolution«, von der Tocqueville gesprochen hatte, ausbreitete. In seinem Mutterland galt das »suffrage universel« für Männer endgültig schon seit 1848. In Großbritannien setzte es sich in mehreren Reformschüben in den 30er, 60er und 80er Jahren des 19. Jahrhunderts durch. In Deutschland galt seit 1871 das allgemeine Männerstimmrecht zum Reichstag, in Preußen freilich noch immer das Dreiklassenwahlrecht, das erst im Oktober 1918, kurz vor dem Sturz der Monarchie, aufgegeben wurde. Mit dem allgemeinen Wahlrecht auch für Frauen kam diese Entwicklung am Ende des Ersten Weltkrieges überall in Europa zum Abschluß.

Die Heraufkunft der »Dämonen« in Rußland

Die Bolschewiki sind in Rußland am Beginn des 20. Jahrhunderts nicht plötzlich aus dem Nichts aufgetaucht. Diese »eigentümliche Verbindung zwischen dem westlich-rationalen Marxismus und einem säkularisierten Messianismus des russischen politischen Denkens«[41] hatte tiefe Wurzeln in der geistigen und gesellschaftlichen Entwicklung des Zarenreichs schon seit den ersten Jahrzehnten des 19. Jahrhunderts. Durch die napoleonischen Kriege war Gedankengut der Aufklärung in Teile der russischen Führungsschicht eingedrungen. Der sogenannte Dekabristen-Aufstand beim Tode Zar Alexanders I. im Dezember 1825, an dem sich zahlreiche Söhne des Adels im Offizierkorps beteiligten, war nur unter Aufbietung aller Gewaltmittel der Autokratie niedergeschlagen worden. Der unglückliche Ausgang des Krimkrieges (1853-56) schwächte die zaristische Selbstherrschaft. Der Reformzar Alexander II. suchte durch die Aufhebung der Leibeigenschaft und Reformen in Verwaltung und Gesellschaft neue Stabilität. Doch die revolutionäre Ungeduld besonders der jungen Intellektuellen, vorwiegend Söhne und Töchter des Bürgertums und des Adels, ließ sich dadurch nicht dämpfen. Für sie waren das alles nur Zeichen der Schwäche eines Systems, das man so lange stoßen mußte, bis es fiel. Der »Zarbefreier« selbst wurde von Terroristengruppen gejagt wie ein gehetztes Wild und fiel ihnen schließlich zum Opfer.

Die Grenzen zwischen den anarchistischen Terroristen und den »Narodniki«, den Volksfreunden, waren fließend. Bei letzteren wuchs unter der Parole »ins Volk gehen« ein mystischer Glaube an das einfache, unverdorbene Volk als Quelle der Erneuerung, das es freilich aufzuklären und zu bilden galt, damit es seine messianische Bestimmung erfüllen konnte. Mit der Verspätung eines Jahrhunderts fand Rousseau nun auch in den Weiten des Ostens Resonanz, breitete sich auch dort der jakobinische Appell »Krieg den Palästen, Friede den Hütten!« aus. 1862 erschien der programmatische Roman von N. G. Tschernyschewskij »Was tun?«, der das Bild eines kommunistischen Zukunftsstaates zeichnete und zur Aktion von Berufsrevolutionären aufrief. Vierzig Jahre später knüpfte Lenin mit seiner ersten Programmschrift gleichen Titels daran an. In den 1870er Jahren entwickelte der einflußreiche Publizist Pjotr Nikititsch Tkatschew eine Theorie des Umsturzes ebenfalls als Werk einer kleinen Elite von Berufsrevolutionären mit der eisernen Parteidisziplin eines opferbereiten Ordens im Untergrund.

Die großen Romane Fjodor Dostojewskijs wurden »monumentale Momentaufnahmen der gesellschaftlichen Entwicklung

Rußlands zwischen 1865 und 1875«. Dostojewskij, der in seiner Jugend selbst revolutionären Zirkeln in St. Petersburg angehört hatte, der verhaftet und eine Minute vor der Exekution zu sibirischer Verbannung begnadigt worden war, zeichnete ein Panorama der russischen Gesellschaft in dieser Zeit. Den »Dämonen« lagen tatsächliche Ereignisse und Aktionen der Anarchisten zugrunde, vor allem der Gruppe um Michail Bakunin und Sergej Netschajew, die in der Schweiz einen »Katechismus des Revolutionärs« verfaßt hatten. Nach der Rückkehr nach Rußland gründete Netschajew den Geheimbund »Das Strafgericht Gottes« mit einem »Zentralkomitee« an der Spitze. Der Untergrundzirkel wurde bekannt, als er 1869 eines seiner Mitglieder, den Studenten Iwanow, als »Verräter« ermorden ließ und Netschajew erneut in die Schweiz floh, die ihn 1872 an die russische Regierung auslieferte. Zehn Jahre später starb er im Zuchthaus. Die zentralen Romanfiguren in den »Dämonen« waren scharf nach der Wirklichkeit gezeichnet, sowohl die jungen Revolutionäre wie die ihrer selbst unsicher gewordene etablierte Gesellschaft, die in liberaler Vorurteilslosigkeit die Berechtigung vieler revolutionärer Forderungen anerkannte, die »poetischen jungen Männer« aber »vom Abgrund zurückhalten« wollte und ihnen gerade dadurch den Weg bahnte. Mit Hellsicht zeichnete Dostojewskij in den Auffassungen und Verhaltensweisen der jungen Anarchisten und Narodniki die Essenz dessen, was dann mit der Theorie und Praxis Lenins, Trotzkijs und ihrer Generation von Berufsrevolutionären Geschichte machen sollte.

Plechanow und Lenin

Im Zuge der ab etwa 1890 unter staatlicher Initiative, besonders des später ermordeten Finanz- und Wirtschaftsministers S. J. Witte, Fahrt aufnehmenden Industrialisierung im Zarenreich entstand auch in Rußland eine frühkapitalistische Gesellschaft mit einer zahlenmäßig noch nicht sehr starken Industrie- und Handelsbourgeoisie und einem Industrieproletariat. Jetzt erst hatten marxistische Ideen, ausgehend von kleinen intellektuellen Zirkeln, überhaupt Aussicht auf Gehör. Nachdem schon vorher die erste russische Ausgabe des »Kapital« von Karl Marx erschienen war, gründete Georgij Plechanow (1856-1918) in der Emigration in Genf die erste marxistische Partei Rußlands unter dem Namen »Befreiung der Arbeit«. Sie setzte auf die junge Industriearbeiterschaft in Zentren wie Petersburg, Moskau oder Odessa, die 1898 schon etwa drei Millionen Menschen umfaßte. Plechanow lehnte den individuellen Terror der Narodniki ab und sprach sich für ein stufenweises Vorgehen entsprechend den Entwicklungsstadien der kapitalistischen Ökonomie aus. Nach seiner Auffassung stand im Zarenreich zunächst die bürgerliche Revolution auf der Tagesordnung, also der Sturz der zaristischen Selbstherrschaft, bei dem das Proletariat mit dem liberalen Bürgertum zusammengehen sollte. Erst danach konnte die sozialistische Revolution beginnen. Mit Marx war Plechanow davon überzeugt, daß auch in Rußland die Bourgeoisie zu ihrem eigenen Totengräber werden würde und dann das Proletariat die Macht an sich reißen konnte.

Diesem eher sozialdemokratischen Gradualismus Plechanows folgte der junge Wladimir Iljitsch Uljanow (1870-1924), der sich bald »Lenin« nennen sollte, freilich nicht. Zum Kern *seines* Programms wurde die Durchsetzung der sozialistischen Revolution in *einem* Zuge, jedenfalls die rasche Umwandlung der erwarteten bürgerlichen Revolution in eine des revolutionären Marxismus. An ihrer Spitze sollte das Industrieproletariat stehen, geführt von einer Partei der Berufsrevolutionäre und im Bündnis mit den Millionen landlosen Bauern und Landarbeitern, die allein schon durch ihre große Zahl die Revolution unumkehrbar machen sollte. Das Ergebnis war der bewaffnete Aufstand der Bolschewiki unter Führung der Berufsrevolutionäre Lenin und Leo Bronstein-Trotzkij (1879-1940) und ihr erfolgreicher Griff nach der Staatsmacht im Oktober 1917 sowie die Durchsetzung der Diktatur dieser militanten Minderheit im Namen der »Diktatur des Proletariats« und der »Weltrevolution« in einem fast drei Jahre dauernden blutigen Bürgerkrieg. Die Bolschewiki standen mit ihrem Selbstbild und Programm ganz in der Traditionslinie der revolutionären Diktatur der Jakobiner von 1793/94 und der Pariser Commune von 1871. Deren Ideen und Klassenkräfte sollten nun zum Kampf und Sieg »im Weltmaßstab« antreten. Eine Partei des politischen Messianismus und Jakobinismus ergriff in einem zurückgebliebenen Großstaat die alleinige Macht und berief sich dabei auf die Vorhersagen und Handlungsanweisungen von Karl Marx.

Wirkungen des Ersten Weltkriegs

Die Erosion des Fortschritts- und Humanitäts-Optimismus des bürgerlich-liberalen Zeitalters, die schon in der Fin de siècle-Stimmung der Jahrhundertwende überall zu spüren war, beschleunigte und vollendete der Krieg. Sein Ausgang stürzte die Monarchien in Deutschland, Österreich-Ungarn und Rußland. Er erschütterte die bisherige feudal-bürgerliche Stände- und Klassengesellschaft, besonders in den besiegten Ländern. Er entwickelte sich immer mehr zu einem totalen Volkskrieg, in dem Massenheere im Namen einer großen ideologischen Konfrontation zwischen Demokratie und monarchischer Autokratie aufeinandertrafen. Im November 1918 meinte der große alte Mann der italienischen Politik, Giovanni Giolitti, daß die letzten Militärreiche nun ihr Ende gefunden hätten und die Demokratie nach der letzten und schwersten Prüfung triumphiere, so daß die unermeßlichen Opfer nicht umsonst gewesen seien.[42] Doch zur gleichen Zeit legte der britische Premierminister Lloyd George der in Paris tagenden Friedenskonferenz ein Memorandum vor, das sich über die Lage in Europa bei Kriegsende keinen Illusionen hingab. Im Unterschied zu 1815 habe sich jetzt der Geist der Revolution in Europa nicht erschöpft: »Ganz Europa ist mit dem Geist des Aufruhrs erfüllt ... Die ganze bestehende Ordnung in ihrem politischen, sozialen und wirtschaftlichen Aspekt ist bei der Bevölkerung von einem Ende Europas bis zum anderen in Frage gestellt. In manchen Ländern wie Deutschland und Rußland nimmt die Unruhe die Form offener Rebellion an; in anderen wie Frankreich, Großbritannien und Italien drückt sie sich in Streiks aus – Anzeichen, die ebenso viel mit dem Verlangen nach politischer

und sozialer Umwälzung wie mit Lohnansprüchen zu tun haben
... Die Gefahr besteht, daß wir die Volksmassen in ganz Europa
den Extremisten in die Arme treiben, deren einziger *Plan zur Neuzeugung der Menschheit* die äußerste Zerstörung des ganzen bestehenden Gesellschaftsrahmens ist.«[43]
Dieses sogenannte Fontainebleau-Memorandum legte mit für ein Regierungsdokument seltener Klarheit davon Rechenschaft ab, daß die Demokratien in dem Zustand, in dem sie sich bei Kriegsende befanden, offensichtlich keinen sicheren Schutz vor Diktaturen boten, und die Volkssouveränität jederzeit in Massenbewegungen umschlagen konnte, die von Aktivistengruppen auf den Weg der »demokratischen Despotie« geführt werden konnten. Was sollten die Menschen in der wirtschaftlichen Not des Kriegsendes zum Beispiel mit liberalen Freiheitsrechten anfangen? Hatte in dieser Lage voll »innerer Gärungen der Völker nicht alle Sicherheit ein Ende«, wie Jakob Burckhardt gesagt hatte? Traf Trotzkij nicht eine richtige Feststellung, als er meinte: »Die Leitungsdrähte der Demokratie vertragen keine gesellschaftlichen Ströme von allzu hoher Spannung? Indes sind diese die Ströme unserer Epoche«? Überall in Europa bestand jedenfalls die Gefahr, daß aus dem Krieg mit seinen ruinösen Folgen jakobinische Diktaturen hervorgingen, besonders dort, wo der Sturz der traditionellen monarchischen Autorität und die Schwäche der bürgerlich-liberalen Gesellschaftsordnung die Türen öffneten für »Volksbeauftragte« und »Volksführer« – handelte es sich nun um die russischen Intellektuellen, die nach dem Sturz des Zaren aus der westlichen Emigration und aus der Verbannung zurückkehrten und Lenins Bolschewiki zuliefen, oder um mancherlei Abenteurer-Existenzen, die in Deutschland aus dem »Kriegserlebnis« nicht mehr in das bürgerliche Leben zurückfanden und sich, etwa in München, um einen unbekannten Gefreiten namens Adolf Hitler sammelten. Sie alle wußten gegen die gerade erst in Rußland und Deutschland entstehende Demokratie die Kräfte des Gefühls und des Willens aufzurufen und den wirtschaftlichen Zusammenbruch, die Inflation und die daraus hervorgehende Erosion der »bürgerlichen« Besitzverhältnisse für die Saat ihrer politisch-

messianischen Heilsversprechen zu nutzen, ob sie nun – wie in Deutschland – an den verletzten Nationalstolz oder, wie im zusammengebrochenen Zarenreich, wo die Macht auf der Straße lag und sich eine neue Dialektik von Chaos und Despotismus aufbaute, an elementare Freiheits- und Gleichheitssehnsüchte der ländlichen und proletarischen Massen appellierten.

Die Machtergreifung der Faschisten in Italien und die Entstehung des Totalitarismus-Begriffs

Im Oktober 1922, fünf Jahre nach dem Oktoberumsturz in Petrograd, fiel in Italien nach Jahren innerer Unruhen mit zum Teil bürgerkriegsartigem Charakter die Staatsmacht wie eine reife Frucht in die Hände einer der neuartigen Kampfparteien unter Führung des Berufsrevolutionärs Benito Mussolini.[44] Dieser kam aus der marxistisch-sozialistischen Partei Italiens, von der er sich jedoch wegen seines Eintretens für die Teilnahme seines Landes am Ersten Weltkrieg getrennt hatte. Jetzt machte er sich die Unzufriedenheit über angeblich entgangene Siegesprämien für sein Land und die Furcht vor einem bolschewistischen Umsturz zunutze. Der Führer der Faschisten verkörperte in seiner Biographie die »feindliche Nähe« der beiden Formen des politischen Messianismus – der internationalistisch-sozialistischen und der integral-nationalistischen – wie auch die Wende vom universalen politischen Evangelium der Freiheit und Gleichheit zur geschichtlichen Sendung der *einen* und *eigenen* Nation. Auch der italienische Faschismus trug ein Doppelgesicht: Hatte er, vor allem in den ersten Nachkriegsjahren, einen oft geradezu agrar-bolschewistischen Charakter besonders in den landwirtschaftlichen Gebieten der Poebene, wo er die Landarbeiter gegen die Gutsherren mobilisierte, so gab er sich gegenüber dem städtischen Bürgertum eher nationalistisch, ja traditionalistisch. Von Lenin unterschied Mussolini jedoch wenig, wenn es darum ging, alle anderen politischen Kräfte im Land auszuschalten und die Alleinherrschaft der eigenen Partei zu erringen. Mussolini hat auch die Formel für diese faschistische Zielsetzung geprägt: Es gehe um den »stato totalitario«, in dem nur noch der »leidenschaftliche totalitäre Wille« (»feroce volontá totalitaria«) dieser Partei und ihres Führers (»duce«) gelten sollte. Die Faschisten nannten als ihr Ziel »eine organisierte, konzentrierte, autoritäre Demokratie auf nationaler Basis«, und auch sie beriefen sich auf das Volk als ihren Auftraggeber.[45]

Es mochte dem Stadium einer verspäteten Nationalstaatsbildung in Italien entsprechen, wenn Mussolini und die Faschisten den Charakter ihrer Herrschaft als »Entwicklungsdiktatur« in einem sozioökonomisch und politisch zurückgebliebenen und aus historischen Gründen vielfach fragmentierten Land verstanden und daher der Staatsautorität einen zentralen Stellenwert zuwiesen, entsprechend der Formel: »Alles im Staat, nichts außerhalb des Staates, nichts gegen den Staat.« In diesem Sinne konnten sie sich auch auf den Nationalismus Mazzinis und des Risorgimento berufen. Neben diesen Zügen eines bürgerlichen Nationalismus fanden sich in der faschistischen Sammelbewegung aber auch radikale Kräfte mit säkular-religiösen Erneuerungsansprüchen, die die historisch gewachsenen Kräfte der Monarchie, der savoyischen Staatsbürokratie und Armee sowie der Kirche auszuschalten gedachten. Dieses eigentlich totalitäre Ziel hat der italienische Faschismus jedoch in den knapp 21 Jahren seiner Herrschaft nicht erreicht. Die konservativen Kräfte waren zwar unter der Drohung von links zum Herrschaftskompromiß mit der faschistischen Partei bereit gewesen, kündigten diesen jedoch auf, als das Regime durch die militärische Niederlage 1942/43 in die Existenzkrise geriet. Insofern hat der Faschismus in Italien nie ein solch entschieden »totalitäres« Stadium erreicht, wie es der generelle Faschismus-Begriff unterstellt. Unter den drei Einpartei-Staaten in den 1930er und 1940er Jahren in Europa war das faschistische Italien der gemäßigtste im Vergleich zur leninistisch-stalinistischen Sowjetunion und zum nationalsozialistischen Deutschland.

Die Selbstbezeichnung des Mussolini-Faschismus als »totalitär« wurde bald auch von seinen Gegnern aufgenommen. Der christlich-soziale Politiker Luigi Sturzo kennzeichnete mit diesem Begriff kritisch das in Italien entstehende politische System unter der Monopolmacht einer »Parteiregierung« unter Ausschaltung der Opposition[46], wie sie Mussolini mit Ausnahme der erwähnten drei konservativen Staatsinstitutionen in einem stufenartigen Vorgehen *nach* der formellen Regierungsübernahme gelang. Sturzo war auch der erste, der die beiden neuen Systeme in Italien und der Sowjetunion unter dem Totalitarismus-Begriff subsumierte. 1928 verwendet ihn schon das Oxford English Dictionary. Den Gebrauch dieses Begriffs zur Kennzeichnung eines neuen politischen Systemtyps setzte die englische Tageszeitung *The Times* 1929 mit der Formel von den »totalitarian or unitary states, whether communist or fascist« fort. Auch die »Encyclopaedia of the Social Sciences« von 1934 gebrauchte in ihrem Artikel »Staat« (von G. H. Sabine) die Typologisierung der beiden Einpartei-Staaten Sowjetunion und Italien unter dem Oberbegriff »totalitär«[47]. Hitler-Deutschland ließ sich hier einreihen.

Die überlieferte Lehre von den Staats- und Verfassungsformen – Diktatur, Tyrannis, Despotie etc. – war durch diese neuartigen Systeme in Frage gestellt. Wie schon Tocqueville gesagt hatte, brauchte man neue Begriffe, um diesen neuartigen Despotismus, der sich auf den Volkswillen berief, angemessen zu erfassen. Hier drängte ja der alte Traum von der »wahren Demokratie« dazu, Wirklichkeit zu werden. In den drei großen europäischen Ländern Rußland, Italien und Deutschland gewann er Gestalt mit dem Anspruch, die bessere, modernere, höhere Form der Demokratie im Vergleich mit der bürgerlich-liberalen zu verwirklichen. Mit dem Hinweis auf den Volkswillen legitimierten die Bolschewiki ebenso wie die nationalsozialistische Führerdiktatur ihre Monopol- und Terrorherrschaft. Ein Instrumentarium von plebiszitären Akklamationsakten und »Wahlen« sollte die demokratische Legitimität nachweisen, auch wenn es sich lediglich um Akte der Mobilisierung der Massen handelte.

Die Bolschewiki rechtfertigten ihre Monopolherrschaft als bloßen Übergang zur künftigen staats- und ausbeutungslosen kommunistischen Gesellschaft. Und die Nationalsozialisten und

Faschisten betonten immer wieder ihren Charakter als »volksregierte Staaten« im Gegensatz zu den »plutokratisch« verfälschten liberalen Demokratien des Westens. Auch sie huldigten der »substitutionalistischen Fiktion«, wie sie etwa Hitler in den Sätzen formulierte: »Diese 68 Millionen sind unsere Auftraggeber, ihnen allein sind wir verpflichtet, ihnen allein sind wir verantwortlich. Sie alle befehlen unserem Handeln. Das Volk allein ist unser Herr.«[48]

Der totalitäre Herrschaftstypus

Martin Draht hat den Kern der totalitären Systeme des Jahrhunderts, ihr »Primär-Phänomen«, in der Feststellung zusammengefaßt, daß sie »gegenüber den in der Gesellschaft herrschenden Wertungen ein ganz anderes Wertesystem durchsetzen wollen«[49]. Sie entnehmen ihre neue revolutionäre Wertordnung einem Bild der Geschichte oder angeblich fundamentalen Gesetzen oder Axiomen der Natur, die von der neuen revolutionären Elite verbindlich interpretiert werden. Nicht zufällig steht diese Herrschaftslegitimation unter Berufung auf die »natürliche Ordnung« oder das Ziel der Geschichte am Beginn der totalitären Epoche in der Jakobinerdiktatur der Französischen Revolution. Totalitäre Systeme sind ihrem Wesen nach revolutionär wie auch kollektivistisch. Denn sie können, um ihre Wertsysteme mit Monopolanspruch durchzusetzen, keinen Widerspruch und keine legale und organisierte Opposition dulden. Ihr Wesen ist die Gleichschaltung, und ihre wichtigsten Mittel sind Verführung und Gewalt, Propaganda und Terror.[50] Totalitäre Systeme mit ihrem Hintergrund von Säkular-Religionen als Rechtfertigungsideologien sind daher stets »Hauptverwaltungen ewiger Wahrheiten«, wie Robert Havemann das SED-Regime charakterisiert hat.[51] Sie beanspruchen den »ganzen Menschen«, um ihn zu »erfassen« und zu einem »neuen Menschen« in einer fundamental erneuerten Gesellschaft umzubilden, wie Roland Freisler, der Präsident des nationalsozialistischen Volksgerichtshofs, in einem denkwürdigen Duell mit James Graf Moltke diesen Kernpunkt unmißverständlich ausdrückte.[52] Daher geht totalitäre Herrschaft und Politik weit über das traditionelle Verständnis des Politischen hinaus, das Gesellschaft und Individuum in Freiheit im Sinne der europäischen Kultur- und Geistestradition beläßt.

Die Wesensbestimmung totalitärer Herrschaft wird noch deutlicher, wenn man sie mit den sogenannten autoritären Regimen vergleicht (mit denen sie nicht selten, fahrlässig oder bewußt, verwechselt werden). Auch diese haben in Vergangenheit und Gegenwart nicht selten schlimme Methoden der Unterdrückung ausgebildet. Aber sie beschränken sich in der Regel auf die Beherrschung des Regierungsapparats und auf die *Ausschaltung* der Bürger aus der politischen Willensbildung (etwa durch das Verbot von Parteien oder durch Nichtabhaltung von Wahlen), die sie in den Händen oligarchischer Gruppen konzentrieren. Autoritäre Regime sind daher meistens konservativ-traditionalistische Diktaturen zur Erhaltung bestehender Herrschafts- und Sozialverhältnisse, und sie stehen in der Defensive gegen Demokratisierungsbewegungen, aber auch gegenüber totalitären Systemen. Zu ihnen sind etwa Regime wie die Dollfuß-Schuschnigg-Diktatur in Österreich 1932-1938 zu rechnen oder Militärdiktaturen wie die der Obristen in Griechenland 1967-1974 oder Pinochets in Chile.

Im Gegensatz zu den autoritären Regimen verstehen sich totalitäre Bewegungen und Herrschaftsformen ausdrücklich als auf die Zukunft gerichtete, die Gesellschaft revolutionär umgestaltende Kräfte der »Jugend« und der »neuen Zeit«. Über die Beherrschung des Regierungsapparats hinaus betrachten sie sich als »Lebensgestaltungen« mit dem Anspruch des Zugriffs auf alle politischen, gesellschaftlichen und kulturell-geistigen Bereiche der Gesellschaft. Zwar läuft ihre Herrschaftsabsicht praktisch auch auf die Ausschaltung des »faktischen Volkes« und seiner pluralistischen Werte und Interessen hinaus; gleichwohl mobilisieren sie es unter Berufung auf die »wahre Demokratie« und das umfassende, nicht in Frage zu stellende ideologische Ziel. Diesem Zweck dient die jeweilige Partei oder Bewegung, deren Existenz die totalitären Systeme in der Regel deutlich von den autoritären Regimen unterscheidet. Sie hat den Auftrag der Machteroberung durch *Gewinnung und Mobilisierung der Massen* sowie der anschließenden Machtbehauptung mit allen Mitteln der Agitation und Gewalt. Totalitäre Machthaber sehen sich daher berufen, auch »das Privatleben, die Seele, den Geist und die Sitten der Machtadressaten nach einer herrschenden Ideologie zu formen, einer Ideologie, die denen, die sich ihr nicht aus freien Stücken anpassen wollen, mit den verschiedensten Mitteln des Machtprozesses aufgezwungen wird«[53]. Da die geltende Ideologie auch in die letzten Winkel der Gesellschaft vordringt, ihr Machtmonopol also prinzipiell total ist, gehört das ganze System allgegenwärtiger Propagandisten, Informanten, Spitzel, Haus- und Blockwarte zum Wesenskern dieser Systeme.

In der Konfrontation mit dem »Despotismus neuer Art« in der Zeit zwischen den beiden Weltkriegen entwickelten sich die neuen Begriffe wie Totalitarismus, totalitäre Diktatur etc. Damit wurde jenes ideengeschichtliche Schisma bestätigt, das schon seit Rousseau und den Jakobinern entstanden war und sich seitdem immer deutlicher vertieft hatte. Nach der Ausschaltung des Nationalsozialismus und Faschismus 1945 wurde eine Frontstellung wiederhergestellt, die bereits 1918/19, also vor der Entstehung der dritten »Bürgerkriegspartei« – des Nationalsozialismus-Faschismus –, bestanden hatte. Von dieser nun globalen Konfrontation zwischen den liberalen Demokratien des Westens und der Sowjetunion sowie ihrer Satellitenstaaten in Osteuropa konnte die wissenschaftliche Diskussion natürlich nicht absehen. Die Totalitarismus-Theorien in den 1950er und 1960er Jahren erbrachten, bei allen Differenzierungen und auch Gegensätzen im einzelnen, doch vielfach übereinstimmende Kriterien der Beurteilung: Sie erkannten die totalitären Systeme als charakteristische »gesellschaftlich-politische Erscheinungen des zwanzigsten Jahrhunderts«[54], als »eine mit gewissen Entwicklungsformen der heutigen Industriegesellschaft verknüpfte Entwicklungsform der politischen Ordnung«[55]. Die Autoren betonten zu Recht das Neuartige in Gestalt einer Resakralisierung der Politik, der pseudodemokratischen Legitimierung und der bewußten Nutzung der modernen technischen Möglichkeiten.

Die totalitären Systeme waren also »nicht nur eine Steigerung der in den historischen Diktaturen vorhandenen Herrschaftsformen«. Richard Löwenthal bestimmte sie als »Revolutionen neuen Typs«, in denen »revolutionäre Bewegungen ... als straff zentralisierte Parteien unter der Führung eines Mannes organisiert und von einem Bewußtsein ihrer ideologischen Sendung inspiriert die Herrschaft über große Nationen« an sich reißen und ihre Herrschaft nicht nur diktatorisch dazu nutzen, »die *Staatsordnung* umzuwälzen und alle organisierte politische Opposition zu beseitigen«, sondern darüber hinaus dazu, »die *gesamte gesellschaftliche Entwicklung* in neue Bahnen zu lenken und die Beziehungen zur Außenwelt von Grund auf zu verändern«[56]. Die Unterscheidung der totalitären Systeme des 20. Jahrhunderts von den früheren Formen der Diktatur hat auch Karl Dietrich Bracher stets nachdrücklich betont. Gerade die industriegesellschaftlichen Entwicklungen und modernen Techniken boten ihnen ungeahnte Möglichkeiten der Mobilisierung und Gleichschaltung der Massen, so daß die pseudodemokratische Legitimierung zu den am meisten konstitutiven Merkmalen totalitärer Systeme gehört.

So lassen sich die totalitären Herrschaftssysteme unserer Epoche zusammenfassend durch die folgenden typischen Merkmale kennzeichnen[57]:

1. Eine offizielle Ideologie mit Ausschließlichkeitsanspruch, die politisch-messianische Erwartungen einer »neuen Gesellschaft« und eines »neuen Menschen« proklamiert.

2. Zentralisierte Massenbewegungen, die aus der Ideologie ihren Anspruch auf die »führende Rolle« in Staat, Gesellschaft und Wirtschaft ableiten. Die Bezeichnung als »Partei« verschleiert dabei ihre völlig neuartige innere Struktur wie ihre politische Funktion, denn sie verstehen sich nicht als Teil (»pars«) des politischen Spektrums in einem pluralistischen System, sondern als Kampforganisationen zur Eroberung und Verteidigung ihrer monopolistischen Macht. Als elitäre Avantgarde-Parteien sind sie im Inneren straff organisiert und haben im politischen System die Aufgabe, die Massen im Dienst ihres Herrschaftsmonopols zu mobilisieren und zu integrieren. Da der beanspruchte, von der

Ideologie formulierte geschichtliche Auftrag die eigentliche Legitimationsgrundlage dieser Systeme darstellt, hat die Berufung auf den Willen »des Volkes« oder »der Klasse« in Form von Plebisziten und Wahlen nur die Funktion, die Herrschaft der von der Ideologie bestimmten Minderheiten demokratisch zu verkleiden.

3. Die Fiktion der Herrschaft »im Namen« des Volkes, der Klasse, der Rasse etc. verschleiert und rechtfertigt zugleich die Anwendung aller Mittel der Massenkommunikation *und* des Zwanges zur Herstellung des von der Führung gewollten Kollektiv-Willens unter Aufhebung der rechtsstaatlichen Sicherungen. Ziel ist die »Gleichschaltung« der vorgefundenen pluralistischen Gesellschaft auf die »Generallinie« der Partei und ihrer Ideologie.

4. Hinzu tritt schließlich die monopolistisch-bürokratische Kontrolle der Ökonomie und darüber hinaus aller gesellschaftlicher Beziehungen, besonders in Erziehung, Schule und Wissenschaft. Während der Marxismus-Leninismus die direkten Formen der »Leitung und Planung der Volkswirtschaft sowie aller anderen gesellschaftlichen Bereiche« (Art. 9, Abs. 2 der Verfassung der DDR vom 7. Oktober 1974) auf der Grundlage des »sozialistischen Eigentums« praktizierte, also die Verstaatlichung aller wesentlichen Produktionsmittel durch den monopolistischen Einparteistaat, benützte das nationalsozialistische System eher indirekte Formen der dirigistischen Staatskontrolle über formell private Unternehmen und Konzerne, die jedoch vollkommen der Politik und den Zielen der Partei unterworfen wurden. Die ideologischen Rechtfertigungsformeln des Zugriffs auf die Wirtschaft – zum Beispiel »Volkseigentum« oder »Lebensinteresse der Nation« – sollten darüber hinwegtäuschen, daß die Kontrolle der Ökonomie zu einem staatskapitalistischen und bürokratischen Supermonopol in der Hand des Parteistaates führte.

Zur Kritik des Totalitarismus als Typus-Begriff

Hier ist noch einmal die Frage aufzugreifen, die während der zurückliegenden Jahrzehnte oft leidenschaftlich diskutiert wurde, was uns berechtigt, Sowjetkommunismus und Nationalsozialismus unter dem Begriff des totalitären Herrschaftstypus zu subsumieren. Standen beide nicht in einer Konfrontation auf Leben und Tod? Vergleicht man nicht bestenfalls äußerliche Ähnlichkeiten der *Herrschaftsorganisation* und *Herrschaftsmethoden*, während die beiden Systeme auf völlig verschiedenen, ja gegensätzlichen *ideologischen Grundlagen* beruhten, einer humanistisch-emanzipatorischen Zielsetzung im einen Fall und einer antihuman-atavistischen Doktrin und Politik im anderen? Und was haben der historische und ökonomische Materialismus auf der einen Seite und das oft krude populärwissenschaftliche Ideengemisch und Weltbild aus Sozialdarwinismus, Integral-Nationalismus und Antisemitismus auf der anderen miteinander zu tun? Die Debatte spitzt sich besonders zu, wenn die beiderseitigen Methoden des Terrors und der Massenmorde berührt werden.

Vor allem für die Opfer beider Systeme war es freilich völlig unerheblich, im Namen welcher Ideologie sie unterdrückt, gefangengesetzt oder ermordet wurden. Die Neigung, die *Mittel* durch die großen *Ziele* zu rechtfertigen, gehörte schon immer »zum klassischen Repertoire der totalitären Apologetik«[58]. Die ideengeschichtliche Ableitung, die wir oben skizziert haben, zeigt, daß beide Totalitarismen Zweige desselben Stammes waren, daß sie aus dem großen Schisma zwischen der liberalen und der totalitären Demokratie am Ende des 18. Jahrhunderts und aus einem politischen Messianismus hervorgingen, der sich im Lauf des 19. Jahrhunderts in die beiden Zweige eines revolutionären Internationalismus und eines ebenfalls zunehmend revolutionär und integralistisch werdenden Nationalismus teilte. In diesem ideologiegeschichtlichen und ideologiekritischen Licht erweist sich die weitgehende, ja oft erstaunliche Ähnlichkeit der Institutionen und Herrschaftsmethoden als alles andere denn als Zufall oder bloße Äußerlichkeit, sondern wird gerade zum Nachweis des gemeinsamen Mutterbodens der totalitären Bewegungen und Systeme unseres Jahrhunderts in der »totalitären Demokratie«. Die Härte der Konfrontation zwischen beiden bestätigt die Erfahrung, daß Konflikte zwischen »feindlichen Brüdern« stets am unerbittlichsten zu sein pflegen. Die Ähnlichkeiten und Gemeinsamkeiten betreffen das gesamte politische, gesellschaftliche und kulturelle Spektrum. Sie kulminieren in einer pseudoreligiösen Sanktionierung und Verehrung der »Führer« durch die Massen, »die dafür indoktriniert, mobilisiert und in großen Aufmärschen und Kundgebungen nach ausgeklügeltem Ritual mit theatralischer Inszenierung zur betäubenden Orgie der Massenhuldigung geführt werden«[59], und sie weisen – wahrlich ohne sich zu wechselseitiger Schuldaufrechnung oder Apologie zu eignen – schließlich in die Abgründe auch des ideologisch gerechtfertigten Massenmords, sei es des nationalsozialistischen Genozids an den Juden, sei es des bolschewistischen Soziozids an der »Bourgeoisie als Klasse«.

Totalitarismus und sozialer Wandel

Wichtiger war ein anderer Einwand gegen die Totalitarismus-Theorie, nämlich daß sie in beiden Fällen das »monolithische« Selbst- und Propagandabild dieser Systeme unkritisch übernommen und die unter ihrer perfekten Oberfläche stattfindenden gesellschaftlichen Wandlungsprozesse zu wenig berücksichtigt habe. So hat zum Beispiel Peter-Christian Ludz Martin Drahts Bewertung der Sowjetideologie vorgehalten, daß sie sich zu sehr »an der vom Marxismus-Leninismus propagierten Geschlossenheit der Ideologie und an der im Selbstverständnis der Partei behaupteten Homogenität des ideologischen Dogmas orientiert« habe.[60] Und auch im Fall des Nationalsozialismus hat die Diskussion immer wieder darauf hingewiesen, daß die Herrschaftswirklichkeit des Dritten Reiches eher von einer oft improvisierten und anarchischen »Polykratie« bestimmt war als von Hitler als einem »starken« Diktator.[61] Tatsächlich gehörte es zu den lange Zeit kaum diskutierten Annahmen der wissenschaftlichen Beschäftigung mit den totalitären Systemen, daß diese weitaus »stabiler« und langlebiger seien als etwa autoritäre Regime ohne Massenbewegung und legitimierende Ideologie. Das Beispiel des Nationalsozialismus schien nahezulegen, daß diese Systeme nur durch Krieg und den dadurch selbstproduzierten Untergang beseitigt werden konnten. Und die relativ lange Dauer des Sowjetsystems über rund drei Generationen hin schien die Stabilitätsprämisse zu bestätigen.

Nun hat der Zusammenbruch des totalitären Sowjetsystems die Erfahrung hinzugefügt, daß es auch ohne Krieg vor allem an seiner ökonomischen Ineffizienz und an seiner Übermilitarisierung scheiterte. Die offensichtlich ungenügende Beobachtung des sich hinter der totalitär-monokratischen Fassade vollziehenden sozialen Wandlungsprozesses hat dazu beigetragen, daß sowohl die westliche Sozialwissenschaft als auch die Politik der westlichen Demokratien von der Implosion des sowjetischen Systems weitgehend überrascht wurden. Allerdings hatten manche westlichen Analysen und Theorien des sozialen Wandels in den totalitär verfaßten Gesellschaften sowjetischen Typs falsche Fährten verfolgt, etwa wenn sie Machtverschiebungen von der Partei-Monokratie zu angeblichen »Gegen-Eliten« aus dem Kreis der »Manager« und der naturwissenschaftlich-technischen Intelligenz meinten feststellen zu können. Hier wurden weder die rapide sinkende Effizienz der Lenkungs- und Planwirtschaft noch die oppositionellen Kräfte, vor allem in der kulturellen Intelligenz als jene bewegenden Kräfte erkannt, deren Motive und Argumente schließlich selbst in die Nomenklatura eindrangen und deren ideologische Spaltung verursachten. Die westlichen Wandlungs-Theoretiker projizierten hier nicht selten ihre eigenen Erwartungen in den sowjetischen Wandlungsprozeß hinein, von dem sie sich »aufgeklärte« Reformen innerhalb eines verhältnismäßig stabilen System-Rahmens erhofften und dabei die Wandlungskräfte in der Tiefe, nicht zuletzt auch die nationalen und geistigen Motive übersahen oder doch beträchtlich unterschätzten.

DAS WETTERLEUCHTEN
Die Diktatur der Jakobiner

Die Französische Revolution wurde bis in unsere Tage zum großen Modell der Revolution überhaupt.[1] Die Bolschewiki in Rußland sahen sich ganz in ihrer Tradition, als Vollender besonders ihrer radikalen jakobinischen Phase. Die Nationalsozialisten verstanden sich selbst zwar als »Gegen-Revolution« gegen die »Ideen von 1789«, schritten aber tiefer in ihren Spuren, als sie sich eingestehen mochten. Als Lehrstück erscheint der Verlauf der Revolution von den gemäßigten Anfängen unter Berufung auf die aufklärerische Vernunft bis zur unverhüllten Diktatur und ihrem Terror, in dem die Revolution ihre eigenen Kinder fraß, wie es bald ein geflügeltes Wort auf den Punkt brachte. Man wird in paradigmatischer Weise an den Kreislauf der Verfassungen erinnert, den schon die politische Philosophie der Antike kannte, daß nämlich der grenzenlosen Radikalisierung von Freiheit und Gleichheit neue Tyrannis auf dem Fuß folgen muß. Was 1789 als Aufstand gegen ein überständig gewordenes absolutistisch-feudales System begonnen hatte, schlug in die Terror-Diktatur einer Minderheit und dann in eine militärische Ordnungsdiktatur um, auch wenn sie sich demokratisch zu legitimieren versuchten. Die für den politischen Messianismus typische Psychologie der »Rettung« der Revolution durch ideologische »Reinheit« und revolutionäre »Tugend« mit einander jagenden »Säuberungen« wurde zum Treibsatz der Radikalisierung. Immer neue Feinde und Feinderklärungen, beginnend mit »Pitt und Coburg« (dem Herzog von Braunschweig, der die Koalitionsarmee führte) bis zu den »Verrätern, Spekulanten, Föderalisten« im eigenen Lager, sollten Terror und Tyrannei einer Minderheit rechtfertigen.

Das System der jakobinischen Parteidiktatur

Am 10. Oktober 1793 proklamierte der Nationalkonvent die jakobinische Parteidiktatur: »Die provisorische Regierung Frankreichs bleibt bis zu einem Friedensschluß revolutionär.«[2] Derselbe Konvent hatte erst im Juni eine radikal-demokratische Verfassung beschlossen, die den bürgerlich-liberalen Verfassungsstaat von 1791 ablöste durch eine plebiszitäre Demokratie mit Volksabstimmungen, enger Bindung der Regierung an den Konvent – als dessen bloßer »Exekutivausschuß« – und der Proklamation sozialer Grundrechte wie das Recht auf Arbeit und die Unterstützung von Bedürftigen und Kriegsversehrten. Diese »erste Republik« gab jedoch nur den Startschuß für eine rasche Radikalisierung. Im August 1793 wurde die *levée en masse* aller Männer vom 18. bis zum 25. Lebensjahr beschlossen, um den Krieg »bis zum äußersten« (»guerre à outrance«) zu führen. Die Inflation des revolutionären Kriegsgeldes, der Assignaten, grassierte. Gleichzeitig beschloß der Konvent Tagegelder für die Mittellosen zum Besuch der Sektionsversammlungen. Dieses »revolutionäre Volk« der Sansculotten wurde immer mehr zu einer disponiblen Bürgerkriegsarmee in der Hand von Drahtziehern. Der Ausschluß Dantons aus dem Wohlfahrtsausschuß durch die Fraktion Robespierres und die Verhaftung von 22 führenden »Girondisten« offenbarten die zunehmende Spaltung in »Gemäßigte« und »Entschiedene«.

Die erhöhte Geschwindigkeit, die der revolutionäre Prozeß seit dem Sommer 1793 gewann, kam in weiteren Maßnahmen zum Ausdruck: In der Einführung des neuen republikanischen Kalenders als Symbol eines radikalen revolutionären Neubeginns, in der Festsetzung von Höchstpreisen für Grundnahrungsmittel und wichtige Bedarfsartikel (das sogenannte »große Maximum«) und in einer Verschärfung der antikirchlichen Politik durch massenhafte Kirchenschließungen im Herbst 1793. Das revolutionäre Volk auf den Galerien des Konvents sollte die demokratische Legitimation der Revolutionsregierung demonstrieren, den Konvent einschüchtern und dafür sorgen, daß er die Revolutionsregierung jeden Monat neu bestätigte. Allein schon durch die Tagegelder war es in der Hand der revolutionären Führer, und die Aufgabe des Konvents bestand in der Absegnung der Führungsbeschlüsse. Er wurde zum Modell aller gleichgeschalteten Akklamationsparlamente in der Zukunft.

Die Macht konzentrierte sich seit dem Herbst 1793 in den beiden formell dem Konvent unterstellten Ausschüssen: dem Wohlfahrtsausschuß (Comité de Salut Public) und dem Sicherheitsausschuß (Comité de Sûreté Générale). Vor allem der erstere war das zentrale Führungs- und Kontrollorgan der Diktatur der jakobinischen Minderheit über Staat und Gesellschaft; er umfaßte zwölf Mitglieder, gemischt aus Ideologen und Fachleuten wie etwa Carnot als Militärspezialist. Er wurde zum Urmuster aller künftigen Politbüros und Parteioligarchien. Einige Zeit amtierte daneben noch die verfassungsmäßige Regierung als Exekutivausschuß (conseil exécutif) des Konvents weiter. Doch dieses Nebeneinander von Partei und Staat dauerte nicht lange. Die Regierung wurde aufgelöst, und der Wohlfahrtsausschuß erhielt zusätzlich zu seiner allgemeinen Richtlinien- und Kontrollfunktion auch die unmittelbare Exekutivgewalt.

Der Sicherheitsausschuß war die Befehlszentrale der revolutionären Polizei und eines engmaschigen Kontrollsystems im ganzen Land, der sogenannten Überwachungsausschüsse (comités de surveillance), auch er das Modell der künftigen Staatssicherheits- und Geheimpolizeien als Machtsäulen der totalitären Diktaturen. Dieses Informations- und Spitzelsystem wuchs sich zu einem »zweiten Arm« neben dem Wohlfahrtsausschuß aus. Hinzu trat die revolutionäre Justiz, an der Spitze das bereits im März 1793 errichtete Revolutionstribunal in Paris. Es handelte sich hier ausdrücklich um eine außerordentliche *politische* Justiz gegen die Feinde der Revolution. Durch das berüchtigte Prairial-Gesetz vom 10. Juni wurden die Tribunale zu faktischen Standgerichten ohne Rechtsbeistand, Zeugen und Zeugenverhör, ohne Geschworene und Berufungsmöglichkeiten. In der Mehrzahl der Fälle bedeutete schon die Verhaftung den sicheren Tod. Den lokalen Überwachungsausschüssen fiel mehr und mehr das Verhaftungsrecht gegenüber allen »Verdächtigen« zu. Diesen eigentlichen Stoßtrupps der Revolution oblag aber nicht nur die Aufgabe, »Feinde der Revolution« aufzuspüren, sondern sich auch um die »Gutwilligen« zu kümmern, sie durch Agitation ideologisch zu festigen und Schwankende zu »überzeugen«, auch dies eine für die späteren totalitären Systeme kennzeichnende Mischung strafender und erzieherischer Funktionen mit der Aufgabe, Konformität durch das dosierte Zusammenwirken von Terror und Propaganda zu sichern.

Die Basis der »totalitären Demokratie«

Wie aber sah diese revolutionär-demokratisch gerechtfertigte Diktatur an der Basis aus? Hier erstreckte sich ein Netz von »Volksgesellschaften« (societés populaires), auch »Klubs« genannt, über das ganze Land und vervollständigte das Bild dieses neuartigen Parteistaats.[3] Diese Klubs hatten sich zum Teil schon vor der Revolution im Untergrund gebildet und breiteten sich im Zuge der revolutionären Konjunktur rasch aus. Im August 1790 wurden sechzig solcher lokalen Gesellschaften gezählt, ein Jahr später waren es bereits vierhundert. Nicht zuletzt ihrem Druck als »organisiertes Volk« war die Monarchie unterlegen. Seit dem Sommer 1791 traten viele Gemäßigte, vor allem die Vertreter des liberalen Bürgertums, aus den Klubs aus oder wurden Opfer von deren »Säuberungen«.

Hippolyte Taine hat diese Klubs ebenso plastisch wie sarkastisch geschildert[4]: Wo immer es »ein Wirtshaus oder eine Wachstube« gab, kamen die Volksgesellschaften zusammen und nahmen dabei mehr und mehr »einen Wirtshaus- und Wachstubenton« an. Wahlen waren zu organisieren, Wählerlisten aufzustellen und zu manipulieren, Lokalbehörden einzurichten, Lohn und Beute winkten. Die Klubs sollten als revolutionärer Sauerteig in der Gesellschaft wirken, wurden zu Agitation und Spitzeldiensten herangezogen und bildeten das natürliche Reservoir für das rasch wechselnde und immer wieder gesäuberte Funktionärskorps der Diktatur. Die sich hier ausbreitende Atmosphäre von Verdächtigung, Denunziantentum, Einschüchterung und Opportunismus bedarf nach unseren Erfahrungen im totalitären 20. Jahrhundert keiner besonderen Phantasie mehr. Natürlich leisteten die Volksgesellschaften auch »nützliche Arbeit« für das Vaterland: Sie sammelten Salpeter für das Schießpulver, trieben Arzneimittel auf, kümmerten sich um die verwundeten Veteranen, verteilten Lebensmittel. Sie wurden zum Potential für die allgemeine Wehrpflicht und Mittelpunkte des neuen republikanischen Kults.

Nach dem Revolutionshistoriker Jules Michelet gab es im Juni 1792 bereits etwa 1200 solcher Klubs, also zumindest in jeder Stadt oder jedem Marktflecken einen, später auch in den Dörfern, wenngleich es da »nur fünf oder sechs Hitzköpfe und Schreier« waren nebst einem »Federfuchser, der imstande ist, eine Petition zu Papier zu bringen«[5]. Trotzdem war die zahlenmäßige Basis der Jakobinerpartei im Lande verhältnismäßig schmal. Selbst bis zum Sommer 1793, als die bürgerlichen Girondisten noch nicht aus den Klubs hinausgesäubert waren, dürfte deren Mitgliederzahl zehn Prozent der Wählerschaft kaum überschritten haben. Taine schätzt diese Zahl auf etwa 300 000 Personen unter fünf bis sechs Millionen männlichen Wahlberechtigten. Selbst in Paris soll sich die Diktatur auf kaum mehr als acht- bis zehntausend Anhänger gestützt haben. Neuere Forschungen gehen von etwa 500 000 Mitgliedern der Volksgesellschaften aus bei rund acht Millionen männlichen Erwachsenen in Frankreich. Von dieser halben Million dürfte aber nur ein Bruchteil »das Feuer wahrer Republikaner besessen«[6] haben. Jakobinische Diktatur und Schreckensherrschaft waren das Werk einer kleinen Minderheit, so daß sich die Frage nach den Gründen stellt, die ihre, wenn auch nur zeitweilige Herrschaft ermöglicht haben.

In den Volksgesellschaften waren alle sozialen Schichten vertreten, anfangs selbst Mitglieder der alten Aristokratie und berühmter Akademien (wie etwa der Physiker Lavoisier), Bischöfe und frühere Schützlinge des Hofes, sogar Prinzen von Geblüt wie der Herzog von Orléans. Die bürgerlichen Schichten wie der

Richterstand und die zahlenmäßig noch kleine Bourgeoisie aus Industrie, Handel und Verwaltung waren unterrepräsentiert. Immerhin gelang der Revolution, große Teile der Bauernschaft an sich zu binden als Käufer und Nutznießer des enteigneten feudalen Grundbesitzes, vor allem in der Mitte und im Süden des Landes (während die bäuerliche Bevölkerung des Westens, etwa in der Vendée und in der Bretagne, zum Träger des antirevolutionären Widerstands wurde). Die Masse des jakobinischen Anhangs kam aus den unteren Schichten und aus dem Kleinbürgertum der größeren Städte. Es waren meist Menschen, die es über untergeordnete Stellungen nicht hinausgebracht oder beruflich nicht Fuß gefaßt hatten. Auch fanden sich solche, die von der Revolution selbst beruflich und sozial aus der Bahn geschleudert worden waren, aus dem Klerus und den aufgehobenen Klöstern, aus Gerichtswesen, Verwaltung und sogar aus der Armee.

Die gesellschaftliche Atmosphäre

Handelte es sich bei der Jakobinerherrschaft auch um eine improvisierte Diktatur, so traten in ihrer »Republik der Tugend« doch erstmals charakteristische totalitäre Grundmuster hervor, jene »ebenso tiefen wie breiten Eingriffe in das gesamte gesellschaftliche Leben«, die sich nicht auf Staat und Politik beschränkten, sondern in die vielfältigen gesellschaftlichen und persönlichen Lebensbereiche mit dem Anspruch auf lebensgestaltende »Erneuerung« hineinwirkten. Trotz ihrer zeitlichen Kürze erreichte die Diktatur bei diesen Versuchen, mittels Agitation und Zwang in das persönliche Leben der Bürger einzudringen und diese zu Bekenntnis und Engagement für das revolutionär bestimmte öffentliche Leben zu zwingen, doch schon eine beachtliche Perfektion[7] Es entstand hier erstmals so etwas wie eine neue revolutionäre und totalitäre Kultur, die Alltag, Mode und Geschmack zu prägen begann[8]. »Guillotine, Gefängnis, Jakobinerklubs, politische Wahlen und politische Aufstände – das waren alles Dinge, denen man sich zu entziehen vermochte, besonders wenn man zu den Namenlosen gehörte. Kleider, Theater, Möbel, Cafés, Spiele, Zeitungen, Straßen, öffentliche Festlichkeiten konnten – ebenso wie Geburt, Hochzeit und Tod – für niemanden belanglos sein.« Die Revolution entwickelte neuartige Formen der Massenbeeinflussung in Wort, Bild und Ton, sei es zur Überzeugung der eigenen Anhänger, sei es zur Einschüchterung der Widerstrebenden. Die Mode trug das Neue in jedes Haus und prägte den Geschmack. Die grobe Hose (sans culotte) anstelle der aristokratischen Kniehose (culotte) wurde fast zu einer Art Uniform der revolutionären Massen, der Schnurrbart Sinnbild des revolutionären Patriotismus. Bei öffentlichen Zusammenkünften, die jetzt an der Tagesordnung waren, setzte man die phrygische Mütze auf als weithin sichtbares Symbol der neuen Ordnung und ihrer Gemeinschaft, nicht ohne einschüchternde Absicht gegenüber den Abseitsstehenden. Die Männer trugen auf den Metallknöpfen ihrer Röcke die Bilder von Revolutionsheiligen wie Brutus oder Marat. Für die Frauen wurde das schlichte weiße Fließgewand der Römerin modischer Ausdruck revolutionärer Tugend und Zugehörigkeit.

Allenthalben im Land entstanden neue Werkstätten für revolutionäre Kunst oder stellten sich alte auf diese um. Es gab Steine in der Form der Bastille als Briefbeschwerer; auch auf Tellern, Vasen, Tabakspfeifen oder Leuchtern fanden revolutionäre Losungen Platz; römische Rutenbündel tauchten als Symbol republikanischen Zusammenhalts auf. Für die Anspruchsvolleren gab es Büsten der Heroen von Brutus bis Rousseau, Voltaire, Benjamin Franklin oder Marat. Revolutionärer Kitsch blühte auf Spielkarten oder in Gestalt von Miniatur-Guillotinen als Kinderspielzeug. Man nutzte die mobilisierende Wirkung der Musik und des Tanzes, etwa die Marseillaise oder den volkstümlichen Tanz der Carmagnole. Die revolutionäre Literatur brachte republikanische Gedichte, Erzählungen und Katechismen hervor. An die Stelle des von der Zensur verbotenen Repertoires des klassischen Theaters, der Dramen Racines, der Lustspiele Molières, ja selbst der Stücke Diderots traten patriotische Erbaulichkeiten und Spektakelstücke. Im August 1793 verfügte der Konvent wöchentliche Aufführungen rasch hingeschriebener Tragödien über Brutus, Wilhelm Tell oder Gaius Gracchus. Nach einer Phase der Pressefreiheit nach 1789 und oft recht heftiger publizistischer Parteikämpfe brachte die Diktatur die Zensur zurück, die jetzt freilich engherziger und wirkungsvoller war als die des Ancien Régime. Die Zeiten systemkritischer Aggressivität und Frivolität eines Beaumarchais waren zunächst einmal vorbei. Auch Maler stellten sich in den Dienst der Revolution und später Napoleons, allen voran Jacques-Louis David. Ihre heroisierende Historienmalerei verblieb immerhin auf einem beachtlichen professionellen Niveau. Die Jakobiner-Diktatur entfaltete in ihrer messianischen Erneuerungssucht eine wahre »Raserei des Umtaufens«. Bei Hunderten von Ortsnamen schaffte man das kompromittierende »Saint« ab oder taufte sie in Laloy, Laliberté oder Bonhomme um. Spartakus, Brutus, Gracchus, selbst Marat, Constitution (Verfassung) oder Montagne (auf die jakobinische »Berg«-Partei im Konvent anspielend) wurden modische Vornamen, während Louis für einige Zeit in der Versenkung verschwand. Gemeinderäte und Bürgermeister machten sich daran, Straßennamen von verderblichen Assoziationen zu säubern, und hielten Wirte zu entsprechender »Bereinigung« ihrer Gasthausnamen an. Grimmiger Humor wie die Umbenennung einer Rue de Loup (Wolfstraße) in Rue Marat blieb die Ausnahme im revolutionären Ernst. Ende 1793 hatten sich auch die neuen »republikanischen« Anredeformen weitgehend durchgesetzt in einem öffentlichen Klima, das aus Zwang, Furcht und der Neigung der Menschen zu Konformität gemischt war. Der alte höfliche Plural »vous« machte dem vertraulichen »tu« Platz, »monsieur« und »madame« wurden durch die Anreden »citoyen« und »citoyenne« ersetzt, den Vorläufern des »Genossen« und der »Genossin«.

Unter der Diktatur des Wohlfahrtsausschusses steigerten sich Neid und Gleichheitsfanatismus. Wer gute Anzüge, Lederschuhe oder silbernes Eßbesteck besaß oder eine Wohnungsmiete einnahm, war in Gefahr, als »Aristokrat« verfolgt zu werden. Öffentlich Gleichgültigkeit, Widerwillen oder mangelnden Eifer für die revolutionäre Sache zu zeigen oder ein Freund von Emigranten und Häftlingen höherer Stände zu sein, brachte einen in Lebensgefahr. Viele Menschen wurden aus rein privaten Gründen denunziert, gefangengesetzt oder hingerichtet. Gebildet oder höflich zu sein, waren Überbleibsel und Brandmale des alten Systems. Um als republikanisch zu gelten, mußte man möglichst ungezwungen, wenn nicht flegelhaft auftreten, Dialekt sprechen, die Mitbürger duzen und sich duzen lassen, rohe Vertraulichkeiten von Arbeitern und Soldaten hinnehmen. Republikanische Verläßlichkeit wurde am besten durch demonstrativen Mangel an Bildung unter Beweis gestellt.

Ein Höhepunkt des revolutionären Neubeginns und der Feindschaft gegen alle Tradition war der neue Kalender, den der Konvent im Oktober 1793 einführte. Das Jahr I der neuen Zeitrechnung begann mit dem 22. September dieses Jahres. Das Jahr wurde in zwölf Monate mit je drei Dekaden unterteilt; der jeweils letzte Tag der Dekade wurde zum Ruhetag bestimmt. Das Dekadensystem gab dem rational-mathematischen Geist der Epoche Ausdruck, ebenso die neuen Maße, Gewichte und Geldwerte. Was den Kalender anbelangt, wurde er bereits in seinem Jahr XII (1804) von Napoleon wieder abgeschafft.

Wirtschaftlicher Dirigismus

Betrachtet man die wirtschaftspolitische Seite der Jakobiner-Diktatur, so stechen ihre dirigistischen und planwirtschaftlichen Maßnahmen seit 1793 hervor, mögen sie auch zum Teil in den Umständen – Wirtschaftskrise und äußere Bedrohung – begründet gewesen sein. Der bekannte Revolutionshistoriker Albert Mathiez hat deshalb von einer verfrühten und unvollständigen »Diktatur des Proletariats« in der Jakobinerherrschaft gesprochen, verfrüht angesichts des noch immer wirksamen individualistischen Geistes des 18. Jahrhunderts und unvollständig, weil sich Industrie und Proletariat noch in ihren ersten Anfängen befanden.[9]

Indes hatte die Nationalisierung der Adels- und Kirchengüter schon vor der jakobinischen Phase eine tiefgreifende Umgestaltung der Eigentumsordnung eingeleitet und zur Entstehung einer neuen Schicht von ländlichen und städtischen Eigentümern geführt, die dann die Grundlage für das kapitalistisch-bürgerliche Frankreich des 19. Jahrhunderts bildete. Ihre politische Repräsentanz waren die Führer der Gironde, die seit dem Sommer 1793 aus ihren politischen und wirtschaftlichen Positionen systematisch entfernt wurden. Hinter der aufsteigenden Berg-Partei standen die unteren kleinbürgerlichen, frühproletarischen und kleinbäuerlichen Schichten, deren Interessenlage die Gleichheit der Freiheit überordnete. Die Wirtschaftspolitik war Teil des sich verschärfenden Konflikts zwischen den besitzbürgerlich-liberalen und den kleinbürgerlich-egalitären Kräften der Revolution, dessen Waagschalen sich seit 1793 deutlich auf die Seite der letzteren neigten.

In diesen Zusammenhang gehört die Anordnung des Wohlfahrtsausschusses vom 23. September 1793 über die Einführung von Höchstpreisen für Lebensmittel und andere wichtige Waren, das sogenannte »große Maximum«. Dadurch sollten eine größere Verteilungsgerechtigkeit erreicht und das Spekulantentum bekämpft werden. Aber eine solche dirigistische Wirtschaftspolitik entwickelte einen Automatismus, der seinerseits die Radikalisierung der Revolution vorantrieb, beginnend mit einem drastischen Requisitionssystem, mit Brot- und Fleischkarten und dem entsprechenden bürokratischen Apparat. Dirigismus und Terror verschmolzen miteinander, wie etwa die Einrichtung einer Spezialpolizei für die Getreide- und Lebensmittel-Requisition zeigte. Die sogenannten Ventôse-Dekrete des Konvents (Februar/März 1794) machten deutlich, wie weit sich das Regime bereits egalitär-sozialistischen Verhältnissen näherte. Die Dekrete verfügten eine rasche Aburteilung der bereits in Haft befindlichen rund 300 000 »Verdächtigen« und die Übergabe ihres Besitzes an die »bedürftigen« Sansculotten und »unschuldigen Armen«. Für diese Umverteilung sollten die Gemeinden Listen der Bedürftigen aufstellen, und der Wohlfahrtsausschuß sollte die Maßnahmen überwachen. Man hat zwar verschiedentlich hervorgehoben, daß die jakobinischen Führer wie Robespierre oder Saint Just die Unantastbarkeit des Privateigentums vertraten und ihr Gesellschaftsideal einer Art »Gemüsehändlerparadies« kleiner Laden- und

Grundbesitzer entsprach. Unabhängig davon mußte die Höchstpreis-Politik aber zu bürokratischen und faktisch sozialistischen Verhältnissen führen. Für Hunderte von Waren galt es, Vorschriften zu entwerfen, die von einem Beamtenheer durchgeführt werden mußten. So wurden zum Beispiel Weißbrot und Feingebäck überhaupt verboten und durch ein »pain d'egalité« ersetzt, dessen Mehlsorten ebenso dirigistisch geregelt wurden wie etwa der Außenhandel und die Wechselkurse, die rasch ins Bodenlose fielen.

Erziehungsleidenschaft

Doch kehren wir noch einmal zu der Frage zurück, wie es möglich war, daß eine kleine Minderheit die Herrschaft über eine große Nation an sich reißen konnte. Da ist zunächst die charakteristische Erziehungsleidenschaft der Jakobiner zu beachten, die auch allen späteren totalitären Systemen eigen war. Auch hier – ebenso wie in der Staatsphilosophie – wurde Rousseau zum vielberufenen Mentor. Die Überlieferung, alles »Alte«, bestand demnach aus schlechten Gewohnheiten, Unwissenheit und Aberglaube. Das Neue hingegen orientierte sich an der natürlichen und vernünftigen Ordnung der Dinge als untrüglichem Maßstab, an der Einfachheit und Verständlichkeit ihrer Gesetze, die für die gesellschaftliche Welt ebenso galten wie für die Natur. Um so leichter war es dann, auch für die Erziehung einfache und evidente Lehrsätze aufzustellen, deren Befolgung notwendig zur »Tugend«, das hieß zu politischer Rechtgläubigkeit und Unterwerfung unter den Allgemeinwillen führen mußte.

Unter diesen Prämissen erfolgte die Säkularisierung des gesamten Schul- und Erziehungswesens, also die Überführung des seit Jahrhunderten vor allem von der Kirche beherrschten Bildungssystems in die Hand des laizistischen Staates. Im Dienste des Fortschritts sollten künftig vor allem die mathematischen, technischen und naturwissenschaftlichen Disziplinen gepflegt werden, die – mit der École Polytéchnique an der Spitze – in der

Folgezeit eine unbezweifelbare Blüte erlebten. Die geisteswissenschaftlichen Fächer und die historisch-politischen Wissenschaften wurden eher mit Mißtrauen betrachtet, soweit sie nicht auf dem Boden der von der Aufklärung und Rousseau bestimmten Dogmatik standen. Vollends erschienen Theologie und Jurisprudenz als ebenso gefährlich wie überflüssig. In der Nachfolge Rousseaus und seiner Gefühlsreligion waren die Jakobiner davon überzeugt, daß die Tugend weniger aus dem Denken als aus den Gefühlen und sozialen Beziehungen entsteht. Die jakobinische Ideologie entwickelte sich zu einer eigentümlichen Mischung von äußerstem Rationalismus im Sinne der »einfachen« Gesetze der »Natürlichen Ordnung« und Emotionalität im Dienst einer Kollektiv-Pädagogik, die eigenständiges Denken als bourgeoisen Individualismus verurteilte.

Hier kam überhaupt eine charakteristische Dialektik ins Spiel: Je weiter die revolutionäre Säkularisierung der Gesellschaft voranschritt, desto mehr entfaltete sich ein Bedürfnis nach ersatzreligiöser Orientierung und neuen politisch-religiösen Formen, Riten und Symbolen des öffentlichen Lebens, eine Tendenz, »aus eigener Kraft eine neue Kirche, eine neue Art religiöser Gebräuche ins Leben zu rufen«[10]. Die Jakobinerklubs und Volksgesellschaften waren die ersten, in deren Zusammenkünften sich gewisse standardisierte Formen von »Zivilgottesdiensten« herausbildeten, besonders an den Ruhetagen am Ende jeder Dekade; hinzu kamen vom Konvent angeordnete Feiern militärischer Siege. Noch kurz vor seinem Sturz setzte Robespierre im Konvent eine ganze Serie nationaler Feiertage durch, darunter ein Fest »A la maternité« und das »Fest des Höchsten Wesens«, das am 8. Juni 1794 begangen wurde. Die Abgeordneten des Konvents, geschmückt mit Blumen und Ähren, marschierten an diesem Tag mit Robespierre an der Spitze zum Tuileriengarten, wo das Volk bereits versammelt war. Man sang einen republikanischen Choral, und Robespierre hielt eine Ansprache, eine Art Predigt; dann legte man Feuer an eine überdimensionale Pappfigur, die den Atheismus symbolisieren sollte. Aus ihrer Asche erhob sich ein junges Mädchen, die Göttin der Vernunft. Es folgte eine zweite Ansprache Robespierres, bevor die Menge durch die Stadt zum Marsfeld zog, wo die Feier mit Chorälen und Artilleriesalut ausklang. Robespierre, ein eifriger Leser Rousseaus, praktizierte hier jene deistische Staatsreligion, deren Grundgedanken der »Prophet« bereits im Contrat Social, besonders in seinem letzten umfangreichen Kapitel über die politische Religion (réligion civile) niedergelegt hatte. Rousseau hatte dort die vom Christentum verursachte Trennung des »politischen« und des »theologischen« Systems in der Moderne beklagt und das Christentum als Religion der Knechtschaft und der Unterwerfung mit einer Schärfe kritisiert, die bereits auf Marx und Nietzsche vorauswies. Jetzt sei die Zeit gekommen, hatte Rousseau geschrieben, die antik-vorchristliche Einheit von religiöser und politischer Gemeinschaft zu erneuern, die beiden »Köpfe des Adlers« wieder zu vereinigen und das Vaterland wieder zu einem Gegenstand auch religiöser Verehrung zu machen, wie es in der griechischen Polis und im heidnischen Rom der Fall gewesen war. An die Stelle der übernationalen christlichen »Religion des Menschen« sollte eine »Religion des Staatsbürgers« treten, an die Stelle der christlichen »Priesterreligion« die Verehrung der »Schutzgötter« des politischen Gemeinwesens, die die Trennung des sakralen und des weltlichpolitischen Bereichs aufhob. Diese Bürgerreligion sollte dazu beitragen, daß die Menschen ihre öffentlichen und politischen Pflichten liebten und treu erfüllten.

Rousseau schlug auch die Schaffung eines staatsbürgerlichen Glaubensbekenntnisses vor, mehr als Vermittlung von »Gemeinschaftsgefühlen« denn in Gestalt komplizierter Dogmen. Wer diesen vom Volkssouverän aufzustellenden Kanon nicht anzuerkennen bereit war, sollte als »gemeinschaftsgefährlich« gebrandmarkt und gegebenenfalls ausgewiesen werden können – eine Erneuerung der antiken Strafe des Ostrakismus, der Verbannung aus politischen Gründen in den griechischen Stadtstaaten. Das Christentum sollte fortan nur unter der Bedingung geduldet werden, daß es sich nicht in Gegensatz zu den Staatsbürgerpflichten stellte. Die Revolution folgte hier Rousseau nahtlos mit ihrer »Zivilkonstitution« der Kirche und dem Priestereid auf die Verfassung. Im Kapitel über die »réligion civile« in Rousseaus »Contrat Social« finden wir schon den fertigen Grundriß für das Verhältnis der späteren totalitären Systeme zu den christlichen Kirchen. Sie sollten in das Ghetto des »Kultraums« verbannt werden oder sich voll in das politische System eingliedern und mit ihm solidarisieren, wie es später die »Kirche im Sozialismus« in der DDR oder die »Deutschen Christen« im »Dritten Reich« praktizierten.

Die Erforschung der Resakralisierung der Politik und der Stiftung einer politischen Ersatzreligion in der Französischen Revolution hat eine Vielzahl von übernommenen Bräuchen und Vorbildern identifiziert. Da gab es die Überlieferungen des Volksbrauchtums mit seinen Frühlingstänzen, Maibäumen und Gemeinschaftsmahlzeiten. Da wurde zum anderen das klassische Altertum, vor allem die römische Republik, zum Vorbild erhoben. Ihre Heroen wurden verehrt, und Kernsätze der stoischen Philosophie wurden für so manche politische Predigt herangezogen. Bei bestimmten Riten dieses politisch-religiösen Lebens hat auch der Protestantismus Pate gestanden mit Chorälen und Lesungen aus den »heiligen Schriften«, jetzt natürlich aus den Werken Rousseaus oder aus der Verfassung. In den Volksgesellschaften gab es »épurations«, die an protestantische Sonntagsschulen mit ihren Sündenbekenntnissen erinnerten, wie überhaupt die Neigung zu Predigt, Belehrung, Wort und Begriff auf protestantische Wurzeln hindeutet. Aber auch Spuren katholischer Tradition und Liturgie sind zu erkennen. In beschlagnahmten Kirchen wurden den »Heiligen« und »Märtyrern« der Revolution wie etwa Marat Altäre geweiht. Republikanische Erbauungsbücher enthielten politische Gebete, Gebote und Bekenntnisse, etwa die deistische Formel »Ich glaube an ein höchstes Wesen, das die Menschen frei und gleich geschaffen hat.« »Gläubige« schlugen Kreuzeszeichen mit Formeln wie »Freiheit oder Tod!« oder unter Anrufung etwa des Namens Marats. Traditionelle heilige Quellen wurden als patriotische Quellen dem politischen Kultus gewidmet. Die Nationalagenten des Wohlfahrtsausschusses in ihrer Multifunktion als Kontrolleure im Auftrag der Pariser Zentrale, als sicherheitspolizeiliche Schnüffler und professionelle Agitatoren wiesen ihr

Publikum darauf hin, daß Bürgern, die nicht bei republikanischen »Gottesdiensten« und Festen erschienen, Freundschaft, Vertrauen oder Anstellung entzogen werden konnten, so wie früher Priester Gläubige exkommunizierten, die drei Sonntage nacheinander die Messe versäumten.

In der jakobinischen Sprache und Alltagspraxis fällt eine hohe religiöse und theologische Ladung auf bei jenen, die aus der Welt ihrer Väter ein hohes Maß an Theologie mitbrachten, aber zu Abtrünnigen wurden mit nun funktionslos gewordenen hochentwickelten religiösen Organen, so daß sie hervorragend geeignet waren, die neue Ideologie und politische Religion »zu glauben, sie priesterlich zu vertreten, sogar sie zu schaffen«[11]. Gestalten wie Robespierre, Saint Just und manche anderen sind hier einzureihen. Ihr politischer Messianismus gab ihnen eine tiefe Überzeugung von der eigenen Rechtschaffenheit, mangelnde Selbstkritik und die Neigung, die Menschen in Verdammte und Erwählte einzuteilen und im politischen Gegner nur noch den Sünder oder den Verbrecher zu erkennen, gegen den Unduldsamkeit und Terror gerechtfertigt waren – der »Despotismus der Freiheit gegen die Tyrannei«, wie Robespierre sagte. In dem zentralen Begriff der revolutionären Tugend, der »vertu«, war ein ersatzreligiöses Potential enthalten, ebenso in Begriffen wie »Gemeinwohl«, »Gesamtwille« oder »Gesetz«, die allesamt eine letztlich »theologische« Dimension besaßen, auf die sich die Diktatur berufen konnte, schwang in ihnen doch die Vorstellung des erleuchteten »wahren Selbst« mit, gegenüber dem der unerleuchtete, egoistische Einzelne a priori Unrecht hatte.

Umschlag in die Despotie

Unter den Historikern der Revolution und des Jakobinismus hat vor allem Hippolyte Taine auf den eigentümlichen dialektischen Umschlag der philosophischen Prämissen in die despotischen und terroristischen Folgen aufmerksam gemacht.[12] Besonders die radikalen Jakobiner hätten sich auf die »ehernen Gesetze« der »Natürlichen Ordnung« und der Aufklärungsphilosophie berufen. Dadurch habe sich zwischen ihr Bewußtsein und die reale Welt eine »Axiomensammlung« geschoben, die ihren Gesichtskreis von vornherein verengt habe. Sie meinten, die allein richtige Regierungsform und die besten Gesetze zu kennen, aber eben deshalb seien die Menschen, deren »Rechte« sie verfochten, »nicht die Franzosen aus Fleisch und Blut [gewesen], denen man in den Städten und auf dem Lande begegnet, sondern Menschen im allgemeinen, wie sie nach den Geboten der Natur und den Lehren der Vernunft beschaffen sein *sollten*«. Die »wirklichen Franzosen« seien in den Augen der Jakobiner eben von Vorurteilen verblendet gewesen. Der Widerstand einer blinden, von den Einstellungen der Geschichte verdorbenen Generation sei den Revolutionären gerade der Beweis dafür gewesen, daß sie auf dem rechten Weg waren im Namen einer neuen Menschheit und gereinigten Nachwelt. Darum hätten sie sich auch nicht als Tyrannen und Usurpatoren betrachten können, sondern nur als Befreier, als die Vertreter des »wahren« Volkes.

Im Programm der Jakobiner, so Taine, suche man vergebens nach den konkreten bürgerlichen Freiheiten: Sicherheit des Lebens und Eigentums, Unabhängigkeit der Gerichte, Gleichheit vor dem Gesetz etc. Rousseau hatte nun einmal den Staat, »la république«, zum Gebieter über Leib, Seele und sämtliche Besitztümer seiner Mitglieder erhoben, auch über Erziehung, Religion, Gottesdienst und die Anschauungen der Bürger. Wer diesen Gesellschaftsvertrag verwarf oder von ihm zurücktrat, konnte nichts anderes sein als ein Bösewicht und Volksfeind: »Das Dogma von der Souveränität des Volkes läuft also in Wirklichkeit auf die Diktatur einiger weniger und die Vergewaltigung aller übrigen hinaus. Gehört man nicht zur Partei, so steht man außerhalb des Gesetzes.«[13] Die fünf- bis sechstausend Jakobiner von Paris, so fährt Taine fort, konnten sich somit als die legitimen Herrscher und unfehlbaren Oberpriester betrachten und einen »befehlhaberischen Stil« in ihren Klub- und Konventsreden, in ihren Aufrufen und Broschüren pflegen. Ohne Duldsamkeit teilten sie die Nation und die Menschheit in zwei Gruppen: die Aristokraten, Selbstsüchtigen und Verderbten auf der einen Seite, die Tugendhaften, Vaterlandsfreunde, Philosophen und Jakobiner auf der anderen. Den ersteren, den »Verrätern« gegenüber war deshalb alles erlaubt, der Mord war Recht, und man tötete aus Menschenfreundlichkeit. So wurzelte die Schreckensherrschaft der jakobinischen Diktatur in einer charakteristischen Psychologie und einem Klima der revolutionären Erregung, der Besserwisserei, Sophistik und Verdächtigung, auch wenn man berücksichtigt, daß »die Revolution« 1793 sowohl von Aufständen im Inneren (Girondisten, Vendée) als auch militärisch von außen bedroht war (Räumung des linken Rheinufers, Massendesertionen, Besetzung Toulons durch die Royalisten und Engländer). Die Ermordung Marats durch Charlotte Corday wurde zum Signal des »terreur à l'ordre du jour« seit dem September 1793. Die moderne französische Forschung hat zwar die begrenzte Zahl der Opfer im Vergleich mit den Greueln unseres Jahrhunderts betont (30 000 bis 40 000 Tote; die Gesamtzahl der Guillotineopfer betrug in Paris bis 1794 »nur« 1251).[14] Doch kann kein Zweifel daran bestehen, daß es sich hier nicht nur um statistische, sondern vor allem um psychologische Faktoren handelt, die dann auch zum Zusammenbruch der Diktatur im Juli 1794 führten. Die Umstände der Hinrichtung des Königs und der Königin, die schlimme Rolle von Renegaten wie des Herzogs Philipp von Orléans, der sich verblendete Hoffnungen auf die Krone machte und als Konventsabgeordneter für die Hinrichtung seines königlichen Vetters stimmte, die furchtbaren Massenertränkungen in den Flüssen, der systematische Aufbau des Terrorapparats mit dem Sicherheitsausschuß an der Spitze, die maschinenartige Tätigkeit der Revolutionstribunale und der Guillotine, die Illusionen der führenden Revolutionäre wie Danton oder Desmoulins, die zu spät erkannten, was sie angerichtet hatten, die im Konvent grassierende blanke Furcht und der Hochmut der sich allmächtig dünkenden Clique um Robespierre und Saint Just, die dann selbst in der von ihnen erzeugten Blutlache endeten, die unbegrenzten Vollmachten der republikanischen Kommissare, die überall Herr über Leben und Tod waren – dies alles hat das Bild des Terrors für die Nachwelt geprägt.[15]

Die Jakobiner-Psychologie

Taine hat in seiner scharf gezeichneten, aber doch kaum widerlegbaren Psychologie der Jakobiner deutlich gemacht, wie der Jakobinismus aus der schon lange in Gang befindlichen Zersetzung der feudalen Gesellschaft des 18. Jahrhunderts hervorging »wie Pilze aus einem gärenden Humus«[16]. Trotz dauernder Berufung auf die Vernunft hatten vernünftige Argumente immer weniger Chancen. In diesem revolutionären Treibhaus wurden aus den Protagonisten – »Caféhaus-Politiker, Klubleiter, Ausschußdiktatoren und Kreuzwegredner« – binnen weniger Jahre neue Tyrannen. Bei den meisten von ihnen stach eine oberflächliche oder rudimentäre Bildung hervor. Diese ermöglichte ihnen zwar, »die politischen Ideen zu erfassen oder erraten zu können ... Aber sie erfassen sie nur in Gestalt einer Formel oder sie erraten sie bloß hinter einem Gewölke, sind daher zu Politikern ungeeignet. So tragen denn die Lücken wie die Kenntnisse ihres Geistes dazu bei, sie zu Jakobinern zu machen.«[17]

Taine zitiert in seinem Kapitel über die Jakobiner-Psychologie unter anderem den Bericht eines bekannten liberalen Publizisten jener Zeit, Mallet du Pan.[18] Dieser war als Redakteur der Tageszeitung *Mercure de France* früh Zielscheibe der jakobinischen Agitation geworden, Opfer zahlreicher revolutionärer Denunziationen, unrechtmäßiger Haftbefehle und tätlicher Angriffe, selbst im eigenen Haus. Er berichtet, wie er eines Tages, im November 1790, von einer Deputation von zehn bis fünfzehn Personen aus dem Palais Royal, dem zentralen Sitz der Pariser Klubs, aufgesucht wurde, die ihn aufforderten, »meine Ansichten zu ändern und meine Angriffe gegen die Verfassung einzustellen, widrigenfalls man mich mit Gewalttätigkeiten heimsuchen würde«. Als der Publizist sich auf die Autorität der Gesetze und der Gerichte berief, der er allein unterworfen sei, »erwiderte der Wortführer meiner Besucher: Die Verfassung! Der Wille der Gesamtheit ist die Verfassung! Das Gesetz! Die Herrschaft des Stärkeren ist das Gesetz! Sie stehen unter der Herrschaft des Stärkeren und müssen sich fügen. Wir teilen ihnen den Willen der Nation mit und dieser ist Gesetz.« Das waren Worte, die in jenen Jahren tausendfach skandiert wurden und den tiefen Gegensatz zwischen der freiheitlichen und der totalitären Demokratie in einem konkreten Fall illustrieren. Mallet du Pan berichtet, daß er sich vier Jahre lang, zwischen 1789 und 1794, »jeden Abend niedergelegt hat, ohne zu wissen, ob er am nächsten Morgen frei und lebendig sein werde«. Er entging dem Tod auf der Guillotine, am Laternenpfahl oder durch Ertränken auf einem Floß in der Rhône nur durch die Emigration.

Die zentrale Frage, wie es einer Minderheit von 500 000 Mitgliedern in den Jakobinerklubs und Volksgesellschaften, faktisch einer noch wesentlich kleineren Zahl von Aktivisten und »Führern« gelang, eine ganze Nation in ihre Gewalt zu bringen, beantwortet der Zeitgenosse und Augenzeuge der revolutionären Ereignisse Mallet du Pan mit dem Hinweis, daß in dem Augenblick, in dem der Nation das unschätzbare Recht zuteil wurde, frei zu denken und zu schreiben, bereits eine gewalttätige Minderheit begann, »den Bürgern dieses Recht wieder zu rauben und jedem, der Herr seines Gewissens bleiben wollte, zuzurufen: ›Denke wie ich oder zittere und stirb!‹« Hippolyte Taine, dem wir diese Quelle verdanken, antwortet auf die gleiche Frage mit der Bemerkung, man dürfe das Stärkeverhältnis zwischen Minderheit und Mehrheit »nicht nach der Anzahl bemessen; die Jakobiner bildeten eine Schar innerhalb der Menge, und in einer zerrütteten, lässigen Menge dringt eine zu allem entschlossene Schar vorwärts wie ein eiserner Keil in einem Haufen abgefallener Gipsstücke«[19].

Babeuf und die »Verschwörung der Gleichen«

Als Nachklang der im Thermidor 1794 gestürzten Jakobiner-Diktatur, als Reaktion auf die banale bürgerliche Klassenherrschaft des Directoire, aber auch als Auftakt der revolutionären Unruhe, die dann das 19. Jahrhundert erfüllen sollte, kam es im Frühjahr 1796 zur »Verschwörung der Gleichen« unter Führung eines bis dahin weitgehend unbekannten Berufsrevolutionärs mit Namen François-Noël Babeuf, die später von den Marxisten als erste wahrhaft kommunistische und klassenbewußte Aktion kanonisiert wurde. Der Aufstandsversuch wurde jedoch im Keim erstickt. »Babeufs Gruppe enthielt höchstwahrscheinlich ebenso viele Polizeispitzel wie aufrichtige Anhänger seiner Lehre, so daß es der Regierung nicht weiter schwerfiel, die Verschwörer – mit Babeuf an der Spitze – zu verhaften.«[20] Der Versuch der Verschwörer, Truppen vor den Toren von Paris für den Umsturz zu gewinnen, scheiterte. Babeuf und einige Meuterer aus dem Militär wurden hingerichtet.

Gleichwohl sind sowohl die Person als auch die Lehre Babeufs, die er in einem »Manifest der Gleichen« zusammenfaßte, interessant und symptomatisch.[21] Babeuf wurde 1760 als Sohn eines ehemaligen Soldaten und Landarbeiters geboren. Nach eigenem Bekunden war er vor der Revolution Archivar und Vermessungsarbeiter, dann »Propagandist der Freiheit« und »Verteidiger der Unterdrückten«. Als sogenannter »feudiste« hatte er Erbansprüchen adliger Familien nachzuforschen. Diese Domestiken-Tätigkeit in den Schlössern der Aristokratie ließ ihn eine tiefe Überzeugung von der Unrechtmäßigkeit des Feudalsystems gewinnen. Seit dem Sommer 1789 war er an der Erstürmung von Schlössern und der Niederbrennung von Amtsgebäuden beteiligt. Noch unter der Monarchie dafür zu mehreren Gefängnisstrafen verurteilt, wurde er unter der Republik Verwalter des Somme-Departements und Sekretär eines Wahlbezirks, zuständig für Staats- und beschlagnahmtes Emigranteneigentum. Eine Urkundenfälschung führte zu seiner Suspendierung vom Dienst und zur Anklage, der er sich durch die Flucht nach Paris entzog. Seine Familie ließ er in Armut zurück, wobei er sich auf Rousseau berief, auch für ihn das große Vorbild. Die Liebe zur Revolution hatte in ihm, wie er selbst sagte, jede andere Liebe getötet und ihn »so hart wie den Teufel gemacht«. Trotz des noch anhängigen Prozesses erhielt er in Paris durch Vermittlung einflußreicher Parteigenossen bald wieder eine Anstellung im Lebensmittelamt. Auch hier kam es wieder zu Streit mit Vorgesetzten und zu mehreren Verhaftungen. Selbst unter dem Robespierre-Regime konnte der unstete Berufsrevolutionär nicht richtig Fuß fassen.

Babeuf gehörte in den Jakobiner-Jahren zu jenen zahlreichen politischen Aktivisten, deren messianische Sehnsüchte auf dem Nährboden persönlichen Unglücks gediehen. Mit ihnen teilte er den Glauben an eine einzige Ursache aller Übel der Welt und die Überzeugung, »daß endlich das Geheimnis gefunden sei und die Menschheit sich auf einem unaufhaltsamen Vormarsch zu seiner Lösung, einem gewaltsamen Durchbruch zu einer vorbestimmten, vollkommenen und endgültigen Ordnung aller Dinge befinde«. In Babeufs Biographie läßt sich mit Händen greifen, wie sehr das Element einer politisch-messianischen Erlösung zur Quintessenz der Revolution wurde, die Vorstellung nämlich, daß diese Erlösung zum Fall der Mächtigen und Reichen und zum Aufstieg der Armen und Unterdrückten führen werde, die die Erde in Besitz nehmen würden.

Obwohl Babeuf nie eine geregelte Ausbildung erfahren hatte, war er offensichtlich des Wortes in Rede und Schrift mächtig. In seinem »Manifest der Gleichen« kommen die egalitären Überzeugungen der radikalen Aufklärung zum Ausdruck, daß die ganze bisherige Geschichte durch Habgier und eine dauernde Verletzung der ursprünglichen »natürlichen« Gleichheit entstellt worden sei und daß das Monopol des Reichtums in den Händen einer kleinen Minderheit endlich durch die Total-Enteignung allen privaten Besitzes (»déproprairiser toute la France«) gebrochen werden müsse.[22] Die gesamte Organisation von Produktion, Verteilung und Konsum sollte vom Staat übernommen werden. Das Land sollte zu einer einzigen großen Gütergemeinschaft werden, und ein umfassender Jahresplan hatte die nationalökonomischen Daten zu sammeln, um Über- und Unterproduktion zu verhindern und »alle wahren Bedürfnisse« zu befriedigen und zu garantieren. In diesem System des Gemeineigentums (»communauté«) sollte niemand mehr in Not geraten, alle Bürger wurden zu »Staatsbeamten« oder »Staatspensionären«.

Dieses dirigistisch-staatssozialistische Programm, von dem sich Babeuf angesichts der Mißbräuche des Neureichtums unter der Directoire-Regierung Massenzulauf versprach, fand seine Ergänzung durch radikal- und totalitär-demokratische Ideen und

Forderungen.²³ Auf der einen Seite sollten alle Entscheidungen des Konvents unter strenger Aufsicht »des Volkes« getroffen werden und seinem Veto unterliegen. Unvermittelt steht daneben jedoch eine aufgeklärte Avantgarde. Das Wesen der revolutionären Demokratie bestand auch für Babeuf im Gehorsam und in der Treue der Massen zu ihren Führern: »Ihr wißt noch nicht, wie und wohin ich marschieren will. Ihr werdet bald meine Richtung klar sehen, und entweder Ihr seid keine Demokraten, oder Ihr werdet sie für gut und sicher halten.«²⁴ Das weist deutlich voraus auf Lenins »Berufsrevolutionäre« als »Avantgarde des Proletariats« wie auf Mussolinis »organisierte, konzentrierte, autoritäre Demokratie«.

Ganz ähnliche totalitär-demokratische Positionen vertrat der andere Führer der »Verschwörung der Gleichen«, der spätere Historiker dieser Bewegung, Philippe Buonarotti.²⁵ Er war ein Nachkomme Michelangelos und Sohn eines toskanischen Adligen mit gründlicher Bildung, wenn auch ganz im Rahmen der Philosophie des 18. Jahrhunderts und ihrer »Prinzipien«. 1789 siedelte er nach Korsika über, um dort der Revolution zum Durchbruch zu verhelfen. Im Mai 1793 wurde er vom Konvent als französischer Staatsbürger naturalisiert und war dann Konvents-Kommissar in naher Verbindung zu Robespierre. Dessen Sturz brachte ihn vorübergehend ins Gefängnis. Er schloß sich Babeufs Verschwörung an, büßte eine erneute Gefängnisstrafe ab und kehrte erst 1830 aus dem Exil nach Frankreich zurück. Eine völlig andere Natur als Babeuf, ohne dessen düsteren Groll gegen Welt und Menschheit, ein »Robespierrist reinsten Wassers, mit einem unerschütterlichen Vertrauen in ›vertu‹, seinem Glauben an das Höchste Wesen und die bürgerliche Religion«, gewann Buonarotti in seinen langen Exiljahren die Legende eines »Hohepriesters des egalitären Kommunismus«. Bis zu seinem Tod 1837 arbeitete er mit den Revolutionären der nächsten Generation, Louis Blanc, Auguste Blanqui und Raspail zusammen und kreuzte auch die Klingen mit dem neuen national-jakobinischen Propheten Giuseppe Mazzini. Vor Marx war er so etwas wie der Nestor der kommunistischen Revolution in Europa.

Aus dem gescheiterten jakobinischen Diktatur-Experiment zog er nicht die Konsequenz, für eine freiheitliche Demokratie einzutreten, sondern hielt es gerade im Gegenteil für weniger wichtig, »sogar mit Rücksicht auf die wahre Volkssouveränität selbst (und ihretwillen), uns mit dem Sammeln der Stimmen einer Nation zu beschäftigen, als dafür zu sorgen, daß die oberste Gewalt ... in solche Hände fällt, die mit Weisheit und Kraft revolutionär sind ... Diese schwierige Aufgabe [der Revolution, K. H.] kann nur bestimmten weisen und mutigen Bürgern obliegen, die, tief durchdrungen von der Liebe zum Vaterland und zur Menschheit, seit langem die Ursachen des öffentlichen Unglücks ergründet haben, sich von den Vorurteilen und Lastern ihres Zeitalters befreit haben, ihre Zeitgenossen an geistiger Entwicklung überflügelt haben, die ... ihr Glück darin sehen, sich unsterblich zu machen, indem sie der Gleichheit zum Sieg verhelfen.«[26]

So war es nur folgerichtig, daß der Umsturzversuch der »Gleichen« von einem geheimen Direktorium geleitet wurde, das für sich in Anspruch nahm, die *wahren* Wünsche und Interessen des Volkes zu kennen, die freilich erst nach der Übergangsphase einer »revolutionären Diktatur« verwirklicht werden konnten. Das war eben nicht auf einen Schlag, sondern nur auf dem Umweg über den Erkenntnisvorsprung und die damit begründete Herrschaft einer Elite zu erreichen. Im »Manifest der Gleichen« sind die Grundelemente des neuartigen demokratischen Despotismus versammelt: die Herrschaft einer Elite, die »im Namen des Volkes« und im Auftrag der Geschichte als »Zwingherr zur Freiheit« eine Diktatur des Übergangs errichtet, aber auch alle jene Prinzipien, Institutionen und Maßregeln, deren Logik über den bloßen Übergang hinaus auf die Dauerlösung eines Kasernen-Kommunismus hinweist – die Kommandowirtschaft des Staates und seiner Monopolpartei als einzigem Eigentümer, Arbeitgeber und Versorger der »Massen«; die Ersetzung des Geldes durch die Verteilung von Natural-Rationen in Gemeinschaftskantinen; eine allgemeine Arbeitsdienstpflicht bis zum Recht der Anordnung von Zwangsarbeit; die eigentümliche dialektische Einheit des *Rechts* auf Glück und der *Pflicht* zur Arbeit; staatliches Außenhandelsmonopol und weiteres mehr. Babeuf und noch mehr Buonarotti schlagen die Brücke von Rousseau und Robespierre zu Marx und Engels, vom 18. Jahrhundert der Vernunft und der Utopien zum 19. Jahrhundert der Industriellen Revolution und des Kommunistischen Manifests, dem Ausgangspunkt der totalitären Großversuche unseres Jahrhunderts, die die politischen Utopien und messianischen Hoffnungen schließlich so grausam praktizieren und erschütternd widerlegen sollten.

DIE SAAT
Karl Marx und der kommunistische Messianismus

Karl Marx ist die zentrale Gestalt des politischen Messianismus im 19. Jahrhundert. Sein Denken nimmt das ganze bisherige Ideengut der revolutionären Diktatur im Namen der »wahren Demokratie« und des Klassenkampfes wie in einem Brennglas auf und schmilzt es in ein System ein, das zur revolutionären Tat, zur »Verwirklichung« drängt. Das Marxsche Lebenswerk markiert so den halben Weg von 1789 bis 1917, von der Französischen zur Russischen Revolution, von Rousseau und Robespierre zu Lenin. Daß seine Ideen dann in unserem Jahrhundert zu weltgeschichtlicher Wirkung gelangen, verdanken sie vor allem Wladimir Iljitsch Uljanow, genannt Lenin, der die Revolutions- und Herrschaftsideologie in der Lehre des deutschen Propheten aufspürt und konsequent verwirklicht. Auf dem Höhepunkt ihres Einflusses nach dem Zweiten Weltkrieg beriefen sich schließlich die Machthaber eines runden Drittels der Menschheit auf Marxsche Ideen.[1] Gleichzeitig wurden diese zu einem wichtigen Ferment der Befreiung der kolonialen Welt, nicht zu reden von der großen Zahl von Intellektuellen, Wissenschaftlern, Schriftstellern und Künstlern, die jahrzehntelang auch im liberalen Westen an Marx »glaubten«.

Man hat Marxens Wirkung nicht zu Unrecht mit derjenigen von Religionsstiftern und Reformatoren verglichen. Seine Lehren waren nicht nur, wie er selbst immer wieder betonte, ein Programm politischer Revolution; sie beanspruchten eine Total-Deutung von Sinn und Ziel der menschlichen Geschichte, des kollektiven wie individuellen Lebens der Menschen. Marx selbst verstand sich als schonungslos »kritischer« Geist. Aber von der Radikalität dieses Anspruchs ging immer wieder eine geradezu narkotisierende Wirkung aus. Sein Ausgangspunkt war der Anspruch auf Aufhebung aller »Entfremdung« des Menschen, ein für allemal. Und doch – oder gerade deswegen – hat sich als Konsequenz seiner Prämissen neue und tiefere Entfremdung in den totalitären Herrschaftsformen unserer Zeit entfalten können. Seine Anhänger und Gläubigen meinen zwar, daß Marx für diese Entartungen und Deformationen nicht verantwortlich gemacht werden könne. Doch sollte man nicht übersehen, daß »in der Marxschen Lehre ein Absolutismus mächtig ist, der zumindest die *Möglichkeit* stalinistischer Entartungen in sich birgt und dem keine Sicherungen eingebaut sind, solches zu verhindern«[2]. Man kann nicht einfach von dem absehen, was im totalitären Realsozialismus unter Berufung auf Marx geschehen ist. Jener ist zwar nicht zwangsläufig aus Marxens Ideen hervorgegangen, aber er war auch nicht ohne ihn denkbar. Mit seiner politisch-messianischen Botschaft von der »Emanzipation *des* Menschen«, seiner Verdammung von Privateigentum und Gewaltenteilung und seinem Versuch, Freiheit in der Gleichheit »aufzuheben«, hat Marx eine innerweltliche Erlösungslehre entwickelt, die für das industrielle Zeitalter wie geschaffen erscheinen mochte und deren Faszination zeitweilig Massen in ihren Bann schlug.[3]

Der Marxismus hat zwar als Ideologiekritik nicht nur des bürgerlich-kapitalistischen Zeitalters, sondern der ganzen bisherigen Geschichte begonnen; er ist aber bald selbst zu einer neuen Ideologie mit einem umfassenden Herrschaftsanspruch geworden. Die Fehlquellen des marxistischen Systems sind heute deutlich zu erkennen[4]: in einer Fehleinschätzung des Proletariats, das bei Marx mehr dem Wunschbild eines Intellektuellen als den realen Verhältnissen in der entstehenden Industriearbeiterschaft entsprach; in einer lückenhaften Anthropologie und Psychologie auf der Grundlage der angeblichen »Selbsterzeugung des Menschen durch die Arbeit«; in einer ökonomischen Theorie, die zunehmend in Widerspruch mit der realen sozialökonomischen Entwicklung geriet; und schließlich in einer fundamentalen Fehleinschätzung der nationalen Kräfte. Am Ende der angeblich von Marx unfehlbar entschleierten gesellschaftlich-geschichtlichen

Prozesse standen mit Notwendigkeit die Herrschaft der Bürokratie und eine moderne Form der Autokratie als totalitäre Herrschaft.[5]

Zum biographischen Hintergrund

Das reichhaltige Quellenmaterial zur Persönlichkeitsbildung schon des jungen Marx – seine jugendlichen literarischen Zeugnisse, die Abituraufsätze, der Briefwechsel mit dem Vater und später mit seinem Vertrauten Friedrich Engels – vermittelt ein plastisches Bild. Schon der Siebzehnjährige spricht sich in seinem Abituraufsatz »Betrachtungen eines Jünglings bei der Wahl seines Berufs« für einen Beruf aus, »der das größte Feld darbietet, für die Menschheit zu wirken«, und Hoffnung auf »ewigen Ruhm« ermöglicht. Im gleichen Gedankengang hebt er die Vorbildwirkung derjenigen hervor, die sich für die Menschheit geopfert haben und deren Taten ewig fortwirken.[6] Der Bonner Student versucht sich mit Liedern, Balladen und Romanzen, sogar mit einem dramatischen Fragment, in deren spätromantischem Stil Selbstüberhebung, Welt- und Menschenverachtung und ein Hang zum Titanischen unverkennbar sind.

Das Persönlichkeitsbild, das die Zeitgenossen und zeitweilgen Freunde von Marx – Moses Heß, Michail Bakunin, Carl Schurz, Arnold Ruge, Ferdinand Freiligrath und andere – und nicht zuletzt der vertraute Marx-Engels-Briefwechsel überliefert haben, ist das eines »demokratischen Diktators« (Paul Annenkow), der keinen Widerspruch duldet, Unterwerfung fordert und beansprucht, den Gang der Weltgeschichte wie ein aufgeschlagenes Buch zu kennen und daraus die einzig möglichen und notwendigen Folgerungen zu ziehen.[7] Bakunin nannte ihn so autokratisch und intolerant wie Jehova: »Der Instinkt zur Freiheit fehlt ihm, er ist von der Zehe bis zum Scheitel ein Autoritärer.«[8] Carl Schurz, der Demokrat von 1848, berichtet, niemals »einen Menschen gesehen zu haben von so verletzender Arroganz des Auftretens«[9]. Proudhon warnte schon den 28jährigen in einem Brief hellsichtig, nicht zum »Apostel einer neuen Religion« und zum »Chef einer neuen Intoleranz« zu werden.[10] Und Heinrich Heine sprach 1854 von den Junghegelianern und »meinem noch viel verstockteren Freunde Marx« als von »gottlosen Selbstgöttern«, die einmal das Buch Daniel des Alten Testaments lesen sollten mit der Geschichte jenes babylonischen Königs, »der sich selbst für den lieben Gott hielt, aber von der Höhe seines Dünkels erbärmlich herabstürzte«[11].

Leitmotive des Marxschen Denkens

Im Denken von Karl Marx sind drei zentrale Motive wirksam, die in ihrer Verknüpfung die spannungsvolle und auch vielfach widersprüchliche Einheit seines Werkes erklären. Leszek Kolakowski nennt sie das prometheisch-faustische, das romantische und das rationalistische Motiv.[12] Marx selbst nannte Prometheus den »vornehmsten Heiligen im philosophischen Kalender« und sah in diesem mythischen Inbegriff der Empörung gegen die Götter das Symbol auch seiner eigenen Auflehnung gegen die bestehenden Zustände.[13] Schon in seinen Jugendgedichten findet Prometheus, den die Götter zur Strafe für seine Auflehnung an den Felsen gekettet haben, einen zentralen Platz. Zum Kern der Persönlichkeit wie des Denkens von Marx gehört der »Glaube an die uneingeschränkte Möglichkeit des Menschen, Schöpfer seiner selbst zu sein; es ist die Betrachtung der Menschheitsgeschichte als eines durch Arbeit realisierten Selbsterschaffungsprozesses, es ist die Verachtung von Vergangenheits- und Traditionskult«[14]. Hier wurzelt der fundamentale »Widerwille, mit den kreatürlichen Bedingungen der menschlichen Existenz zu rechnen ... Der Mensch ist bei ihm vollständig durch seine gesellschaftliche Existenz bestimmt; die körperlichen Grenzen seines Daseins werden nie berücksichtigt ... Marx glaubt nicht an die grundsätzliche Endlichkeit und Begrenztheit des Menschen, er glaubt nicht an die unüberbrückbaren Grenzen, die seinem Schaffen gesetzt sind.«[15] Prometheus symbolisiert die Revolte gegen die Schöpfung, den

Haß auf die natürlichen Grundlagen und Grenzen menschlichen Lebens. Hier wurzeln die psychologischen Voraussetzungen des politischen Messianismus bei Marx.

Eng verknüpft damit ist das romantische Motiv.[16] Die Entfremdungstheorie bei Marx, seine Ablehnung des Staates, der Marktbeziehungen und des Geldes wie die Idee der Aufhebung der Entfremdung durch die Rückkehr des Individuums in die organische Gemeinschaft sind romantischer Herkunft. Schon der romantische Staatsphilosoph Adam Müller hatte das moderne Wirtschaftssystem und das in ihm tätige »egoistische Individuum« abgelehnt. Der Dichter Novalis (Friedrich von Hardenberg) war gegen den Geist des »Wissens und Habens« zu Felde gezogen. Die Idee der Überwindung der Vereinzelung des Menschen durch sein Wiedereingehen in die Gemeinschaft finden wir bei Rousseau ebenso wie bei Fichte oder Hölderlin. Durch die totale Identifizierung des einzelnen mit dem Ganzen werden nach romantischer Überzeugung Zwangs- und Kontrollinstrumente überflüssig, die Konfliktquellen versiegen. Aus romantischem Denken stammt das Idealbild des »vollsinnlichen«, »totalen« Menschen, wobei dieser sich selbst überhebende Welt- und Selbstschöpfer und das Streben nach Überwindung der Entfremdung durch Eingliederung in das »organische Ganze« und durch »unmittelbare« Kommunikation der Menschen untereinander, ohne die Vermittlung von Institutionen und Gesetzen, Staat und Markt, nahe beieinanderliegen, so widersprüchlich das sein mag. Gerade auf Intellektuelle, die sich nach Überwindung ihrer vereinzelten Existenz in einer Gemeinschaft sehnen und doch ihren Herrschaftsanspruch wahren wollen, hat dieses dialektische Motiv bis in unsere Tage stets faszinierend gewirkt – man denke an eine so exemplarische Gestalt wie Jean-Paul Sartre und sein Verhältnis zum Marxismus-Leninismus. Dieses romantische Menschen- und Gesellschaftsbild nimmt den Menschen nicht so wie er ist, sondern wie er sein soll. Es setzt auf Harmonie und Konfliktlosigkeit in den gesellschaftlichen Beziehungen, ohne die unaufhebbaren anthropologischen Widersprüche auszuloten. Marx wird die romantische Kategorie der Entfremdung und ihre Überwindung dann als Klassenkampf und künftige Klassenlosigkeit der Gesellschaft interpretieren, doch bleibt bei ihm dieses Erbe nicht traditionsbezogen, sondern gewinnt eine revolutionäre Gestalt.

Marx konnte hier an tief in der europäischen Geistesgeschichte verwurzelte Ideen und Motive anknüpfen, beginnend mit dem Prometheus-Mythos über die gnostisch-neuplatonische Überlieferung bis zu den Traditionselementen des jüdischen Messianismus. Die Gnosis hatte den Menschen als einen in der Materie Gefangenen, der Erlösung der Seele Harrenden und die Weltgeschichte als gewaltiges Drama von Fall und Erlösung verstanden.[17] Marx brauchte die gnostischen Erlösungsspekulationen und den jüdischen Messianismus nur atheistisch und materialistisch umzuinterpretieren, um daraus die Idee der Menschheit als arbeitende und den Geschichtsprozeß selbst vollziehende Gattung zu gewinnen, die im Kapitalismus den Tiefpunkt ihrer Entfremdung und Verdinglichung und zugleich den großen Wendepunkt hin zum Ziel ihrer Emanzipation erreicht hat, mit dem Proletariat als dem kollektiven Erlöser, dessen revolutionäre Tat den vorbestimmten Weg aus der Entmenschlichung zur Wiedergewinnung der wahren Menschlichkeit öffnet, die – einmal gewonnen – nicht wieder aus dem Lot kommen kann.

Dem Zug der Zeit entsprechend gewann bei Marx und Engels dann aber auch das rationalistisch-wissenschaftliche Motiv an Gewicht, auch wenn es bei genauerem Hinsehen Instrument der messianisch-prometheischen Zielvorgabe und Sinnfindung bleibt. Friedrich Engels hat diesem Geist positivistischer Wissenschaftlichkeit und deterministischer Interpretation der Geschichte in seiner Grabrede auf Marx im März 1883 Ausdruck verliehen, wo er ihn als »Darwin der geschichtlichen Welt« rühmte[18]: Wie Darwin das Entwicklungsgesetz der organischen Natur entdeckt hatte, so Marx »das Entwicklungsgesetz der menschlichen Geschichte«. Nach der Überzeugung von Marx und Engels waren die Gesetze des sozialen und geschichtlichen Lebens ebenso zu entdecken und dann der gesellschaftlich-politischen Anwendung dienstbar zu machen wie jene der organischen und anorganischen Natur. Im vorwissenschaftlichen Zeitalter waren auch die Kräfte der Natur unbegriffen gewesen, bis man ihre Gesetze erkannte und in den Dienst des Menschen zu stellen verstand, etwa das Feuer und, in Engels eigener Lebenszeit, die Elektrizität. Etwas Analoges war Marx in Engels' Interpretation im Blick auf den gesellschaftlich-geschichtlichen Prozeß gelungen, dessen ökonomische Triebkräfte und Gesetze er als die zentralen und »eigentlichen« erkannt hatte: »Einmal in ihrer Natur begriffen, können sie in den Händen der assoziierten Produzenten aus dämonischen Herrschern in willige Diener verwandelt werden.«

Der Geist, der sich hier ausdrückte, war der Geist des positivistischen Zeitalters, der sich in der zweiten Hälfte des 19. Jahrhunderts in Europa so machtvoll ausbreitete. Der Rationalismus der Aufklärungsepoche hatte ihn vorbereitet, und seine grundlegende Prämisse war der immer weiter fortschreitende Erkenntnis- und Wissenserwerb im Dienste des gesellschaftlichen und politischen Fortschritts. So konnte sich dann auch der Marxismus des 19. und 20. Jahrhunderts in den Anspruch der Wissenschaftlichkeit hüllen, der im »wissenschaftlichen Kommunismus« der leninistischen und stalinistischen Ära fortdauerte. Aus dem Anspruch, Wissenschaft gleichermaßen der Natur wie der Gesellschaft und Geschichte zu sein, hat der Marxismus-Leninismus bis in die jüngste Vergangenheit seinen philosophischen Überzeugungs- und politischen Herrschaftsanspruch abgeleitet und dafür in einem Zeitalter der Wissenschaftsgläubigkeit lange Zeit auch Massengefolgschaft gefunden. Dadurch ist nicht selten aus dem Blick geraten, daß dieser dogmatische und zunehmend überholte Wissenschaftsanspruch stets Dienstmagd der politischen Praxis und des parteilichen Herrschaftswillens blieb und so immer mehr zur Ideologie degenerierte.

Am wachsenden Konflikt zwischen einer zum Dogma erstarrten System-Ideologie und der Wahrheitssuche eines offenen wissenschaftlichen Frageprozesses entzündete sich nicht zuletzt die Lunte, die schließlich Gesellschaft und Herrschaft des marxistischen Realsozialismus zum Einsturz brachte. Für Marx jedoch – und im übertragenen Sinn für das Verhältnis des Herrschaftssystems zu seiner »wissenschaftlichen« Begründung von Lenin bis

Breschnew – gilt die Feststellung von Ernst Topitsch, daß »der revolutionäre Prophet und Geschichtstheologe mit dem Empiriker und Analytiker in einer seltsamen Personalunion [lebte], wobei der erstere im Konfliktfall der Stärkere ist und oft genug souffliert, was der Wissenschaftler zu rezitieren hat«[19]. Kein Geringerer als Friedrich Engels hat dies in der schon erwähnten Grabrede mit den Worten bestätigt: »So war er der Mann der Wissenschaft. Aber das war noch lange nicht der halbe Mann. Denn Marx war vor allem Revolutionär. Mitzuwirken, in dieser oder jener Weise, am Sturz der kapitalistischen Gesellschaft und der durch sie geschaffenen Staatseinrichtung, mitzuwirken an der Befreiung des modernen Proletariats – das war sein wirklicher Lebensberuf.«[20]

Politischer Messianismus:
Religionskritik als Revolutionsprogramm

Schon die chiliastisch-messianischen Strömungen des Mittelalters und dann die Philosophen der materialistischen Aufklärung hatten die überlieferte Religion als Wurzel allen Übels verurteilt. Rousseau und Robespierre postulierten wenigstens eine deistische »Vernunft«-Religion als Grundbedingung gesellschaftlicher Erneuerung. Die »Junghegelianer«, denen sich Marx in Berlin hinzugesellte, darunter Bruno Bauer, Ludwig Feuerbach, Arnold Ruge und andere, verpflanzten die radikale Religionskritik auf deutschen Boden. Wie den Jakobinern ging es auch ihnen nicht nur um Politik, sondern über die erstrebte »demokratische Republik« hinaus um »allumfassende Weltanschauungen und vor allem Versprechungen eines bevorstehenden totalen Wandels in den menschlichen Angelegenheiten«[21]. Schon dem zwanzigjährigen Marx war klar, wie er in einem aufschlußreichen Brief an den Vater 1837 schrieb, daß man über Kant, Fichte und Hegel hinausgehen und »neue Götter« in das »Allerheiligste« setzen mußte, und daß es jetzt darum ging, »im Wirklichen selbst die Idee zu suchen. Hatten die Götter früher *über* der Erde gewohnt, so waren sie jetzt *das Zentrum* derselben geworden.«[22]

So wurde auch für Marx die Kritik der Religion zur »Voraussetzung aller Kritik«, wie er in dem Fragment seiner »Einleitung zur Kritik der Hegelschen Rechtsphilosophie« schreibt.[23] Zunächst wiederholt er hier in einprägsamen Formulierungen den Ertrag des vorausgegangenen antireligiösen Destruktionsprozesses: die Erkenntnis der Religion als nur »illusorisches Glück«, »Heiligenschein des Jammertales«, »Opium des Volkes«. Dieser Ertrag war die »Enttäuschung« des Menschen, das heißt seine Befreiung von uralten Täuschungen mit der sehr praktischen Konsequenz, daß er nun »denke, handle, seine Wirklichkeit gestalte wie ein enttäuschter, zu Verstand gekommener Mensch, damit er sich um sich selbst und damit um seine wirkliche Sonne bewege«. Das eben war der Ertrag dieser kopernikanischen Wendung: daß der Mensch selbst seine wirkliche Sonne sei, »das höchste Wesen für den Menschen«, daß »die Götter«, das heißt die im Menschen und seiner Gattung wirkenden Kräfte der Welt, nur *in* dieser Welt und sonst nirgends zu finden seien. Die Destruktion der Religion reicht bis zu den Wurzeln der Sache, ist im Wortsinne »radikal«, wie Marx selbst sagt.

So weht uns aus diesem Fragment des 23jährigen der heiße Atem des Messianismus an, der im zweiten Schritt sogleich die Folgerungen aus der Religionskritik zieht in Richtung auf eine revolutionäre Umgestaltung aller bisherigen Rahmenbedingungen menschlicher Existenz: »Die Kritik [der Religion, K.H.] hat die imaginären Blumen an der Kette zerpflückt, nicht damit der Mensch die phantasielose, trostlose Kette trage, sondern damit er die Kette abwerfe und die lebendige Blume breche ... Die Aufhebung der Religion als des *illusorischen* Glücks des Volkes« ist nur die eine Seite derselben Medaille, auf deren anderer Seite »die Forderung seines [des Volkes] *wirklichen* Glücks« steht. »... die Forderung, die Illusionen über seinen Zustand aufzugeben, ist die Forderung, einen Zustand aufzugeben, der der Illusion bedarf. Die Kritik der Religion ist also im Keim die Kritik des Jammertales, dessen Heiligenschein die Religion ist ... Die Kritik des Himmels verwandelt sich damit in die Kritik der Erde, die Kritik der Religion in die Kritik des Rechts, die Kritik der Theologie in die Kritik der Politik.«[24] Die Quintessenz dieses politischen Messianismus formuliert Marx als die »Aufgabe der Geschichte«, »nachdem das Jenseits der Wahrheit verschwunden ist, die Wahrheit des Diesseits zu etablieren«. Diese »Aufgabe der Geschichte« wird dann sogleich als »Aufgabe der Philosophie, die im Dienste der Geschichte steht«, reklamiert.

Die »Einleitung zur Kritik der Hegelschen Rechtsphilosophie« ist eines der denkwürdigsten Dokumente deutscher Sprache: zugleich politisch-messianischer Revolutionsaufruf, Skizze einer philosophischen Analyse und politische Aufgabenbeschreibung in blitzenden rhetorischen Antithesen. Ihr Fazit, auf das der jugendliche Verfasser geradezu atemlos hindrängt, ist der von ihm so genannte »kategorische Imperativ« – »alle Verhältnisse umzuwerfen, in denen der Mensch ein erniedrigtes, geknechtetes, ein verlassenes, ein verächtliches Wesen ist«[25]. Aber dieser Imperativ ist nicht, wie bei Kant, eine ethische Maxime, die sich vor allem an den einzelnen und seinen sittlichen Wandel als Voraussetzung alles übrigen richtet, sondern er ist ein unmittelbarer Appell zum revolutionären Umsturz, der weit hinausgreift über eine nur »politische Revolution«, wie sie in Frankreich 1789 oder in den Vereinigten Staaten 1776 stattgefunden und doch »nur« zu einer »demokratischen Republik« geführt hatte, aber »die Pfeiler des Hauses stehen« ließ[26], also Privateigentum, Staat, Familie und die im Lauf der Geschichte entstandene Klassenordnung. Diese »bürgerlichen« Revolutionen hatten eben nur zur Emanzipation eines *Teiles* der Gesellschaft, der bürgerlichen Klasse, geführt, die ihrem universalen Emanzipationsauftrag im Interesse ihrer eigenen Etablierung als herrschende Klasse untreu wurde, weshalb es nun in einem zweiten Anlauf galt, eben die Universalität und Radikalität der »Emanzipation *des* Menschen«, also aller, durchzusetzen.

Wo aber findet sich die reale gesellschaftliche Kraft, so fragt Marx weiter, mit deren Hilfe und Stoßkraft, aus deren »Interesse« heraus dieser Auftrag der Geschichte realisiert werden kann? Wo findet die »Kritik« die »Waffen«, die ihr zur revolutionären Verwirklichung verhelfen, wo die »materielle Gewalt«, durch deren Schwerkraft die Einsichten der Philosophie in den Auftrag der

Geschichte »verwirklicht« werden können? Marx wird rasch fündig, nachdem Mably, Morelly, Babeuf, Buonarotti und andere hier bereits vorangegangen waren: Er findet das gesuchte »revolutionäre Subjekt«, den »Stand der Befreiung par excellence«, in dem sich gerade erst ausbildenden Industrieproletariat. Hier sieht er die »Bildung einer Klasse mit radikalen Ketten«, die Voraussetzung »eines Standes, welcher die Auflösung aller Stände ist, einer Sphäre, welche einen universellen Charakter durch ihre universellen Leiden besitzt ..., einer Sphäre endlich ..., welche mit einem Wort der völlige Verlust des Menschen ist, also nur durch die völlige Wiedergewinnung des Menschen sich selbst gewinnen kann«.[27]

In diesen Antithesen versammeln sich Sprache und Ton eines nun ganz und gar diesseitig gewordenen Messianismus, hinter dem die Überzeugung steht, daß das Heil gerade aus der tiefsten Entfremdung und Sünde hervorgeht und die Stunde vor Sonnenaufgang stets die dunkelste ist. Es ist kein Zufall, daß Marx hier für sein Programm nicht die Begriffe Freiheit oder Befreiung gebraucht, sondern den Begriff der Emanzipation mit seinem revolutionären und universalen Bedeutungsumfeld einführt. Dieser politisch-messianische Emanzipationsbegriff meint nicht Befreiung von als ungerecht und ungerechtfertigt empfundenen Fesseln *in* den gesellschaftlich-geschichtlichen Bedingungen des Menschen, sondern Loslösung, Erlösung *aus* diesen Bedingungen – Religion, Staat, Klasse – schlechthin. Es ist allzu lange und oft wohl auch allzu beflissen übersehen worden, daß »Emanzipation« bei Marx nicht etwa Religionsfreiheit meinte, sondern Freiheit *von* der Religion, nicht politische Freiheit, sondern Freiheit *von* der normativen und institutionellen Ordnung des Staates überhaupt. Millionen von Menschen sind gerade diesem »vagen Zauber« der Emanzipation in der kommunistischen Zukunftsgesellschaft, der Faszination einer »magischen Freiheit« erlegen, die die stets begrenzten »Freiheiten« der geschichtlich-politisch realen Welt zu überbieten trachtet.[28]

Dabei steht diesem Entwurf der Revolution und der universellen Emanzipation aus dem Geist des Messianismus und seiner

Religionskritik für den aufmerksamen Leser auf der Stirn geschrieben, daß hier einmal mehr der Wunsch und Wille eines intellektuellen Revolutionärs Pate stand und nicht etwa Wunsch, Wille und Realität des Proletariats. Marx, ganz und gar auf die angeblich von der Geschichte selbst in Auftrag gegebene Revolution fixiert, nimmt keine empirische Analyse des Proletariats vor, das doch Instrument und »materielle Gewalt« der Revolution werden soll. Er prüft weder seine zahlenmäßige Stärke noch etwa die Frage, ob es als Klasse überhaupt jene »monolithische« Einheit darstelle, die für die ihm zugedachte Aufgabe Voraussetzung ist. Er erörtert nicht einmal die Frage, ob die »Bedürfnisse« der konkreten Menschen dieser Klasse nicht vielleicht eher auf dem Weg der Evolution und Reform befriedigt werden könnten. Statt dessen dekretiert er ein enges Verhältnis zwischen »Proletariat« und »Philosophie«, in dem die Rollenverteilung unzweifelhaft ist: »Wie die Philosophie im Proletariat ihre *materiellen,* so findet das Proletariat in der Philosophie seine *geistigen* Waffen ... Die Philosophie kann sich nicht verwirklichen ohne die Aufhebung des Proletariats, das Proletariat kann sich nicht aufheben ohne die Verwirklichung der Philosophie.«[29]

Wieder fasziniert hier die blitzende Antithetik, aber sie kann den ungeheuren autoritären Anspruch nicht verbergen, der hier am Werk ist. Denn Marx läßt keinen Zweifel, daß das Proletariat ohne die Philosophie nicht handlungs- und revolutionsfähig wird und daß es sich hier natürlich um seine eigene, einzig wahre und totale Philosophie handelt, die im Auftrag der Geschichte die »geistigen Waffen« der Revolution bereitstellt und daraus ihre widerspruchslose Rechtfertigung gewinnt. Nur von ihr kann und muß die Initialzündung ausgehen. Marx gebraucht für sie das Bild vom »Blitz des Gedankens«, der »gründlich in den naiven Volksboden einschlagen« muß. Und dann erklärt er nochmals ausdrücklich »die Philosophie« zum »Kopf« des Proletariats und dieses zum »Herz« der universalen Emanzipation. Mit aller Klarheit kommt hier der Führungsanspruch des schon Aufgeklärten und Wissenden gegenüber den »Massen«, dem »naiven Volksboden«, zum Ausdruck. Der jakobinische »Despotismus der Freiheit« ist bei

Marx lebendig, und das Denkmuster weist zugleich voraus auf die Problematik des Verhältnisses von Avantgarde und Arbeiterschaft, Partei und »Massen«, die dann Lenin im Sinne der totalitärdemokratischen Dialektik aufgriff. Diese Dialektik wird die ganze künftige Real- und Ideologiegeschichte des Marxismus-Leninismus zwischen 1917 und 1989 entscheidend bestimmen. Sie ist aber schon bei Marx voll ausgeprägt und nicht etwa erst eine Zutat Lenins.

Die »wahre Demokratie« als Kommunismus:
Der Umschlag von der Emanzipation zur Despotie

Schon in der jakobinischen Improvisation hatte der politische Messianismus als revolutionäre Diktatur einer Minderheit als »Auftrag der Geschichte« und – sekundär – im angeblichen Namen »des Volkes« Gestalt gewonnen. In der Folgezeit wurde Karl Marx zum wirkungsmächtigsten Propheten und Denker dieser neuen Herrschaftsform. Nach dem ersten Anlauf seiner radikalen Religionskritik als revolutionäre und emanzipatorische Handlungsanweisung in der »Einleitung zur Kritik der Hegelschen Rechtsphilosophie« wendete Marx sich den gesellschaftlichen und politischen Folgerungen zu, die daraus zu ziehen waren. Dies geschah in seiner »Kritik der Hegelschen Staatsphilosophie«.

Auch diese Schrift, vollgesogen mit Hegel-Terminologie und Bibel-Sprache, ist ein messianisches Dokument par excellence. Der Ausgangspunkt klingt wie der Regierungserlaß eines demokratischen Diktators: »Der Mensch ist nicht des Gesetzes, sondern das Gesetz des Menschen wegen da.«[30] An die Stelle des »gesetzlichen Daseins« des Menschen (bald wird Marx diesen Begriff durch den der »Entfremdung« ersetzen) mit allen seinen Institutionen wie Staat, Recht, Familie, Eigentum soll ein neues, erstmals absolut freies Dasein und Zusammenleben der Menschen treten. Als Chiffre für das hier anvisierte Ziel der »Emanzipation *des* Menschen« wählt Marx den Begriff der »Demokratie«. Er charakterisiert sie in einem Sturzbach messianischer Wendungen und Antithesen: »Wie die Religion nicht den Menschen, sondern wie der Mensch die Religion schafft, so schafft nicht die Verfassung das Volk, sondern das Volk die Verfassung... Die Demokratie ist das aufgelöste Rätsel aller Verfassungen. Hier ist die Verfassung... in ihren wirklichen Grund, den wirklichen Menschen, das wirkliche Volk stets zurückgeführt und als sein eigenes Werk gesetzt. Die Verfassung erscheint als das, was sie ist, freies Produkt des Menschen...«[31]

Dieses Verständnis von Demokratie des jungen Marx bleibt zeit seines Lebens die Basis seines Denkens. In messianisch-jakobinischer Tradition eröffnet er hier jene »Überbietungskonkurrenz«[32] eines radikal sozialistisch-kommunistischen Demokratieverständnisses gegenüber dem »nur bürgerlichen«, die die politische und ideologische Auseinandersetzung zwischen der liberalen Demokratie und dem marxistisch-leninistischen Demokratie-Anspruch dann zwischen 1917 und dem Ende der 1980er Jahre prägen und nicht zuletzt zu einer fundamentalen Verunsicherung des Westens beitragen sollte, ob dieser Überbietungsanspruch nicht vielleicht doch ein elementares Recht besitze. Diese Unsicherheit bestimmt noch die Auseinandersetzung im heutigen wiedervereinigten Deutschland mit der These, auch der marxistisch-leninistische Realsozialismus habe »eigentlich« doch nichts anderes gemeint als »soziale Gerechtigkeit«.

In dieser Diskussion bleibt undeutlich, daß es sich bei dem Demokratiebegriff von Marx um eine emphatische Kategorie handelt, ihrem eigenen Verständnis nach »nicht von *dieser* Welt«, sondern Vorbedingung und Ergebnis einer völlig neu zu schaffenden. »Bürgerliche«, »republikanische« Demokratie im Sinne des 19. Jahrhunderts verhält sich nach Marx zur »wahren« Demokratie wie Altes zu Neuem Testament. Marx unterscheidet analog in philosophischen Begriffen zwischen »Existenz« und »Essenz«, »Wesen«. Er ist gewissermaßen ein messianischer Essentialist, dem es in aller »Existenz« von Staatsverfassungen und Gesellschaftsverhältnissen stets um das in ihnen verborgene Wesen geht, das vom geschichtlichen Prozeß herausgearbeitet und schließlich ans Licht treten werde im Sinne einer finalen Einheit von Existenz und Wesen.[33] »Demokratie« ist für Marx gleichsam das »innere Licht«, das verborgene Wesen aller in der bisherigen Geschichte bekannten Staatsverfassungen und Herrschaftsordnungen, deren eschatologische Ziel-Gestalt, die bis jetzt aber stets verfehlt wurde. Denn bislang waren die Verfassungen immer nur Ausdruck und Instrumente des »gesetzlichen Daseins«, das heißt Schöpfungen der Herrschenden zum Zweck der Unterwerfung des wirklichen Volkes. Hat aber die Philosophie erst einmal den »wirklichen Geschichtsboden« bloßgelegt (was Marx für sich in Anspruch nimmt), das heißt den seine Welt »produzierenden« und dabei notwendig gesellschaftlich zusammenarbeitenden Menschen, dann ist das »Rätsel« der Verfassungen gelöst, ihr »Wesen« erkannt. Und dann ist das souveräne Volk legitimiert, sich gegen das überkommene »gesetzliche Dasein« im Namen der »wahren Demokratie« zu erheben; dann wird es sich von den bisherigen Herrschafts- und Ausbeutungsverhältnissen nicht mehr länger beherrschen, einschüchtern, »entfremden« lassen, sondern sich selbst seine Verfassung revolutionär als »freies Produkt des Menschen« erobern.

»Demokratie« wird für Marx so zum vorbestimmten und unvermeidlichen Ziel des ganzen weltgeschichtlichen Prozesses, zum Inbegriff einer »neuen Erde«. Und er wird deshalb auch nicht müde, stets erneut zu wiederholen, daß es sich bei der von ihm gemeinten Emanzipation und Revolution um weitaus mehr als nur um politische Kategorien handle. Hier geht es nicht etwa nur um den Wechsel von der Monarchie zur bürgerlichen Republik, denn auch diese bliebe ja immer noch »politischer Staat«, Herrschaft von Menschen über Menschen mit allen dazugehörigen Einrichtungen und Institutionen. »Wahre Demokratie« meint für Marx vielmehr den Untergang des »politischen Staates«, also aller herrschaftlich und institutionell verfaßter Ordnung menschlichen Zusammenlebens; »Demokratie« ist in dieser Vision die konfliktlose Einheit von Einzel- und Gesamtinteresse. Im Kommunistischen Manifest nennen Marx und Engels sie eine »Assoziation, worin die freie Entwicklung eines jeden die Bedingung für die freie

Entwicklung aller ist« – eine wahre Quadratur des Kreises aus dem Geist des Messianismus. Im ersten Kapitel des »Kapital« wird der gleiche Gedanke in die Formulierung gebracht, die Gesellschaft sei ein »Verein freier Menschen, die mit gemeinschaftlichen Produktionsmitteln arbeiten und ihre individuellen Arbeitskräfte selbstbewußt als *eine* gesellschaftliche Arbeitskraft verausgaben«[34]. Hier ist das kommunistische Gesellschaftsbild schon voll ausgestaltet, mit den Individuen gleichsam als Molekülen des Kollektivs und des menschheitlich-geschichtlichen Gattungslebens insgesamt.

Hier steht Marx ganz deutlich in ideengeschichtlicher Verbindung zu Rousseau. In seiner Schrift »Die Judenfrage«, die ebenfalls um das »Demokratie«-Thema kreist, knüpft Marx ausdrücklich an das Kapitel über den Gesetzgeber im Contrat Social an, wo Rousseau davon spricht, daß derjenige, der es zu unternehmen wage, »ein Volk zu bilden«, also zu konstituieren, imstande sein müsse, »sozusagen die menschliche Natur zu verwandeln. Er muß jedes Individuum, das als solches ein vollkommenes und selbständiges Ganzes bildet, in einen Teil eines höheren Ganzen umformen, von dem dieses Individuum in gewisser Hinsicht sein Leben und sein Wesen empfängt.«[35] Schon bei Rousseau finden wir also die messianische Forderung der Erneuerung, der »Wiedertaufe« der Menschen, die Notwendigkeit ihrer Erlösung aus dem Gefängnis des »egoistischen unabhängigen Individuums«, wie Marx hier anknüpft. Die Entfremdung, so sagt Marx in diesem Zusammenhang, könne nur überwunden werden durch die »Aufhebung« des Individuums und seiner egoistischen Unabhängigkeit. Die Voraussetzung der »wahren Demokratie« sei die Aufhebung des Gegensatzes von Individuum und Gesamtheit, Einzelwesen und Gattung, Privatmensch und Staatsbürger. »Wahre Demokratie« ist also für Marx eine religiöse und messianische Kategorie, gleichbedeutend mit Aufhebung der Entfremdung, Versöhnung zwischen Individuum und Gattung, Rückgabe des individuellen Selbst mit allen seinen Attributen, voran des Privateigentums, an die Alleinheit der Gesellschaft, die so Erlösung und Absolution verspricht. Die »wahre Demokratie« mündet bei Marx schließlich in das »kommunistische Wesen«, verstanden als klassenlose Gesellschaft und »gesellschaftlich-planmäßige Regelung der Produktion«.

Es wäre freilich ein Irrtum zu meinen, Marx und Engels hätten es bei diesem recht allgemeinen Bild der kommunistischen Zukunftsgesellschaft bewenden lassen. Sie haben ihre Vorstellung vor allem von der »Diktatur des Proletariats« als notwendiger Voraussetzung und Übergangsphase auf dem Weg zur klassenlosen Gesellschaft sehr deutlich beschrieben, sowohl im Kommunistischen Manifest wie später in der von Marx verfaßten Schrift »Der Bürgerkrieg in Frankreich« (1871). Ziel der proletarischen Revolution, so lesen wir im Manifest[36], sei zunächst einmal die Erhebung des Proletariats zur herrschenden Klasse, die Errichtung seiner »politischen Herrschaft«, um »der Bourgeoisie nach und nach alles Kapital zu entreißen, alle Produktionsmittel in den Händen des Staates, das heißt des zur herrschenden Klasse organisierten Proletariats zu zentralisieren«. Da es sich bei dieser Diktatur darum handelt, die Kapitalistenklasse zu entmachten, und da das Proletariat die »ungeheure Mehrzahl« der Gesellschaft ausmacht, ist – wie Marx und Engels dialektisch im Sinne der totalitären Demokratie argumentieren – hier von Diktatur nur mit Vorbehalt zu sprechen. Tatsächlich wird diese Diktatur gerechtfertigt als entscheidender Durchbruch zur »breitesten Demokratie«, als zeitlich begrenzter Übergang, aus dem sich schließlich die wahre Demokratie Schritt um Schritt entfalten werde.

So ist das Kommunistische Manifest bei seiner Skizze der proletarischen Diktatur auch keineswegs zimperlich: Marx und Engels fordern »despotische Eingriffe in das Eigentumsrecht und in die bürgerlichen Produktionsverhältnisse« und rechtfertigen sie als »zur Umwälzung der ganzen Produktionsweise unvermeidlich«, selbst wenn sie »ökonomisch unzureichend und unhaltbar erscheinen« sollten[37]. Der Primat *politischer* Herrschaft des Proletariats beziehungsweise seiner entschiedensten Anwälte, der Kommunisten, sei wichtiger als alle Ökonomie und rechtfertige auch ökonomische Unvernunft – eine denkwürdige Vorwegnahme der Entwicklung des Realsozialismus durch seine beiden wichtigsten Vordenker, die gerade heute, nach seinem Zusammenbruch, besondere Beachtung verdient.

Überhaupt mangelt es dem Kommunistischen Manifest durchaus nicht an Konkretion, besonders wenn man das von ihm skizzierte Zehn-Punkte-Programm betrachtet, das noch für die kommunistische Machteroberung 1917 in Rußland als Handlungsanleitung diente (während es für die sich rasch entwickelnden »kapitalistischen« Industriegesellschaften West- und Mitteleuropas bald nur noch Museumswert haben sollte). Zu seiner Beurteilung kommt es nicht auf einige Ungereimtheiten an, wie etwa auf den Widerspruch zwischen der postulierten Beseitigung des Privateigentums und der Forderung der Progressivsteuer. Wichtig ist hier vielmehr die Hoffnung, die die beiden Verfasser auf die Wirksamkeit einer despotisch ausgeübten Staatsmacht bei der Etablierung der klassenlosen und damit angeblich wahrhaft freien und demokratischen Gesellschaft setzten. Marx und Engels begaben sich hier in den Zirkel des Widerspruchs zwischen den despotischen *Mitteln* und dem angeblich humanistischen und demokratischen *Endziel*, mochten sie noch so emphatisch jene mit diesem rechtfertigen. Im einzelnen sah das Zehn-Punkte-Programm vor[38]:

»1. Expropriation des Grundeigentums und Verwendung der Grundrente zu Staatsausgaben.
2. Starke Progressivsteuer.
3. Abschaffung des Erbrechts.
4. Konfiskation des Eigentums aller Emigranten und Rebellen.
5. Zentralisation des Kredits in den Händen des Staats durch eine Nationalbank mit Staatskapital und ausschließlichem Monopol.
6. Zentralisation alles Transportwesens in den Händen des Staats.
7. Vermehrung der Nationalfabriken, Produktionsinstrumente, Urbarmachung und Verbesserung der Ländereien nach einem gemeinschaftlichen Plan.
8. Gleicher Arbeitszwang für alle, Errichtung industrieller Armeen, besonders für den Ackerbau.

9. Vereinigung des Betriebs von Ackerbau und Industrie, Hinwirken auf die allmähliche Beseitigung des Gegensatzes von Stadt und Land.
10. Öffentliche und unentgeltliche Erziehung aller Kinder, Beseitigung der Fabrikarbeit der Kinder in ihrer heutigen Form. Vereinigung der Erziehung mit der materiellen Produktion usw. usw.«

Man sieht unschwer, wie hier die Diktatur des Proletariats faktisch auf die Konzentration aller ökonomischen und gesellschaftlichen Macht in der Hand des Staates hinauslief mit dem Proletariat als der neuen herrschenden Klasse. Dieser Staat sollte zum Monopoleigentümer der Gesellschaft, in seinen Händen sollten Eigentum, Kapital, Transportwesen und Produktion »zentralisiert« werden. Zu dieser ökonomischen Monopolmacht sollte noch die despotische Verfügung über die Menschen hinzutreten. Die Formulierungen über gleichen Arbeitszwang und die »Errichtung industrieller Armeen, besonders für den Ackerbau« erinnern geradezu an die »orientalischen Despotien« des Pharaonenreiches oder des Zweistromlandes in der Antike mit den Sklavenmassen ihrer »hydraulischen« Kulturen.[39] Über die »öffentliche und unentgeltliche Erziehung« der Kinder sicherte sich dieser Staat dann auch das Monopol der ideologischen Indoktrination. Und der Abbau des Gegensatzes von Stadt und Land entsprach den im Zeitalter der Industriellen Revolution und des wissenschaftlichen Positivismus verbreiteten Vorstellungen vom zurückgebliebenen Landleben und den Industriestädten als Brennpunkten des Fortschritts. Wir werden in den folgenden Kapiteln sehen, wie diese Reißbrettskizze der Diktatur des Proletariats und ihres omnipotenten Monopolstaates in den totalitären Herrschafts- und Gesellschaftsformen unseres Jahrhunderts zur Verwirklichung gelangte.

Wie sehr Marx in der Traditionslinie des jakobinischen politischen Messianismus stand, zeigt auch seine Schrift »Der Bürgerkrieg in Frankreich« (1871)[40], eine »Streitschrift nach verlorener Schlacht«, keine historisch exakte Schilderung der Pariser Commune, sondern der Versuch, sie zur Veranschaulichung des Konzepts der Diktatur des Proletariats und als Beweis für dessen praktische Realisierbarkeit heranzuziehen. Die 40-Seiten-Broschüre erhielt rasch drei Auflagen und zahlreiche Übersetzungen und gilt als »einer der furiosesten, engagiertesten, brillantesten Texte von Karl Marx, boshaft, funkelnd vor Zorn und Enttäuschung und Haß«[41]. Lenin hat später mit seiner Schrift »Staat und Revolution« (1917) unmittelbar an sie angeknüpft.

Für Marx wurde die Pariser Commune zum Lehrstück für die proletarische Revolution und Machtergreifung, für die Erhebung der Arbeiterklasse gegen die Staatsmacht, diese »Maschine« kapitalistischer Klassenherrschaft. Die Arbeiterklasse dürfe diese Maschine aber nicht einfach übernehmen; sie müsse sie vielmehr »zerschlagen«, um auf den Trümmern ihre eigene Diktatur aufzubauen. An die Stelle der überkommenen Staatsmacht mit Armee, Polizei und Bürokratie tritt bei Marx das »bewaffnete Volk«. Wie in der Diktatur des jakobinischen Wohlfahrtsausschusses werden Beamtenschaft, Polizei, Richter etc. unmittelbar verantwortliche und »jederzeit absetzbare« Werkzeuge der Commune. An die Stelle des Parlaments, dieser bloßen »Fassade« bürgerlicher Klassenherrschaft, tritt die räteartige Commune, hervorgehend aus den direkt gewählten Stadträten der Pariser Bezirke.

Marx bezeichnete dieses Modell als radikal demokratisch; zugleich machte er kein Hehl daraus, daß die »Mehrzahl der Commune *selbstredend* aus Arbeitern oder anerkannten Vertretern der Arbeiterklasse« bestehen, also sich vor allem auf die produzierenden und nichtbesitzenden Klassen beschränken müsse – ganz im Sinne der proletarischen totalitären Demokratie. Marx bezeichnete dieses Modell als »Selbstregierung der Produzenten« und empfahl es ausdrücklich als eine »durch und durch ausdehnungsfähige politische Form« einer »Regierung der Arbeiterklasse« mit dem Ziel der Abschaffung »jenes Klasseneigentums, das die Arbeit der vielen in den Reichtum der wenigen verwandelt«, wie er propagandistisch einprägsam formulierte. Hier stehe die öffentliche Gewalt erstmals nicht *über* der Gesellschaft, sondern sei deren verantwortlicher *Diener*. Nicht zuletzt wies Marx dieser »wahren Demokratie« ausdrücklich die Aufgabe zu, das

»geistliche Unterdrückungswerkzeug, die Pfaffenmacht zu brechen«, den Kirchenbesitz zu nationalisieren und damit, wie er ironisch hinzufügte, den Pfaffen zu ermöglichen, sich »in die Stille des Privatlebens zurückzuziehen, um dort nach dem Bilde ihrer Vorgänger, der Apostel, sich von den Almosen der Gläubigen zu ernähren«. Während sich die Kirche also aus dem öffentlichen Raum zurückzuziehen hatte, weil sie auf dem Aussterbeetat der Geschichte stand, sollten Schulen und Wissenschaft Staatssache werden, um sich aus den »durch das Klassenvorurteil und die Regierungsgewalt auferlegten Fesseln« zu befreien – erste Stufe einer künftigen partei- und staatsmonopolistischen Erziehung im Zeichen neuer Einheit von politischer und ideologischer Macht.

Ausdrücklich tat Marx die repräsentativ-parlamentarische Demokratie als ein Verfahren ab, »einmal in drei oder sechs Jahren zu entscheiden, welches Mitglied der herrschenden Klasse das Volk im Parlament ver- und zertreten soll«. Die »Regierung der Arbeiterklasse« sei nicht nur demokratischer als die bürgerliche Klassenherrschaft selbst in einer noch so freien Republik, sondern auch »wohlfeiler« als der schmarotzende bourgeoise Staatsapparat. Die in ihr Tätigen, die Räte und ihre »Exekutiven«, die – gesetzgebend und ausführend zugleich – die bürgerlich-liberale Gewaltenteilung hinter sich ließen, arbeiteten für einen »Arbeiterlohn«. Marx entwarf ein überschwengliches Bild der Commune als der »wahren Vertreterin aller gesunden Elemente der französischen Gesellschaft«, der die angebliche Minderheit des »kapitalistischen, vergoldeten, faulenzenden Paris« gegenüberstand, »das sich jetzt mit seinen Lakaien, seinen Hochstaplern, seiner literarischen Zigeunerbande und seinen Kokotten in Versailles drängte«. Er schwärmte geradezu vom Paris der Commune, wo selbst Mord, Raub und Prostitution verschwunden seien, als »arbeitend, denkend, kämpfend, blutend, über seiner Vorbereitung einer neuen Gesellschaft fast vergessend der Kannibalen vor seinen Toren, strahlend in der Begeisterung seiner geschichtlichen Initiative«. Dieses Musterbeispiel von »Agitation und Propaganda«, einer auf Aktion drängender »Klassenanalyse« mit holzschnittartigen Konturen, wie wir sie in der Commune-Schrift finden, ging als Marxens Vermächtnis in die kommunistische Weltbewegung ein.

Die Einheit von theoretischem Modell und strategisch-praktischer Absicht, wie sie gerade in der Commune-Schrift deutlich wird, wurde für Lenin und später für Mao Tse-tung zum Vorbild. Marx' Commune-Schrift gehört zu den Schlüsseldokumenten für das Verständnis seines Denkens und der daraus erwachsenden politischen Handlungsanleitungen. Nach dem jakobinischen Experiment und der Babeuf-Buonarotti-Improvisation zeigte auch die Revolution der Pariser Kommunarden von 1871, wie die Theorie der kommunistischen »wahren Demokratie« im Zuge ihrer Realisierung zwangsläufig in die Diktatur und den Terror einer revolutionären Minderheit umschlagen mußte. Marx ließ sich von dieser konkreten Erfahrung nicht zum Nachdenken veranlassen. Wie seine Commune-Schrift zeigt, billigte er dieses Experiment ausdrücklich, lag es doch auf der Linie des Entwurfs, den er und Engels bereits im Kommunistischen Manifest geliefert hatten.

Dogmatisch fixiert auf die Vorstellung, daß *nur* die Revolution die Menschheit retten und *nur* das Proletariat ihr Träger sein könne, stellte Marx an keiner Stelle die Frage, ob die heranwachsende Industriearbeiterschaft wirklich dem Bild entsprach, das er sich von ihr machte. War dieses »Proletariat« tatsächlich jene monolithische Größe, die Marx sich wünschte, um die Rolle des revolutionären Subjekts spielen zu können? Würde es hier keine unterschiedlichen Interessen, Fraktionen und politischen Zielvorstellungen geben? Und mußte man nicht damit rechnen, daß das Proletariat – oder zumindest seine Führer – Gefallen an der einmal eroberten Macht finden konnte und damit die Erwartung hinfällig würde, es werde seine Diktatur nur als Übergangsherrschaft betrachten und sich selbst als Klasse »aufheben«? Solche naheliegenden Fragen prallten bei Marx und Engels an der unerschütterlichen Überzeugung ab, dieser von der Geschichte auserwählte kollektive Welterlöser werde etwas grundsätzlich anderes sein als alle vorherigen Klassen in der Geschichte, nicht mehr von Habgier und Machtwillen geprägt, sondern erfüllt vom uneigennützigen Interesse an der wahren Menschheits-Emanzipation – »von andersartigen Motiven bewegt als in der Vergangenheit, weshalb die Angst vor dem Mißbrauch der Macht irrelevant werden« würde.[42]

Kommunistische Planwirtschaft und das Bürokratieproblem

Die Idee der Umwandlung des Wirtschaftslebens in eine zentral gelenkte Plan- und Kommandowirtschaft ist nicht, wie vielfach behauptet wird, etwa erst dem Haupte Stalins entsprungen, der damit ganz andere Vorstellungen der beiden Ideen-Väter »deformiert« habe. Schon Marx und Engels haben erkannt, daß nach Abschaffung des Privateigentums an den Produktionsmitteln und damit der ganzen »Waren- und Tauschgesellschaft«, also der Marktgesellschaft der bisherigen »entfremdeten« kapitalistischen Produktionsweise, es gar keine andere Möglichkeit gab, als die »nationale Produktion künftig nach einem gemeinsamen Plan« zu regeln. In einem aufschlußreichen Bild vergleicht Marx die künftige kommunistische Gesellschaft mit Robinson auf seiner Insel, der zur Befriedigung seiner Bedürfnisse seine »Lebensmittel« (Mittel zum Leben) selbst herstellen muß, die nun aber keine den Menschen in die »Entfremdung« führenden »Waren« mehr seien. Diese unentfremdete Gesellschaft der Zukunft erscheint ihm als ein großer Mensch (Makroanthropos), ein Gesellschaftsbild, das schon die Antike kannte, mit den Individuen als Teilen und Gliedern eines großen Organismus, dem sie ein- und untergeordnet sind und von dem sie ihre Funktionen empfangen. In Fortführung des Kommunistischen Manifests charakterisierte Marx daher im ersten Kapitel des »Kapital« die kommunistische Gesellschaft als »einen Verein freier Menschen, die mit gemeinschaftlichen Produktionsmitteln arbeiten und ihre individuellen Arbeitskräfte selbstbewußt als *eine* Arbeitskraft verausgaben. Alle Bestimmungen von Robinsons Arbeit wiederholen sich, nur *gesellschaftlich* (von Marx hervorgehoben) statt individuell.«[43] »Selbstbewußtsein« der Gesellschaftsmitglieder heißt für Marx hier nicht etwa eine besondere Betonung des Wertes der Individuen, sondern ihre

Einsicht in ihre wirkliche Existenz als notwendig zusammenarbeitende Gesellschaftsglieder. Marx zog aus diesem Ansatz weitreichende Folgerungen, wenn er sagte, »die gesellschaftlichen Beziehungen der Menschen zu ihren Arbeiten und Arbeitsprodukten« würden unter den Bedingungen kommunistischer Produktionsweise »durchsichtig einfach, in der Produktion sowohl als in der Distribution«. Ein Teil des gemeinsam hergestellten gesellschaftlichen Produkts »dient wieder als Produktionsmittel. Es bleibt gesellschaftlich. Aber ein anderer Teil wird als Lebensmittel von den Vereinsmitgliedern verzehrt. Er muß daher unter sie verteilt werden.«[44] »Durchsichtig einfach« wird das alles nach Marx, weil er den angeblich einzig vernünftigen und gerechten Maßstab für die Verteilung gleich mitliefert: die Arbeitszeit als Maß für den individuellen Anteil am »verzehrbaren« Teil des gesellschaftlichen Gesamtprodukts. Und er ist überzeugt, damit die Formel gefunden zu haben, um künftig Ausbeutung und alle Konflikte zwischen Einzel- und Gesamtinteresse zu verhindern.

Auch Engels hat aus diesem Ansatz geradezu euphorische Folgerungen gezogen: Wenn Ausbeutung und gesellschaftliche Konflikte in der künftigen Gesellschaft mit ihrer gemeinschaftlichen Produktionsweise entfallen, dann würden auch Herrschaft und Regierungsfunktionen mehr und mehr überflüssig; sie würden »absterben« und schließlich durch eine bloße »Verwaltung von Sachen und Leitung von Produktionsprozessen« ersetzt werden.[45] Mit der »Besitzergreifung der Produktionsmittel durch die Gesellschaft« werde »der beständigen Anarchie und den periodisch wiederkehrenden Konvulsionen, welche das unvermeidliche Schicksal der kapitalistischen Produktion sind«, ein Ende gemacht. Die Menschen würden zu »Herren ihrer eigenen Vergesellschaftung«, nicht mehr scheinbar objektiven fremden Mächten in der Gesellschaft und der Willkür des Privatbesitzes an den Produktionsmitteln, »die bisher die Geschichte beherrschten«, unterworfen. Jetzt traten nach Engels diese Mächte unter die Kontrolle der Menschen, die ihre Geschichte nun mit vollem Bewußtsein selbst machen, weil sie die ökonomisch-gesellschaftlichen Bedingungen und Gesetze durchschauen und sie mit den von ihnen selbst gewollten Wirkungen anwenden. Durch den Übergang von der »Produktionsanarchie« der bisherigen kapitalistischen Klassen- und Warengesellschaft zur »gesellschaftlich-planmäßigen Regelung der Produktion nach den Bedürfnissen der Gesamtheit wie jedes einzelnen« vollzieht sich, wie Engels folgert, »der Sprung der Menschheit aus dem Reich der Notwendigkeit in das Reich der Freiheit.«

Wieder stoßen wir hier auf eine der für Marx und Engels so charakteristischen Formeln, die als Ergebnis suggerieren, was man logisch als Behauptung ohne Beweis bezeichnen muß. Hatte es im Manifest geheißen, »die freie Entwicklung eines *jeden* ist die Bedingung für die freie Entwicklung *aller*«, so formulierte Engels nun ganz ähnlich, daß die »gesellschaftlich-planmäßige Regelung der Produktion« problemlos »einfach« zur Befriedigung sowohl der »Bedürfnisse der *Gesamtheit* wie jedes *einzelnen*« führen werde. Mit diesem Zirkelschluß und der Vorstellung von der Verwandlung des Staates und der politischen Herrschaft in eine bloße »Verwaltung von Sachen« umging Engels schlicht die Tatsache, daß die hier konzipierte zentralisierte Verwaltung der Produktionsprozesse natürlich auch weiterhin »die Verwaltung der Arbeitskräfte und mithin aller Menschen« einschloß, so daß dieser marxistische Kommunismus »nur zu einem Arbeitslager werden« konnte.[46] Die Kommandohöhen der Lenkungs- und Planungsgesellschaft hatten natürlich auch künftig fortgesetzt einschneidende *politische* Entscheidungen zu treffen, insbesondere hinsichtlich der Proportionen zwischen dem gesamtgesellschaftlichen Investitionsanteil und dem individuell »verzehrbaren« Konsumanteil am Sozialprodukt, aber auch etwa hinsichtlich des Konsumanteils der Nichtproduzenten – der Kinder und Jugendlichen, der Alten und Kranken –, der Entlohnung der qualifizierten Arbeitskräfte im Verhältnis zu den einfachen und ungelernten etc. Die Beseitigung des Privateigentums an Produktionsmitteln und der Marktwirtschaft erweiterte und vertiefte also die Zuständigkeit des Staates um ein Vielfaches, so daß die Erwartung seines schrittweisen »Absterbens« zumindest naiv und leichtfertig war. Zwar meinten Marx und Engels, die »despotischen Eingriffe« der Diktatur des Proletariats in Eigentumsrechte und Produktionsverhältnisse würden nur für eine Übergangszeit notwendig sein. Indes war von vornherein zu erwarten, daß im Falle der Verwirklichung des Konzepts gerade sie seine realistischen und dauerhaften Elemente sein würden, vor denen die Vision der Emanzipation wie eine Fata Morgana am Horizont verschwinden mußte – eine Annahme, die dann ab 1917 von der geschichtlichen Realität nachhaltig bestätigt wurde.

Einmal mehr wird hier die Berechtigung der Bemerkung von Ernst Topitsch unterstrichen, daß bei Marx der revolutionäre Prophet und Geschichtstheologe gegenüber dem Analytiker und Empiriker stets der Stärkere war und soufflierte, »was der Wissenschaftler zu rezitieren hat«. Diese Feststellung gilt nicht nur für die absolut unzureichende Behandlung des Herrschaftsproblems in der marxistischen Gesellschaftstheorie, sondern ebenso für die Bürokratie-Thematik.[47] Eine unvoreingenommene Betrachtung hätte die beiden Autoren selbst dazu führen können, die hochgradige Gefährdung ihres emanzipatorischen Zieles zumindest kritisch zu erörtern, um so mehr, als sie ja nicht die Rückkehr zu einer vorindustriellen Subsistenzwirtschaft im Sinne hatten, sondern die kommunistische Gesellschaft im Horizont einer weiteren enormen Expansion der industriewirtschaftlichen Produktion ansiedelten, die ja jenen materiellen Überfluß hervorbringen sollte, den sie als Bedingung des Kommunismus erwarteten. Auch hier hätte sich die Überlegung geradezu aufdrängen müssen, daß mit den Lenkungs-, Koordinierungs- und Planungsaufgaben der Zentralbehörde in einer immer komplexer werdenden Industriegesellschaft der hierarchisch-bürokratische Apparat entsprechend wachsen mußte. Bekanntlich hat Lenin dieses Problem nach den ersten Jahren des bolschewistischen Partei- und Staatsaufbaus erkannt, doch da war es bereits zu spät.

Die Diktatur der kommunistischen Avantgarde

Hier mündet das ökonomische Lenkungsproblem der kommunistischen Gesellschaft wieder in ihre allgemeinen politischen Prämissen und Funktionsmechanismen ein. Diese beruhen ja auf der zentralen Fiktion einer – vorläufigen – Substitution der unvermeidlich kommenden »wahren« Demokratie durch die Diktatur einer Avantgarde von (um die Bewegungsgesetze von Gesellschaft und Geschichte) Wissenden und zugleich Tugendhaften im Sinne der restlosen Hingabe an das »Interesse der Sache«[48]. Immer wieder wird das »Jetzt« der proletarischen Diktatur dialektisch durch das zukünftige Endziel legitimiert. Zugleich verfestigt sich jene zum Dauerzustand und verflüchtigt sich dieses. Nun rächt sich, daß man alle aus der bürgerlich-liberalen Epoche überkommenen Schranken gegen Machtmonopole und -mißbrauch – Menschen- und Grundrechte, Gewaltenteilung, Rechtsstaatlichkeit etc. – als Institutionen bürgerlich-kapitalistischer Klassenherrschaft bekämpfte und im Vorgriff auf das vage emanzipatorische Endziel als unzureichend abschaffte. Durch die proletarische Revolution und Diktatur und ihre despotischen Eingriffe in die Gesellschaft im Namen des hehren Endziels entsteht notwendig ein geistig-moralisches und institutionelles Vakuum, das nach neuer Ausfüllung von der Spitze her verlangt.

1917 meinten nicht wenige Anhänger der kommunistischen Idee, daß die Institutionen der Räte-Demokratie ein solches neues, radikal-demokratisches Gerüst bieten könnten, wie auch schon Marx in der Commune-Schrift empfohlen hatte. Bald zeigte sich aber, wie unzureichend die Räte waren, wenn es um den Aufbau einer dauerhaften nachkapitalistischen Ordnung ging. Ihre Spontaneität, Fluktuation und Konfusion, Ausdruck einer vorübergehenden revolutionären Situation, waren für einen stabilen gesellschaftlich-staatlichen Neuaufbau wenig geeignet. Vor allem Lenin erkannte, daß hier nur eine entschlossene und straff organisierte Parteidiktatur in Frage kam, die der Gesellschaft gleichsam als neues Knochengerüst eingepflanzt und den Räten übergestülpt wurde, auch wenn diese als legitimatorische Fassade fortbestanden. Nachdem die Bolschewiki-Revolution die alte politisch-gesellschaftliche Ordnung mitsamt Privateigentum und Marktbeziehungen in die Luft gesprengt hatte, war nicht die erhoffte Gesellschaft freier Produzenten ohne Konflikte zwischen Einzel- und Gesamtinteresse das Ergebnis, sondern mit organisationssoziologischer Folgerichtigkeit die Errichtung des Supermonopols der *einen* Partei respektive ihrer Führer und Apparate. Tatsächlich hatte Marx eine solche Parteiherrschaft nicht konzipiert, sie lag jedoch in der Konsequenz seines Ansatzes. Da er die »wahre«, kommunistische Demokratie als Identität von Einzel- und Gesamtinteresse beschrieb, erhob sich sofort die grundlegende Frage, *wer* für die Definition des Gesamtinteresses und seine Abgrenzung von den Einzelinteressen zuständig sei. Die Verantwortung von Marx und Engels für die spätere Entwicklung der sozialistisch-kommunistischen Systeme besteht vor allem darin, *diese* Gretchenfrage nie konsequent gestellt zu haben, deren realistische Beantwortung ihnen hätte zeigen müssen, daß Herrschaft und herrschende Klasse, denen sie in der klassen- und tendenziell staatslosen Demokratie die Tür gewiesen zu haben glaubten, durch die Hintertür wieder zurückkehren mußten.

Hinzu kommt noch ein weiteres. Im Abschnitt II des Kommunistischen Manifests, »Proletarier und Kommunisten«, stellten Marx und Engels die Frage nach dem Verhältnis zwischen diesen beiden und betonten zunächst, scheinbar unverfänglich, die Kommunisten seien keine »besondere Partei gegenüber den anderen Arbeiterparteien«, sie hätten »keine von den Interessen des ganzen Proletariats verschiedenen Interessen« und würden auch keine »besonderen Prinzipien« aufstellen, »wonach sie die proletarische Bewegung modeln wollen«.[49] Hier war vor allem das taktische Motiv am Werk, eine möglichst breite proletarische Einheitsfront in der Ersten Internationale herzustellen, die freilich immer wieder, nicht zuletzt an den Führungsansprüchen von Marx und Engels, scheiterte. In den weiteren Formulierungen des Manifests heißt es dann entgegen den vorherigen Beteuerungen, daß die Kommunisten praktisch »der entschiedenste, immer weiter treibende Teil der Arbeiterparteien aller Länder« seien, da sie

»theoretisch vor der übrigen Masse des Proletariats die Einsicht in die Bedingungen, den Gang und die allgemeinen Resultate der proletarischen Bewegung voraus« hätten.[50] Ohne Zweifel kommt darin das hohe Selbstbewußtsein der Verfasser zum Ausdruck und ihr Führungsanspruch als »Kopf« der Revolution, als der »Blitz«, der als zündender Funke in den eher passiven, »naiven Volksboden« einschlägt. Ähnlich hatten schon ein halbes Jahrhundert zuvor Robespierre und Saint Just ihren Führungsanspruch auf die Diktatur begründet, und ein weiteres halbes Jahrhundert später konnte Lenin mit seinem Konzept der Avantgarde der Berufsrevolutionäre hier anknüpfen.

Dieser Anspruch auf die praktisch-politische Führung der proletarischen Revolution durch die Kommunisten, der mit deren überlegener Einsicht in Gang und Ziel des geschichtlichen Gesamtverlaufs begründet wurde, verhinderte natürlich die Bereitschaft, kritisch zu fragen, was die proletarischen Führer nach der siegreichen Revolution und als Inhaber der Diktaturmacht dazu veranlassen könnte, nach einer gewissen Zeit diese Macht wieder aus der Hand zu geben. So bot das Konzept der Diktatur des Proletariats kein realistisches Argument gegen ihre Fortdauer und wachsende Verfestigung in Gestalt einer monopolistischen und despotischen Parteiherrschaft – im Gegenteil: Mittels des vagen Zaubers der künftigen Emanzipation des Menschen war schon im Kommunistischen Manifest alles darauf angelegt, die Diktatur als einen andauernden und notwendigen Zustand zu rechtfertigen, zunächst mit dem Auftrag des Aufbaus und dann der Sicherung der »revolutionären Errungenschaften« gegen alle Anschläge der »Konterrevolution«, wie es dann in der Geschichte des Sowjetsystems tatsächlich ständig der Fall war. Gerade dadurch, daß Marxens Konzeption der Parteiherrschaft die Möglichkeit bot, sich auf das Interesse der »ungeheuren Mehrzahl«, ja auf den Willen der ganzen Menschheitsgattung und gar auf den Auftrag der Geschichte zu berufen, schuf er im Ergebnis eine höchst wirksame Herrschaftsideologie. In der Marxschen Theorie selbst waren so schon die Konsequenzen angelegt, die nicht zu einer Gesellschaft der Freiheit, Gerechtigkeit und Solidarität führten, sondern »zum

Verlust der Freiheit, zur Mißachtung der Gerechtigkeit und zur Denaturierung der Solidarität durch die Diktatur einer Monopolpartei.[51] »So erwacht der Prometheus aus seinem großartigen Machttraum und steht da als der Gregor Samsa von Kafka.«[52]

Zur Würdigung und Kritik von Karl Marx

Das Persönlichkeitsbild von Marx ist häufig als Hagiographie, als Heiligenbild gezeichnet worden. Schon Franz Mehring, sein erster Biograph, hatte im Interesse der Arbeiterbewegung Retuschen am Bild des Idols angebracht. Auch der von August Bebel und Eduard Bernstein 1913 erstmals herausgegebene Marx-Engels-Briefwechsel blieb, auf Mehrings dringenden Rat, nicht ohne eingreifende Weglassungen. »So wie Marx sich selbst gab, *durfte* er nicht sein. Marx, der Entdecker unfehlbarer, mit absoluter Sicherheit wirkender Gesetze, mußte selbst, um eine Quelle der Sicherheit sein zu können, von Subjektivität frei sein.«[53] Als der Leiter des Moskauer Marx-Engels-Instituts, David Rjazanow, 1929 die Marx-Engels-Korrespondenz ungekürzt publizierte[54], bezahlte er das schließlich als Opfer der Stalin-Säuberungen. Dieses Material blieb auch im Westen weitere dreißig Jahre ungenutzt. Auch noch nach dem Zweiten Weltkrieg bemühte man sich um ein Bild des »humanistischen Marx« – so etwa Isaiah Berlin[55] –, dessen Ideen von Lenin und vor allem Stalin deformiert und pervertiert worden seien.

Seit dem Ende der 1960er Jahre sind neue grundlegende Darstellungen von Marx' Leben, Werk und Wirkung erschienen, besonders die von Arnold Künzli, Ernst Kux, Robert Payne, Fritz J. Raddatz und Werner Blumenberg[56], die alle darin übereinstimmen, daß zum Verständnis des Denkens und Wirkens von Marx seine Biographie und Psychologie unentbehrlich sind. Künzli, der sich als Sozialist in der westeuropäischen humanistischen Tradition versteht, kommt dabei zu dem Ergebnis, daß man Marx zwar nicht für die paranoiden Exzesse und den Terror Stalins verantwortlich machen, aber auch nicht übersehen dürfe, »daß in der

Marxschen Lehre ein Absolutismus mächtig ist, der zumindest
die Möglichkeit stalinistischer Entartung in sich birgt und dem
keine Sicherungen eingebaut sind, solches zu verhindern«[57]. Gerade
weil sich die materialistische Dialektik bei Marx selbst und
vielen seiner Nachfolger gegen die »autonome Macht des Psychischen«
verschließt, ist es nach Künzli um so wichtiger, die
Marxsche These von der Bestimmung des Bewußtseins durch das
materiell-sozialökonomische Sein nach der Seite des unbewußten
Seins hin zu erweitern.

Ähnlich hat auch der marxistische Philosoph Svetozar Stojanović
in seinem Buch »Kritik und Zukunft des Sozialismus« gefordert,
die Theorie des Unbewußten in stärkerem Maß auch auf
die revolutionären Gruppen der europäischen Zeitgeschichte anzuwenden:
»Die Erscheinung der Inversion [Vertauschung, K. H.]
von Zielen und Mitteln erweckt den Verdacht, daß unter den bewußten
Zielen von Beginn an andersartige unbewußte Ziele lagen.
Die bewußten Ziele, deren Achse die klassenlose und staatslose
Gesellschaft darstellt, dienen in solchen Fällen zur Verdeckung
des unterbewußten Wunsches nach der eigenen Verabsolutierung
der Macht.«[58] Dabei hat Marx sicherlich wichtige Elemente einer
soziologischen Weltanschauungskritik entwickelt, die längst in
den Blutkreislauf auch der »bürgerlichen« Sozialwissenschaften
eingegangen sind, während sie in den Systemen des zur Herrschaft
gelangten Marxismus von den angeblich höheren Einsichten,
Heilswahrheiten und politisch-messianischen Zielbestimmungen
immer wieder beiseite gedrängt wurden.

Marx hatte mit dem Anspruch begonnen, durch einen revolutionären
Bruch mit der religiös-christlichen und philosophischen
Überlieferung, vor allem Hegels, das Denken über Gesellschaft
und Geschichte »vom Kopf auf die Füße zu stellen«, mit
aller »Metaphysik« und »Spekulation« aufzuräumen und auf dem
»wirklichen Geschichtsboden«, beim »wirklichen Leben« zu beginnen.
Aber dieser Absolutheitsanspruch, das Sein endlich »enträtselt«
zu haben, blieb *eine* Idee unter anderen, *eine* Interpretation
des Seins unter allen anderen, die die Ideengeschichte kennt.
Auch dieser radikale Erkenntnis- und Veränderungswille, der die

bisherige Geschichte zur bloßen »Vorgeschichte« erklärte und entschlossen war, auf einer revolutionären Tabula rasa die Geschichte völlig neu zu beginnen, stürzte wieder in die Geschichte ab und erreichte nicht den erstrebten Punkt außerhalb ihrer Schwerkraft.

Bei genauerem Hinsehen zeigt sich, daß Marx' philosophischer Ausgangspunkt, wonach der Mensch »nichts anderes« als ein sinnlich-naturhaftes und gesellschaftlich produzierendes Wesen sei, zur erstrebten inneren Stimmigkeit nur gelangt um den Preis einer entschiedenen Reduktion der Wesensbestimmung von Mensch, Gesellschaft und Geschichte. Wenn die anthropologische Definition derart eingeschränkt ist auf die Faktoren Arbeit und gesellschaftliche Produktion der »Lebensmittel«, muß auch das angestrebte Resultat, die Überwindung der Entfremdung und die volle Selbstverwirklichung des Menschen, entsprechend eingeschränkt und torsohaft ausfallen, wodurch sich dieser Ansatz »um den größten Teil seiner emanzipatorischen Wirkung bringt«[59]. Sicher hat Marxens Position ein nicht zu verkleinerndes und ernstzunehmendes Recht, wo es ihm um die Berücksichtigung der elementaren »materiellen« Schichten der menschlichen Existenz und der gesellschaftlich-politischen Realität geht. Im Kampf gegen einen einseitigen philosophischen Idealismus und supranaturalistische Deutungen ging es Marx darum, die »materiellen Grundtatsachen in ihrer ganzen Bedeutung und in ihrer ganzen Ausdehnung« zu ihrem Recht kommen zu lassen. Niemand wird vernünftigerweise bestreiten, daß ohne »Brot« und »Leib« weder »Bewußtsein« noch »Geist« möglich sind.[60]

Die Kritik wird dort ansetzen müssen, wo ein materialistischer und ökonomistischer Dogmatismus diese Teilwahrheit zur ganzen Wahrheit verabsolutiert, in philosophischen Begriffen also eine unentbehrliche *Bedingung* (conditio) menschlicher Existenz zur *Wesensbestimmung* (essentia) erklärt. Aus der berechtigten Korrektur idealistischer Unterbewertung der Leiblichkeit in der anthropologischen und gesellschaftlich-historischen Realität wird ein intoleranter Doktrinarismus, der einen Teil zum Ganzen der Wahrheit verabsolutiert. Fundamentale vorgesellschaftliche Bedingungen menschlicher Existenz, die *conditions humaines*, werden aus der Analyse gleichsam ausgefällt: »Realitäten wie Schuld, Gewissen, Tod, Frage nach Lebenssinn u. a. beachtete er [Marx] nicht ... Er wollte dies nicht sehen; und wenn es ihm unübersehbar wurde, disqualifizierte er es sofort als Metaphysik oder als Nebelbildung im Gehirn oder als Produkt verkehrter Verhältnisse – jedenfalls als Illusion.«[61] Hier, im Kernbereich der anthropologischen Analyse, beginnt bereits das Verhängnis des Marxismus, daß er – wie André Glucksmann sagt – »nicht nur Überzeugungen nährt, sondern auch den Willen, *nicht sehen zu wollen*«[62].

Daß Marx' Begriff vom Wesen des Menschen verengt und torsohaft reduziert ist, wird heute auch von kritisch und selbständig denkenden Marxisten nicht mehr bestritten. So hat zum Beispiel der polnische Philosoph Adam Schaff sich darum bemüht, die hier in der marxistischen Philosophie bestehende Lücke durch eine »Philosophie des Individuums« mitsamt einer Rehabilitation seiner autonomen Rechte gegenüber angeblicher gesellschaftlich-ökonomischer Determinierung zu füllen.[63] Und der erwähnte kroatische Sozialphilosoph Svetozar Stojanović, in den 1960er Jahren Mitglied der regimekritischen »Praxis«-Gruppe, schrieb in diesem Zusammenhang: »Marx hat der philosophischen Anthropologie einige wertvolle Bemerkungen über die wesenhaften Potenzen des Menschen angefügt. Und doch hat der zu eng gefaßte, wertselektive Begriff des Wesens verhindert, daß er auch die entgegengesetzte, gleich wesentliche Reihe menschlicher Potenzen umfaßt ... Man kann durchaus sagen, der Mensch sei zu einer Zweiheit, zum Gegensatz von humanen und inhumanen Potenzen verurteilt. Der Gegensatz von Wesen (im Marxschen Sinn) und Existenz gehört zum Wesen des Menschen. Vollkommen sind nur Götter und nichtmenschliche Lebewesen.«[64]

Hier wurde von marxistischen »Revisionisten« eine Wahrheit erneuert, die zum Grundbestand der religiösen, vor allem der christlichen Überlieferung gehört und von der Religionskritik der radikalen Aufklärung und von Marx beiseite geschoben worden war. Diese Überlieferung hatte stets darum gewußt, daß Egoismus und Habgier zwar Teil der »Sünde« sind, diese sich aber nicht darin erschöpft. Während für Marx Habgier, Privateigentum und Geld die hervorstechendsten Ausdrucksweisen der »Entfremdung« sind, reicht religiöses Denken hier tiefer. Bibel und Christentum sehen Sünde vor allem als Gottferne und Gottabwendung des Menschen, der seinen Halt bei Gott verliert und ihn bei den Dingen dieser Welt sucht.[65] Marx' »reduzierte Sicht des Bösen« führt dazu, daß der vom Privateigentum emanzipierte Mensch ein Torso-Wesen bleibt und seine »Erlösung« in den neuen kommunistischen Produktionsverhältnissen sucht. Wie die marxistische »Entfremdung« säkularisiertes und reduziertes Verständnis der christlichen Sünde ist, so endet auch die marxistische Version der »Erlösung« als Emanzipation in dem Bild des Menschen als »animal laborans«, das heißt als Funktionsglied der Gesellschaft und des geschichtlichen Prozesses.[66] Hier werden die Individuen zum bloßen Material eines gigantischen Emanzipationsexperiments der Gattung Mensch.

Ludwig Feuerbach, dessen radikale Religionskritik der junge Marx begierig aufgenommen hatte, hat das freiheitsbedrohende Ergebnis des politisch-messianischen Glaubens an einen Endzustand der Geschichte, in dem die Entfremdung überwunden und der Mensch wieder in sein »Wesen« kommen werde, sehr deutlich gemacht und damit, ohne Absicht, den dialektischen Umschlag von radikal-emanzipatorischer Aufklärung zu neuem Despotismus vorgezeichnet. Nach dieser politisch-messianischen Prämisse sollte Philosophie nun selber nicht nur Politik, sondern auch Religion werden, eine politische Weltanschauung, die die bisherige Religion ersetzt: »Denn religiös müssen wir wieder werden – die *Politik* muß unsre Religion werden – aber das kann sie nur, wenn wir ein Höchstes in unserer Anschauung haben, welches uns die Politik zur Religion macht.«[67] Das war nur folgerichtig: Wenn der Mensch für den Menschen zum Höchsten geworden war, dann konnte, ja mußte Politik Religion werden. Die Notwendigkeit des Politischwerdens folgerte Feuerbach zu Recht aus diesem Glauben an den Menschen. Dann wird »die Gesellschaft« notwendig zum Inbegriff aller Realitäten, zum »Menschen im Großen«.

Das Konzept der klassenlosen Gesellschaft bei Marx hat daraus die letzte Konsequenz gezogen. Ohne die »vertikale Transzendenz«, ohne »die Ewigkeitsdimension im Verständnis des Menschen in seiner Welt«[68], führt die marxistische Theorie zur Entwertung der Persönlichkeit gegenüber der innerweltlichen Bewegung der Geschichte, zur Vergottung des Menschen in Gestalt seiner rein gesellschaftlichen Existenz im Kollektiv und in der überindividuellen Gattung. Gegenüber diesen neuen Göttern hat der einzelne Mensch – wir haben es in unserer Epoche erlebt – keine originalen, in der Gottesebenbildlichkeit gründenden unveräußerlichen Rechte mehr.[69] In dieser »neuen Welt«, in der die Religion durch die Politik ersetzt und damit Politik zur Religion wird, kommen Baal und Moloch wieder herauf, eine neue Einheit von politischer und ideologischer Macht. Eine bislang unbekannte Absolutsetzung des Politischen muß die Folge sein und eine Intensivierung von Herrschaft, auch wenn sie *so* jetzt nicht mehr genannt wird, sondern Gesellschaft, Emanzipation, sozialistische Errungenschaften, Kommunismus etc.[70] Die Mitwirkung am neuen Turmbau zu Babel wird den Massen als Befreiung und Erlösung dargeboten. Wenn aber die menschliche Gesellschaft mit ihren Setzungen und Zielen das letzte schlechthin gültige Maß wird, wird der Mensch nicht etwa frei, sondern »viel eher ein Knecht eines namenlosen, vielköpfigen, unverantwortlichen Ungeheuers, wie es nur arge Götzen sind«[71]. Der Totalitätsanspruch der Gesellschaft muß totalitär werden.[72]

DIE GRUNDLEGUNG
Lenin
und der totalitäre Einparteistaat der Sowjetunion

Die Revolution der Bolschewiki in Rußland im Jahr 1917 hat Ernst Nolte als einen »welthistorisch völlig neuartigen Tatbestand« bezeichnet, »weil erstmals in der modernen Geschichte eine ideologische Partei in einem Großstaat allein die Macht ergriff und auf glaubwürdige Weise ihre Absicht an den Tag legte, in der ganzen Welt durch die Entfesselung von Bürgerkriegen eine grundlegende Wandlung herbeizuführen, welche die Erfüllung der Hoffnungen der frühen Arbeiterbewegung und die Verwirklichung der Vorhersagen des Marxismus bedeuten würde«[1]. Damit wird die zentrale Bedeutung der bolschewistischen Revolution in Rußland und ihres Architekten Lenin zum Verständnis des 20. Jahrhunderts treffend umschrieben.

Der Bolschewismus, diese eigentümliche Synthese eines extremen »westlichen« Rationalismus, der sich schon bei Marx zu politischem Messianismus steigerte, mit der messianischen Tradition des russischen Geschichtsdenkens, war gewiß keine unvermeidliche Konsequenz der neueren russischen Geschichte.[2] Doch war er Endpunkt einer seit Jahrzehnten in Rußland herangewachsenen gesellschaftlich-politischen Krise. Vor allem nachdem die Reformanstöße des Zaren Alexander II. (1818-1881) versandeten, war die Intelligenzija des Landes mit ihrem messianisch getönten Glauben an einen »russischen« Sozialismus auf der Grundlage traditionellen Gemeineigentums und an das einfache Volk als Inkarnation der Hoffnung und Erlösung zum stärksten Ferment der weiteren Entwicklung geworden. Zwar erwies sich der Terrorismus der Narodniki, der »Volksfreunde«, dem auch der Reformzar selbst zum Opfer fiel, als Fehlschlag, doch stauten sich die sozialökonomischen, geistigen und politischen Probleme des

Zarenreiches von Jahr zu Jahr mehr zu einer Spannung auf, die nach Entladung drängte. Mit der um 1890 voll einsetzenden Industrialisierung boten sich zunehmend günstige Voraussetzungen revolutionärer Agitation, jetzt vor allem unter dem Einfluß marxistischer Ideen, deren erster Propagator Georgij Plechanow (1856-1918) wurde.

Um 1900 waren zwar immer noch über achtzig Prozent der Bewohner des Zarenreichs analphabetische Bauern, doch gab es jetzt auch schon rund drei Millionen Industriearbeiter. Bei diesem jungen Industrieproletariat und bei den Millionen der »Dorfarmut« – der Landarbeiter und landlosen Bauern – suchte Wladimir Iljitsch Uljanow, der sich seit seiner Verbannung in Sibirien Lenin nannte, das revolutionäre Potential, den »naiven Volksboden«, wie er bei Marx las, als materielle Basis des Umsturzes. 1895 gründete er in St. Petersburg den »Kampfbund zur Befreiung der Arbeiterklasse« als radikal-revolutionären Flügel der in Entstehung begriffenen marxistischen Sozialdemokratie Rußlands. Er griff den revolutionären Kern der Marxschen Ideen auf und verhalf ihnen durch ihre Anpassung an die spezifischen Bedingungen des Landes zu weltgeschichtlicher Wirkung, zunächst im Zarenreich selbst und dann, seit dem siegreichen Umsturz im Oktober/November 1917, mit weltweitem Anspruch. In Lenins theoretischen, organisatorischen und taktischen Prämissen verbanden sich die revolutionären Motive von Marx und Engels mit den Traditionen der russischen Verschwörungsorganisationen des 19. Jahrhunderts zu einer wirkungsvollen Gesamtstrategie.

Lenins »Partei neuen Typs«

Die Genialität des Revolutionärs Lenin, der mit persönlicher Integrität »grandiose Skrupellosigkeit, Menschenverachtung und Machtstreben« verband[3], zeigt sich bereits in seiner ersten grundlegenden Schrift »Was tun? Brennende Fragen unserer Bewegung« (1902), in der er die Theorie der »Partei neuen Typs« als Instrument der Revolution und Herrschaft der Zukunft entwarf.[4]

In der Folgezeit hat er die Partei auf dieser Grundlage praktisch organisiert und schließlich zum politischen Triumph geführt. Ausgangspunkt war seine Überzeugung, daß unter den Bedingungen des zaristischen Systems der »Autokratie« nur eine konspirativ arbeitende und mit militärähnlicher Disziplin organisierte Kaderpartei von »Berufsrevolutionären« Erfolg haben konnte. Nicht zufällig finden sich in Lenins Texten häufig militärische Begriffe wie Kaderpartei, Avantgarde, Vorhut etc., um dieses Organisationsprinzip einzuhämmern. Lenin war überzeugt, daß die Arbeiterklasse aus sich selbst heraus es bestenfalls zu einem »gewerkschaftlichen«, »tradeunionistischen« Bewußtsein, wie er abschätzig sagte, bringen konnte, eben im Sinne des evolutionär-reformistischen Weges, der gleichzeitig in England, Frankreich und Deutschland eingeschlagen wurde. Revolutionärer Wille mußte ihr von außen eingepflanzt werden, von jenen Intellektuellen, die, wie er selbst, durch Marx das Rüstzeug gewonnen hatten, den geschichtlichen Verlauf, seine Gesetze und sein Ziel der klassenlosen Gesellschaft zu erkennen und ihrem praktisch-politischen Handeln zugrundezulegen. Unter den gegebenen Umständen – der »Finsternis« der zaristischen Selbstherrschaft und dem keineswegs revolutionären Bewußtsein des Proletariats – war Demokratie jedenfalls unrealistisch, »nur eine leere und schädliche Spielerei«.

Die tiefe Kluft zwischen der Bolschewiki-Fraktion und den mehr und mehr gewerkschaftlich und reformistisch ausgerichteten sozialdemokratischen Parteien und Gewerkschaften Europas war durch dieses Konzept einer autoritär-elitären Partei als Instrument der proletarischen Revolution von Anfang an gegeben, wenn sie auch erst am Ende des Ersten Weltkriegs zur offenen Spaltung der marxistischen Arbeiterbewegung führte. Dabei gehört es zu den Geheimnissen und Verhängnissen des Jahrhunderts, wie wenig die nach Millionen zählende Anhängerschaft den zutiefst menschenverachtenden Elitismus dieser Bewegung und ihrer Lehre durchschaute. Lenin betonte ja auch immer wieder, daß die Avantgarde nicht die Verbindung mit »den Massen« verlieren dürfe, auch wenn diese »Verbindung« von ihm stets einseitig verstanden wurde als Übertragung des Willens der Partei und ihrer Führer auf diese Massen durch »Transmissionsriemen« aller Art, wobei anfangs vor allem die Sowjets und die Gewerkschaften eine Rolle spielten. So konnte Lenin noch 1921 in der letzten Schlacht um die Unterwerfung der Gewerkschaften unter die Partei die rhetorisch gemeinte Frage stellen: »Weiß etwa jeder Arbeiter, wie der Staat zu regieren ist? Leute der Praxis wissen, daß das Märchen sind ... Um zu regieren, braucht man eine Armee von gestählten Revolutionären, von Kommunisten. Diese Armee gibt es, ihr Name ist Partei.« Im gleichen Sinn schrieb Lenin in »Staat und Revolution« (1917) unter Bezugnahme auf Marx' Konzept der Diktatur des Proletariats und auf dessen Commune-Schrift, daß es zentral um die »Erziehung der Arbeiterpartei als Avantgarde durch den Marxismus« gehe. Nur so werde diese Avantgarde »fähig, die Macht zu ergreifen und das ganze Volk zum Sozialismus zu führen, die neue Ordnung zu leiten und zu organisieren, Lehrer, Leiter, Führer aller Werktätigen und Ausgebeuteten zu sein.«[5]

Das war das völlig neuartige Konzept einer »Partei neuen Typs«, die nicht wie alle anderen sich in einem pluralistischen Wettbewerb um die Zustimmung der Wähler bemühen und daher auch bereit sein sollte, in der Opposition zu wirken, sondern die als monopolistisch-totalitäre Integrationspartei konzipiert war, für die selbst die Bezeichnung »Partei« irreführend war. Nach Lenin war sie von Anfang an eine revolutionäre Organisation zur Eroberung und Behauptung der alleinigen Macht in Staat, Gesellschaft und Wirtschaft. Gestützt auf Marx verstand Lenin diese Partei als alleinigen Repräsentanten und Exekutor der Diktatur des Proletariats, als Zentrum des durch die Revolution herbeizuführenden neuen politischen Systems.

In »Was tun?« entwarf Lenin das Grundmodell der später so genannten »führenden Rolle« der Partei. Mit einer ähnlichen ideologischen Borniertheit wie Marx nahm auch er dabei Realitäten der menschlichen Natur und der Organisationssoziologie nicht zur Kenntnis, wie sie beispielsweise 1911 der deutsche sozialdemokratische Soziologe Robert Michels als »ehernes Gesetz der

Oligarchie« in allen gesellschaftlich-politischen Organisationsformen herausgearbeitet hatte.[6] Aus der ideologischen Sicht des Marxismus-Leninismus und seiner Einpartei-Diktatur waren das alles »bürgerliche«, vor- und antikommunistische Befürchtungen. Entsprechend hat der Marxismus-Leninismus dann auch grundsätzlich die Vorstellung eines auch nur begrenzten »sozialistischen Pluralismus« und einer zweiten, oppositionellen sozialistisch-kommunistischen Partei, wie sie gelegentlich von kommunistischen »Revisionisten« vorgetragen wurde, als »konterrevolutionär« zurückgewiesen. Für den Marxismus-Leninismus war nach den Lehren seiner Schöpfer stets die »Machtfrage« zentral, das heißt alles zu unternehmen und zu rechtfertigen, was dem Erhalt der ungeteilten Macht diente. Wie sich daraus – kontraproduktiv und nach dem Gesetz der »ungewollten Wirkungen« – schließlich der marxistisch-leninistische Realsozialismus als »ein ausgeklügeltes System der Selbstblockade« entwickelte, ist an anderer Stelle zu erörtern. Hier geht es zunächst um die Fundamente des totalitär-staatskapitalistischen Parteimonopol-Staates marxistisch-leninistischer Prägung, die Lenin theoretisch entwickelte und praktisch etablierte.

Nachdem der Londoner Parteitag 1903 zu einer ersten Spaltung in der Allrussischen Sozialdemokratischen Arbeiterpartei in die sozialdemokratischen Menschewiki und die totalitären Bolschewiki Lenins geführt hatte, rechtfertigte Lenin anschließend seinen Kurs mit der Begründung, die menschewistische Linie werde den revolutionären Kräften der Arbeiterklasse und der Bauernschaft nichts nützen, sondern nur den Interessen der Bourgeoisie dienen. Interessanterweise war es ausgerechnet der junge Leo Bronstein-Trotzkij, der in einer 1904 in der Emigration in Genf erschienenen Schrift Lenins Parteitheorie entgegentrat. Trotzkij faßte seine Kritik in der später oft wiederholten Bemerkung zusammen, Lenins Weg werde dazu führen, daß zunächst das Zentralkomitee an die Stelle der Partei und schließlich ein Diktator an die Stelle des Zentralkomitees treten würde. Das letzte Kapitel der Schrift trug die provozierende Überschrift »Die Diktatur über das Proletariat«. Trotzkij »hat damit in prophetischer Ahnung die antidemokratische Keimzelle in Lenins Auffassung vom Sozialismus bloßgelegt – auch wenn er sich später selbst von dieser frühen Einsicht distanzierte«[7]. Später (1918) hat Rosa Luxemburg in der Auseinandersetzung mit Lenin Trotzkijs Thesen aufgegriffen mit der Warnung vor dem »rücksichtslosen Zentralismus« und »blinden Gehorsam« in Lenins Partei, die folgerichtig zur Diktatur der Partei *über* das Proletariat und das Volk und schließlich der Parteiführung und ihres zentralistisch-bürokratischen Apparats *über beide* führen würden.[8] Diese frühen Warnungen vor den totalitären Konsequenzen der Leninschen Parteitheorie und ihrer »substitutionalistischen Fiktion« (Roger Garaudy)[9], Partei und Parteiführung wüßten über die »wahren Interessen« des Proletariats stets besser Bescheid als dieses selbst, haben freilich den Siegeszug des antidemokratischen Marxismus-Leninismus bis hin zu Stalin nicht aufzuhalten vermocht.

Lenins Strategie der Machteroberung

Ebenso erfolgreich wie Lenins Parteitheorie war seine Strategie der Machteroberung, die er vor allem in seiner Schrift »Zwei Taktiken der Sozialdemokratie in der demokratischen Revolution« (1905) entwarf.[10] In ihrem Mittelpunkt steht eine Bündnisstrategie für das zahlenmäßig noch schwache Industrieproletariat, das – unter Führung »seiner« Partei – nur Erfolg haben konnte, wenn es eng mit den Bauernmassen, vor allem den Millionen landlosen Bauern, zusammenarbeitete. Zwar war die bürgerlich-demokratische Revolution von 1905/06 »für das Proletariat im höchsten Grad vorteilhaft«. Die Marxisten-Bolschewiki sollten sich daher für den Sieg dieser Revolution als ihr linker, radikaldemokratischer Flügel einsetzen. Zugleich sollten sie aber ihr eigentliches Ziel, die »sozialistische« Revolution des Proletariats, nicht aus den Augen verlieren und alles tun, um ihre Voraussetzungen schon während der ersten, bürgerlichen Revolutionsetappe zu schaffen. Lenin empfahl als einzig erfolgreiche Strategie ein breites Bündnis aller »demokratischen« Kräfte, also der Bolschewiki mit den immer noch die große Mehrheit repräsentierenden Menschewiki und den Sozialrevolutionären als der Partei der ländlichen Bevölkerung. Jetzt sollte es zunächst einmal um die »Ausschaltung der Konservativen aus der Regierung« gehen, um die Liquidierung der monarchistischen und reaktionären Kräfte. Dabei sollten sich die Bolschewiki allerdings stets darüber im klaren sein, daß sie »auf den Verbündeten wie auf den Feind aufzupassen« hatten und daß es darum ging, den Revolutionsprozeß zu seiner zweiten und entscheidenden Etappe weiterzutreiben, zur sozialistisch-proletarischen Revolution und Diktatur.

Diese Revolutions- und Bündnis-Strategie der Bolschewiki wurde zu einem ihrer Markenzeichen, zumal ihre bürgerlich-demokratischen Gegner sie selten begriffen und ihr immer wieder zum Erfolg verhalfen. Stets ging es darum, aus der anfänglichen Minderheitsposition durch die Gewinnung von Verbündeten herauszukommen. Nur dadurch konnten die Bolschewiki hoffen, trotz eigener Schwäche in einer konkreten Kräftekorrelation ein Übergewicht zu erreichen. In jeder neuen Lage galt es, sich im Bündnis mit anderen »demokratischen« und »fortschrittlichen« Kräften auf den Hauptfeind – zunächst also die »Konservativen« – zu konzentrieren und diesen zu vernichten, bis – unter einer neuen Konstellation – die Bundesgenossen von heute zu den Gegnern von morgen wurden. Lenin und die Parteistrategen wurden deshalb nicht müde, dazu aufzufordern, die »Widersprüche« und Gegensätze im gesamten nichtkommunistischen Lager aufzuspüren, möglichst optimal auszunutzen und dabei eine Position des »lachenden Dritten« zu gewinnen. Dazu war es auch wichtig, »strittige Fragen [zwischen den Bündnispartnern] zurückzustellen«, ja sogar, wenn nötig, »für die Forderungen der Bündnispartner einzutreten« und den »Kampf gegen die Feinde der Einheit« zu führen.

Lenins Nachfolger haben diese Bündnisstrategie weiter ausgebaut, gleichermaßen im innerstaatlichen wie im internationalen Machtkampf. Die sogenannte »Aktionseinheit der Arbeiterklasse« oder »Arbeitereinheitsfront« als Bündnis der Kommunisten mit Sozialdemokraten und Sozialisten war dabei die eine

Variante. Hier wurde versucht, direkt mit den Parteiführungen übereinzukommen oder aber die »sozialistischen Massen« von deren »rechten Führern« zu trennen, wenn diese sich nicht vor den Karren der Kommunisten spannen ließen. Als sich zum Beispiel die deutschen sozialdemokratischen Führer um Friedrich Ebert 1918 dem Bündnisangebot verschlossen, wurden sie als »Klassenverräter« diffamiert und die »Arbeitereinheitsfront von unten« propagiert. Die andere Variante, die vor allem seit den 1930er Jahren die Strategie der Komintern in der Auseinandersetzung mit dem Nationalsozialismus bestimmte, war die sogenannte »demokratische Einheit« oder »Volksfront«, die alle »antifaschistischen« und »fortschrittlichen« Kräfte bis zur bürgerlich-demokratischen Linken als Bundesgenossen gewinnen wollte.

Diese klassische leninistische Bündnisstrategie wurde von der Führung der Sowjetunion noch während der ganzen Breschnew-Ära praktiziert, auch in der internationalen Arena, zum Beispiel zur Mobilisierung aller »Fortschritts- und Friedenskräfte« in der Ost-West-Auseinandersetzung und während der Auseinandersetzungen um die Mittelstreckenraketen in Europa Anfang der 1980er Jahre. Bis in die Schlußphase der Sowjetunion zeitigte diese Strategie unter den Parolen des »Friedenskampfes« und der Abwehr des »Faschismus« immer wieder erstaunliche Erfolge.[11] Selbst noch nach Breschnew stellte das Programm der KPdSU (vom 1. März 1986) eine umfassende Bündnisstrategie in den Mittelpunkt des »Kampfes für Frieden und sozialen Fortschritt in der internationalen Arena«[12]. Das Programm sprach sich für enge Beziehungen zu den »revolutionär-demokratischen Parteien der national befreiten Länder« und »zu allen national-progressiven Parteien, die auf antiimperialistischen und patriotischen Positionen stehen«, aus. Für die Beziehungen zu den kapitalistischen Ländern wurde hier »ein umfassendes und konstruktives Programm von Maßnahmen« propagiert, »die auf die Einstellung des Wettrüstens und Abrüstung, auf die Gewährleistung des Friedens und der Sicherheit gerichtet sind«. Dieses Programm sollte den Rahmen bilden, innerhalb dessen die KPdSU ein letztes Mal ein umfassendes Bündnisangebot »an die sozialdemokratischen, sozialistischen und Labour-Parteien« des Westens sowie an die »Gewerkschaften, Jugend-, Frauen-, Bauern- und andere[n] demokratische[n] Organisationen verschiedener Länder« richtete. Sie alle sollten als Bundesgenossen für den »Friedenskampf«, wie ihn die KPdSU verstand, gewonnen werden, als transnationale *pressure groups*, die Druck auf ihre eigenen, angeblich den Frieden durch Aufrüstung gefährdenden Regierungen ausüben sollten, wobei natürlich keine Gegenseitigkeit im Blick auf die öffentliche Meinung in der Sowjetunion bestand.

Die Machtergreifung der totalitären Minderheit: Das Paradigma der Bolschewiki

Der Putsch der Bolschewiki in Petrograd am 25. Oktober/7. November 1917 und die anschließende Entwicklung bieten das grundlegende Modell der Machtergreifung einer totalitären Minderheit. Zu den konkreten Bedingungen seines Erfolgs gehörten die fanatische Entschlossenheit der revolutionären Avantgarde ebenso wie die Schwächen und Fehler der Gegenseite, die die bolschewistische Bündnisstrategie nicht durchschaute und ihr hilflos gegenüberstand. Hinzu kamen die den Gegnern weit überlegenen Fähigkeiten der Leninisten im Bereich der Agitation und Propaganda. Sie verstanden von Anfang an, den 25. Oktober in die Gloriole der »Großen Oktoberrevolution« und des »Roten Oktobers« zu hüllen, ihn als weltgeschichtliches Ereignis und »Auftrag der Geschichte« zu deuten, als Ende der bisherigen »Vorgeschichte« der Menschheit und Eintritt in die *eigentliche* Geschichte mit dem Ziel der Neuschaffung der Welt und des Menschen.

Die starre zaristische Autokratie hatte sich den Weg zu durchgreifenden Reformen selbst verbaut und das Ihre dazu beigetragen, daß eine revolutionäre Situation entstehen konnte. Die Reformansätze des »Zarbefreiers« Alexander II. in den sechziger Jahren des 19. Jahrhunderts waren versandet und von der neuen reaktionären Ära seines Nachfolgers Alexander III. abgelöst worden, die die Generalprobe der ersten Revolution von 1905/06 heraufbeschwor.[13] Auch die Reformperiode des Ministerpräsidenten Peter Stolypin, der 1911 ermordet wurde, scheiterte am Widerstand der reaktionären Kräfte und vermochte die Unruhe in der Gesellschaft nicht zu bannen. Wie schon 1904 stürzte sich die Autokratie auch 1914 in den Krieg als scheinbaren Ausweg aus der inneren Krise und verspielte dadurch nur ihren letzten Kredit. Als der Zar im März 1917 die ersten Streiks und Unruhen in Petrograd unterdrücken und die Duma vertagen wollte, verweigerten die Mehrheit der Truppen, darunter selbst Garde-Regimenter, und das Parlament den Gehorsam.[14]

Die aus der Duma hervorgehende provisorische liberal-demokratische Regierung proklamierte die bürgerlichen Freiheiten und eine umfassende Amnestie. Ihr erster gravierender Fehler war, Wahlen zu einer Verfassunggebenden Versammlung nicht sogleich anzusetzen, sondern bis zum Herbst zu verschieben. Dies gab den radikalen Kräften die Gelegenheit zur Sammlung ihrer Kräfte und zu einer immer ungehemmteren revolutionären Agitation. Die Arbeiter- und Soldatenräte nach dem Vorbild der Pariser Commune von 1871 und der ersten Revolution von 1905 wurden in den folgenden Monaten zum gefährlichen Konkurrenten der Regierung. Es bildeten sich zwei Machtzentren und damit auch eine Klassenfront heraus, die die marxistische Gesellschaftsanalyse zu bestätigen schien: In der provisorischen Regierung waren liberaler Adel und Großbürgertum vorherrschend, wenngleich auch hier mit einer zunehmenden Verschiebung nach links, während die Sowjets mit den Sozialrevolutionären, Menschewiki und Bolschewiki die große Mehrheit der Arbeiter und vor allem der Bauern des Riesenreichs zu vertreten beanspruchten. Die Sowjets und zumal deren Zentralausschuß in Petrograd boten den Bolschewiki die günstige Chance zur Praktizierung ihrer Bündnisstrategie. Tatsächlich gelang ihnen zwischen März und Oktober, schrittweise die Mehrheit im strategisch zentralen Petrograder Sowjet zu gewinnen.

Der zweite Fehler der provisorischen Regierung war die Vertagung der Agrarreform mit der Begründung, sie sollte der künftigen, aus der Verfassunggebenden Versammlung hervorgehenden Regierung überlassen bleiben. Tatsächlich war die provisorische Regierung in dieser zentralen Frage uneinig und überließ damit den Sowjets und den in ihnen vertretenen Parteien die Chance, die Agrarreform zur entscheidenden Aufgabe einer zweiten, radikaldemokratisch-sozialistischen Revolution zu proklamieren. Insbesondere der jakobinische Flügel der Bolschewiki nutzte diese Chance zu einer ungehemmten Agitation.

Der dritte Fehler der provisorischen Regierung war es schließlich, sich auf die Fortführung des Krieges an der Seite der West-Alliierten festzulegen und auch damit die gärenden, kriegsmüden Massen in das gegnerische Lager zu treiben.

Als Lenin Anfang April 1917 nach Petrograd zurückkehrte, traf er mit dem Instinkt des zu allem entschlossenen Revolutionärs die Stimmung der Massen. Mit dem Feuer seiner Agitation machte er sich in kurzer Zeit zum Sprecher der »Erniedrigten und Beleidigten«. Die Blindheit und Unentschlossenheit der provisorischen Regierung in der Agrar-, Friedens- und Wahlfrage bereiteten der zweiten Revolution den Boden. Durch die demagogische Vereinfachung seiner Botschaft – »Frieden und Land!«, sofortiger Friedensschluß »ohne Annexionen und Kontributionen« und »Alles Land denen, die es bebauen!« – zog Lenin große Massen, vor allem in der Hauptstadt, auf seine Seite. Schon konnte er auch die Forderung proklamieren: »Alle Macht den Sowjets!«, also die Beseitigung der bürgerlich-liberalen Regierung.

Die spezifische Machtergreifungsstrategie Lenins begann anzulaufen: Nach der Beseitigung der Monarchie durch die bürgerliche Februar/März-Revolution wurde die liberale Demokratie der »nächste« Gegner. Lenin und seine Anhänger sahen sich im Bündnis mit allen jenen sozialistischen Kräften, die nun die Beendigung der Doppelherrschaft und die Machtergreifung der »Sowjet-Demokratie« anvisierten. Auch hier waren die Bolschewiki freilich zunächst noch in fast aussichtsloser Minderheit. Bei den Wahlen zum Allrussischen Sowjetkongreß Ende Juni 1917 wurden die Sozialrevolutionäre mit 285 Sitzen die stärkste Kraft, gefolgt von den Menschewiki mit 248 Sitzen, während die Leninisten nur 109 Sitze gewannen. Das hinderte Lenin indes nicht, in der nächsten Phase des Machtkampfes auf das Bündnis aller Sowjet-Demokraten zu setzen, um die Zahlenverhältnisse Schritt für Schritt zu seinen Gunsten zu verändern – nicht zuletzt durch eine Doppelstrategie der Agitation für die bolschewistischen Parolen sowohl *in* den Sowjets als auch unter *»den Massen«* auf den Straßen. Im Mai 1917 betrug die Zahl der Lenin-Anhänger etwa 76 000; das war eine Verdoppelung seit Februar. Im Juli brachten die Bolschewiki bereits eine Million Menschen zu Demonstrationen in Petrograd auf die Straßen.[15] Unter dem Eindruck dieses Erfolgs ließ sich Lenin dazu fortreißen, schon im Juli den Griff nach der Macht zu versuchen. Aber die Regierung, jetzt unter dem Sozialrevolutionär Alexander Kerenskij, der am 21. Juli Ministerpräsident wurde, hatte noch genügend loyale Truppen zur Verfügung, die Lenins Coup verhinderten. Lenin und die meisten anderen bolschewistischen Führer flüchteten nach Finnland oder tauchten unter.[16] Kerenskij wollte den Krieg gegen die Deutschen mit einer großen militärischen Kraftanstrengung fortsetzen. Dadurch machte er sich die kriegsmüden Massen ebenso zum Feind wie durch sein Zögern in der Agrarfrage, das Wasser auf die Mühlen der Leninisten trieb. Voreilig hielt er nach deren gescheitertem Juli-Putsch das Bolschewiki-Problem schon für erledigt.

Im Herbst wurde der Mangel an Nahrungsmitteln immer spürbarer, die Preise stiegen, die Produktion sank auf dreißig bis vierzig Prozent des Vorkriegsstands ab; im zerrütteten Land gingen keine Steuern mehr ein. Kerenskij suchte gegen den linken Radikalismus Rückhalt beim neuen militärischen Oberkommandierenden, General Kornilow, Sohn eines kosakischen Leibeigenen und sicher kein monarchistischer Reaktionär. Doch Kerenskij scheute die Militärdiktatur ebenso wie die radikale Linke. Als Kornilow im September selbständig handelte und auf Petrograd vorzurücken begann, distanzierte sich Kerenskij von ihm und setzte ihn ab. Vor allem Bolschewiki hatten den Truppentransporten Kornilows durch Eisenbahnsabotage den Weg verlegt. Durch den schon im Ansatz gescheiterten Militärputsch wurde Kerenskij nun wieder in die Arme der Linken getrieben.[17] Er amnestierte die bolschewistischen Führer und brachte sie selbst damit wieder ins Spiel um die Macht. Die Agitation Lenins - »Alle Macht den Sowjets!« und »Frieden und Land!« - trug nun rasch Früchte. Seit September besaßen die Anhänger Lenins und Trotzkijs im Petersburger Sowjet die Mehrheit, bald auch in Moskau. Mit der Begründung, die Hauptstadt gegen den zu erwartenden deutschen Angriff zu schützen, bildete der Petrograder Sowjet ein »Militär-Revolutionäres Komitee« unter der Leitung Trotzkijs, der damit angesichts des Auseinanderfallens der regulären Truppen zum faktischen Militärbefehlshaber der Region wurde. Der Öffentlichkeit gegenüber wurden die militärischen Vorbereitungen mit der Parole »Petrograd ist in Gefahr! Die Revolution ist in Gefahr!« gerechtfertigt. Tatsächlich war die Propaganda um die Bedrohung der Hauptstadt durch die Deutschen nur der Vorwand für den Putsch der Bolschewiki, dessen politische und psychologische Vorbereitung vor allem Trotzkijs Meisterleistung war. Durch ihre Mehrheit im Petrograder Sowjet und Trotzkijs Wahl zu seinem Vorsitzenden und Chef seines Militär-Komitees konnten die Bolschewiki ihre gewaltsame Machtergreifung jetzt sowohl als »demokratischen« wie als »patriotischen« Auftrag ausgeben. Ihr in höchster Geheimhaltung tagendes Zentralkomitee beschloß, den Putsch am 25. Oktober durchzuführen, gleichzeitig mit dem an diesem Tag in Petrograd zusammentretenden »Allrussischen Volkskongreß« der Arbeiter- und Soldatenräte, um so dem gewaltsamen Vorgehen die Legitimation einer demokratischen »Machtergreifung der Arbeiterschaft« zu verleihen. Diese Fiktion der Einheitsfront zerbrach zwar, da unmittelbar nach dem Sturm auf das Winterpalais in der Nacht vom 24. zum 25. Oktober die Menschewiki und die rechten Sozialrevolutionäre den Allrussischen Volkskongreß verließen, doch konnte diese Reaktion an den von den Bolschewiki geschaffenen Tatsachen nichts mehr ändern. Der Mohr hatte seine Schuldigkeit getan. Trotzkij rief den aus dem Volkskongreß Ausziehenden höhnisch nach: »Eure Rolle ist ausgespielt, schert euch hin, wo ihr von nun an hingehört - auf den Kehrichthaufen der Geschichte!«[18]

Etablierung der Parteiherrschaft hinter dem
Schleier der Legalität

In ihrer charakteristischen Mischung aus scheindemokratischer Legalität, Gewaltanwendung und revolutionärer Propaganda entfaltete sich nun die totalitäre Machtergreifung Schlag auf Schlag. Der von den Bolschewiki und linken Sozialrevolutionären beherrschte Rumpf des Allrussischen Volkskongresses bestätigte die neue Regierung, den »Rat der Volkskommissare« unter Lenins Vorsitz. Kaum 24 Stunden nach dem Putsch erließ er die beiden Geschichte machenden Dekrete über die sofortige Beendigung des Krieges und die Aufteilung des Großgrundbesitzes an die landlosen und landarmen Bauern[19] – Proklamationen, die geeignet waren, die neuen Herren bei den Massen populär zu machen, und die nicht erlassen zu haben der wesentliche Grund für den raschen Zusammenbruch der Kerenskij-Regierung war. Ein militärischer Gegenschlag des Generals Krasnow wurde auf die gleiche Weise wie im September der des Generals Kornilow abgewehrt: durch die Mobilisierung der Eisenbahner, die die Truppentransporte blockierten oder fehlleiteten. Zur Strategie der Lenin-Regierung gleich in den ersten Tagen gehörte auch die Bestätigung des noch von der Kerenskij-Regierung beschlossenen Wahltermins zur Verfassunggebenden Versammlung am 12. November. Nur naive Zeitgenossen konnten freilich erwarten, daß ausgerechnet die Bolschewiki auf diese Weise die Hand dazu reichen würden, zur demokratisch-parlamentarischen Legalität zurückzukehren, die sie stets als bourgeoise Klassenherrschaft bekämpft hatten. Es sollte sich bald zeigen, daß die Skeptiker Recht behielten, wenn auch die Demonstration des Legalitätswillens zum Repertoire totalitärer Machtergreifung gehörte.

Hinter diesem Legalitätsschleier schritt die Etablierung der Parteiherrschaft rasch voran.[20] Bereits am 27. Oktober, zwei Tage nach dem Putsch, wurde die Pressefreiheit eingeschränkt. Am 18. November wurden alle den neuen Machthabern mißliebigen Zeitungen verboten, auch die der Menschewisten und rechten Sozialrevolutionäre. Am 20. Dezember wurde durch Verordnung des

Rates der Volkskommissare die »Allrussische Außerordentliche Kommission zur Bekämpfung der Konterrevolution und Sabotage« begründet, kurz ČK (Tscheka) genannt, deren Leitung ein Berufsrevolutionär aus polnischem Kleinadel, Felix Dserschinskij, übernahm. Als »revolutionäres Schwert gegen die Konterrevolution« sollte er einen »Kampf bis aufs Messer« zur »Ausrottung der Feinde der Arbeiterklasse« führen.[21]

Es begann der Rote Terror als »integrales Element der bolschewistischen Staatspraxis von Anfang an« (Rauch) mit allen seinen Methoden und Facetten der Geiselmorde, Folterung, Erpressung von Geständnissen und Schauprozessen. Zu den Aufgaben der Tscheka gehörten gemäß der Gründungsverordnung »die Verfolgung aller Akte der Konterrevolution und Sabotage in ganz Rußland« sowie »die Überstellung aller Konterrevolutionäre und Saboteure an das Revolutionstribunal«, das durch das sogenannte »Gerichtsdekret« des Rates der Volkskommissare bereits am 5. Dezember 1917 errichtet worden war und dessen Zuständigkeit durch zahlreiche lokale und regionale Kammern seit Mai 1918 erheblich ausgeweitet wurde, zum Beispiel auf »Korruption, Fälschungen, Mißbrauch von Sowjetdokumenten, Rowdytum und Spionage«. Der wütende revolutionäre Terror aller möglichen Befugten und Unbefugten sollte dadurch in gewisser Weise kanalisiert werden, während die Tribunale ihn aber oft erst »legalisierten«. Zur Stützung der Macht der bolschewistischen Minderheit wurden noch im November 1917 Revolutionskomitees bei der Armee und Arbeitermilizen bei den Sowjets der Arbeiter- und Soldatendeputierten gegründet. Der 1918 voll einsetzende Bürgerkrieg wurde zum Aufbau eines umfassenden und dichten Netzes der Tscheka – die nach dem Ende des Bürgerkriegs in »Staatliche Politische Verwaltung (GPU)« umbenannt wurde – in den von den Bolschewiki gehaltenen Gebieten genutzt.

Seit seiner Rückkehr nach Petrograd hatte Lenin die Parole »Alle Macht den Sowjets!« ausgegeben, obwohl die Bolschewiki in ihnen zunächst nur die Minderheit stellten. Diese Räte-Organisation erfüllte den ihr von Lenin zugedachten Zweck, eine Fassade der »Einheitsfront« aller sozialistischen Kräfte zu bieten und zugleich ein Podium hemmungsloser bolschewistischer Agitation mit dem Ziel der Veränderung der Mehrheitsverhältnisse zu ihren Gunsten. Als dies angesichts der fluktuierenden revolutionären Stimmung im Herbst 1917 erreicht war, zumindest in den beiden Zentren Petrograd und Moskau, hielten die bolschewistischen Führer den Augenblick für gekommen, hinter dieser rätedemokratischen Fassade die Macht mit Gewalt an sich zu reißen und zielbewußt ihr eigenes Machtmonopol aufzubauen. Aus der Sicht der beiden vorausgegangenen Revolutionen von 1905 und vom Februar/März 1917 war der sogenannte »Große Oktober« der eigentliche Beginn der Konterrevolution (Adam Ulam)[22] und der Rat der Volkskommissare die usurpatorische Regierung einer bedenkenlosen Minderheit, die die Ansätze einer freiheitlich-demokratischen Entwicklung im Keim erstickte.

Die Entscheidung für den 27. Oktober/7. November als Termin für den bewaffneten Aufstand der Bolschewiki stand im Zusammenhang mit dem Wahltermin zur Verfassunggebenden Versammlung, den noch die Regierung Kerenskij auf den 12./25. November festgelegt hatte. Während Lenin für die Absage des Wahltermins plädierte, traten Trotzkij und eine Mehrheit der Parteiführung für die Einhaltung des immer wieder von den Bolschewiki gegebenen Versprechens ein, zumal sie sich nach dem Putsch günstigere Ergebnisse erhofften. Das Wahlergebnis war jedoch für die Bolschewiki enttäuschend, für die von 36 Millionen Wählern nur 9 Millionen votierten, hingegen 21 Millionen für die Sozialrevolutionäre. Entsprechend erhielten die Sozialrevolutionäre in der Konstituante 370 von 707 Sitzen, die Bolschewiki nur 175 und die mit ihnen kooperierenden »linken Sozialrevolutionäre« 40 Sitze. Die Menschewisten landeten mit 16 Sitzen abgeschlagen noch hinter den bürgerlichen »Kadetten« (»Konstitutionelle Demokraten«) mit 17 Sitzen. Hinzu kamen noch zwei Narodniki, 86 Vertreter nationaler Minderheiten und ein Unabhängiger.[23]

Obwohl also, besonders auf dem Lande, beinahe eine Zweidrittel-Mehrheit den Sozialrevolutionären ihre Stimme gegeben hatte, hatten sie keine Aussicht, die Macht nach demokratisch-parlamentarischen Regeln zu übernehmen. Das verhinderten die

Bolschewiki, die die eben errungene faktische Macht vor allem in den größeren Städten eisern festhielten, aber auch die organisatorische und ideologische Schwäche der zahlenmäßig größten Partei. Am entscheidenden Punkt des Machtergreifungsprozesses bewährte sich das Prinzip der Kader- und Kampfpartei Lenins gegen eine »nur arithmetische« Mehrheit. Als die Konstituante am 18. Januar 1918 zu ihrer ersten und letzten Sitzung in Petrograd zusammentrat, waren mehr als zwei weitere Monate zur Konsolidierung der bolschewistischen Herrschaft verstrichen. Die Versammlung im Taurischen Palais stand unter dem »Schutz« der Roten Garden, der bewaffneten Parteiarmee – angeblich zur Abwehr konterrevolutionärer Provokationen. Nach jakobinischem Muster waren die Galerien mit treuen bolschewistischen Parteigängern besetzt, um gegen die sozialrevolutionäre Mehrheit im Saal den »wahren Volkswillen« zu vertreten. Unter ihrem Toben konnten die Sprecher der Sozialrevolutionäre und der Menschewiki mit ihren Warnungen vor dem Bürgerkrieg kaum noch durchdringen. Der Mehrheit gelang gerade noch die Ausrufung Rußlands zur »demokratischen und föderativen Republik«. Dann vertagte man sich auf den folgenden Tag.

Jetzt zeigte sich, daß der Parteistaat der Bolschewiki bereits Realität war. Eine Demonstration für die Verfassunggebende Versammlung wurde von den »Ordnungskräften« zusammengeschossen mit dem Ergebnis von über hundert Toten. Als die Deputierten am 19. Januar wieder erschienen, fanden sie das Taurische Palais verschlossen und von Truppen besetzt. Am gleichen Tag veröffentlichte das Zentralexekutivkomitee der Arbeiter- und Soldatenräte als das »legislative« Organ der Lenin-Regierung mit einer erstaunlich offenherzigen Begründung sein Dekret über die Auflösung der Konstituierenden Versammlung. »Die Formen des bürgerlich-demokratischen Parlamentarismus«, so hieß es da, seien »trügerisch« und verhinderten »die Befreiung der unterdrückten Klassen«. Die Versammlung sei im übrigen aufgrund von Kandidatenlisten gewählt worden, die vor dem Oktober 1917 aufgestellt worden seien und deshalb ein überholtes politisches Kräfteverhältnis zum Ausdruck bringen würden. Die Mehrheit der (rechten) Sozialrevolutionäre hatte sich nach dieser Darstellung geweigert, die von den Bolschewiki eingebrachte Deklaration der »Rechte des werktätigen und ausgebeuteten Volkes« anzunehmen, und dadurch »alle Bande zwischen der Konstituierenden Versammlung und der Sowjetrepublik Rußland zerrissen«. Die Konstituante hätte unter diesen Umständen nur die Rolle einer Kulisse spielen können, »hinter der der Kampf der Konterrevolutionäre für den Sturz der Sowjetmacht vor sich gehen würde«. Der »alte bürgerliche Parlamentarismus« habe sich »überlebt« und sei »mit den Aufgaben der Verwirklichung des Sozialismus absolut unvereinbar«. Nicht nationale, sondern »nur Klasseninstitutionen« wie die Sowjets seien imstande, »den Widerstand der besitzenden Klassen zu brechen und das Fundament der sozialistischen Gesellschaft zu legen«.[24]

Ende Januar 1918 waren damit schon wichtige Etappen auf dem Weg zur bolschewistischen Einparteidiktatur erreicht: Die Provisorische Regierung und die Verfassunggebende Versammlung waren ausgeschaltet und durch den bolschewistischen Rat der Volkskommissare und den Zentralen Sowjetkongreß als »demokratisches« Legitimationsorgan – tatsächlich aber als Instrument der Parteiherrschaft – ersetzt. Lenin wiederholte noch einmal seine Bündnistaktik, indem er Ende Januar 1918 die linken Sozialrevolutionäre als Koalitionspartner in seine Regierung aufnahm, aus der sie jedoch schon im März aus Protest gegen den Friedensvertrag von Brest-Litowsk wieder ausschieden. Bis zum Sommer 1918 waren alle Parteien aufgelöst, auch die linken Sozialrevolutionäre (nach einem Attentat eines ihrer Mitglieder auf Lenin). Lenins Entscheidung für den Friedensschluß führte zu einer Zerreißprobe mit seiner Partei. Ungeachtet der Tatsache, daß die Gegner der Bolschewiki diese mit einigen Gründen als Agenten des deutschen Imperialismus brandmarken und des Ausverkaufs der russischen Interessen beschuldigen konnten, war aus der Sicht der Parteiräson Lenins Entscheidung richtig, die Revolution durch einen zeitweiligen taktischen Rückzug zu retten, um den Preis von Gebietsabtretungen den Frieden mit Deutschland zu gewinnen und so freie Hand für den Bürgerkrieg im eigenen Land und damit für die restlose Durchsetzung der Revolution zu erreichen – mit dem richtigen Kalkül einer baldigen militärischen Niederlage Deutschlands, die die Karten völlig neu mischen würde.[25] Mit plastischen Formulierungen verteidigte Lenin die Politik »einer wahrhaft revolutionären Partei«, die verstehen müsse, »durch alle Kompromisse hindurch ihrer revolutionären Aufgabe treu zu bleiben«, selbst wenn sie zeitweilig »auf dem Bauch durch den Schmutz kriechen« müsse.[26]

Als Lenin am 11. März 1918 im Moskauer Kreml Wohnung nahm und gleichzeitig die Tscheka ihr Hauptquartier in der Moskauer Lubjankastraße bezog, war die zweite Etappe der Machteroberung erreicht. Der VII. Parteikongreß im März konnte eine erste Zwischenbilanz der Revolution ziehen. Die Bolschewiki nannten sich nun offiziell »Russische Kommunistische Partei (Bolschewisten)« anstelle des bisherigen Parteinamens »Russische Sozialdemokratische Partei (Bolschewisten)«, der seinen Zweck der Bündnis- und Täuschungspolitik erfüllt hatte. Der Bruch mit der Zweiten Internationale war vollzogen, die Gründung der III. Kommunistischen Internationale (Komintern) ließ nicht mehr lange auf sich warten. Nach dem deutsch-alliierten Waffenstillstand kündigte die Sowjetregierung am 12. November 1918 den Friedensvertrag von Brest-Litowsk, der gerade acht Monate Bestand gehabt hatte.

Neben den objektiven Faktoren in der politischen Korrelation der Kräfte wird man für die bolschewistische Machtdurchsetzung mit dem Zusammenwirken von Lenin und Trotzkij auch eine »personelle Konstellation von einzigartiger Schlagkraft« nennen müssen: Was sich hier in wechselvoller Verteilung an demagogischer Leidenschaft und kaltem Zynismus, an dämonischem Machtwillen, an fanatischer Unduldsamkeit, an skrupellosem Geschick vereinigte, genügte, das einmal gesetzte Ziel zwar nicht sogleich, aber doch nach drei Anläufen ... zu erreichen.«[27]

Der Ausbau des totalitären Einparteistaates

Der weitere Ausbau der Monopolherrschaft der Bolschewiki wurde vom VIII. Parteitag im März 1919 in Angriff genommen, als sich der Sieg im Bürgerkrieg abzuzeichnen begann. Zur Steuerung der rasch anwachsenden Tätigkeit der Partei, die zunehmend staatliche und staatswirtschaftliche Leitungsaufgaben übernahm, wurden drei neue Führungsinstitutionen geschaffen: ein Politisches Büro (Politbüro) aus fünf Mitgliedern des Zentralkomitees, das immer mehr zum zentralen Führungs- und Richtlinien-Organ des politischen Systems heranwuchs; ein Organisationsbüro (Orgbüro) mit ebenfalls fünf Mitgliedern des ZK sowie ein Sekretariat mit einem verantwortlichen Sekretär, der gleichzeitig dem Orgbüro angehörte, und fünf weiteren Sekretären. Vor allem das Sekretariat wurde rasch zur Keimzelle eines umfangreichen zentralen Parteiapparats hauptamtlicher Funktionäre. Im April 1922 übernahm Josef Stalin die Position des »Sekretärs« (des künftigen Generalsekretärs) als Basis für den Aufbau seiner späteren Einmanndiktatur.[28] Zu diesem Zeitpunkt war bereits völlig deutlich, »daß die Organisationsstruktur des berufsrevolutionären Geheimbundes nicht einem demokratischen Parteileben wich, sondern dem administrativ-bürokratischen System oligarchischer Herrschaft«[29].

Nun, nach dem Ende des Bürgerkrieges, stand auch die Entmachtung der Sowjets auf der Tagesordnung, die aus der Perspektive der Partei ihre Schuldigkeit als demokratischer Rauchschleier, hinter dem sich der Aufbau der Parteimacht vollziehen konnte, getan hatten. Zwar sollten die Sowjetorgane formell fortbestehen als die Staatsorgane der neuen Sowjetmacht, der sie auch den Namen gaben. Nur mußte sichergestellt werden, daß sie allein die Beschlüsse der Partei und ihrer Führung auszuführen hatten, von der sie »angeleitet« und kontrolliert wurden. Lenins Ziel »war die Verwandlung der (bisherigen) politischen Funktionen der Räte in einfache administrative Funktionen, in die bloße ›Verwaltung von Sachen‹ ... Das demokratische Element in diesem Rätemodell blieb auf die Dienstleistung einer subordinierten Administration eingegrenzt.«[30] Nach dem grundlegenden, schon von den Jakobinern und Marx empfohlenen Prinzip der Einheit von beschließender und ausführender Tätigkeit dieser Organe des »wahren« Volkswillens hatten die Sowjets die doppelte Funktion, die Parteibeschlüsse nachträglich »demokratisch« zu legitimieren wie auch auszuführen. In diesem System war die Partei »führende und lenkende Kraft«, gewissermaßen Rückgrat und Knochengerüst durch die Entscheidung über die Besetzung aller leitenden Positionen in Regierung, Verwaltung auf allen Ebenen, Betrieben, Armee, Gewerkschaft, Hochschulen etc. nach dem Prinzip der Personalunion. Gleichzeitig wurden in allen diesen Institutionen Parteizellen eingerichtet, deren Mitglieder verpflichtet waren, die Parteibeschlüsse in ihrem jeweiligen Tätigkeitsfeld aktiv zu unterstützen und auszuführen. Dieses System der Parteilenkung sowohl von oben wie von unten war ebenso effizient wie flexibel. Die Partei und ihre Kader »entschieden alles« (wie Stalin später sagte) und banden sowohl begabte Aufstiegswillige wie auch Opportunisten an sich. Sie konnten für Fehlschläge immer die genannten Ausführungsorgane und die in ihnen Tätigen verantwortlich machen und ablösen mit der Begründung, die Weisungen der Partei fehlerhaft ausgeführt zu haben.

Das Statut der Russischen Kommunistischen Partei (Bolschewisten) (RKP/B), das von der 8. Allrussischen Parteikonferenz im Dezember 1919 beschlossen wurde und das sich in seinen Grundzügen bis zum Ende der KPdSU kaum veränderte, betonte als »die erste Pflicht aller Parteimitglieder und Parteiorganisationen« die »straffste Parteidisziplin«, was vor allem die »schnelle und genaue Ausführung der Beschlüsse der Parteiinstanzen« einschloß. Der sogenannte »demokratische Zentralismus« wurde zum »leitenden Prinzip des organisatorischen Aufbaus der Partei« erklärt.[31] Danach sollte die Erörterung aller Streitfragen des Parteilebens »völlig frei« sein, solange die zentralen Parteiinstanzen noch nicht entschieden hatten. War die Entscheidung gefallen, dann trat das zentralistische Prinzip der strengsten Subordination und Disziplin in sein Recht ein. Auch wenn zur Zeit Lenins die innerparteiliche Diskussion oft noch sehr lebhaft gewesen war im Vergleich mit der nachfolgenden Stalin-Zeit, als die Partei in Furcht, Personenkult und »Speichelleckerei« versank, so rangierte doch das zentralistische Prinzip von Befehl und Gehorsam stets *vor* dem »demokratischen« Prinzip freier Debatte, begründet mit dem Argument der notwendigen organisatorischen Geschlossenheit und ideologischen Einheit und Reinheit der Partei in ihrem Kampf erst um die Macht und dann um deren Behauptung gegen die »Konterrevolution«.

Die Rhetorik der »wahren Demokratie« wich auch hier rasch dem »ehernen Gesetz der Oligarchie«, wonach die Parteiorgane um so mächtiger sind, je häufiger sie zusammenkommen, je intensiver und professioneller sie sich mit den laufenden Angelegenheiten befassen und je kleiner ihre Mitgliederzahl ist. Das formal »oberste Parteiorgan«, der Parteitag, trat in den Schatten des Zentralkomitees und dieses wiederum unter das Diktat der eigentlichen Führungsorgane des Politbüros und des zentralen Parteiapparats der hauptamtlichen Funktionäre. Dieser und vor allem seine »Kader«-, also Personalabteilung, obwohl formell Organe des Zentralkomitees und von diesem berufen, wurden immer mehr zur eigentlichen Machtzentrale, da sie über die Zusammensetzung von Parteitag und ZK entschieden. Hatte schon das Rätesystem die ihm zugedachte »demokratische« Funktion nie wirklich erfüllt, sondern vor allem als Fassade für die realen Machtzentren gedient, so wurde nun auch das politische Leben in der Partei selbst immer mehr von oben erdrückt, um schließlich, wie schon Rosa Luxemburg befürchtet hatte, dahin zu führen, daß die in der Partei versammelte Arbeiterelite den Entscheidungen der Führer nur noch Beifall zu klatschen hatte.

Die Rebellion von Kronstadt und die »Neue Ökonomische Politik«

Dieser Wandlungsprozeß zu einem System oligarchisch-bürokratischer Herrschaft wurde weiter vorangetrieben, als das Regime im Frühjahr 1921 in eine erneute Krise geriet.[32] Nach dem Ende des Bürgerkriegs befanden sich Nahrungsmittelversorgung und Transportwesen auf dem Tiefpunkt. Zwangsverpflichtungen am Arbeitsplatz lösten eine Streikwelle aus. Der über das Bürgerkriegsende hinaus andauernde »Kriegskommunismus« mit seinen terroristischen Methoden befand sich in einer Sackgasse. Sozialrevolutionäre und menschewistische Flugblätter tauchten wieder auf, die erneut eine Verfassunggebende Nationalversammlung forderten. Selbst die Matrosen von Kronstadt, die Treuesten der Treuen, denen nicht zuletzt im Oktober 1917 der Sieg zu verdanken war, rebellierten. Im Flottenstützpunkt vor den Toren Petrograds übernahm ein »Provisorisches Revolutionskomitee« die Macht und verurteilte in seinen Aufrufen die »dreijährige blutige Zerstörungsarbeit der Kommunisten« und die »Grausamkeiten, die die Bolschewisten in ganz Rußland verüben«. Geheime Neuwahlen wurden gefordert mit voller Rede-, Presse- und Versammlungsfreiheit, die Beseitigung des Parteieinflusses in Verwaltung und Armee, freies Handwerk und eine freie Kleinindustrie. Wieder ertönte der alte Ruf »Alle Macht den Sowjets!«, aber jetzt nicht mehr als Parole zur Tarnung bolschewistischer Machtansprüche, sondern als Ausdruck des Protests gegen die Parteiherrschaft. Die Forderung nach einem »Sozialismus mit menschlichem Antlitz«, nach »Arbeiterdemokratie« und einer von den Sowjets getragenen demokratisch-freiheitlichen Entwicklung begann hier und hat die Geschichte der totalitären Parteiherrschaft über den 17. Juni 1953, den Oktober 1956 in Polen und Ungarn, den »Prager Frühling« 1968 bis zum Freiheitsaufbruch am Ende der 1980er Jahre begleitet. Lenin gelang es, diese schwere Krise seines Systems zu meistern und die Kronstadt-Bewegung durch den Angriff der Roten Armee über das Eis des Finnischen Meerbusens hinweg gegen einen zehntägigen verzweifelten Widerstand niederzuschlagen.

Lenins Rezept zur Bewältigung der Krise von 1921 verband eine Lockerung der Zügel auf wirtschaftlichem Gebiet mit einer Verstärkung der politischen Diktatur, wohl wissend, daß die Mehrzahl der Menschen an Brot und Gleichheit zumeist mehr interessiert ist als an politischer Freiheit. Lenin nahm die Kronstadt-Rebellion zum Anlaß für eine wirtschaftspolitische Kurskorrektur, die »Neue Ökonomische Politik« (NEP), die aus der Sackgasse herausführen sollte, in die die bisherige Kriegswirtschaft geführt hatte.[33] Die NEP sollte die Ernährung sicherstellen und die industrielle Produktion wieder ankurbeln. Reprivatisierung der kleinen und mittleren Industrie und des Handels, Wiederbelebung des Binnenhandels und des Austausches zwischen Stadt und Land sowie für die Bauern Naturalsteuern anstelle des bisherigen Requisitionsterrors sollten hierfür die Rezepte bieten. Nach der Gleichmacherei der Revolutionsjahre sollten die Löhne wieder nach Leistung festgelegt und sollte nicht zuletzt Auslandskapital für den Wiederaufbau ins Land geholt werden. Selbst die Wiedereinführung der bisher verketzerten Geldwirtschaft gehörte zu den Maßnahmen der NEP. Zwar wurden im folgenden Winter 1921/22 in der Sowjetunion noch einmal etwa fünf Millionen Menschen Opfer des Hungers, den internationale Hilfsmaßnahmen wie des amerikanischen Präsidenten Hoover und des norwegischen Polarforschers Nansen zu lindern versuchten. Dann trat jedoch als Folge der NEP eine fühlbare Besserung der wirtschaftlichen Lage ein.[34]

Derselbe X. Parteitag der Bolschewiki, der im März 1921 die militärische Liquidierung des Kronstadter Aufstands beschloß und dem NEP-Kurs die Zustimmung gab, verstärkte zugleich den politischen Zugriff der Partei. Dies betraf vor allem die Gewerkschaften, die sich für den Kronstadter Virus empfänglich gezeigt hatten. Der Gedanke, sie überhaupt aufzulösen und organisatorisch der Partei einzugliedern, wurde zwar fallengelassen, doch sollte künftig dafür gesorgt werden, daß sie der Partei untergeordnet wurden und ihr als »Transmissionsriemen« zu dienen hatten, die den Parteiwillen in der ganzen Breite und Tiefe der Gesellschaft, besonders auch unter den parteilosen Arbeitern, durchsetzen sollten. Die Matrosen- und Arbeiter-Opposition des Frühjahrs 1921 hatte bei Lenin die Furcht geweckt, die bolschewistische Herrschaft könnte ein ähnliches Schicksal erleiden wie einst die Jakobiner-Diktatur unter Robespierre. Lenin setzte auf dem X. Parteitag daher auch eine Ergänzung der Parteisatzung durch, die künftig jede Fraktionsbildung oder »Plattform« in der Partei verbot und unter Strafe des Parteiausschlusses stellte.[35] Natürlich wurde dieser Beschluß aus dem Selbstverständnis des Leninschen Parteitypus abgeleitet, daß nur die »Willenseinheit« der proletarischen Avantgarde den Erfolg ihrer Diktatur sichern könne. Tatsächlich sicherte er die Parteiführung gegen jede organisierte Opposition aus den Reihen der Partei ab. Das oligarchische Strukturprinzip der Partei erhielt damit seine abschließende Form. Bald sollte Stalin im Kampf um die Lenin-Nachfolge gerade das Fraktionsverbot gnadenlos anwenden.

Ausbau des Terrors

Die Kronstadt-Rebellion bot auch den geeigneten Anlaß, das Herrschaftsinstrument des Terrors weiter auszubauen.[36] Nachdem schon während des Bürgerkriegs ganze gesellschaftliche Schichten und Gruppen, voran »die Bourgeoisie als Klasse«, prinzipiell zur physischen Vernichtung freigegeben worden waren, wurde der Kreis der verdächtigen oder zu verfolgenden Personengruppen nun noch weiter ausgedehnt – auf so vage Kategorien wie »Weißgardisten«, »Konterrevolutionäre«, »Agitatoren gegen das Sowjetsystem«, »Spekulanten«, »Saboteure«, aber auch auf Priester oder zaristische Offiziere, auf die man nach dem Bürgerkrieg verzichten konnte. Schließlich war »Kronstadt« Anlaß für einen großen Schauprozeß gegen Mitglieder der verbotenen Sozialrevolutionäre, der mit 22 Todesurteilen endete, die zum Teil erst unter Stalin vollstreckt wurden.[37]

Die Justiz wurde nach bewährtem Muster zu einer Fortsetzung der Parteidiktatur mit anderen Mitteln. Die sogenannten »Revolutionären Tribunale«, die bereits am 22. November 1917 errichtet worden waren, wurden überall im Land zu Standgerichten, von denen auch zahlreiche persönliche Rechnungen beglichen wurden. Formell sollte ihr Personal durch die örtlichen Sowjets gewählt werden. An ihrer Spitze standen aber zumeist Tscheka-Leute, die die Gerichte zum verlängerten Arm des Staatsterrorismus machten. Zeugen und Verteidigung konnten nach Belieben zugelassen oder abgelehnt werden, Revision und Begnadigung waren in der Regel ausgeschlossen. Im Zusammenhang mit der Neuen Ökonomischen Politik wurde 1922 durch umfangreiche Kodifizierungen eine Art »sozialistischer Gesetzlichkeit« geschaffen mit einem Obersten Gerichtshof an der Spitze, Instanzenweg, Zulassung von Staatsanwälten und Rechtsbeiständen. Die freie Richterwahl durch die Sowjets wurde wieder abgeschafft, jedoch dafür gesorgt, daß durch die Personalpolitik der Partei Klassenstandpunkt und Parteilichkeit in der Rechtsprechung auch weiterhin gesichert blieben.[38]

Die Tscheka wurde zu einem Staat im Staate, zuständig für die Gefängnisse und Konzentrationslager des Archipel Gulag, faktisch ohne Kontrolle durch Staatsanwälte und Richter, mit vielen Möglichkeiten des Mißbrauchs und der Selbstjustiz, schließlich sogar mit eigenen, der Parteiführung direkt unterstellten militärischen Verbänden. Was dann in der Stalin-Ära seinen Höhepunkt erreichte, die absolute Schutzlosigkeit des einzelnen gegenüber der Willkür des Parteistaates, der Verfall jeglicher Rechtskultur und die Möglichkeit tiefer Eingriffe in die materiellen Lebensbedingungen der Menschen – all das hat schon in der Lenin-Ära begonnen und sich ausgebreitet. Auch für Lenin bestand nie ein Zweifel, daß das revolutionäre System das Recht nach seinen politischen Bedürfnissen einsetzen und propagandistisch mißbrauchen konnte. Der Weg vom Gottesgnadentum des Zaren als oberster Rechtsquelle zum ideologisch bestimmten alleinigen Erkenntnis- und Interpretationsmonopol der Partei und ihrer Führer war kurz, denn dieses erlaubte auch jetzt wieder den Herrschenden die Anwendung jeder als zweckmäßig erachteten Maßnahme zur Herrschaftssicherung. Es entstand jener charakteristische »Maßnahmenstaat«, der künftig allen totalitären Systemvarianten sein Gepräge geben sollte und der die herrschende Klasse von jeder Selbstbindung an das von ihr gesetzte Recht freistellte.

Partei und Armee

Ein besonderes Thema war das Verhältnis der Monopolpartei zu den Streitkräften.[39] Die zaristische Armee hatte sich im Lauf des Jahres 1917 wie Schnee in der Sonne aufgelöst. Die Millionenmassen der Soldaten hatten in der von der Revolution versprochenen heimatlichen Landverteilung nicht zu spät kommen wollen. Für die Bolschewiki war es freilich ein leichtes, in den Revolutionswirren des Sommers 1917 eigene bewaffnete Kräfte zusammenzustellen. Schon im März 1918 entschied sich aber Leo Trotzkij als neuer Kriegskommissar der Sowjetregierung im Blick auf den begonnenen Bürgerkrieg gegen die revolutionäre Miliz und für eine professionelle Armee unter einem zentralen Oberkommando. Die Offizierswahl wurde wieder abgeschafft, und etwa 10 000 ehemalige Offiziere des Zaren wurden eingestellt, die in der »Roten Armee« für Disziplin sorgen sollten. Ende 1918 erreichte die Armee bereits eine Stärke von 800 000 Mann, gegen Ende des Bürgerkrieges 1920 waren es rund fünf Millionen. Allerdings sorgte Trotzkij für die Kontrolle der »Militärspezialisten« aus der ehemaligen Zarenarmee: Den Kommandeuren wurden Politische Kommissare als Stellvertreter beigegeben, die deren Befehlen und Meldungen zuzustimmen hatten. Für verräterisches Verhalten oder Desertion der Offiziere wurden besonders harte Strafen eingeführt, einschließlich der Sippenhaft für Frauen und Familien. Die Politkommissare unterstanden einer eigenen Politischen Abteilung des Oberkommandos, dem »Revolutionären Militärrat«. Nach dem Bürgerkrieg wurde ab 1920 auch in der Armee eine eigene Parteiorganisation aufgebaut. Wie im Staats- und Wirtschaftsapparat waren auch hier die Mannschaften, Unteroffiziere und Offiziere als Parteimitglieder verpflichtet, für die Durchführung der Parteibeschlüsse in den Streitkräften zu sorgen. Dennoch wurden die bolschewistischen Führer fortwährend von der Furcht vor einem Militärputsch, einem »Bonaparte« geplagt, bis Stalin in den Jahren 1936 bis 1938 durch eine blutige große »Säuberung« der Generalität und des Offizierskorps sich dieser Furcht auf seine Weise entledigte.[40]

Grundlegung des totalitären Parteistaates

Als Lenin im Januar 1924 starb, waren die Strukturen und Herrschaftsinstrumente des totalitär-monopolistischen Einparteistaats bereits voll ausgebildet. Stalin konnte sie für den Aufbau seiner Diktatur nutzen und perfektionieren. Die unter Lenin verwirklichte Führungsrolle der Partei in Staat, Wirtschaft und Gesellschaft, die Bürokratisierung des Parteiapparats, das Verbot der Fraktionsbildung in der Partei zur Sicherung der Parteiführung vor innerparteilicher Opposition, die Unterwerfung der Armee wie der Gewerkschaften unter den Willen der Parteiführung, der immer tiefer in die Gesellschaft eindringende Terrorapparat der Tscheka und der GPU, die Einsetzung der Parteifunktionäre durch den zentralen Apparat – das alles war schon vorhanden und ebnete den Weg für Stalins Aufstieg zur Alleinherrschaft. Lenins Neue Ökonomische Politik, mit der er das ökonomische Programm seiner im Gefängnis sitzenden menschewistischen und sozialrevolutionären Gegner als Rezept zur Behebung der schweren Krise seiner Herrschaft im Frühjahr 1921 übernahm, ließ wohlweislich die Fundamente des Systems unangetastet: die verstaatlichte Großindustrie, die nationalisierten Banken, das staatliche Außenhandelsmonopol. Die NEP zielte vor allem auf die Wiederherstellung ökonomischer Effizienz und nicht zuletzt auf die Besänftigung der Bauernschaft, die schon während des Krieges und dann durch den Bürgerkrieg schwer gelitten hatte. Es ging um die wenn auch begrenzte Wiedererweckung persönlicher Initiativen und Gewinninteressen zum Nutzen der sich fälschlich als »Sozialismus« ausgebenden neuen staatskapitalistischen Wirtschafts- und Gesellschaftsordnung. Dabei blieb offen, wie lange das NEP-Experiment dauern und ob es nicht lediglich als Rezept zur Überwindung der akuten bolschewistischen Herrschaftskrise diente, um nach erreichter Stabilisierung von einer neuen einschneidenden Kurskorrektur abgelöst zu werden.

Die von Lenin durch die NEP anvisierten Ziele wurden in einem entscheidenden Punkt erreicht: 1925 hatte sich die Produktion bereits wieder so weit erholt, daß sie zwei Drittel des Niveaus von 1914 erreichte. Die Stimulierung des individuellen Eigeninteresses wie des Rentabilitätsstrebens der Betriebe, deren Leitern erweiterte Kompetenzen eingeräumt wurden, spielte dabei sicher eine Rolle, aber auch der Ertrag der Arbeit von Hunderttausenden, die in den Lagern des Archipel Gulag für den »Aufbau des Sozialismus« Sklavendienste leisteten. Hingegen hielt sich der geplante Zustrom ausländischen Kapitals in bescheidenen Grenzen. Er tangierte das totalitäre System ebensowenig wie die neu eröffnete Möglichkeit, daß Privatleute auch größere Betriebe pachten konnten. 1923 befand sich nur ein Prozent des industriellen Grundkapitals in ausländischen Händen, und nur zehn Prozent aller Beschäftigten waren in verpachteten (nicht verkauften) Staatsbetrieben tätig. Die Neue Ökonomische Politik entsprach Lenins Herrschaftskalkül. Er ließ keinen Zweifel an »unserer Aufgabe, den Staatskapitalismus der Deutschen zu erlernen«, der ihm in Gestalt der Kriegswirtschaft des kaiserlichen Deutschland für seine NEP als Vorbild erschien. Er bekannte aber auch ganz offen, »keine diktatorische Maßnahme zu scheuen, um diese Übertragung der westlichen Kultur auf das barbarische Rußland zu beschleunigen, ohne dabei vor barbarischen Methoden des Kampfes gegen die Barbarei zurückzuschrecken«[41].

In seinem 1979 erschienenen Buch »Das Prinzip Verantwortung« hat Hans Jonas am Beispiel Lenins über die »Rolle der Theorie in der Voraussicht« reflektiert und gemeint, daß ungeachtet der Frage, »ob das tatsächlich Erreichte schließlich das war, was Lenin gewollt hatte, oder heute noch von ihm dafür angesehen würde ... mit seiner Tat eine weltgeschichtliche Wende geschah, durch die auf Generationen, wenn nicht auf immer, dem Lauf der Dinge eine neue Richtung gegeben wurde und zwar auf ein definiertes und gewolltes Ziel hin – darin hat Lenin sich nicht getäuscht.« Für Jonas war dies »wohl der erste Fall in der Geschichte, wo der praktische Staatsmann Zukunftsfernen im Blick haben konnte, im abstrakten wenigstens, und damit auch zu verantworten hatte, die früherer Staatskunst gänzlich verschlossen waren«[42]. Zehn Jahre später mündete der Lauf der Dinge im Zusammenbruch von Lenins Werk und dementierte die Geschichte die Rolle der Theorie in der menschlichen Voraussicht im allgemeinen und die Vorstellung eines »gesetzmäßigen« und unaufhaltsamen Fortschritts zu einer kommunistischen Weltgesellschaft im besonderen. Lenins überhöhter Deutung wurde damit der Boden entzogen, auch wenn die Tatsache bleibt, daß er zu den zentralen Gestalten des Zeitalters der Revolution und des Totalitarismus im 20. Jahrhundert zu zählen ist.

Sicherlich: Die Geschichte ist kein eindimensionaler, determinierter Prozeß, und nach Lenin wäre auch ein relativ gemäßigter Kurs der Sowjetunion denkbar gewesen, wie ihn vielleicht Nikolaj Bucharin vertrat – mit dem Vorrang der Sicherung der Grundbedürfnisse und Lebensmittelversorgung anstatt jener forcierten Industrialisierung mit terroristischen Methoden und auf dem Rücken vor allem der Bauern, die dann Stalin durchpeitschte.[43] Aber heute weicht auch in der ehemaligen Sowjetunion der Mythos Lenins Stück um Stück der Erkenntnis, daß ohne Lenins Grundlegung des sowjetischen Parteistaates Stalins despotische Herrschaft kaum vorstellbar war, hatte Lenin, der revolutionäre Marxist, doch die tatsächlichen und ideologischen Rahmenbedingungen dafür geschaffen: die Monopolpartei als straff organisierter Befehls- und Lenkungsapparat des totalitären Parteienstaates und die weit ausgreifende Strategie des »revolutionären Weltprozesses«. So entbehrte Stalins »Aufbau des Sozialismus«, also vor allem die rasche Industrialisierung und militärische Aufrüstung, nicht der leninistischen Logik, sollte er doch die Grundlagen schaffen für die erwartete neue Phase weltrevolutionärer »Flut« und Expansion und konnte er doch zugleich dem legitimatorischen Zweck der »Verschärfung des Klassenkampfes« im Inneren, das hieß der terroristischen Durchsetzung der Parteidiktatur, dienen. Über diese Gesamtstrategie, da hatte Stalin recht, konnte es unter »Leninisten« keine grundlegenden Meinungsunterschiede geben. Insofern ist die Kontinuität von Lenin zu Stalin unverkennbar, auch wenn dann Stalins unerbittliche Konsequenz den »Aufbau des Sozialismus« und die Erwartung der nächsten Revolutionsphase durch den »unvermeidlichen« imperialistischen Krieg mit der Etablierung seiner persönlichen Despotie zu verknüpfen verstand.

DIE PERFEKTION
Stalin und die totalitäre Despotie

Der Name Stalin, über drei Jahrzehnte lang Synonym für die Sowjetunion und den Kommunismus überhaupt, wurde in unserem Jahrhundert zur Chiffre einer Macht, die absoluter war als die jedes anderen Herrschers der europäischen Neuzeit und an die antiken Despoten und Gottkönige erinnerte. In ihrer Legierung aus politischem Messianismus, säkular-religiösem Personenkult und einem grausam-repressiven Herrschaftssystem wurde sie von den Menschen geradezu als Schicksal empfunden, das sie als solches trugen.[1]

Der Begriff »Personenkult« als Irreführung

In der Sowjetunion hat man unter dem Nachfolger Chruschtschow den »Stalinismus« mit grob irreführenden Verharmlosungen wie »Personenkult« oder »Verzerrung der leninistischen Normen« zu entsorgen und sich von ihm zu distanzieren versucht. Als diese erste »Tauwetter«-Periode der Nomenklatura aus dem Ruder zu laufen drohte, wurde sie gestoppt, und man kehrte mit der Breschnew-Ära zum »Neostalinismus« zurück. Michail Gorbatschow hat Stalins Untaten erneut als »unverzeihlich« verurteilt. Aber auch dann herrschte noch die Tendenz vor, die Stalin-Zeit lediglich als eine »Deformation« und »Perversion« der großen humanen Vision des Sozialismus zu beurteilen. Es seien zwar »grausame Jahrzehnte« gewesen, und »für die Schuldigen dieser Zeit« gebe es »keine Rechtfertigung«, lesen wir in der Einleitung zur Stalin-Biographie von Generaloberst Dimitrij Wolkogonow (1989), damals Leiter des Instituts für Militärgeschichte des Verteidigungsministeriums, es sei jedoch »falsch, bei der Verurteilung der Verbrechen Stalins die Errungenschaften des Sozialismus und seine prinzipielle Überlegenheit als Gesamtsystem zu bestreiten. Trotz der Verbrechen Stalins wurde viel erreicht. Aber unter demokratischen Verhältnissen wären die Erfolge größer gewesen.«[2]

Aus der Sicht der späten Nomenklatura-Klasse, die mit ihrer ganzen Existenz nun einmal im Boden des Stalinismus wurzelte, wurde in der Stalinzeit viel geschaffen, schossen die Hüttenwerke und Staudämme aus dem Boden, die aus dem Land einen modernen Industriestaat machen sollten, und »errangen wir den Sieg im Großen Vaterländischen Krieg«. Zwar sei die damalige »Mißachtung der Menschenrechte« nicht zu rechtfertigen, aber eine Ausweitung der Verurteilung Stalins »auf die Partei und auf Millionen von einfachen Menschen, deren Glauben an die Wahrhaftigkeit der revolutionären Ideale nicht erschüttert worden ist«[3], sei abzulehnen. Das »Ja – aber« im Urteil über Stalin dauerte auch unter Gorbatschow fort, der einmal meinte, der Begriff »Stalinismus« sei »von unseren Feinden geprägt worden«. Die Öffnung der Archive über die Zeit der »Repression«, wie man sie jetzt nannte, steht immer noch aus.

Für das Verständnis des »Stalinismus« erscheinen die Begriffe der Staats- und Verfassungslehre als unzureichend. Wir verwenden im folgenden meist den Begriff der (totalitären) Despotie, sind uns jedoch bewußt, daß dies nur eine mangelhafte Umschreibung dessen ist, was sich in jener Epoche zwischen 1924 und 1953 in der Sowjetunion und – von ihr ausstrahlend – in der Weltpolitik ereignet hat. Die Essenz und der Abgrund des Geschehens finden in den Berichten der Opfer und Augenzeugen und in der großen Literatur der Epoche – von Anna Achmatowa bis Alexander Solschenizyn – einen angemesseneren Ausdruck als in den wissenschaftlichen Darstellungen. Der Begriff »Stalinismus« lädt zudem dazu ein, alles auf den Exponenten des Systems und seine engste Umgebung abzuwälzen, wie das die Nachfolger zur Zeit Nikita Chruschtschows versucht haben. Aber Stalin ist nicht zu begreifen ohne die Gesellschaft und die Geschichte, in denen er möglich wurde. Täter, Mittäter und Gesellschaft gehören zusammen, und das System hätte nicht funktioniert ohne die vielen hunderttausend kleinen Stalins, die ihm dienten.[4]

Angst – die Atmosphäre der Epoche

Unter Stalins Herrschaft wurde »die ständige Angst in Erwartung eines Strafgerichts« zum beherrschenden gesellschaftlichen Klima, wurde »die Verhaftung zur Lebensform wie ein spätes Abendbrot... Gestern war der Nachbar zur Linken abgeholt worden, heute der rechte, morgen holen sie mich ... Die Freiheit wurde vollständig: Die Kinder sagten sich von den Vätern los, und die überlebenden Eltern sagten sich von den ›wegen konterrevolutionärer Tätigkeit‹ verhafteten Kindern los. Und sie zeigten einander an.«[5] Michael Voslensky berichtet aus eigener Erfahrung, wie in den dreißiger Jahren in Moskau die Verhaftungen vor sich gingen, und wie die Mitschüler am Morgen nach der nächtlichen Verhaftung der Eltern sich von ihnen distanzierten.[6] Als die Ehefrau des Staatsoberhaupts der Sowjetunion von Stalins Gnaden, Michail Iwanowitsch Kalinin, zu einer Freundin ein paar unvorsichtige Worte über den Generalsekretär der KPdSU äußerte, wanderte auch sie ins Lager. »Die Angst war allgemein geworden, eine Art Behausung, ein Teil der Atmosphäre. Man fürchtete sich vor allem und jedem. Man fürchtete sich vor den Hausnachbarn, den Hausmeistern, den eigenen Kindern. Man fürchtete sich vor Arbeitskollegen, man zitterte vor Vorgesetzten und Untergebenen... Im Bewußtsein der Untertanen hatten sich Furcht und deren traditionelle Begleiter – Käuflichkeit und Gehorsam – eingenistet. Diese dreieinige Kraft half ihnen, ohne Schmerzen in den Knien auf dem Bauch zu kriechen. Die Menschen haben schließlich auch das Schweigen gelernt. Es zog sie endlich zum lebenspendenden Nicht-Wissen. Die Menschen begannen die Lüge zu atmen. Lüge als bürgerliche Tugend. Verrat und Grausamkeit als Verhaltensnormen. Fanatische, sklavische Ergebenheit gegenüber dem Führer – das war die neue Religion.«[7]

Raissa Orlowa-Kopelew hat in ihren Erinnerungen über das
Jahr 1937 berichtet, als sich der Schrecken und allgegenwärtige
Verdacht wie ein schwarzes Tuch über das Land legten.[8] Da wurden Kommilitoninnen verhaftet, weil sie Nichten der bei den
Schauprozessen Angeklagten waren, andere waren Kinder verhafteter hoher Parteifunktionäre, enger Freunde Lenins. Als die
Mitstudenten offen sagten, die Betreffenden seien unschuldig,
war die stereotype Antwort der kleinen Funktionäre: »Woher
willst du das wissen? Man kann heute für niemand bürgen.« Und
aus welchen Gründen wurde da verhaftet! Ein Theater-Geschäftsführer bekam zehn Jahre Lager, weil er eine Stalin-Büste hinter
den Kulissen mit dem Gesicht zur Wand hatte abstellen lassen.
Tausende saßen in den Lagern wegen eines im Freundeskreis
erzählten Witzes. Hätten ihn die Freunde nicht angezeigt, wären
sie verhaftet worden.[9]

Das diabolische Gift der Denunziation wurde in alle Poren der
Gesellschaft geträufelt. Keiner war sicher, von den »zuständigen
Stellen« nicht als Zuträger angeworben zu werden. Die Seuche der
»Informellen Mitarbeiter« (IM), die wir in Deutschland erst nach
dem Zusammenbruch des kommunistischen Zwangssystems kennengelernt haben, ist stalinistisches, leninistisches Erbe: Das
russische Neuwort hierfür hieß »stukatsch«, Zuträger. Die Anwerbungen erfolgten mit dem Hinweis auf die »heilige Kommunistenpflicht«, die Gespräche der Freunde aufzuzeichnen, ging es
doch darum, »der Heimat im Kampf gegen die Feinde zu helfen«[10]. Und – wie später in der DDR – geriet man erst in die Kartei
der Spitzelberichte, hatte man den kleinen Finger schon im Getriebe.

Stalins Charakter

Über Stalins Charakter und Wesensart wissen wir heute aus einer
Fülle von Zeugnissen: über den prägenden Einfluß der frommen
und überbehütenden Mutter, die für den Sohn eine Laufbahn als
Geistlicher erhoffte; über den Vater, der ein brutaler Säufer war

und die Familie verließ; über Heuchelei und Verstellung, Zanksucht und Intrigantentum, die sich beim jungen Stalin, schon im geistlichen Seminar in Tiflis zeigten; über den Beginn der Karriere als Berufsrevolutionär im Untergrund; über seine Erfahrungen in Gefängnis und Verbannung (in einem politischen System, das im Vergleich zu dem Stalins liberal genannt werden muß); über die Entfaltung von Egozentrismus, Herrschsucht und Denunziantentum, zeitweilig wohl auch als Doppelagent; über Ehebruch und Alkoholismus.

Stalin war auf seine Weise »ein außergewöhnlicher Mensch. Kriegerisch, grob, von Natur antiintellektuell, mußte er scheinbar Trotzkij, Kamenew, Sinowjew und Hunderten von hervorragenden Funktionären den Vortritt lassen. Sie besaßen viele deutliche Vorzüge: Bildung, Rednergabe, Kultur. Er übertraf sie alle an Härte des Charakters und an Zielstrebigkeit. Stalin verfügte über einen einzigartigen Komplex höchst aggressiver Eigenschaften. Da gab es die tierische Schläue und Verschlagenheit, entwaffnende Frechheit und Zynismus, absoluten Zynismus. Verachtung von Mensch und Menschheit. Raffinierte Grausamkeit. Ohne diese Eigenschaften wäre es ihm nicht gelungen, der Hausherr zu werden.«[11]

Anton Antonow hebt die diabolische Meisterschaft der »Diebestechnik« hervor: andere aufeinander zu hetzen und dann mit dem Ruf »Haltet den Dieb!« mit der Beute davonzurennen. Vielleicht war das die wichtigste Kunstfertigkeit Stalins, um in einem jahrelangen mörderischen Kampf schließlich die alleinige Macht über das Riesenreich zwischen Pripjet-Sümpfen und Pazifik, Eismeer und Zentralasien an sich zu reißen. Gleicherweise verfuhr er dann in der Außenpolitik. Auch die »kapitalistische« Umwelt galt es, aufeinander zu hetzen und daraus für die Sowjetunion den maximalen Profit zu schlagen.[12] Nicht zuletzt ist es Stalin so auch gelungen, die Verbrechen Hitlers, dieses seines wahrhaften Bruders in Ungeist und Untat, als Tarnschleier zu benutzen, hinter dem er seine eigenen Untaten vor der Weltöffentlichkeit und vor der Geschichte vergessen zu machen suchte. Die Doktrin des »Antifaschismus« wurde zur wohlkalkulierten Strategie solcher

Tarnung der eigenen Verbrechen.[13] Noch lange über Stalins Tod hinaus haben die nachfolgenden Führer der Sowjetunion es verstanden, Stalins Klassen- und Massenmorde hinter den Holocaust-Verbrechen der Nationalsozialisten vor der Weltöffentlichkeit zu verbergen.

Die Extreme berühren sich: Stalinismus als Faschismus

Wie jede bedeutsame historische Erscheinung ist auch Stalins totalitäre Despotie nur in der Verknüpfung der subjektiven, der charakterologischen und psychologischen Faktoren der Handelnden mit den objektiven Bedingungen zu verstehen, in denen sie wirksam werden. In der Literatur werden die »unermeßliche Eitelkeit und Machtbegierde« Stalins[14], sein »zwanghaft-neurotisches Bedürfnis, sich als Held von Lenins Ausmaß zu bestätigen«[15], als wesentliche Ursachen der von ihm begangenen »Deformationen« und »Irrtümer« hervorgehoben. Doch eine solche subjektiv-psychologische Sicht wäre weniger als die halbe Wahrheit, würde sie die objektiven Verhältnisse und Strukturen unberücksichtigt lassen, in denen Stalin seinen Weg antreten konnte.[16] Das von Lenin durchgesetzte Machtmonopol der Partei war der Embryo, der unter Stalin zu voller Reife heranwuchs, und Stalins System war in mancherlei Hinsicht die konsequente Vollendung des Leninismus. Stalin hat wesentliche Grundlagen des monopolistischen Parteistaats – die Bürokratisierung, die fehlende Demokratie innerhalb der Partei und im gesamten politisch-gesellschaftlichen Umfeld, die Unterdrückungs- und Zensurpolitik – schon vorgefunden, sie nur in exzessiver Weise gesteigert und ihnen das nationalistisch-imperialistische Element hinzugefügt.[17] »Es war nicht nur eine Politik des Zwanges, sondern ein wirklicher Bürgerkrieg gegen die Bauern, nicht nur Polizeiunterdrückung, sondern Massenvernichtung und Terror, nicht nur eine thermidorianische Erneuerung nationalistischer Positionen, sondern ein faschistischer Chauvinismus; nicht nur ein Führerkult, sondern die Vergötterung des Despoten.«[18] Das Ergebnis war schließlich, wie der schon 1921 aus dem Lenin-Staat vertriebene Philosoph Nikolaj Berdjajew 1937 formulierte, die Verwandlung des Kommunismus Schritt für Schritt in einen »eigenartigen russischen Faschismus [mit] allen Merkmalen der faschistischen Ordnung«: totalitärem Staat, Staatskapitalismus, Führerprinzip, ausgeprägtem Nationalismus und militarisierter Jugend.[19]

»Aufbau des Sozialismus«: Ziele und Mittel

Was nicht nur dem Historiker, sondern schon vielen Zeitgenossen als selbstzerstörerischer Wahnsinn erschien, wurde von Stalin und zeitweilig auch seiner nach Millionen zählenden Gefolgschaft als Preis für die Durchsetzung eines großen politischen Zieles gerechtfertigt. Stalins blutige Despotie wurde zum eindrücklichen Beleg für die Wirksamkeit des »Gesetzes der ungewollten Wirkungen« in der Geschichte, für die schließliche Überwucherung und Zerstörung des Ziels durch die Mittel und Methoden. Dieses Ziel entstammte dem Arsenal des politischen Messianismus marxistisch-leninistischer Prägung: die Errichtung des Kommunismus in der ganzen Welt. Die erste Etappe auf diesem Weg war der »Aufbau des Sozialismus« zunächst in der Sowjetunion, im Klartext: die Überwindung der bisherigen Rückständigkeit des Landes durch seine rasche Industrialisierung. Stalin hämmerte seiner Gefolgschaft ein, daß die junge Sowjetunion nur durch industrielle und militärische Stärke gegen die »konterrevolutionären Anschläge« der kapitalistischen Umwelt auf Dauer gesichert werden könne. Es war dies eine durchaus kohärente Strategie: Eine zweite Revolution, diesmal von oben, sollte das seit 1917 entstandene System fortentwickeln und durch seine rasche Industrialisierung stärken. Dadurch konnte der revolutionäre Enthusiasmus, besonders der Jugend, neu entfacht und ihr die Perspektive einer modernen und mächtigen Sowjetunion geboten werden. Diese Strategie setzte voraus, daß das ehrgeizige Ziel nur durch eine straffe Führung und durch die Anwendung *aller* Mittel des Zwanges und der Gewalt erreicht werden konnte. Für Stalin war die

Rechtfertigung gewaltsamer Mittel durch das gewaltige geschichtliche Ziel eine Selbstverständlichkeit. Diese Mittel schlossen seine eigene unumschränkte Gewaltherrschaft notwendig ein. Wie später Hitler im Blick auf sein säkulares Ziel, Deutschland zur Weltmacht zu erheben und die Geschichte durch terroristisch praktizierte Rassenpolitik in ihren Grundlagen umzugestalten, war auch Stalin davon überzeugt, daß nur *er* in der Lage sei, den von Marx und Lenin entworfenen »revolutionären Weltprozeß« in die Wege zu leiten und zu steuern. Wie Hitler hat auch Stalin aus dieser seiner Strategie nie ein Hehl gemacht. In einer Rede vor Industriefunktionären am 4. Februar 1931 wandte er sich leidenschaftlich gegen eine Droßlung der Industrialisierung, vor allem mit dem politischen Argument: »Das Tempo verlangsamen, das bedeutet Zurückbleiben. Und Rückständige werden geschlagen. Wir aber wollen nicht die Geschlagenen sein. Nein, das wollen wir nicht!« Stalin griff weit in die Geschichte zurück. Das alte Rußland sei immer wieder geschlagen worden, von Tataren-Khans, Türken, Schweden, Polen und Japanern, schließlich von den »englisch-französischen Kapitalisten« während des Bürgerkriegs 1919/20 (auffallenderweise erwähnte er die Deutschen nicht). Daran schloß sich ein Aufruf zur Mobilisierung aller Kräfte an, in der für Stalin so kennzeichnenden Frageform: »Wollt Ihr, daß unser sozialistisches Vaterland geschlagen wird und seine Unabhängigkeit verliert? Wenn Ihr das nicht wollt, dann müßt Ihr in kürzester Frist seine Rückständigkeit beseitigen und ein wirklich bolschewistisches Tempo im Aufbau seiner sozialistischen Wirtschaft entwickeln. Andere Wege gibt es nicht. Darum sagte Lenin zur Zeit des Oktobers: entweder Tod oder die fortgeschrittenen Länder einholen und überholen. Wir sind hinter den fortgeschrittenen Ländern um fünfzig bis hundert Jahre zurückgeblieben. Wir müssen diese Distanz in zehn Jahren durchlaufen. Entweder bringen wir das zustande, oder wir werden zermalmt.«

Dann fügte Stalin die weltrevolutionäre Perspektive hinzu: »Wir haben aber noch andere, ernstere und wichtigere Verpflichtungen. Das sind die Verpflichtungen gegenüber dem Weltproletariat ... Wir müssen vorwärtsschreiten, daß die Arbeiterklasse der ganzen Welt, auf uns blickend, sagen kann: Hier ist sie, meine Vorhut, hier ist sie, meine Stoßbrigade, hier ist es, mein Vaterland – sie machen ihr Werk, *unser* Werk gut, unterstützen wir sie gegen die Kapitalisten und entfachen wir die Sache der Weltrevolution.«[20]

Die Genialität des Despoten erkannte den zentralen Punkt: Der Appell an die Schutz- und Verteidigungsinstinkte der Massen, deren Mobilisierung durch das Ziel der Weltrevolution und die Macht des »woshd« bedingten einander. Und das agitatorische Spektrum reichte von der scheinbar streng marxistischen These von der notwendigen »Verschärfung des Klassenkampfes« für den »Aufbau des Sozialismus« bis zur Beschwörung von »Mütterchen Rußland« mit Worten des Dichters N. A. Nekrasow, die schon Lenin bei Abschluß des »Schandfriedens« von Brest-Litowsk zitiert hatte: »Arm bist du, Mütterchen Rußland, aber du bist voll des Überflusses. Mächtig bist du, aber du bist hilflos, Mütterchen Rußland.«[21]

Die Verteidigung gegen die »kapitalistische Einkreisung« und die weltrevolutionäre Mission machten eine despotische Macht im Zentrum unabdingbar. Die »Errichtung des Sozialismus in *einem* Lande« konnte nur auf dem Rücken der Mehrheit, der Abermillionen Bauern stattfinden, die einst Lenins Versprechen »Alles Land den Bauern!« geglaubt und den Bolschewiki den Sieg ermöglicht hatten. Jetzt mobilisierte Stalin die »Dorfarmut« gegen jene, die aus der »Neuen Ökonomischen Politik« Nutzen gezogen hatten und dafür sorgten, daß die Menschen wieder zu essen hatten. Unter der demagogisch verschleiernden Parole der »Liquidierung der Kulaken als Klasse« unterwarf Stalin die Landbevölkerung neuer Leibeigenschaft – jetzt nicht mehr der Gutsbesitzer, sondern des allmächtigen Parteistaates, der ihren »Mehrwert« abschöpfte und der forcierten Industrialisierung zuführte. Die Kolchosbauern, denen jede Freizügigkeit noch rigoroser versagt wurde als den »Werktätigen« in der Industrie, wurden zur untersten Klasse der neuen despotischen Pyramide. Durch den Vorrang des Machtkalküls im Interesse seiner grenzenlosen Autokratie ruinierte Stalin die ländliche Welt seines Reiches, in dem die

Nahrungsmittelversorgung zur Achillesferse wurde. So wurde der »Aufbau des Sozialismus« langfristig zur Katastrophe, zum eigentlichen Fluch der Sowjetunion, deren Menschen bis heute darunter leiden.

Der Parteiapparat war noch zu Lenins Lebzeiten zur Machtbasis Stalins geworden, nachdem er 1922 zum Generalsekretär berufen worden war. Zielbewußt arbeitete er nach Lenins Tod an der Übernahme der alleinigen Macht über die Partei, vor allem mit den Mitteln der »Kaderpolitik«, also der ihm unterstellten Personalabteilung. Bald nach Lenins Tod fand auf dem Wege des Umtauschs der Parteibücher eine Parteisäuberung statt. Wer als nicht genügend aktiv und »zuverlässig« galt, konnte so leicht eliminiert werden. Die »Gesäuberten« wurden durch 316 000 neue Mitglieder ersetzt, die man »Leninaufgebot« nannte, die aber von Stalin als »seine« zuverlässigen Leute verbucht werden konnten.[22] Mittelfristig wirkte sich die Personalpolitik Stalins auch auf die Zusammensetzung des Zentralkomitees und der Parteitage aus. Das Politbüro, die formell höchste Machtinstanz, in der noch Lenins alte Mitstreiter und Stalins Konkurrenten um die Macht die Mehrheit hatten, wurde so von der Basis zunehmend isoliert und unterlag einem schleichenden Machtverlust. An seine Stelle traten die neuen Machtzentren in der Hand Stalins: das ZK-Sekretariat und die Zentrale Kontrollkommission, die über Partei-Disziplinarstrafen und -ausschlüsse zu entscheiden hatte. Mittels dieser Apparat- und Personalpolitik, mit der Stalin schrittweise alle wichtigen Posten in der Partei mit ergebenen Gefolgsleuten besetzen ließ, konnte er die Führungsorgane, vor allem ZK und Politbüro, mehr und mehr ausmanövrieren und schließlich ebenfalls mit eigenen Leuten besetzen. So machten die späteren Stalin-Vertrauten Molotow, Mikojan, Woroschilow, Schdanow und auch Chruschtschow ihre Karrieren.

Als es Stalin am Ende auch gelang, den Staatssicherheitsdienst (Tscheka, GPU, NKWD) in die Hand zu bekommen, wurde er nahezu unangreifbar. Seine Diktatur konnte sich auf vier Machtsäulen stützen, deren Spitzen sämtlich mit seinen Vertrauten besetzt wurden: den Parteiapparat, die Staats- und Wirtschaftsverwaltung, die Armee und den Staatssicherheitsdienst. Diese vier Machtsäulen wurden von Stalins persönlicher Befehlszentrale angeleitet und kontrolliert: seiner Privatkanzlei, die schon seit 1924, kurz nach Lenins Tod, existierte, aber nach außen nicht in Erscheinung trat. Das politische System der Sowjetunion wandelte sich von der Diktatur der Leninschen Parteiführung mit noch relativ freimütiger Diskussion zur Einmanndiktatur Stalins. Sie ließ die überkommenen Institutionen der Partei – Parteitag, Politbüro, Zentralkomitee – formell bestehen, höhlte aber ihren Einfluß und ihre Kompetenzen immer mehr aus. Chruschtschow hat in seinen Erinnerungen über den »Entscheidungsprozeß« im Politbüro, dessen Mitglied er nach dem Zweiten Weltkrieg wurde, berichtet. Entsprechend wird es dort seit dem Ende der dreißiger Jahre zugegangen sein. Die Sitzungen des Politbüros und des ZK-Sekretariats wurden bedeutungslos und bloße Fassade. Gegen Stalins Entscheidungen wagte niemand Widerspruch. »Man traf sich bei Stalin und hörte sich an, was er zu sagen hatte, und dann ... erteilte er sofort seine Befehle, gab seine Anweisungen; manchmal hörte er den Ausführungen anderer zu, und wenn es ihm gefiel, stimmte er zu, gefiel es ihm nicht, schrie er und formulierte dann sofort, ohne die übrigen Anwesenden nach ihrer Meinung zu fragen, seine eigenen Schlußfolgerungen und notierte sie als Beschluß des ZK und des Ministerrates, und dieser Beschluß trat in Kraft.«[23]

Chruschtschow berichtet, daß in der Zeit der Großen Säuberungen auf diese Weise im Politbüro auch die Todesurteile über prominente politische Gefangene gefällt wurden. Dann zirkulierte in dem kleinen Gremium ein »Dokument« – das Todesurteil –, das Stalin als erster unterschrieb und nach ihm die anderen, ohne hinzusehen. Das erinnerte an die Praxis der asiatischen Großkönige oder der osmanischen Sultane, wo ebenfalls die Großwürdenträger gefährlicher lebten als die meisten Untertanen.

Industrialisierung und Terror

Die Zwangskollektivierung der Landwirtschaft im Dienst der nachholenden Industrialisierung ab 1928/30 vernichtete die Existenzgrundlage von mehr als 130 Millionen Bauern. Hunderttausende von ihnen wurden wegen mehr oder weniger heftigem Widerstand nach Sibirien oder Kasachstan deportiert. Auch eine neue schwere Hungersnot 1932/33, größer noch als die von 1921/22, konnte Stalin nicht zu einer Korrektur seines Kurses veranlassen. Ja, der Hunger wurde für ihn zur Waffe, um den letzten Widerstand zu brechen, so vor allem in der Ukraine 1933/34, über deren von Stalin bewußt herbeigeführte Hungerkatastrophe Robert Conquest aus den Quellen berichtet hat.[24] Es gab in der Sowjetunion genügend Getreide, und Stalin zögerte nicht, es sogar zu exportieren. Aber in der Ukraine ging es nicht nur um die Brechung des bäuerlichen, sondern auch des nationalen Widerstands.

Bereits im März 1930 waren 58 Prozent der bäuerlichen Betriebe in der Sowjetunion in Kolchosen oder Sowchosen umgewandelt; 1937 waren 93 Prozent erreicht. Aus etwa 28 Millionen Einzelwirtschaften oder Familienhöfen wurden rund 240 000 Kolchosen gebildet.[25] Die auf dem Lande Überzähligen wurden in die Industrie umgesetzt. Die Renitenten, Schwachen und Kranken füllten den Gulag in den Weiten des Landes bis zum Weißen Meer. Die GPU berichtete an Stalin von etwa 3,3 bis 3,5 Millionen Todesopfern. Gegenüber Churchill sprach der Despot 1942 davon, daß die »Dorfarmen« mit »zehn Millionen Kulaken fertiggeworden« seien, von denen eine »enorme Menge vernichtet« worden sei. Stalin hatte also durchaus Kenntnis von den Zahlen seiner Terroropfer.

Die Industrialisierung vollzog sich weitgehend mit Zwangsmitteln. 1931 wurde das von der Oktoberrevolution abgeschaffte Akkordlohnprinzip wieder eingeführt und ein raffiniertes System der Leistungssteigerung und Ausbeutung der Arbeitskraft aufgebaut, für das unter anderem die sogenannte »Stachanow-Bewegung« symptomatisch wurde. Die Arbeitsdisziplin wurde mit drakonischen Mitteln verschärft. Die Strafen reichten vom Lohnentzug bis zum »Lager«, oft schon wegen geringfügiger Verspätungen am Arbeitsplatz. Die freie Wahl des Arbeitsplatzes, die es seit der Neuen Ökonomischen Politik nicht selten wieder gab, wurde wieder beendet. Sie paßte nicht in das engmaschige System der Leitung und Planung der Volkswirtschaft, in dem jeder Arbeitsplatz und jede Arbeitsnorm zum kleinsten Rädchen in einem gewaltigen Zahnrad-System wurden.

Neben den Terror traten Propaganda und die Beschwörung des »sozialistischen Vaterlandes« als Mobilisierungsmittel. Zwischen 1930 und 1940 konnte die Sowjetwirtschaft denn auch beträchtliche Wachstumserfolge aufweisen – 16,5 Prozent im Jahresdurchschnitt. Fachleute sind gleichwohl der Ansicht, daß der von Stalin gewählte Weg zur Industrialisierung der Sowjetunion der teuerste war, den man sich vorstellen konnte, weil er die Menschen letztlich eher lähmte als mobilisierte. Die Schäden, die der Sowjetwirtschaft und nicht zuletzt den Seelen und dem Geist der Menschen damals zugefügt wurden, haben sich in ihrem ganzen Umfang erst am Ende der achtziger Jahre gezeigt. Die von Stalin verfügte Priorität für die Grundstoff- und Investitionsgüterindustrie wurde auf dem Rücken der Menschen durchgesetzt. Die Strategie des quantitativ bemessenen Produktionsausstoßes, die sogenannte »Tonnenideologie«, trieb Raubbau an der Gesundheit und Arbeitskraft der Menschen, an den Ressourcen, am ökologischen Gleichgewicht und wurde zur frühen Quelle des ökonomischen und ökologischen Zusammenbruchs, der sich seit dem Ende der siebziger Jahre abzeichnete. Während die Lebensbedingungen der großen Mehrheit sich nur langsam besserten, wurde der volkswirtschaftliche Ertrag zur Grundlage einer zunehmenden Privilegierung der Nomenklatura-Klasse als dem eigentlichen Nutznießer des Systems. Zuckerbrot und Peitsche, materielle Leistungsanreize und Terror wurden zum Doppelgespann der Stalinschen Herrschaft.

Die Unterwerfung der Partei

Die eindrücklichste Antwort auf die Frage nach den Ursachen und Methoden der Stalin-Despotie bietet ein Blick auf den Weg, auf dem sich der Georgier zum unumschränkten Herrscher über die Partei aufschwang. Lenin hatte im April 1922 der Berufung Stalins zum Ersten Sekretär des ZK-Sekretariats und des Organisationsbüros zugestimmt, obwohl seine Beziehung zu Stalin schon zu diesem Zeitpunkt nicht unbelastet war. Offensichtlich hatte er aber von Stalins organisatorischen Fähigkeiten eine hohe Meinung und teilte die Vorstellung, daß Organisationsfragen, gemessen an den »großen« Problemen der revolutionären Strategie und Ideologie, zweitrangig seien; Stalin hingegen erkannte die Chancen, die ihm gerade diese Position als Sprungbrett zur Macht bieten würde. Als der schon schwerkranke Lenin Ende Dezember 1922 sein Testament schrieb, hatte er Stalins Berufung bereits als Fehler erkannt: »Seitdem Genosse Stalin Generalsekretär geworden ist, vereinigt er in seiner Hand eine ungeheure Macht, und ich bin nicht davon überzeugt, daß er diese Macht immer mit der gebotenen Vorsicht zu nutzen wissen wird.« Am 4. Januar 1923 fügte er noch den Nachsatz hinzu: »Stalin ist zu schroff, und dieser Fehler ist in dem Amt des Generalsekretärs untragbar. Deshalb schlage ich den Genossen vor, einen Weg zu suchen, um Stalin von diesem Posten zu entfernen und einen Nachfolger für ihn zu ernennen ..., der geduldiger, loyaler, höflicher, aufmerksamer den Genossen gegenüber und weniger launenhaft ist usw.«[26]

Im Mai 1924 wurde Lenins Testament bei einer Sitzung des Zentralkomitees verlesen, um zu entscheiden, ob es dem folgenden XIII. Parteitag vorgelegt werden sollte. Gegen den Protest von Lenins Witwe Nadeschda Krupskaja beschloß das ZK mit 30:10 Stimmen, den Wortlaut des Testaments nur vertraulich den Bezirksdelegierten zur Kenntnis zu bringen, nicht aber dem Parteitagsplenum. Stalin gewann diese erste Runde auf seinem Weg zur Macht, weil er schon eine große Zahl seiner Anhänger ins ZK hatte bringen können. Er traf auch die Psychologie der ZK-Mitglieder, als er mit beleidigtem Ton erklärte, er sei bereit zurückzutreten,

»wenn die Genossen das Vermächtnis als ein Dokument erachten, das mich jeglichen politischen Vertrauens beraubt«. Nicht zuletzt beschworen seine beiden Kollegen im Triumvirat, Sinowjew und Kamenew, das ZK, ihn im Amt zu belassen; die Befürchtungen Lenins seien in diesem Punkt grundlos, und die Zusammenarbeit mit ihm sei vollkommen harmonisch.[27] Zwölf Jahre später sollte Stalin sich bei ihnen auf seine Weise revanchieren.

In der Partei gab es anfangs noch Kräfte, die sich gegen Stalins autokratischen Stil auflehnten. Schon im September 1923 warnte ausgerechnet der Tscheka-Chef Felix Dserschinskij das Nachfolge-Triumvirat Sinowjew-Kamenew-Stalin vor einer Verletzung der innerparteilichen Demokratie und des Grundsatzes der Wahl der Funktionäre von unten.[28] Zu gleicher Zeit wandte sich eine Gruppe von Altkommunisten im denkwürdigen »Brief der 46« in Sorge um die Entwicklung der Partei an das ZK: »Das System, das sich in der Partei herangebildet hat, ist absolut unerträglich. Es tötet die freie Betätigung der Partei, da die Partei sich in einen Apparat passend ausgesuchter Beamter verwandelt.«[29] Die Autoren beschuldigten die Führung, die Verbindung mit der Partei verloren zu haben, und forderten die Einberufung einer erweiterten ZK-Sitzung. Wladimir Antonow-Owssejenko, zu dieser Zeit Leiter der Politischen Abteilung der Roten Armee unter Trotzkij, meinte im gleichen Zusammenhang: »Wir sind nicht die Schranzen der Hohepriester der Partei.« Die Aktion zeigte bei der Parteiführung zunächst auch Wirkung in Form der Verabschiedung einer Resolution, die die Grundsätze der kollektiven Führung und der innerparteilichen Kritik bestätigte. Doch gleichzeitig ließ die Troika den »Brief der 46« nicht an die Öffentlichkeit gelangen und beschuldigte die Autoren der »Fraktionsbildung«[30]. Zum erstenmal zeigte sich hier die unheilvolle Wirkung des Fraktionsverbots, das der X. Parteitag im März 1921 noch auf Drängen Lenins in das Parteistatut aufgenommen hatte und das nun die Parteiführung gegenüber Kritik unangreifbar machte. Stalin hielt sich noch geschickt im Hintergrund. Seine Konkurrenten um die Macht, Trotzkij und Sinowjew, waren es hier vor allem, die das Fraktionsverbot als Instrument ihrer eigenen Ambitionen nutzten und die wie Stalin von dem Glauben an ihre Unfehlbarkeit überzeugt waren.

Der Generalsekretär nutzte von Anfang an alle Möglichkeiten des Apparats, um die Granden der Partei zu bespitzeln, ihre Telefongespräche und Briefe zu überwachen. Als im August 1923 die zur Erholung in Kislowodsk weilende Mehrheit des Politbüros zu einem geheimen Meinungsaustausch zusammentraf, um etwas gegen die Eigenmächtigkeiten des ZK-Apparats zu unternehmen, reiste Stalin ihnen nach, um die Genossen zu beruhigen: Niemand denke daran, das Politbüro zu übergehen und die Parteistatuten zu verletzen. Aber schon zwei Jahre später, 1925, konnte er wagen, sich vor dem Parteitag über die »Höhlenmenschen« von Kislowodsk (man hatte sich in einer abhörsicheren Höhle getroffen) lustig zu machen.[31] Inzwischen hatte er sich durch die Berufung seiner Getreuen in den Funktionärsapparat und in die Gremien der Partei verläßliche Mehrheiten geschaffen, so daß er nun darangehen konnte, sich selbst immer häufiger des Fraktionsverbots zu bedienen und im Namen der »Leninschen Prinzipien« von der »Einheit und Reinheit der Partei«, gegen die er selbst am meisten verstieß, seine Gegner zu »Selbstkritik« zu veranlassen, sie auszuschließen, abzusetzen, endlich auch zu verhaften und physisch zu vernichten. Mochten die Alt-Bolschewiken und Mitglieder der »Lenin-Garde« an Intellekt, ideologischer Schulung und Rhetorik dem Georgier noch so überlegen sein, durch seine Beherrschung der Personalpolitik und seine Manipulation der »Basis« und der »innerparteilichen Demokratie« konnte er sie in den Führungsgremien der Partei kaltstellen. So konnte er die Partei gewissermaßen von innen aufrollen und sie zum Instrument seines Willens machen, und dies um so mehr, als die Konkurrenten sich nicht einigen konnten, ob Stalin wirklich der Gefährlichste unter ihnen sei oder nicht vielleicht doch ein anderer. Es war ein wichtiges Indiz, wie weit der Georgier auf dem Weg zur Alleinherrschaft bereits vorangekommen war, als auf dem XIV. Parteitag 1925 Stalins im Saal wohlverteilte Claque selbst Lenins Witwe, Nadeschda Krupskaja, ungestraft am Reden hindern konnte.[32]

1927 war es soweit: Stalin konnte die Verbannung seines gefährlichsten Gegners, Leo Trotzkij, nach Alma Ata durchsetzen und damit die Generalprobe inszenieren, wie weit er gehen konnte und was die Partei und das Land hinzunehmen bereit waren.[33] Jeder einzelne Schritt, den er tat, war den Gegnern taktisch überlegen. Sie schluckten offensichtlich mehr als er dachte, seine Verachtung der Schwächlinge wuchs mit seiner Macht, damit aber auch die Tragödie der Partei und des ganzen Landes. Wo die Claque in den Gremien nicht ausreichte, gab es auch andere Mittel. Im Oktober 1925 wurde der Oberbefehlshaber der Roten Armee, Michael Frunse, durch »medizinischen Mord« beseitigt, nachdem man ihm eine angeblich nötige Operation als »Pflicht vor der Partei« befohlen und einen »vertrauenswürdigen« Operateur gefunden hatte.[34] Am 1. Dezember 1934 folgte einer der »Lieblinge der Partei«, Sergej Mironowitsch Kirow, Politbüromitglied und Parteisekretär von Leningrad, der beim vorausgegangenen Parteitag eine beachtliche Mehrheit gewonnen hatte und bereits als Stalins Nachfolger gehandelt wurde.[35] Im Dezember 1939 starb Lenins Witwe Nadeschda Krupskaja nach dem Genuß einer Torte, die ihr aus dem Kreml zum Geburtstag geschickt worden war. Ihr Verhältnis zum Nachfolger war nie gut gewesen; sie hatte schon zu Lebzeiten Lenins die Meinung geäußert, daß der Generalsekretär auch ihn zu verhaften fähig sein könnte.

Höhepunkt des Terrors

Kirow war Befürworter eines milderen Kurses im Politbüro gewesen, vor allem in der Bauernfrage, und er trat auch für den Verzicht auf den Terror ein; kein Wunder, daß er Stalin unbequem wurde, ob er nun selbst für den Mord verantwortlich war oder nicht. Auf jeden Fall benutzte Stalin den Kirow-Mord als günstige Gelegenheit, sich nun auch in der Partei seiner letzten Gegner zu entledigen. Allein aus Leningrad wurden 1935 Zehntausende von Verdächtigen nach Sibirien deportiert. Eine hemmungslose Welle der Denunziation erfaßte das ganze Land. Alle Parteimitglieder sollten auf ihre Zuverlässigkeit überprüft werden.[36] Stalins Machtkonkurrenten aus dem ersten Triumvirat, Sinowjew und Kamenew, wurden verhaftet, offiziell wegen angeblicher Mitverantwortung für den Mord an Kirow, tatsächlich aber, weil sie mit dessen milderem Kurs sympathisierten. Sie wurden zunächst zu zehn beziehungsweise fünf Jahren Zwangsarbeit verurteilt. Dann konstruierte die Anklage, die der berüchtigte Generalstaatsanwalt Andrej Wyschinskij, ein ehemaliger Menschewist, vertrat, eine großangelegte »trotzkistische« Verschwörung. Der »Prozeß der Sechzehn« mit Sinowjew und Kamenew im Mittelpunkt fand zwischen dem 19. und 24. August 1936 (die Welt blickte in diesen Tagen auf die Berliner Olympiade) statt und endete programmgemäß mit dem Todesurteil, das bereits am Tag darauf vollstreckt wurde. Während Sinowjew zu den schlimmsten Selbstbezichtigungen bereit war und der mitangeklagte Gewerkschaftssekretär Tomskij während des Prozesses Selbstmord beging, wollte der »unbeugsame Bolschewik« Kamenew, seit 1901 Mitglied der Partei und 1919-1925 auch des Politbüros, seine Treue zur Partei durch seine Reden und Schriften beweisen. Am Ende war aber auch er so »präpariert«, daß er auf die Frage des monströsen Wyschinskij »War es Betrug?« antwortete: »Nein, schlimmer als Betrug.« Darauf Wyschinskij: »Treubruch?« Kamenew: »Schlimmer.« Wyschinskij: »Schlimmer als Betrug, schlimmer als Treubruch – finden Sie das Wort! Verrat?« Kamenew: »Sie haben es gefunden!« Der Generalstaatsanwalt beendete sein Schlußplädoyer mit dem berüchtigten Satz: »Ich fordere, daß diese tollwütigen Hunde allesamt erschossen werden.«[37]

Stalins Verfolgungswahn war aber noch nicht gesättigt. Das NKWD, Nachfolger der GPU als Staatssicherheitspolizei, machte auf höchste Weisung nach dem »Vereinigten Zentrum von Trotzkisten und Sinowjewisten« ein zweites rein trotzkistisches »Parallelzentrum« in Moskau aus, das mit Deutschland und Japan verräterische Beziehungen unterhalten habe und die Ukraine an Deutschland sowie das Amurgebiet an Japan abzutreten bereit gewesen sei.[38] So folgte im Januar 1937 der »Prozeß der Siebzehn« gegen weitere führende Parteimitglieder, darunter Karl Radek, ein alter Kampfgefährte Lenins und in den frühen zwanziger Jahren einer der Führer der Komintern. Dieser belastete wiederum Nikolaj Bucharin, der nach seiner Ausschaltung aus dem Politbüro mit dem Vorsitz der Komintern abgefunden worden und zum Zeitpunkt seiner Verhaftung immer noch Chefredakteur der Regierungszeitung *Iswestija* war.

Hatte der Sinowjew-Kamenew-Prozeß der einstigen sogenannten »linken Opposition« der zwanziger Jahre gegolten, so galt der dritte Trotzkistenprozeß (der »Prozeß der Einundzwanzig«) der angeblichen »Rechtsopposition« mit Bucharin und dem Nachfolger Lenins als Vorsitzendem des Rates der Volkskommissare, A. I. Rykow. Unter dem Vorwurf der Spionage für das Ausland und des Trotzkismus wurden auch sie am 31. März 1938 zum Tode verurteilt, der Einfachheit halber auch der letzte Chef des NKWD, H. H. Jagoda, als Mitwisser der vorausgegangenen Schauprozesse gleich noch dazu. Zu den Opfern Stalins in der sogenannten »Großen Säuberung« von 1936 bis 1938 gehörten aber nicht nur die in den Schauprozessen Verurteilten, sondern auch weitere prominente Kommunisten, darunter seine engen Vertrauten V. V. Kuibyschew und der Georgier G. Ordschonikidse, der im Zentralkomitee heftig gegen die Prozesse opponiert hatte und nach offizieller Lesart 1937 einem Herzanfall erlag, tatsächlich aber, wie Chruschtschow auf dem XX. Parteitag enthüllte, von Berija auf Befehl Stalins in den Tod getrieben worden war.[39]

Unterwerfung der Armee

Schließlich erreichte die Säuberungswelle auch die Führung der Roten Armee.[40] Ihr hatte von Anfang an Stalins Mißtrauen gegolten, war sie doch die Schöpfung seines Hauptfeindes Trotzkij gewesen, der aber die Gelegenheit versäumte, sie rechtzeitig gegen Stalins Marsch zur Alleinherrschaft antreten zu lassen. Schon die Ermordung Frunses als Stabschef der Armee (1925) war Stalins Furcht vor einem Militärputsch entsprungen. Nach Trotzkijs Ausschaltung gelang es Stalin, seinen Getreuen Kliment Woroschilow zu dessen Nachfolger als Volkskommissar zu machen. Dabei war die Bonapartismus-Furcht Stalins und der Parteiführung um so übertriebener, als das Offizierkorps in seiner großen Mehrheit aus treuen Parteimitgliedern bestand und Trotzkij schon 1918 zu seiner Überwachung die Funktion der Politischen Kommissare vom Bataillon aufwärts eingerichtet hatte, mit der Politischen Hauptverwaltung der Streitkräfte an der Spitze. 1937 erhielten die Politkommissare sogar Gleichrangigkeit mit den militärischen Kommandeuren, denen sie bis dahin nur als Stellvertreter beigegeben worden waren. Unter den Bedingungen des Krieges wurde 1943 das militärische Einheitskommando wiederhergestellt, um sofort nach Kriegsende zur Lösung von 1937 zurückzukehren. Schließlich gab es auch in der Truppe eine besondere Abteilung für Staatssicherheit mit den Aufgaben des Abschirmdienstes und der Gegenspionage.

Am 12. Juni 1937 schlug die knappe *Prawda*-Meldung wie eine Bombe ein, der Stabschef der Roten Armee, Marschall Michail Tuchatschewskij, Held der Niederschlagung des Kronstadt-Aufstands im März 1921 und einer der jungen begabten Kommandeure des Bürgerkriegs, sei mit weiteren Generalen von einem Militärgericht wegen Spionage, Vaterlandsverrat sowie »Verschwörung zum Sturz der Sowjetmacht und zur Wiedererrichtung des Jochs der Gutsbesitzer und Industriellen« erschossen worden. Als sicher ist anzunehmen, daß die höchsten Offiziere die Liquidierung der Alten Garde der Bolschewisten durch die Schauprozesse mißbilligten, was für den Herrn im Kreml eine potentielle Gefahr darstellte. Bis heute ist aber nicht bewiesen, daß sie tatsächlich einen Militärputsch planten. Lag der Säuberung in den höchsten Führungsrängen der Roten Armee eine Provokation Hitlers zugrunde, der von der Gestapo kompromittierende Dokumente herstellen und über Prag nach Moskau lancieren ließ mit der Absicht, die Sowjetunion zu schwächen? Oder ging die Initiative von Stalin aus, der NKWD-Agenten in die Gestapo infiltriert hatte? Trotz aller Vorsorge gegen einen militärischen »Bonapartismus« stellte die Rote Armee zu dieser Zeit noch einen relativ selbständigen Machtfaktor dar, auch dadurch, daß ihr die Rüstungsindustrie und eigene Agrarbetriebe zur Sicherstellung ihrer Versorgung unterstellt waren. Stalin dachte hingegen – ähnlich wie Hitler – im Blick auf den von ihm erwarteten Krieg an die Notwendigkeit einer ihm völlig ergebenen militärischen Führung. Die Unterwerfung der Armee durch die blutige Dezimierung großer Teile ihres Führungskorps im Sommer 1937 war jedoch nur um den Preis einer katastrophalen Schwächung der sowjetischen Militärmacht möglich, die sich dann beim Angriff auf Finnland im Dezember 1939 ebenso auswirkte wie in der Anfangsphase des deutsch-sowjetischen Krieges. Stalin liquidierte drei von fünf Marschällen, 13 von 15 Armeegeneralen, 62 von 85 Korpskommandeuren, 110 von 195 Divisionskommandeuren. Zeitweilig waren 65 Prozent des höheren und 10 Prozent des niederen Offizierskorps verhaftet, insgesamt etwa 20 000 Offiziere. Von 6000 verhafteten höheren Offizieren wurden 1500 hingerichtet, viele andere verschwanden in Gefängnissen und Lagern. Nach dem deutschen Angriff am 22. Juni 1941 wurden 3000 rehabilitiert und wieder eingestellt, darunter die späteren Marschälle Rokossowskij und Tolbuchin.

Archipel Gulag

Seit dem Beginn der dreißiger Jahre wuchs das Lagersystem, der Archipel Gulag, zu einem nach Umfang und Dichte ungeheuren Netzwerk heran. Nach den ideologischen Begründungen war es zugleich Straflager wie Stätte der Umerziehung und nicht zuletzt die Organisation billiger Arbeitskräfte für den »Aufbau des Sozialismus«, eine »gefühllos-grausame Maschinerie einer seit den Tagen der Antike nicht dagewesenen Sklaverei, von jener unterschieden durch die technische Perfektion des modernen totalitären Industriestaates«[41]. Die Schwerpunkte befanden sich in ganz Nordrußland, in Karelien und auf der unwirtlichen Halbinsel Kola, an der Petschora und in Mittel- und Ostsibirien.

Allein beim Bau des Weißmeerkanals wurden rund 250 000 Strafgefangene eingesetzt; dann folgte das Großprojekt des Moskau-Wolga-Kanals, das im Sommer 1937 fertiggestellt wurde. Auch am Bau des zweiten Geleises der transsibirischen Bahn und am Bau der Baikal-Amur-Bahn waren Hunderttausende von Lagersklaven beteiligt. Die Zahl der Lagerinsassen wird für 1935/37 mit fünf bis sechs Millionen angegeben, für die Jahre 1940/42 sogar mit etwa zehn Millionen. Antonow-Owssejenko stützt sich auf Statistiken, die der Leiter der wissenschaftlichen Abteilung der Gulag, Professor Schirwindt, zusammengestellt hat. Danach betrug die Gesamtzahl der Insassen der Gefängnisse und Lager im Jahr 1938 16 Millionen, was etwa zehn Prozent der damaligen Gesamtbevölkerung der Sowjetunion entsprach. Die Zahl der Opfer des Bürgerkriegs und der anschließenden Hungersnot 1921/22 wird hier mit 16 Millionen Menschen beziffert, des »Dorfpogroms«, der Kolchoisierung und der erneuten Hungersnot 1930/32 mit 22 Millionen, des Terrors der Jahre 1935-41 mit weiteren 19 Millionen. Nach sowjetischen Quellen von 1977 führten der Stalin-Terror und der Hunger bis 1931 zu einem steilen Abfall der Geburtenziffer um neun Prozent (von 41,2 auf 32,6 Prozent), bis 1940 nochmals um ein weiteres Prozent.[42]

Die Säuberungen in der KPdSU 1937/38 wurden schließlich auch auf die Führung der seit Jahren schon unter Stalins Kontrolle gebrachten Kommunistischen Internationale ausgedehnt. Ausländische Komintern-Funktionäre, die sich der Stalinisierung ihrer Organisation widersetzt hatten, wurden nicht anders bestraft als die sowjetischen Kommunisten. Auch im Moskauer Komintern-Hauptquartier, dem Hotel Lux, ging die Furcht um. Zwei Drittel der in die Sowjetunion geflüchteten Spitzenfunktionäre der KPD wurden damals ermordet, insgesamt mehr als tausend. Von den Mitgliedern des KPD-Politbüros der Weimarer Republik fielen mehr den Säuberungen Stalins als dem Terror Hitlers zum Opfer. Bedenkenlos lieferte Stalin Anfang 1940 sogar deutsche Kommunisten an Hitler aus, die damit von einem Vernichtungslager in das andere kamen.[43]

Industrialisierung, Kollektivierung der Landwirtschaft, »Aufbau des Sozialismus« und Terror, Massenmord, »Säuberungen« wurden zu Synonymen. 1934 wurde der Archipel Gulag, also das gesamte Gefängniswesen und die Zwangsarbeitslager, dem

NKWD, der Nachfolgeorganisation der Tscheka, unterstellt. Das Lagersystem unter der Leitung der zuständigen Hauptverwaltung Gulag innerhalb des NKWD wurde zu einer für Stalins Despotie »normalen« Einrichtung. Fast gleichzeitig mit der beginnenden Etablierung des SS-Staates in Deutschland erreichte der sowjetische Gulag-Staat den Höhepunkt seiner Macht.[44]

Die Perfektion der Despotie

Es entbehrte nicht einer makabren Logik, daß Stalin den XVIII. Parteitag der KPdSU im März 1939 unter die Losung stellte, jetzt sei in der Sowjetunion »der Sozialismus endgültig errichtet«[45]. Der Alleinherrscher setzte seine nun unumstrittene despotische Macht mit dem »Sozialismus« gleich. Die Partei zählte jetzt nur noch 1,6 Millionen Mitglieder, 300 000 weniger als vor den Säuberungen. Zwischen 1934 und 1939 sind eine Million Mitglieder aus der Partei ausgeschlossen worden, was häufig gleichbedeutend war mit Todesurteil oder Verbannung. Aus der Zeit vor 1918 waren nur noch etwa 20 000 Parteiveteranen übrig geblieben. Schon 1937 hatte Stalin gemeint, die »Hauptgefahr« seien »die Feinde mit Parteiausweis«. Doch die Partei war nur noch eine leere Hülle seiner Diktatur. Seit dem Beginn der Säuberungen war sie faktisch dem NKWD, der Hauptstütze der Despotie, ausgeliefert. Mit der Hinrichtung der NKWD-Chefs Jagoda und Jeschow fielen auch jeweils mehrere Tausend Tschekisten – Mitwisser der Verbrechen – dem Terror zum Opfer.[46] Mit militärischem Pathos nannte Stalin die KPdSU nun »die Partei der Schwertträger«. Aber die Kader, die nach einer früheren Formel Stalins »alles entscheiden« sollten, waren vom Terror liquidiert worden; die Mitglieder, die mehrere Säuberungen und Parteibuch-Umtauschaktionen überstanden hatten, waren nur noch politisches Herdenvieh.

Die kollektiven Führungsorgane waren der Bedeutungslosigkeit verfallen. Das ZK wurde ein zahlenmäßig aufgeblähtes Gremium, das allein schon deshalb nicht mehr arbeitsfähig war. Stalin selbst nahm nicht einmal mehr das Parteistatut ernst, das die Einberufung eines ordentlichen Parteitags alle fünf Jahre gebot. Zwischen 1939 und 1952 fand überhaupt kein Parteitag mehr statt, und die Millionen Genossen ließen es geschehen. In der Partei war allenfalls noch die Stalin direkt unterstellte Kommission für Parteikontrolle aktiv, die über die Parteidisziplin zu wachen und über Parteistrafen und -ausschlüsse zu entscheiden hatte. Mit seinem die Apparate koordinierenden Privatsekretariat herrschte der Despot im Kreml unumschränkter als seine Vorgänger auf dem Zarenthron.

Was der Terror an Gleichschaltung noch übriglassen mochte, erledigte die stetig wachsende Bürokratie in Partei, Staat und Wirtschaft.[47] Formell bestand in den Betrieben das sogenannte Troika-Prinzip, das heißt eine kollektive Führung aus Betriebsdirektor, Partei- und Gewerkschaftssekretär. Aber wie auf allen Ebenen bestand auch hier ein wachsender Widerspruch zwischen »Verfassung« und Wirklichkeit. Stalin förderte die Ein-Mann-Leitung in den Betrieben und drängte das Leninsche Erbe der »Arbeiterkontrolle« zurück. Die Direktoren sollten nun alles entscheiden. Damit wuchs ihre Abhängigkeit von der zentralen Bürokratie, die sie nun für alles verantwortlich machen konnte. Schon 1933 waren die Gewerkschaften faktisch abgeschafft und dem Volkskommissariat für Inneres unterstellt worden, eine alte Forderung ausgerechnet Trotzkijs aus den zwanziger Jahren.

1932 wurden für alle Sowjetbürger Inlandspässe eingeführt, um die Kontrolle perfekt zu machen und die Freizügigkeit vollends abzuwürgen. Die Kolchosbauern erhielten nicht einmal diese Pässe, ihre Bodengebundenheit war vollständig; Sklavenarbeiter waren auch sie, wenn auch nicht hinter Stacheldraht. 1936 folgte ein Gesetz zur Festigung der Staatsdisziplin und zum Schutz des sozialistischen Eigentums in den Staatsbetrieben, Kolchosen und Staatsgütern. Begründet wurde es mit dem Kampf gegen Spekulation, Diebstahl und Sabotage; tatsächlich machte es deutlich, daß alle Sowjetbürger nichts anderes mehr waren als Bedienstete des Parteistaates und der von ihm organisierten staatsmonopolistischen Ökonomie.

Schon 1934 war ein Gesetz über die Todesstrafe für »Vaterlandsverrat« ergangen, das den Terror pseudolegal absichern sollte. Ein anderes Sondergesetz statuierte die Todesstrafe selbst für Kinder ab dem zwölften Lebensjahr. In das Strafgesetzbuch wurde die Strafe der Sippenhaft aufgenommen. An die Stelle der freizügigen Erziehungskonzepte der ersten Lenin-Jahre trat unter Stalin die autoritär-reaktionäre Theorie und Praxis, die M. A. Makarenko für die Erziehungsanstalten entwickelt hatte, welche die wachsende Zahl eltern- und heimatloser Kinder und Jugendlicher aufsammeln sollten. Mit ihrem Repertoire von Kollektivismus, Militarisierung und streng hierarchischer Autorität arbeiteten sie der Despotie in die Hände.[48]

Der Kult um den Despoten

Den Schlußstein des totalitären Gebäudes bildete der für die totalitäre Perfektion typische Kult um den Despoten.[49] Terror und Propaganda waren die beiden Greifarme eines Herrschaftssystems, das jede individuelle Eigenständigkeit zu zermalmen trachtete. Zur Etablierung der Autokratie gehörte ein massenpsychologisches Instrumentarium, das nicht nur Furcht erzeugen, sondern auch elementare Gefühlsregungen wie Bewunderung, Verehrung und gläubige Unterwerfung befriedigen sollte. Schon auf dem XIV. Parteitag 1925, kaum eineinhalb Jahre nach Lenins Tod, gab es laut stenographischem Bericht für Stalin »donnernden Applaus, in Ovationen übergehend«. Auf dem XVI. Parteitag 1930 gab es zu Ehren Stalins »lang andauernde Ovationen« und Hurra-Rufe. Die offizielle Losung des Parteitags lautete nun schon: »Es lebe unsere Partei *in Person* des Genossen Stalin!« Auf dem XVII. Parteitag 1934 begrüßte die Partei ihren »Führer« (»woshd«). Kurz darauf war in der *Prawda* vom »großen Stalin, dem genialen Führer der Dritten Internationale« die Rede. Vom XVII. Parteitag im März 1939 meldete der stenographische Bericht: »Von verschiedenen Ecken des Saales werden in allen Sprachen der Völker der UdSSR Rufe zu Ehren des großen Stalin laut. ›Dem Führer der

Völker – dem großen Stalin – Hurra!‹ ›Dem lieben, dem geliebten Stalin – Hurra!‹ ›Es lebe unser Führer und Lehrer Stalin!‹ ›Es lebe das Stalinsche ZK!‹ Die Glocke des Vorsitzenden, des Genossen Molotow, geht unter in den nicht enden wollenden, sich verstärkenden Ovationen.«

Der Götzendienst begann. Stalins Name ging in die neue Staatshymne ein: »Uns erzog Stalin zur Treue zum Volk, zu Arbeit und Siegen hat er uns entflammt.«[50] Der aserbeidschanische Dichter Ssamed Burgun verlas bei einem Empfang im Kreml folgende Verse auf den »woshd«: »Sohn meines Lands ist er, mit Vaterlächeln wärmt die Völker er – und voller Glück ist, wer die Hand ihm je gedrückt... Dort in der Höhe härmt der Himmel sich, der uns beneidet ...«. Antonow berichtet, daß der Reimeschmied auf die Knie gefallen und die ausgebreiteten Arme zur Gottheit emporgereckt habe. Stalin habe über die Schulter Lasar Kaganowitsch zugeflüstert: »Unser Mann. Muß man unterstützen.« Am nächsten Tag erhielt Burgun einen Orden, den Titel eines Dichters des Volkes. Das war der Lohn, die Vorauszahlung und die Einladung an andere Odenschreiber.[51]

Einen anderen Höhepunkt dieser Kult-Oden – wie konnte es anders sein – gab es in Deutschland, wo Johannes R. Becher in Moskaus westlichster Provinz sich wie folgt vernehmen ließ[52]:

Es wird ganz Deutschland einstmals Stalin danken.
In jeder Stadt steht Stalins Monument.
Dort wird er sein, wo sich die Reben ranken,
Und dort in Kiel erkennt ihn ein Student.

Dort wirst du, Stalin, stehn in voller Blüte
Der Apfelbäume an dem Bodensee,
Und durch den Schwarzwald wandert seine Güte,
Und winkt zu sich heran ein scheues Reh.

Mit Marx und Engels geht er durch Stralsund,
Bei Rostock überprüft er die Traktoren,
Und über einen dunklen Wiesengrund
Blickt in die Weite er, wie traumverloren.

Mit Lenin sitzt er abends auf der Bank,
Ernst Thälmann setzt sich nieder zu den beiden.
Und eine Ziehharmonika singt Dank,
Da lächeln sie, selbst dankbar und bescheiden.

Bald gab es keine Stadt, kaum ein Dorf mehr ohne Plätze und Straßen, die Stalins Namen trugen. Schon 1925 wurde die Stadt Zaryzin an der Wolga auf seinen Namen getauft, angeblich weil er dort entscheidenden Anteil am Sieg über die Weißen im Bürgerkrieg gehabt hatte. Bald folgten Stalino, Stalinabad, Stalinsk, Stalingorsk etc. In den Sitzungssälen der Partei, in Klubheimen, Sportstadien und auf Hochseeschiffen, in den Moskauer U-Bahnhöfen, diesen prachtvollen Kathedralen des Fortschritts im Namen des Kommunismus, an Flüssen und Kanälen, die auf den Knochen der Gulag-Sklaven erbaut worden waren – überall standen Stalinbüsten in Bronze, Marmor oder Stein. Zeitgleich mit Hitler-Deutschland und Mussolini-Italien entwickelte sich auch in der Sowjetunion die totalitäre Liturgie öffentlicher Aufmärsche und organisierter Demonstrationen der »Massen« für irgendeinen Kampf und Sieg, mit Fahnenwäldern, überlebensgroßen Führer-Bildern und den Huldigungen des vor dem Diktator defilierenden Volkes. Stalins 60. Geburtstag (1939) wurde zu einem Höhepunkt des Kults mit Festsitzungen, Konzerten und Aufmärschen in der ganzen Sowjetunion. Im Bolschoi-Theater bereiteten 2000 Spitzenfunktionäre Stalin eine halbstündige Ovation. Schon der XVII. Parteitag 1934, der »Parteitag des Sieges«, war ein wichtiger Markstein auf dem Weg zur Stalin-Despotie gewesen, als Kirow Stalin zum größten Führer aller Zeiten und Völker erklärte. Die engste Umgebung überbot sich in Byzantinismus: Berija nannte ihn den »großen Inspirator und Organisator der Siege des Kommunismus«, Kaganowitsch den »großen Konstrukteur der Maschinerie der Geschichte«, Poskrebyschew den »geliebten Vater und großen Führer«, Radek »Lenins besten Schüler« und »Fleisch vom Fleisch der Partei, Blut von ihrem Blut«; er personifiziere die ganze historische Erfahrung der Partei. Chruschtschow lobte »Stalins Völkerfreundschaft [als] die Garantie für die Unbesiegbarkeit des Vaterlandes«.[53]

Es hatte auch schon einen Lenin-Kult gegeben, von den engsten Mitarbeitern ins Werk gesetzt, die um die Gunst des Mächtigen buhlten. So hatte Sinowjew Lenin bald nach dem Bürgerkrieg den »wahrhaftig Auserwählten von Millionen« genannt, einen »Führer von Gottes Gnaden«, eine »echte Führergestalt, wie sie nur alle 500 Jahre geboren wird«.[54] Bei Stalin erreichte auch das monströse Ausmaße. Der göttliche Pharao Amenhotep IV. hatte sich mit sechs Ehrentiteln begnügt; Stalin überrundete ihn um ein Vielfaches[55]: großer Führer des sowjetischen Volkes und des Weltproletariats, großer Freund der Kinder (Frauen, Künstler, Kolchosbauern, Bergleute, Schauspieler, Langstreckenläufer), Umgestalter der Natur, großer Steuermann und Stratege der Revolution, Marschall, Generalissimus, Vater der Völker, Bannerträger des Kommunismus, Führer, Freund und Lehrer, Genius der Menschheit, Ehren-Akademiker, Koryphäe der Wissenschaft und so fort. Noch so banale Formeln wie »Die Kader entscheiden alles«, »Wir Bolschewiki müssen die Technik meistern«, »Die Sowjetunion entwickelt sich vom Agrarland zum Industrieland« wurden wie ein Weisheitsschatz weitergetragen, gedruckt, gelehrt. Seine Autorität galt in den verschiedensten Wissenschaften, ob Ökonomie, Philosophie, Sprachwissenschaft, ja selbst für Musik, Orientalistik, Sport, Physik oder Jura. Da durften auch die Schriftsteller nicht fehlen. Isaak Babel, Autor hohen Ranges, riet seinen Kollegen, Stalins Sprache zu studieren. Der damals angesehene Schriftsteller Leonid Leonow meinte, der Tag werde kommen, da die ganze Menschheit Stalin huldigen werde und die Historiker erkennen würden, daß nicht Christi Geburt, sondern die Geburt Stalins den wirklichen Beginn einer neuen Zeitrechnung bezeichne. Ein Autor erklärte in der *Iswestija*: »Die Schriftsteller wissen nicht mehr, womit sie dich vergleichen können, und unsere Dichter verfügen nicht mehr über die Perlen der Sprache, womit sie dich beschreiben können.«[56] Selbst Boris Pasternak oder Anna Achmatowa schrieben Gedichte auf Stalin, mit denen sie sich wohl den Ablaß ihres Lebens erkauften.

Natürlich wird man hier die byzantinisch-russische Tradition berücksichtigen müssen, an die Stalin bewußt anknüpfte, die er in das Fundament seiner persönlichen Diktatur einzubauen begann, um auch den Herrscher-Kult als Mittel der Stabilisierung seiner Autokratie zu nutzen. Doch wird man die Wurzeln dieses Führerkults im Rußland, Deutschland und Italien der dreißiger Jahre auch im politischen Messianismus suchen müssen, der hier überall eine charakteristisch totalitäre politische Religion mit einander sehr ähnlichen Liturgieformen etablierte. Wie tief dieser Kult in die Seelen hineingriff, zeigte sich daran, daß die auf Befehl der Despoten vor dem Exekutionskommando stehenden Opfer noch ein »Es lebe der Genosse Stalin!« oder ein »Adolf Hitler, Sieg Heil!« ausriefen.

Der Despot ließ schließlich auch noch die Geschichte seiner Taten so schreiben, wie er sie für alle Zeiten aufbewahrt wissen wollte: der Große Bruder nicht nur als Herr über seine Zeit und ihre Menschen, sondern auch über die Nachwelt. 1938 erschien der »Kurze Lehrgang der Geschichte der KPdSU(B)« als Pflichtlektüre für alle Sowjetbürger und Kompendium ihrer Indoktrination, eine gewaltige Fälschung der Parteigeschichte, die die gemordeten Gegner aus dem historischen Gedächtnis strich und Stalin als Lenins treuesten Schüler in die Mitte des Geschehens rückte. Gerade auf die heranwachsende Generation übte der »Lehrgang« eine besondere Faszination aus. Anstelle der meist komplizierten Gedankengänge von Marx, Engels und Lenin, so berichtet Raissa Orlowa-Kopelew, trat hier eine leicht verständliche und einprägsame Darstellung der Geschichte der kommunistischen Bewegung. »Erst viel später«, fügt sie hinzu, »begann ich zu begreifen, daß der Stalinsche ›Lehrgang‹ die Geschichte der Partei, des Landes und der Welt verfälschte. Er war dazu bestimmt, Millionen Menschen planmäßig ›umzuerziehen‹. Sein Auftrag war es, unsere Gedanken und Gefühle, unsere Vorstellungen von Gut und Böse, von moralischen und staatsbürgerlichen Pflichten den Bedürfnissen des totalitären Staates zu unterwerfen.«[57]

Fellow Travellers im Westen

Man kann nicht daran vorbeigehen, daß der Stalin-Kult auch von ausländischen Schriftstellern und Intellektuellen mit erstaunlicher Hingabe zelebriert wurde. Sie standen nicht wie ihre sowjetischen Kollegen unter Todesdrohungen, und sie waren auch nicht von der byzantinisch-russischen Tradition geprägt. Wenn auch sie Stalin bewunderten und priesen, hatte dies seine Ursache in einem gemeinsamen marxistisch-leninistischen Internationalismus und in den Hoffnungen des politischen Messianismus, der eben »nicht nur Überzeugungen nährt, sondern auch den Willen, nicht sehen zu wollen«, wie André Glucksmann treffend gesagt hat.[58] Freilich: Dies gilt nur für einen Teil der europäischen und amerikanischen Philobolschewisten der dreißiger Jahre. Manche wurden sehend, als sie mit den entsetzlichen Tatsachen der Großen Säuberung konfrontiert wurden, und wandten sich von dem »Gott, der keiner war«, enttäuscht und erschüttert ab: Arthur Koestler, André Gide, Ignazio Silone und viele mehr. Andere ließen sich von ihrem Glauben an Stalin aber nicht abbringen. Wissentlich oder nicht wurden sie von der Despotie dazu mißbraucht, den stalinistischen Terror im westlichen Ausland zu leugnen, zu verharmlosen oder im Namen des Fortschritts und der großen Menschheitsemanzipation zu rechtfertigen.

Im Jahre 1934 besuchte der französische Arzt Henri Barbusse, Pazifist und Mitglied der Französischen Kommunistischen Partei seit 1921, Moskau, um Material für seine Stalin-Biographie zu sammeln, die ein Jahr später (1935) in Paris erschien. So kam sie gerade rechtzeitig, um den in der Sowjetunion eben beginnenden Großen Terror mit einem Schleier der Desinformation, Leugnung und Verharmlosung zu bedecken. Barbusse präsentierte sich der Weltöffentlichkeit als »persönlicher Freund Stalins«, obwohl er mit ihm nur einmal ein paar Stunden zusammengetroffen war. Die Biographie war denn auch voller Lobhudeleien auf den Despoten bis hin zu kaum erträglichen Verstiegenheiten: »Wenn in diesem Land [der Sowjetunion, K. H.] die Pflastersteine der Straßen reden könnten, würden sie ›Stalin‹ sagen.« Oder: »Der beste Teil eures [der Völker der Welt, K. H.] Geschicks liegt in den Händen jenes Mannes, der jetzt auch wacht und für euch wacht und arbeitet – der Mann mit dem Kopf eines Gelehrten, mit dem Gesicht des Arbeiters und dem Anzug des einfachen Soldaten.«[59]

Ein anderes Beispiel war Lion Feuchtwanger, kein Kommunist und Marxist, doch ein in der Sowjetunion durch Übersetzungen populärer Schriftsteller der deutschen Emigration. In seinem Reisetagebuch »Moskau 1937« verteidigte er die Moskauer Prozesse, bezeichnete die Geständnisse als echt und zeigte sich von der Schuld der Angeklagten überzeugt. Der Kreml-Herr konnte mit dem Reisebericht zufrieden sein, meinte der Autor doch, die Moskauer Bürger hätten zwar mit einigen »kleineren Unannehmlichkeiten« zu kämpfen wie den beengten Wohnverhältnissen, seien aber insgesamt zufrieden, sogar »glücklich«. Feuchtwanger teilte auch nicht André Gides Vorwurf des Konformismus der Sowjetbürger, nannte sie vielmehr echte Patrioten, die ihren »Führer« liebten und schließlich die anderen Völker an Wohlstand überholen würden. Zwar sei der Stalin-Kult etwas »übertrieben und teilweise geschmacklos«, aber er werde von den Menschen doch echt empfunden: »Man kann Geschichte nicht mit Samthandschuhen machen ... Dieser gescheite, überlegene Mann kann unmöglich die ungeheure Dummheit begangen haben, mit Hilfe zahlloser Mitwirkender eine so plumpe Komödie aufzuführen, lediglich zu dem Zweck, ein Rachefest, die Demütigung der Gegner, bei bengalischer Beleuchtung zu feiern.« Nein: Diese Prozesse seien nicht »willkürlich und terroristisch.« Im Gegensatz zur verbrauchten und schlechten Luft im Westen sei die Atmosphäre in der jungen Sowjetunion belebend, herrsche dort eine »nüchterne Ethik«. Stalin lehne im übrigen den Kult um seine Person ab, habe aber nicht die Macht, dagegen etwas zu tun.

Feuchtwangers Buch erschien in der Sowjetunion mit der erstaunlich hohen Auflage von 200 000 Exemplaren.[60] Welches waren die Gründe für diesen »selbstlosen Barden des Stalinismus«, die Sowjetunion notfalls auch durch eine »heilige Lüge« gegen ihre Verleumder zu verteidigen? Für ihn waren Hitler und der Faschismus der Hauptfeind, gegen den man schon in Spanien kämpfte. Da galt es, die antifaschistische Einheitsfront zu schützen. Feuchtwanger wurde zum Vorbild für viele spätere politische Reiseberichte westlicher Publizisten über die Sowjetunion, die sich in ähnlicher Weise wie er täuschen ließen oder ihr Publikum täuschten und die zum Teil bis Ende der achtziger Jahre fortfuhren, die stalinistische Wirklichkeit im Licht ihrer Emanzipationsträume zu sehen.

Stalinismus – Wesen und Nachwirkung

Wenn wir abschließend nochmals die Frage stellen, was der »Stalinismus« eigentlich war, wird die Feststellung Walter Laqueurs zu beherzigen sein, daß jede Definition eines so komplexen Phänomens in die Gefahr der Simplifizierung gerät.[61] Für Stalin und seine Anhänger ging es um den »Aufbau des Sozialismus in einem Lande«, eine Revolution von oben in einem rückständigen Land. In kaum eineinhalb Jahrzehnten, zwischen 1924 und 1939, durchlief Stalins Herrschaft den Zyklus vom politischen Messianismus zum finsteren Despotismus eines Mannes und der Clique seiner Getreuen, den die Jakobinerherrschaft einst in kaum mehr als einem Jahr durchlaufen hatte – nun jedoch in einem Großexperiment, das nicht nur die Existenz von über 150 Millionen Menschen in seinen Bann zog, sondern auch die Geschichte eines ganzen Jahrhunderts wesentlich prägte.

Heute wird auch in der Sowjetunion von der Mehrheit der Menschen nicht mehr bezweifelt, daß Stalins Politik ihr Land in die Sackgasse geführt hat. Zwar hatte Stalin die Sowjetunion zu einer Supermacht gemacht, was nicht wenige Sowjetbürger nach 1945 mit Stolz erfüllte. Doch seit dem Ende der siebziger Jahre wurde immer deutlicher, daß diese Expansion den Keim des Niedergangs in sich trug, daß das in der Stalinzeit geschaffene System der Herrschaft der Nomenklatura und ihres Kasernenhof-Sozialismus (wie Gorbatschow dann sagen sollte) reformunfähig war und deshalb an sich selbst zerbrach. Die langfristigen Leistungen Stalins erwiesen sich als bescheiden, das Elend, das er verursacht hat, aber als gewaltig.

Die Bilanzierung des zusammengebrochenen Systems, die Rechenschaft über seine Wurzeln und Wirkungen hat in der ehemaligen Sowjetunion längst begonnen. Man wird sich zunehmend darüber klar, daß die Stalin-Despotie tiefe Wurzeln in der russischen Geschichte hat, in den langfristigen Folgen des byzantinischen Erbes, des Mongolenjochs und der Tatareneinfälle. Dem russischen Historiker Igor Kljamkin zufolge machte die Dialektik von autokratischer Unterdrückung und Radikalität der russischen Intelligenzija ein System wie den Stalinismus sogar nahezu unvermeidlich.[62] Der Rousseauismus der Intelligenz des 19. Jahrhunderts mit seiner Idealisierung des einfachen Volkes und der in der russischen Geistesgeschichte tief verwurzelte Messianismus hätten in der ersten Generation der Bolschewiki ihre Fortsetzung gefunden. Wie vor ihnen schon die Slawophilen hätten auch sie »das ruhige Spießerglück« und die bürgerliche Gesellschaft verachtet. Mangel an Realitätssinn, die Träume und Leidenschaften für das Außerordentliche, das Revolutionäre und die Überzeugung, daß dem Denken und Wollen des Menschen keine Grenzen gesetzt seien, seien Ingredienzen aus der russischen Tradition, die auch bei den Führern der Bolschewiki wirksam waren. Alexander Tsipko zieht daraus die Folgerung, daß »wir niemals den Sklaven in uns austreiben werden, wenn wir uns nicht zu einem gesunden Skeptizismus erziehen, und zwar auch gegenüber gewissen Schlußfolgerungen, die von Marx und Engels gezogen wurden«[63].

Hier kommen Marx und der Marxismus ins Spiel. Kljamkin betont, daß die Entscheidung der Leninisten gegen den freien Markt die Entwicklung zu Staatskapitalismus und Despotismus unvermeidlich machte. Er verweist auf den totalitären Charakter der Lenin-Stalin-Epoche und die Ähnlichkeit mit den faschistischen Systemen, hebt aber auch gewisse Merkmale der russischen Tradition – das Übergewicht der staatlichen Initiative, das Fehlen einer freien »bürgerlichen« Gesellschaft und die Neigung zur Unterwerfung unter die Autorität – als autochthone Wurzeln des Bolschewismus hervor.

Kljamkins Thesen wurden von dem Nationalökonomen Wassilij Seljunin in aufsehenerregenden Beiträgen schon in der

Glasnost-Ära unterstützt.[64] In Rußland habe schon immer eine grundlegende Vorbedingung des wirtschaftlichen Fortschritts, die Freiheit des Arbeiters, gefehlt. Mit seinen Dekreten gegen das »Spekulantentum« habe Lenin im November 1917 eine entscheidende Weichenstellung vollzogen: Aufgrund marxistischer Prämissen sollten Warenproduktion und Markt ausgerottet werden, anders sei nach Lenins Überzeugung der Sieg der Revolution nicht zu sichern gewesen, wäre sie eine bloß »bürgerliche Revolution« geblieben. Lenin habe sich dabei auf russische Traditionen mit ihrem Übergewicht der staatlichen Bürokratie und ihrer etatistischen Bevormundung der Wirtschaft berufen können. Ausgehend von Seljunins bahnbrechenden Aufsätzen hat sich in der heutigen Debatte immer mehr die Einsicht durchgesetzt, daß ohne Lenins Auffassung vom Sozialismus als staatlichem Monopol über die Produktionsmittel – eine korrekte marxistische Auffassung der Diktatur des Proletariats – Stalins System nicht denkbar gewesen wäre.

Doch zur Komplexität des Phänomens »Stalinismus« und der Psychologie der Menschen in dieser Epoche gehört auch, daß dieses System und sein Herrscher ungeachtet allen Terrors bei vielen populär waren, boten sie doch ein Gefühl der Sicherheit und des sozialen Schutzes, vor allem für breite Schichten auf dem Land und in der Stadt, die Selbständigkeit und Eigeninitiative nie kennengelernt hatten oder ihnen nach 1917 rasch entwöhnt worden waren. Ein sowjetischer Autor hat diese Erscheinung 1988 in der Zeitschrift *Ogonjok* als ein Vater-Waisen-Syndrom beschrieben[65]: Das Verhältnis vieler Erwachsener zu Stalin erinnere ihn an Kinder, die ihren kriminellen Eltern weggenommen worden seien und nun im Waisenhaus lebten; sie lieben die Eltern trotzdem, ob schuldig oder nicht. Viele Sowjetbürger hätten um Terror und Verbrechen des Mannes im Kreml gewußt, und dennoch hätten sie zu ihm Vertrauen gehabt wie zu einem Vater. Das gelte nicht zuletzt für die Jugend, für die in den dreißiger Jahren Stalin die Verkörperung ihrer Hoffnung, ihres Glaubens an ihr Land und an die große Zukunft des Kommunismus war. »Dieser Traum war das einzige, was sie hatten. Es war die Essenz ihres Lebens und gab ihnen die Kraft für ihre Opfer und Siege. Und sie zwangen sich, den Terror um eines Traumes willen zu akzeptieren, dessen Erfüllung kurz bevorzustehen schien.«[66]

Die Stalinzeit ist ohne das säkular-religiöse Element des Glaubens an ein gottähnliches Wesen mit übermenschlichen Eigenschaften nicht zu verstehen. Die christliche Gottesvorstellung umschließt die Idee der umfassenden Liebe und allgemein menschlicher Werte als innere moralische Kontrolle des einzelnen, der auch seinen Feind nicht töten darf. Der neue heidnische Gott jedoch rechtfertigte auch Mord, Denunziation, Terror und Unterdrückung. Das alles war erlaubt, sogar gefordert, wenn es dem großen Vater diente, wenn es *für* Stalin und *gegen* den Klassenfeind geschah.[67] So ist auch der Kommentar eines Moskauer Kritikers zu einem Dokumentarfilm über die Stalinzeit im sowjetischen Fernsehen aus dem Jahr 1989 zu verstehen:»Wie in aller Welt konnten die Menschen in der Hölle von Stalins Herrschaft leben? Aber sie taten es. Sie arbeiteten, bauten Dämme und Fabriken, sangen Lieder, tanzten, begingen nationale Feiertage, verhungerten, schmachteten hinter Stacheldraht und priesen Stalin sogar noch, als sie vor dem Erschießungskommando standen. Das Leben ging weiter. Einige exekutierten Bauern, andere forderten die Todesstrafe für die ›Volksfeinde‹ und wieder andere machten sich Vorwürfe, weil sie die Größe der Ideen Stalins nicht verstanden. Warum haben sie so gelebt?«[68]

In dieser heidnischen Vergötzung des Herrschers, Führers und Vaters ist ein psychologischer Mechanismus wirksam, der bei allen totalitären Herrschaftsordnungen festzustellen ist[69]: die Dominanz eines Gruppengeistes, der den einzelnen der Verantwortung für soziale und ethische Entscheidungen enthebt, ihn zugleich seiner personalen Identität und Würde beraubt. Die Millionen Mitläufer rationalisierten ihre Konfrontation mit Unrecht, Grausamkeit und Terror in mancherlei Weise: Sie machten nicht ihren heidnischen Gott dafür verantwortlich, sondern seine allzu menschlichen Gehilfen; sie sagten:»Ich allein kann nichts ändern« oder:»Vielleicht muß das alles geschehen aus Gründen, die ich nicht kenne und nicht verstehe«. Sie glichen den Leuten in

Andersens Märchen von »des Kaisers neuen Kleidern«, dieser einprägsamen Kritik der Blindheit und Konformität in der menschlichen Gruppe, die erst aufgebrochen wird von der Unbefangenheit eines Kindes. Kaum ist dann die Projektion gebrochen, sagen alle, daß man es eigentlich schon längst hätte wissen müssen. Doch solange der politisch-messianische Mythos wirksam ist, bleibt er Quelle kollektiver Blindheit und damit einer von außen schwer verstehbaren System-Stabilität.

Einer der vielen Zeitzeugen der furchtbaren Jahre hat seine Antwort auf die Frage gegeben, »wie es möglich war«. Anton Antonow-Owssejenko, geboren 1920, stammte aus der Elite der Bolschewiki und hat in seiner Stalin-Biographie darüber geschrieben. Sein Vater, Wladimir Antonow-Owssejenko, war einer der Anführer des Putsches in Petrograd im Oktober 1917 gewesen und hatte dann führende Stellungen unter Lenin bekleidet, unter anderem als Chef der Politischen Hauptverwaltung der Roten Armee. Später wurde er als Botschafter nach Japan, in die Tschechoslowakei, nach Litauen und Polen abgeschoben. 1936/37 war er Generalkonsul in Spanien. Im Frühjahr 1938 wurde er von Stalins Terrorjustiz zu zehn Jahren Haft verurteilt, jedoch Ende 1938 hingerichtet oder zu Tode gefoltert. Die Mutter Anton Antonows war bereits 1929 verhaftet worden und nahm sich 1936 im Gefängnis das Leben. Der Sohn studierte seit 1937 in Moskau Geschichte und wurde Mitglied des Komsomol. 1938 wurde er aus beiden Institutionen ausgeschlossen, weil er sich weigerte, seinen Vater als »Volksfeind« zu diffamieren. 1940 wurde er erstmals verhaftet, wieder freigelassen und am Tag nach Beginn des deutsch-sowjetischen Krieges, am 23. Juni 1941, erneut verhaftet. Die folgenden zwölf Jahre war er Insasse des Archipel Gulag: in den Moskauer Gefängnissen Lubjanka, Butyrka und Lefertowo, in Turkmenistan und in den arktischen Zwangsarbeitslagern von Workuta. Die Beschuldigungen lauteten wie üblich auf »Terrorismus« und »antisowjetische Agitation«; in Wirklichkeit war sein Schicksal als Sohn seines Vaters sein einziges Vergehen. Im Zuge der Rehabilitierungen Chruschtschows kehrte er 1960 nach Moskau zurück und widmete sich fortan Studien über die Lenin- und Stalinzeit, aus denen seine Stalin-Biographie (zuerst russisch 1980) hervorging. Anton Antonow berichtet, wie er 1939 Besuchergruppen durch die Ausstellung »Stalin in der sowjetischen Kunst« zu führen hatte: Stalin auf der Tribüne, auf einem Kreuzer, an einem Kanal, auf einer Lokomotive, umgeben von Arbeitern, Kolchosbauern, jungen Pionieren, Gelehrten; Stalin in seinem Büro, in der Theaterloge; Stalin als Skulptur, auf Porzellanvasen, in Kupferstichen. Und der Sohn des von Stalin Gemordeten rühmte den Mörder vor Arbeitern, Schülern, Soldaten: »Für mich, den Neunzehnjährigen, war der Name Stalins heilig. Und die Hinrichtung eines Volksfeindes – was denn, der Staat hat das Recht, sich gegen Feinde zu verteidigen. Dabei sind Fehler möglich, aber Stalin hat damit nichts zu tun. Er war und bleibt der Große Führer. So dachte ich damals. So hatte man mich erzogen. Was für ein Meer von Leid muß man durchschwimmen, um Klarheit zu gewinnen?«[70]

DAS GEGEN- UND NACHBILD
Hitler und der totalitäre Nationalsozialismus

Der europäische Bürgerkrieg

Schon seit der Entstehung des neuzeitlichen europäischen Staatensystems waren die Mächtekonflikte stets nur im gesamtkontinentalen Geflecht und Wechselspiel zu verstehen gewesen. Dieses Geflecht wurde seit dem 19. Jahrhundert zunehmend dichter. Vollends seit 1917, als mit der bolschewistischen Machtergreifung in Rußland der erste Protagonist des totalitären Zeitalters auf die Bühne trat, ist die europäische Politik in ihren verschiedenen Dimensionen – ideologisch, politisch, ökonomisch, militärisch – in nationalstaatlicher Beschränkung nicht mehr adäquat zu erfassen. Es ist der vielleicht wesentlichste Schwachpunkt der zeitgeschichtlichen Wissenschaft in Deutschland, daß »gerade die Erinnerung an die Hitlerzeit sich kaum in die Totalität der Weltkriegsepoche hinein ausgeweitet« hat und »in ihrer moralistischen Beschränkung weithin unhistorisch« blieb.[1]

Wenn nun seit einiger Zeit der Ruf nach »Historisierung« der Epoche der totalitären Systeme zu vernehmen ist, meint das vor allem das »Einordnen in weitergespannte zeitliche, räumliche und sozial-interaktive Zusammenhänge«[2]. Nur so kann die vor allem in Deutschland noch immer verbreitete Tendenz zu germanozentrischer Verengung mitsamt allen ihren Folgen »volkspädagogischer« Bewältigungsstrategien, Denkverbote und Deutungsmonopole überwunden werden. An die Stelle nachträglicher Klugheiten derer, die vom historischen Rathaus kommen, tritt eine »Restitution der geschichtlichen Zeitfolge« und die Urteilsgewinnung aus dem jeweiligen Situationszusammenhang heraus. Nur so wird der wissenschaftliche Ertrag einer »facettenreichen

Darstellung« möglich, »die keine Tabuzonen kennt«. Mit Recht wurde jüngst erneut darauf hingewiesen, daß der Vergleich eine unersetzliche Methode und Voraussetzung für die Einordnung und Beurteilung historischer Erscheinungen und Konstellationen ist und selbst der Befund der »Singularität« eines Ereignisses nur durch die komparative Betrachtung erhoben werden kann.[3]

Schon früh hat in diesem Sinne etwa Hans Rothfels »das Neue und Gemeinsame« der Epoche in »ideologischen und gesellschaftlichen Bewegungen über Landesgrenzen hin« erblickt, die dann »in einem Maß sich auswirken, wie es dem nationalstaatlichen Zeitalter fremd geworden war. Sie haben in weltweitem Rahmen, wenn auch in verschiedener Dichte, die Möglichkeit einer universalen Bürgerkriegssituation heraufgeführt.«[4] Hanno Kesting und Roman Schnur haben die Wurzeln dieses »Weltbürgerkriegs« bis zur Geschichtsphilosophie des 18. Jahrhunderts und zur Französischen Revolution zurückverfolgt.[5] Karl Dietrich Bracher deutet die Epoche unter ideengeschichtlicher Perspektive als »Zeit der Ideologien«[6], geprägt von dem Zusammenstoß zwischen der liberalen und der »totalitären Demokratie«, zwischen der »offenen«, pluralistischen bürgerlichen Gesellschaft und den kollektivistischen Erlösungslehren und ideologischen Heilsdeutungen, die sich seit 1917 in politisch-gesellschaftlichen Systemen inkorporierten – mit allen daraus entstehenden Verschränkungen von Kriegen zwischen Staaten und Bürgerkriegen, ideologischen Bewegungen und Programmen. Ernst Nolte hat als Epochenbegriff den des »europäischen Bürgerkriegs« vorgeschlagen und dies unter anderem damit begründet, »daß die Partei der Bolschewiki gleich nach ihrer Machtergreifung im November 1917 die Proletarier und Unterdrückten in aller Welt zum Aufstand gegen das kapitalistische System aufrief, das für den Krieg verantwortlich sei ... Es gab also seit 1917 einen Staat und seit 1919 eine internationale Partei, die überall zu einem ›bewaffneten Aufstand‹ und mithin zum Weltbürgerkrieg aufriefen, und da es sich nicht um die Phantasien machtloser Sektierer handelte, war damit eine fundamentale neue Realität in das geschichtliche Dasein getreten.«[7]

Hier bezeichnet der Begriff »Bürgerkrieg« nicht mehr nur den herkömmlich darunter verstandenen bewaffneten Konflikt zwischen zwei Gruppen innerhalb eines Staates oder den Kampf von Aufständischen gegen eine Regierung. Schon im Zeitalter der Französischen Revolution war der traditionelle – »horizontale« – Krieg zwischen Staaten zunehmend überlagert worden von einem – »vertikalen« – Konflikt zwischen Klassen, sozialen Schichten und sozialökonomischen Interessen. Der Revolutionsslogan »Krieg den Palästen, Friede den Hütten!« faßte dieses Novum prägnant zusammen, und der Marxismus führte es mit seinem Aufruf zur Revolution im Zeichen des Klassenkampfes zu weltgeschichtlicher Wirkung.

Gerade die Epoche zwischen 1917 und 1945 – Winston Churchill hat sie in seiner monumentalen Darstellung als »Dreißigjährigen Krieg« im 20. Jahrhundert charakterisiert[8] – stellt sich als ein Konflikt dar, in dem die beiden neuartigen totalitären Formationen um die totale ideologische, politische und gesellschaftliche Macht miteinander ringen, zunächst innerstaatlich als »Parteien neuen Typs« gegeneinander wie in verschiedenen Bündnis-Konstellationen gegen die bürgerlich-liberale »Mitte«. Dieser Konflikt weitete sich dann im Zweiten Weltkrieg und danach von der europäischen auf die globale Bühne aus. Nicht zufällig sah sich die KPD bereits zum Zeitpunkt ihrer Gründung mitten im »gewaltigsten Bürgerkrieg der Weltgeschichte« und proklamierte sie den 1. Mai 1919 als Tag der proletarischen Revolution in ganz Europa.[9] Der Bürgerkrieg im Russischen Reich zwischen Rot und Weiß sowie die kommunistischen Aufstände in Deutschland im Januar 1919, im März 1920, 1921 und dann nochmals im Herbst 1923 waren ebenso Bestandteil dieses europäischen Bürgerkriegs wie die Machtergreifung der Faschisten unter Mussolini in Italien im Oktober 1922 oder die kommunistischen Putschversuche in Bulgarien im Herbst 1923 und in Estland 1924.

Nach der relativen ökonomischen Stabilisierung und politischen Beruhigung in Europa zwischen 1924 und 1929 wurden die Konflikte seit der Weltwirtschaftskrise erneut akut. In einer Art begrenztem Bürgerkrieg ergriffen die Nationalsozialisten in Deutschland die Macht unter zielbewußter Ausschaltung ihrer innenpolitischen Gegner, der Kommunisten und Sozialdemokraten ebenso wie der liberalen Mitte und der konservativen Rechten. Seitdem herrschten in den drei wichtigsten Staaten Mittel- und Osteuropas totalitäre Bürgerkriegsparteien, womit sich der bisherige innerstaatliche Gegensatz von Parteien zu einem außenpolitischen Gegensatz zwischen Parteistaaten wandelte. Auch ganz Osteuropa zwischen Baltikum und Balkan erwies sich als äußerst instabil. Mit Ausnahme der Tschechoslowakei wurde hier überall versucht, die Krise mit autoritären oder halbtotalitären Mitteln zu meistern. Diese osteuropäische Krisenzone gehörte ebenso zu den Voraussetzungen des Hitler-Stalin-Pakts und dann des am 22. Juni 1941 beginnenden schicksalhaften Zusammenstoßes zwischen den beiden totalitären Parteistaaten wie der Spanische Bürgerkrieg zwischen 1936 und 1939, in dem sich die Fronten des Zweiten Weltkriegs bereits abgezeichnet hatten.

In dem auf den Zweiten Weltkrieg folgenden, rund vier Jahrzehnte währenden Ost-West-Konflikt, der sich in der deutschen und europäischen Teilung am schmerzlichsten darstellte und zeitweilig wahrhaft weltbürgerkriegsartige Formen annahm, ging es um die Auseinandersetzung sowohl zwischen Gesellschaftsformen und Ideologien als auch zwischen politischen, militärstrategischen und ökonomischen Interessen. Er kam schließlich mit dem inneren Zusammenbruch der einen der beiden Konfliktparteien an sein Ende.

Mächtepolitik und ideologische Fronten im europäischen Bürgerkrieg 1917-1924

Wir haben vorgegriffen. Zunächst gilt es, das Geflecht wechselseitiger Wirkungen nachzuzeichnen, das die europäische Mächtepolitik nach dem Ersten Weltkrieg und besonders das Verhältnis zwischen Deutschland und Rußland in dieser Zeit bestimmte. Diese zeitgeschichtlichen Verflechtungen zwischen den beiden Weltkriegen sind für das Verständnis der Epoche grundlegend, jedoch im allgemeinen wenig bekannt.

Am Beginn steht die historische Entscheidung noch der deutschen kaiserlichen Reichsleitung, Lenin, dem Führer der Bolschewikij, und etwa 280 seiner Anhänger die Durchfahrt durch Deutschland aus dem Exil in der Schweiz nach Petrograd zu gestatten.[10] Was die deutsche Führung damit verband, ist bekannt: Von Lenin und den Bolschewiki, die seit Kriegsbeginn entschieden für einen »Frieden ohne Annexionen und Kontributionen« eingetreten waren, erhoffte man sich in Berlin jenen Umsturz, der zum Ausscheiden des Zarenreichs aus dem Krieg führen und Deutschland den Rücken freimachen sollte für die militärische Kriegsentscheidung an der Westfront. Die Kriegsmüdigkeit der russischen Massen war so stark, daß der Versuch der Provisorischen Regierung in Petrograd, den Krieg an der Seite der Westalliierten fortzusetzen und die Bolschewiki als verräterische Agenten des Kaisers zu diskreditieren, scheiterte. Lenins Kalkül, im Schutz des Sonderfriedens mit Deutschland die revolutionäre Herrschaft zu etablieren und nach dem von ihm erwarteten deutschen Zusammenbruch die Revolution nach Mittel- und Westeuropa zu tragen, war aber zutreffender als das Berliner Kalkül: Rund acht Monate nach dem Friedensschluß von Brest-Litowsk am 3. März 1918 lag das deutsche Kaiserreich am Boden und schienen sich Lenins Hoffnungen zu erfüllen, den bisherigen Staatenkrieg in den Bürgerkrieg überführen und seinen weltrevolutionären Anspruch durchsetzen zu können. Die Entscheidung des neuen sozialdemokratischen »Volksbeauftragten« Friedrich Ebert, mit der Obersten Heeresleitung zusammenzuarbeiten und für den 19. Januar 1919 Wahlen zu einer Verfassunggebenden Versammlung anzusetzen, war dagegen von dem Willen diktiert, die Lage Deutschlands so rasch als möglich zu stabilisieren und nicht zuletzt »die Ausbreitung des terroristischen Bolschewismus« in Deutschland zu verhindern.[11]

Während sich in Rußland die Bolschewiki durchsetzten, war es in Deutschland gerade die reformistische Sozialdemokratie unter Führung Eberts, die die kommunistischen Aufstandsversuche mit Hilfe des Bündnisses mit der Obersten Heeresleitung niederschlug und die russische Konstellation eines Nebeneinanders von

Provisorischer Regierung und Arbeiter- und Soldatenräten, aus denen – nach Lenins Modell – die authentische Revolutionsregierung hervorgehen sollte, im Keim erstickte. Ebert begründete seine Abwehr der deutschen Kommunisten unter Karl Liebknecht und Rosa Luxemburg, die in industriellen Zentren wie Berlin, Hamburg, Leipzig, Bremen sowie im Ruhr- und mitteldeutschen Industriegebiet eine starke Anhängerschaft hatten, mit dem Ausruf: »Blicken Sie nach Rußland und Sie sind gewarnt!« Die Wahl vom 19. Januar 1919 bestätigte den antibolschewistischen Kurs der Mehrheits-Sozialdemokratie.[12]

Bekanntlich trug diese Entscheidung Eberts und seines Reichswehrbeauftragten (und späteren Ministers) Gustav Noske der Sozialdemokratie von linksradikaler Seite den Vorwurf des »Verrats« an den Interessen der proletarischen Revolution ein, und manche Historiker haben später die Gefahr einer bolschewistischen Revolution in Deutschland nach Petrograder Muster geleugnet. Die Situation von 1918/19 war jedoch durchaus offen. Schon an der Gründung der KPD am 30. Dezember 1918 hatte Karl Radek als Beauftragter Lenins teilgenommen. Mit der Münchener revolutionären Räteregierung im März 1919 stand Lenin in direktem Funkkontakt und übermittelte Ratschläge und Anweisungen.[13] Er sah in der Gründung der KPD »mit so weltbekannten Führern wie Liebknecht, Rosa Luxemburg, Clara Zetkin und Franz Mehring« berechtigte Hoffnungen für die Durchsetzung der Weltrevolution, deren Schicksal sich nach seiner Überzeugung in Deutschland entschied. Im ersten Heft der neuen Zeitschrift *Die Kommunistische Internationale* vom Frühjahr 1919 schrieb der Komintern-Vorsitzende, Grigorij Sinowjew: »In tollem Tempo saust das alte Europa der proletarischen Revolution entgegen.« In ihrem Aufruf zum 1. Mai 1919 wies die Komintern darauf hin, daß es schon drei Sowjetrepubliken gab, in Rußland, Ungarn und Bayern, bald würden es sechs oder mehr sein: »Der Sturm beginnt. Die Feuersbrunst der proletarischen Revolution loht mit unaufhaltsamer Kraft in ganz Europa. Es naht der Moment, den unsere Vorgänger und Lehrer erwartet haben. Der 1. Mai 1919 muß der Tag des Vorstoßes werden, der Tag der proletarischen Revolution in ganz Europa... Im Jahr 1920 wird die große Internationale Sowjetrepublik geboren werden.«[14]

Im März 1920 kam es besonders im Ruhrgebiet und in Westfalen zu Bürgerkriegskämpfen zwischen Kommunisten, Reichswehr und Polizei, an denen auf beiden Seiten regelrechte Großverbände teilnahmen. Der Vorsitzende der rechtsliberalen Demokratischen Volkspartei, der spätere Reichskanzler und Außenminister Gustav Stresemann, warnte davor, Deutschland könne im »Meer des Bolschewismus ertrinken«[15]. Bei neuen Aufständen im Frühjahr 1921 in Hamburg und Mitteldeutschland hielten sich die Komintern-Abgesandten Mátyás Rákosi und Bela Kun in Deutschland auf. Am Gründungsparteitag der Vereinigten Kommunistischen Partei (VKPD) in Halle im Herbst 1920 nahmen von der Komintern Sinowjew und Julius Martow teil. Durch die Spaltung der Unabhängigen Sozialdemokratischen Partei, von der ein Teil zu den Mehrheits-Sozialdemokraten zurückkehrte, ein anderer zur KPD ging, wurde letztere erstmals zu einer Massenpartei mit rund 350 000 Mitgliedern.[16]

Die letzte Nachkriegskrise der Weimarer Republik im Herbst 1923 unter dem Druck der Inflation und des abgebrochenen Ruhrkampfes gegen die französische Besetzung nahmen erneut beide politischen Extreme zum Anlaß für den Versuch, der Republik den Gnadenstoß zu versetzen. Rechtsradikale und erstmals nationalsozialistische Kräfte setzten mit dem Hitlerputsch am 9. November 1923 zum »Marsch auf Berlin« nach dem faschistischen Muster des Vorjahres an.[17] In Sachsen und Thüringen bildeten sich linkssozialistisch-kommunistische Regierungen. Die KPD proklamierte den »deutschen Oktober« und versuchte ein Bündnis mit den Rechtsextremisten im Zeichen des sogenannten »Schlageter-Kurses«. Die Kommunisten bauten einen geheimen M- (Militär), N- (Nachrichten) und T- (Terror)Apparat auf, wozu die Komintern Militärberater in Zivil unter einem sowjetischen General entsandte. Anschläge sollten zu Massenterror überleiten. In der KP-Zeitung *Rote Fahne* erschienen revolutionäre Aufrufe Trotzkijs, Sinowjews und Bucharins. Und Stalin schrieb an August Thalheimer: »Die kommende Revolution in Deutschland ist das wichtigste Weltereignis unserer Tage. Der Sieg der Revolution in Deutschland wird für das Proletariat in Europa und Amerika eine größere Bedeutung haben als der Sieg der russischen Revolution vor sechs Jahren. Der Sieg des deutschen Proletariats wird ohne Zweifel das Zentrum der Weltrevolution aus Moskau nach Berlin versetzen.«[18]

Zwischen 1917 und 1924 stand Deutschland im Mittelpunkt des bolschewistischen Ziels, die Weltrevolution in Europa voranzutreiben und damit erst unumkehrbar zu machen. Aber auch die westalliierten Sieger von 1918 waren sich der revolutionären Bedrohung aus dem Osten bewußt. Bereits im März 1918 waren britische Truppen in Murmansk und im August des gleichen Jahres in Archangelsk gelandet, um die dort lagernden westlichen Waffenlieferungen sicherzustellen.[19] Im August und September 1918 landeten amerikanische und japanische Truppen in Wladiwostok. Im November 1918 lief ein englisch-französisches Geschwader in das Schwarze Meer ein, englische Truppen landeten in Odessa, Batum und Baku. Während die Engländer Kampfberührung mit der Roten Armee vermieden, unterstützte Frankreich die ukrainische Unabhängigkeitsbewegung auch militärisch. Hinter den Kulissen der Pariser Friedenskonferenz spielte die russische Frage eine wesentliche Rolle. In der britischen Regierung waren die Meinungen geteilt. Premierminister Lloyd George trat für ein behutsames Vorgehen ein, Kriegsminister Lord Milner und der Erste Lord der Admiralität, Winston Churchill, für eine energische Bekämpfung des Bolschewismus. Der Vorschlag des amerikanischen Präsidenten Wilson, die russischen Bürgerkriegsparteien zu einer Konferenz auf die Insel Prinkipo bei Istanbul einzuladen, scheiterte an der Ablehnung der weißen Bürgerkriegsparteien in Rußland.

Am entschiedensten vertrat der französische Marschall Foch die Interventionspolitik. Unter dem Eindruck der Proklamation der Räterepubliken in Bayern und Ungarn entwarf er im Frühjahr 1919 detaillierte Pläne für einen Kreuzzug gegen den Bolschewismus unter französischem Oberkommando, an dem alliierte Truppen ebenso teilnehmen sollten wie Kräfte der baltischen

Staaten, Polens und Rumäniens, ja selbst deutsche Freiwilligenverbände, rekrutiert aus deutschen Kriegsgefangenen in Rußland. Der Oberste Rat der Alliierten sprach sich jedoch am 27. März 1919 gegen diese Pläne aus. Die Kriegsmüdigkeit der Massen in allen europäischen Ländern, aber auch die kommunistische Agitation unter der britischen und französischen Arbeiterschaft, die zu Massenstreiks führte, taten das ihre, um die englisch-französische Interventionspolitik zu beenden. Vor allem die USA widersprachen im Hinblick auf Japan einer weiteren Schwächung Rußlands. Die alliierten Truppen zogen im Lauf des Jahres 1919 aus Rußland wieder ab und ermöglichten so den Sieg der Bolschewiki im Bürgerkrieg.[20] Als im Sommer 1920 nach einem vorherigen Vorstoß polnischer Truppen bis Kiew die Rote Armee bis vor die Tore Warschaus und an die ostpreußische Grenze vorstieß, flammte die Angst vor den Bolschewiki in Mittel- und Westeuropa erneut auf und beruhigte sich erst wieder, als es den Polen unter Mitwirkung einer französischen Militärmission unter General Weygand gelang, die rote Reiterarmee vor den Toren Warschaus zurückzuschlagen. Die Revolutions- und Umbruch-Periode in Osteuropa endete 1920. Die Bolschewisten hatten sich im Bürgerkrieg durchgesetzt und schlossen im gleichen Jahr formelle Friedensverträge mit den drei baltischen Staaten und Polen, deren Modus vivendi freilich kaum zwanzig Jahre dauerte, um 1939 durch den Hitler-Stalin-Pakt wieder aus den Angeln gehoben zu werden.

Die bolschewistische Revolution hatte auch Fernwirkungen auf das Verhältnis zwischen den West-Alliierten und Deutschland. Zwar erschien der Mehrheit der Deutschen der Versailler Vertrag als hartes Friedensdiktat. Doch war er kein Vernichtungsfrieden, sondern ließ trotz empfindlicher Gebiets- und Machteinbußen Deutschland als Großmacht bestehen. Die einsichtigsten Köpfe der Siegermächte waren sich darüber im klaren, daß man Deutschland nicht zuletzt als Gegengewicht gegen die bolschewistische Bedrohung erhalten mußte und ihm die Möglichkeit nicht verschließen durfte, an einer Konsolidierung West- und Mitteleuropas mitzuwirken. Auf dieser Linie bewegte sich in der Folgezeit die deutsch-französische Verständigungspolitik im Zeichen von Locarno.

Die bolschewistische Revolution spiegelte sich nicht nur in der Außenpolitik der europäischen Mächte seit dem Oktober 1917, sondern auch in ihrer Innenpolitik und den dortigen ideologischen Frontstellungen. Überall kam es seit 1919/20 zur Spaltung der Arbeiterbewegung in gemäßigt-reformistische sozialdemokratische und radikal-revolutionäre kommunistische Parteien, die sich der von Moskau initiierten »Dritten« Kommunistischen Internationale anschlossen. Während sich vor allem bei progressiv und pazifistisch gesinnten liberalen Intellektuellen, die wie George Bernhard Shaw der Überzeugung waren, daß die Bolschewisten immerhin die richtigen Fragen stellten und die »richtigen Leute« erschossen[21], ein Philobolschewismus entwickelte, entstand zugleich unter dem Eindruck des bolschewistischen Schreckens eine antibolschewistische Einheitsfront, die vom konservativen und liberalen Bürgertum bis zur Mehrheit der sozialdemokratischen Parteien reichte. Der führende sozialdemokratische Theoretiker, Karl Kautsky, sah in der Lenin-Revolution eine Wiederholung der terroristischen Phase der Französischen Revolution und einen »tatarischen Sozialismus«, der eine neue Herrenklasse und einen neuen Militarismus etablierte.[22] Selbst frühere Mitstreiter Lenins wie Julius Martow sprachen schon 1919 von den Bolschewiki als einer »Henkerpartei«, und der russische Marxist Paul Axelrod beschuldigte sie wie Kautsky des »Verrats an den elementarsten Grundlagen des Marxismus« und der Errichtung einer »Diktatur *über* das Proletariat (und das Bauerntum)«[23].

Der revolutionäre und moskauhörige Kurs der KPD wurde selbst innerhalb der Partei heftig diskutiert mit der Folge, daß es auch hier zu einer Serie von Abweichungen und Spaltungen kam, bis die Partei dann endgültig stalinisiert und in volle Abhängigkeit von der Moskauer Befehlszentrale gebracht wurde. Im März 1921 wurde sogar der Vorsitzende der KPD, Paul Levi, ausgeschlossen, weil er die »März-Revolution« dieses Jahres als einen von der Komintern gesteuerten Krieg gegen vier Fünftel der deutschen Arbeiter und die Komintern-Abgesandten als »Turkestaner« bezeichnet hatte. Levis Ausschluß stand auch im Zusammenhang mit der innerkommunistischen Kritik an der Niederschlagung des

193

Arbeiter- und Matrosenaufstands von Kronstadt im März 1921, wo es um die zentrale Frage »leninistische Parteidiktatur oder Sowjetdemokratie der sozialistischen Werktätigen« ging. Levi gründete eine »Kommunistische Arbeitsgemeinschaft« (KAG), die jedoch bedeutungslos blieb. Mit Levi verließ auch der damalige Generalsekretär der KPD, Ernst Reuter, die Partei, der sich bald darauf der SPD anschloß.[24]

Der entscheidende Grund für den klaren Trennungsstrich gegenüber dem Bolschewismus war für die Führer der deutschen Mehrheits-Sozialdemokratie die gewaltsame Auflösung der Verfassunggebenden Versammlung in Petrograd durch die Bolschewiki am 19. Januar 1918 gewesen. Friedrich Ebert und seine Freunde waren entschlossen, diesen revolutionär-terroristischen Weg in Deutschland auf jeden Fall zu verhindern.[25] Die Niederschlagung des Spartakus-Aufstands in Berlin Mitte Januar 1919 sollte vor allem die freie demokratische Wahl zur Verfassunggebenden Nationalversammlung am 19. Januar sichern. Nach dem gescheiterten Versuch der Regierung vom Dezember 1918, eine demokratisch zuverlässige Volkswehr als unerläßliches Machtinstrument aufzustellen, bestand keine andere Wahl, als auf die Freikorps und Freiwilligenverbände zurückzugreifen, die nicht nur die Verfassunggebende Versammlung in Weimar schützten, sondern auch die bis 1921 immer wieder aufflammenden kommunistischen Aufstandsversuche im Auftrag der Regierung niederschlugen. Die Sozialdemokratie und die bürgerlich-demokratischen Kräfte der Großen Koalition machten sich dadurch von konservativen und reaktionären Kräften vor allem im Offizierskorps der Freiwilligenverbände abhängiger, als ihnen lieb sein konnte, und schon der Kapp-Putsch im März 1920 zeigte die Dialektik, mit der sich Links- und Rechts-Radikalismus wechselseitig verstärkten.

Wie tief die Reflexe des Schreckens der Lenin-Revolution etwa im deutschen Bildungsbürgertum reichten, zeigt blitzartig eine Tagebucheintragung Thomas Manns vom 2. Mai 1919, als Reichswehr und Freikorps, von der sozialdemokratischen bayerischen Regierung gerufen, in München gerade den letzten Widerstand der Räterepublik beseitigten: »Wir sprachen darüber (ob noch eine Rettung der europäischen Kultur möglich sei) oder ob die Kirgisen-Idee des Rasierens und Vernichtens sich durchsetzen wird... Eine Welt, die noch Selbsterhaltungsinstinkt besitzt, muß mit aller aufbietbaren Energie und standrechtlichen Kürze gegen diesen Menschenschlag vorgehen.«[26] Das entsprach dem Erschrecken auch im Bürgertum der Siegermächte, wie aus einer Bemerkung Winston Churchills aus der gleichen Zeit hervorgeht, der den Bolschewismus als »weltweite Verschwörung zum Sturz der Zivilisation und zur Neugestaltung der Gesellschaft auf Grund aufgehaltener Entwicklung, neidischer Mißgunst und unmöglicher Gleichheit« bezeichnete, als eine »Bande von außerordentlichen Persönlichkeiten aus der Unterwelt der großen Städte Europas und Amerikas«, die jetzt »das russische Volk am Kragen gepackt« habe und »praktisch der unangefochtene Herr eines gewaltigen Reiches geworden« sei.[27]

Ähnlich dürften die Mitglieder einer im Dezember 1918 von dem Schriftsteller Eduard Stadtler in Berlin gegründeten »antibolschewistischen Liga« gedacht haben, in der sich sowohl liberale Politiker wie Friedrich Naumann, gemäßigte Konservative wie der spätere Finanzminister der Weimarer Republik Karl Helfferich und führende Wirtschaftskapitäne wie Hugo Stinnes, Albert Vögler, Felix Deutsch und Arthur Salomonsohn zusammenschlossen.[28] Auch für die meisten Angehörigen der Freikorps und der bürgerlichen Selbstschutzorganisationen der Revolutionsjahre stand der Schutz der öffentlichen Ordnung und des Eigentums vor dem »bolschewistischen Umsturz« im Vordergrund. Die Radikalisierung eines Teiles von ihnen, die dann auch der »Münchener Schule« der Nationalsozialisten Auftrieb gab, setzte erst unter dem Eindruck der rapide fortschreitenden Inflation ein.[29]

Der Nationalsozialismus als revolutionäre Bewegung

Die sowjetische und die marxistisch beeinflußte westliche Geschichtsinterpretation haben es stets abgelehnt, den Nationalsozialismus als eine revolutionäre Bewegung zu verstehen und in seinen Zielen und Wirkungen so etwas wie eine »soziale Revolution« zu erkennen. Nach marxistischer Überzeugung war der Nationalsozialismus ein so offensichtlich »konterrevolutionäres« Phänomen, daß der Revolutionsbegriff auf ihn nur mißbräuchlich angewendet werden konnte. Revolution war nach dieser Prämisse nur die Überwindung kapitalistischer Produktions- und Klassenverhältnisse: Zur Beurteilung der »faschistischen« Massenbewegungen sei nicht deren kleinbürgerliche »soziale Basis« entscheidend, sondern deren »soziale Funktion« im Interesse der alten Herrschaftsgruppen in der kapitalistischen Großwirtschaft, in Militär, Großgrundbesitz und Staatsbürokratie. Liberal-parlamentarische Demokratie und faschistische Diktatur seien im übrigen nur zwei Formen »bürgerlicher Herrschaft«, die eine für den relativ krisenfreien Normalfall, die andere zur Beherrschung schwerwiegender ökonomischer und politischer Krisen.[30]

Will man den Revolutionsbegriff für die zeitgeschichtliche Interpretation nutzbringend verwenden, muß man ihn von seiner herkömmlichen Konnotation im Sinn der revolutionären Barrikadenkämpfe zwischen 1789 und 1918 ebenso befreien wie von seinem parteilichen marxistischen Verständnis. Der Begriff meint für unseren Zusammenhang jenen das gesellschaftliche, wirtschaftliche und politische Leben langfristig und einschneidend verändernden Wandlungsprozeß, wie ihn schon Tocqueville im Auge hatte, also jene »langen Wellen« der Industriellen Revolution des 19. Jahrhunderts, das damit verknüpfte rasche Bevölkerungswachstum und den politischen Demokratisierungsprozeß. »Revolutionär« in diesem Sinn wirkten sich auch Verlauf und Ergebnis des Ersten Weltkriegs, der bolschewistischen Machtergreifung in Rußland wie der Weltwirtschaftskrise in den USA und Europa 1929/30 aus. Die nationalsozialistische Ideologie konnte in Deutschland so leicht zu einem Sammlungspunkt und wirkungsvollen Instrument der politischen Mobilisierung von Bevölkerungsschichten werden, die von den Problemen der Modernisierung besonders betroffen wurden. Sozioökonomisch bedrohte Gruppen und Schichten wie Bauern, Kleingewerbetreibende und kleine Ladenbesitzer suchten hier Schutz vor ihrem Abstieg; aufsteigende gesellschaftliche Kräfte wie die rasch wachsende Zahl der Angestellten und der technischen Intelligenz (Ingenieure etc.) versprachen sich Chancen eines erweiterten politischen Einflusses.[31] Zu ihnen gehörten die »verlorene Generation« der aus dem Krieg heimkehrenden Offiziere und Soldaten, ein durch das »Kriegserlebnis« erstmals politisiertes Kleinbürgertum, eine Mittelklasse, die mit den Kriegskrediten ihre Ersparnisse verlor, »völkische« Intellektuelle und Halbintellektuelle, nicht zuletzt das spezifische Element einer deutschbaltischen und weißrussischen Emigration – kurz: Gruppen mit vagen antikapitalistischen Sehnsüchten und radikal antibolschewistischen und antisemitischen Überzeugungen.

Die militärische Niederlage und das Versailler »Friedensdiktat« aktualisierten nationalistisches Selbstbewußtsein, vulgäre Machtphilosophie und den sozialdarwinistischen Gedanken eines »natürlichen« Überlebenskampfes der Völker und Rassen, wie sie schon der 1891 gegründete »Alldeutsche Verband« propagiert hatte. Antisemitische Feindbilder hatten bei mittelständisch-kleinbürgerlichen und bäuerlichen Bevölkerungsgruppen mit oft unsicheren Existenzaussichten schon lange vor 1914 Resonanz gefunden. Und der Gedanke der Überwindung der Klassengegensätze, der Versöhnung von Arbeiterschaft und Bürgertum lag schon seit längerem in der Luft, wie ihn zuerst Friedrich Naumann in seinem Nationalsozialen Verein vertreten hatte. Der Versailler Vertrag, die Machtergreifung der Bolschewiki und der mehrjährige russische Bürgerkrieg führten bei diesen gesellschaftlichen Gruppen zu einem Trauma und Schreckensbild. Aus diesem Boden wucherte seit 1919 mit zunächst vielen anderen »völkischen« Organisationen auch die Deutsche Arbeiterpartei (DAP) empor, die sich 1920 in »Nationalsozialistische Deutsche Arbeiterpartei« umbenannte, und in diesem Milieu begann der politische Aufstieg jenes Mannes, den man treffend seine »mediumistische Verkörperung« genannt hat³².

Hitler teilte die psychopolitischen Verwundungen und Sehnsüchte dieser Gruppen und Schichten. Der aus dem Krieg zurückkehrende und von brennendem Ehrgeiz erfüllte Berufsrevolutionär war voll des Hasses auf die »Novemberverbrecher«, die dem deutschen Soldaten den Sieg gestohlen hatten; ebenso übernahm er das antibolschewistische Motiv, das er zu einer radikalen Gegenideologie fortentwickelte in der Überzeugung, daß die gefürchtete leninistische Parteidiktatur nur durch eine gleichermaßen radikale Gegendiktatur eingedämmt und schließlich überwunden werden konnte. Er weitete sein Credo schließlich zu einem radikalen Antimarxismus und einem ebenso radikalen Antiliberalismus aus.

Mit Faschismus und Nationalsozialismus wuchs die dritte europäische Bürgerkriegspartei heran, die sich sowohl gegen die bolschewistische Weltrevolutionsideologie wie gegen den liberalen Kapitalismus des Westens wandte.³³ Es entsprach Hitlers Herkunft und tiefsitzenden Emotionen, wenn sich sein Antibolschewismus mit einer leidenschaftlichen Ablehnung der »bürgerlichen Welt« verband, ja aus ihm seine entscheidenden Antriebe erhielt. Die neuere Forschung hat dieses revolutionäre antibürgerliche Motiv aus den Quellen herausgearbeitet und gezeigt, daß es nicht auf bloße Demagogie reduziert werden kann.³⁴ Hitler wollte die Überwindung des »bürgerlichen Klassenstaats« und vertrat eine Ideologie der Chancengleichheit, durch die die fähigsten Köpfe aus allen sozialen Schichten nach oben kommen sollten. Dem Bürgertum warf er »Dummheit, Einbildung und Gewissenlosigkeit« vor, weil es Millionen deutscher Arbeiter lieber dem »internationalen Bank- und Börsenjudentum« überlassen habe, anstatt »in Anerkennung berechtigter sozialer Menschheitsforderungen dem Arbeiter der Faust die brüderliche Hand zu reichen«. Immer wieder geißelte er »das soziale und gesellschaftliche Versagen unseres Bürgertums« und seine »blödsinnige Borniertheit«, seine Profitgier und seinen Materialismus. Es habe damit nicht nur den »nationalen Gedanken« bei Millionen diskreditiert, sondern auch sich selbst als zur politischen Führung unfähig erwiesen.

Es war ein revolutionäres Motiv und Programm, wenn Hitler von der »versunkenen bürgerlichen Welt« sprach, die durch eine »wahre Volksgemeinschaft« abgelöst und in der vor allem »dem Arbeiter« jene volle gesellschaftliche Gleichberechtigung zuteil werden sollte, die ihm als »Kraft- und Energiequelle« der Nation zukam. Die Überbrückung der Klassengegensätze erschien Hitler als entscheidende Voraussetzung, um dem Marxismus die Grundlagen zu entziehen. 1937 erwogen Hitler und Goebbels in diesem Sinne die zeitweilige Abkommandierung der Führungskräfte der Partei auf Bauernhöfe, in Fabriken oder Werften mit entsprechender Entlohnung. In einer Geheimrede Hitlers vor den Kreisleitern am 29. April 1937 kam freilich nicht nur das ideale Motiv zum Ausdruck, sondern auch der totalitäre Pferdefuß: »Sie sollen das alles wieder einmal sehen und hören, erleben, um dann die Volksseele wieder zu kennen *und souverän zu beherrschen*« (Hervorhebung von mir, K. H.).[35]

Hitlers Selbstbild seiner angeblichen Herkunft aus der Arbeiterschaft, an dem er immer wieder malte, entsprach zwar nicht der Wahrheit. Es stand aber im Dienst einer Ideologie der »Verherrlichung des Arbeiters in Gestalt eines fast schrankenlosen Aufrufs zu sozialer Umschichtung und mit aggressiver Betonung einer sozialen Gleichstellung aller«[36]. Die Propaganda wurde nicht müde, die eigentlichen »Klassenfeinde« des Nationalsozialismus zu benennen: die Bürger, Kleinbürger und Spießbürger, die Reaktionäre und Intellektuellen mit ihrer humanitären Sentimentalität und Differenzierungsneigung. Im Gegensatz dazu stand das einfache Volk mit seinem gesunden Sinn des Ja und Nein und Schwarz und Weiß.[37] Der Kampf gegen »soziale Zerklüftung, Klassenhaß und Klassenhochmut«[38] war ebenso ein Leitmotiv der nationalsozialistischen Lehre und Propaganda wie das Verständnis von »Sozialismus« als »klassenlose« Volksgemeinschaft und die Behauptung, Deutschland sei »das erste Land Europas, das den Klassenkampf überwunden hat«[39]. Dieser Sozialismus wollte weniger die Klassenverhältnisse ändern als den Status und die

Geisteshaltung der »Volksgemeinschaft«. Er ließ das Kapital in privater Hand, weil und solange ihm das als zweckmäßig erschien, hielt sich aber jeden staatlichen Eingriff offen. Er verzichtete auf die Vergesellschaftung der Produktionsmittel im marxistischen Sinn; seine Volksgemeinschaftsideologie erstrebte jedoch sehr bewußt egalitäre und kollektivistische Wirkungen. Die überkommene deutsche Gesellschaft sollte ein- und umgeschmolzen werden zu einem einzigen Block als Objekt der Führung und des Führers. Nicht zufällig wurde die militärische Marschkolonne zum Symbol einer Gemeinschaft totalitär disponierter Menschen, die in ihrer mangelnden personalen Prägung ihre »Geborgenheit bei Hitler« suchten, wie es der »Reichsleiter« der Einheitsgewerkschaft der »Deutschen Arbeitsfront«, Robert Ley, ein rabiater Kollektivist, kennzeichnend formulierte.[40]

Das »bürgerliche Zeitalter«, das wurde von Hitler und seinen Führungsgenossen richtig gesehen, war durch den Krieg in seinen Fundamenten erschüttert worden. Das eröffnete die Möglichkeit eines revolutionären Anspruchs, der über einen nur politischen Umbau des Staates hinaus auf die Prägung eines neuen menschlichen Typus und einer neuen Herrenschicht abzielte mit einem megalomanen Umgestaltungswillen, der sich auf biologistische und sozialdarwinistische Prämissen berief, wie sie sich seit dem ausgehenden 19. Jahrhundert entwickelt hatten. Gerade in Hitlers antibürgerlichen Haßgefühlen war ein revolutionäres Potential enthalten, das sich bei längerer Dauer der nationalsozialistischen Herrschaft noch stärker ausgewirkt hätte, wenn nicht sogar noch der eigene Untergang von solchen egalitären Emotionen gerechtfertigt wurde.[41] So brachte Hitler gegenüber einem Vertrauten schon 1930 sein Verständnis dafür zum Ausdruck, »daß der Bolschewismus diese Kreaturen [des liberalen Bürgertums, K.H.] einfach beseitigt hat. Denn sie waren wertlos für die Menschheit, nur Belastung für ihr Volk. Auch die Bienen stechen die Drohnen ab, wenn sie dem Bienenstaat nichts mehr leisten können.«[42] Auf dem Reichsparteitag 1936 wiederholte er diesen biologistisch gerechtfertigten Vernichtungswillen in aller Öffentlichkeit: »Wir haben den Bolschewismus von Deutschland einst nicht abgewehrt, weil wir eine bürgerliche Welt etwa zu konservieren oder gar wieder aufzurichten gedachten. Hätte der Kommunismus wirklich nur an eine gewisse Reinigung durch die Beseitigung einzelner fauler Elemente aus dem Lager unserer sogenannten oberen Zehntausend oder aus dem unserer nicht minder wertlosen Spießer gedacht, dann hätte man ihm ja ganz ruhig eine Zeitlang zusehen können.«[43]

Verschiedentlich hat sich Hitler geradezu als »Vollstrecker des Marxismus« verstanden, von dessen *Methoden* er viel gelernt habe. Die feindliche Nähe zum Bolschewismus kam nicht zuletzt auch in dem Bild Hitlers von seinem Gegenspieler Stalin zum Ausdruck (wie übrigens auch umgekehrt), das gerade während des Krieges immer respektvoller und positiver wurde: Stalin sei »einer der größten lebenden Menschen«, »eine ungeheure Persönlichkeit«, die mit eiserner Faust das Riesenreich zusammengefaßt habe. »Er [Stalin] sei in seiner Art schon ein genialer Kerl! Seine Vorbilder wie Dschingis Khan und so weiter kenne er genau, und seine Wirtschaftsplanung sei so umfassend, daß sie wohl nur von unseren Vierjahresplänen übertroffen werde.« Für eine »große Idee« dreizehn Millionen Menschen zu opfern, wie er Stalin apostrophierte, war nach Hitlers Meinung durchaus gerechtfertigt.[44] Bewunderung, Neid und Haß gegenüber dem sowjetischen Vorbild als Vollstrecker einer Modernisierungsdiktatur mit brutalsten Mitteln und revolutionärer Konsequenz waren bei Hitler unverkennbar. Noch nach dem 20. Juli 1944 ließ er vernehmen, daß es sein Fehler gewesen sei, nicht die alten Eliten ebenso rechtzeitig und bedenkenlos ausgerottet zu haben wie Stalin.

Strategie und Stufen der totalitären Machtergreifung in Deutschland

Hitler verfolgte seit den Reichstagswahlen vom 14. September 1930, die den Nationalsozialisten ihren ersten großen Wählerdurchbruch gebracht hatten, einen seine letzten Ziele raffiniert verschleiernden und die Zeitgenossen verwirrenden Kurs. Einerseits betonte er, nur strikt legal nach den demokratisch-parlamentarischen Spielregeln zur Macht kommen zu wollen – durch eine demokratische Revolution mit dem Stimmzettel. Andererseits vollzog sich diese Stimmzettelrevolution aber durchaus in der Atmosphäre eines begrenzten Bürgerkriegs, wobei den Nationalsozialisten die Furcht vor den Kommunisten und ihrer steigenden Wählerzahl bei großen Teilen der Bevölkerung zustatten kam. Das Legalitäts-Argument brachte schließlich den Reichspräsidenten von Hindenburg widerstrebend dazu, Hitler als den Führer der stärksten Partei zum Reichskanzler an der Spitze eines rechten Koalitionskabinetts zu ernennen. Die Nationalsozialisten betonten die Normalität und Legalität dieser Regierungsbildung, während andererseits schon der von ihnen geprägte Begriff der »Machtergreifung« ihren absoluten, die demokratisch-parlamentarischen Schranken hinter sich lassenden Machtwillen dokumentierte.

Seit dem 30. Januar 1933 waren Hitler und die Seinen entschlossen, die ihnen zugefallene Macht nicht mehr abzugeben und auf Dauer auch mit niemandem zu teilen. Schon in der »Kampfzeit« hatten sie ihre allen anderen Parteien überlegene Meisterschaft in der Anwendung der modernen Methoden der Massenbeeinflussung gezeigt: Rundfunk und Lautsprecher, Massenversammlungen, Demonstrations- und Agitationsmärsche bis hin zu gezielten Provokationen und Gewaltanwendungen zur Einschüchterung des politischen Gegners gehörten ebenso dazu wie die erstmalige Nutzung des Flugzeugs durch den »Führer« und die Spitzenredner im Wahlkampf. Nach dem 30. Januar 1933 wurde diese Mischung von Legalität und Terror, Sympathiewerbung und Gewalt erweitert durch die skrupellose Nutzung der legalen Staatsgewalt für den Machtsicherungsprozeß bei gleichzeitigem putschartigem Vorgehen der Parteibasis, das als Spontaneität des Volkes ausgegeben und von oben gedeckt wurde.

Die Regierung Hitler war am 30. Januar 1933 formell als Präsidialkabinett gebildet worden. Die NSDAP als stärkste Partei war, scheinbar bescheiden, lediglich mit dem Kanzler, dem Reichsminister des Inneren und Göring als Reichsminister ohne Geschäftsbereich und preußischem Innenminister in der Regierung vertreten; die Kabinettsmehrheit bestand aus deutschnationalen und bürgerlich-konservativen Fachministern. Die Revolution von oben begann am 28. Februar, als der Reichspräsident als Reaktion auf den (angeblich von den Kommunisten als Aufstandsfanal inszenierten) Reichstagsbrand mit der »Verordnung zum Schutz von Volk und Staat«[45] die wesentlichen Grundrechte außer Kraft setzte und bestimmte terroristische Aktionen, die das Strafgesetzbuch mit Zuchthaus bedrohte, nun mit der Todesstrafe belegte. Die Notverordnung, legal nach Artikel 48 der Reichsverfassung erlassen, entfesselte zugleich die Parteirevolution von unten, den Straßenterror von SA und SS mit der Begründung der notwendigen »Vernichtung des Marxismus«. Noch in der Brandnacht wurden einige Tausend Funktionäre und Reichstagsabgeordnete der KPD verhaftet und die kommunistischen Parteibüros geschlossen. Bald sprang die Verhaftungswelle auf sozialdemokratische Parlamentarier über.

Als es Hitler gelang, Neuwahlen zum Reichstag gegen den Widerstand seiner konservativen Partner durchzusetzen, geschah dies in der Hoffnung auf eine absolute Mehrheit für die Nationalsozialisten und damit auf deren Emanzipation sowohl von den ungeliebten deutschnationalen Partnern wie vom Reichspräsidenten, also auf eine baldige Veränderung der Machtkonstellation des 30. Januar. Während des Wahlkampfes steigerte sich der Terror der Parteiformationen zunächst vor allem gegen die linken Parteien. Die KPD war, ohne formelles Verbot, politisch bereits ausgeschaltet, und auch eine Anzahl von SPD-Reichstagsabgeordneten war bereits verhaftet. Die Wahlen am 5. März brachten trotz dieses Terrors der NSDAP nur 43,9 Prozent der Stimmen. Immerhin machten sie deutlich, daß zahlreiche Wähler von den bürgerlichen Parteien und von den Deutschnationalen, aber auch von den Kommunisten zu den neuen Herren übergelaufen waren. Die große Zahl der »Märzgefallenen«, die nun in die NSDAP eintraten, verstärkte noch den revolutionären Trend.

Der am 11. März neuernannte »Reichsminister für Volksaufklärung und Propaganda«, Joseph Goebbels, legte mit der Inszenierung des »Tags von Potsdam« aus Anlaß der Eröffnung des neuen Reichstags am 21. März 1933 seine Meisterprüfung ab. Das nationalkonservative Bürgertum sollte durch diesen Akt der Vereinigung »der alten Größe mit der jungen Kraft« gewonnen und zugleich von der fortdauernden Terrorwelle abgelenkt werden. Als der Reichstag am 24. März unter der Drohung der anwesenden SA- und SS-»Hilfspolizei« und des Hinweises Hitlers, daß man um etwas bitte, »was wir uns ohnedies hätten nehmen können«, mit der verfassungsmäßigen Zweidrittelmehrheit dem sogenannten »Ermächtigungsgesetz« (»Gesetz zur Behebung der Not von Volk und Staat«) zustimmte, war die erste Etappe auf dem Weg zur totalen Führer- und Parteidiktatur erreicht.[46] Es war die Selbstentmächtigung des Parlaments: Gesetze konnten nunmehr von der Reichsregierung allein, auch ohne das Parlament, erlassen werden, selbst solche, die von der Reichsverfassung abwichen (mit Ausnahme jener, die die Verfassungsinstitutionen Reichstag, Reichsrat und Reichspräsident selbst betrafen). Zugleich machte das Gesetz die Reichsregierung, das heißt vor allem Hitler, unabhängiger vom Einfluß des Reichspräsidenten wie von den deutschnationalen Partnern. Die zeitliche Begrenzung bis zum 1. April 1937 war nur *eines* der Täuschungsmittel, mit denen Hitler die Zustimmung der Zweidrittelmehrheit gewann. Die Verlängerung des Gesetzes durch den dann restlos gleichgeschalteten Reichstag vier Jahre später war, wie Hitler mit Recht erwarten konnte, kein Problem mehr.

Dann wandten sich die neuen Herren dem »Nebenkriegsschauplatz« der Länder zu. Am 29. März ermächtigte der Reichstag auf der Grundlage des Ermächtigungsgesetzes mit dem sogenannten »1. Gleichschaltungsgesetz« auch die Länderregierungen zur Gesetzgebung ohne die Mitwirkung der Landtage. Zwischen dem 6. und 15. März waren zuvor mit zum Teil staatsstreichartigen Methoden der SA und SS überall nationalsozialistische »Reichskommissare« und Landesregierungen eingesetzt worden mit der Begründung, daß die parlamentarischen Mehrheiten dort nicht mehr der neuen Lage nach dem 5. März entsprachen und daß die »Aufrechterhaltung der öffentlichen Sicherheit und Ordnung« zu gewährleisten sei.[47]

Hitler nahm nun Kurs auf die völlige Ausschaltung der Parteien, auch seiner national-konservativen Partner. In zynischer Weise wurde die Zeitweiligkeit totalitärer Bündnispolitik demonstriert. Der Zeitpunkt war gekommen, zu dem die Mohren ihre Schuldigkeit getan hatten. Am 22. Juni erfolgte das formelle Verbot der SPD.[48] Bei den Koalitionspartnern machte sich Demoralisierung und organisatorische Zersetzung breit. DNVP-Abgeordnete traten in die NS-Fraktion über. Auch die Umbenennung in »Deutschnationale Front« (DNF) nützte den Deutschnationalen nichts mehr – wie immer man die »Front«-Stellung verstehen wollte: ob antiparlamentarisch oder gegen die übermächtig gewordenen neuen Herren gerichtet. Am 27. Juni löste sich die Partei unter sanfter Nachhilfe durch Mitgliederaustritte selbst auf. Am 5. Juli folgte als letzte Partei das altehrwürdige Zentrum mitsamt seinem Jugendverband Windhorstbund und den Christlichen Gewerkschaften.[49]

Bereits am 14. Juli 1933 erging, auf der Grundlage des Ermächtigungsgesetzes, das »Gesetz gegen die Neubildung von Parteien«.[50] Seit Hitlers Regierungsübernahme war noch kein halbes Jahr vergangen. Keine politische Kraft war in Deutschland mehr vorhanden, die der Errichtung des totalitären Einparteistaats noch Widerstand hätte leisten können, auch nicht der durch Alter und Krankheit zunehmend ausgeschaltete und durch seine engste Umgebung fehlberatene Reichspräsident. Jetzt war nach dem Gesetzes-Wortlaut die NSDAP die »einzige politische Partei in Deutschland«. Ihr Monopol wurde abgesichert durch das »Gesetz zur Sicherung der Einheit von Partei und Staat« vom 1. Dezember 1933[51], das Hitler und sein Innenminister allein unterzeichneten und das faktisch ein weiterer Staatsstreich mit legalem Anstrich war. Ausdrücklich wurde die NS-Partei nun zur »führenden und bewegenden Kraft des nationalsozialistischen Staates« erklärt. Die Einheit und »engste Zusammenarbeit« von Partei und Staat (»der Dienststellen der Partei und der SA mit den öffentlichen Behörden«) sollte durch die Berufung des »Stellvertreters des Führers« in der Partei (Rudolf Heß) und des Stabschefs der SA (Ernst Röhm) zu Mitgliedern der Reichsregierung »gewährleistet« werden – eine einsame Entscheidung des Reichskanzlers und »Führers«, die der Ausbalancierung der innerparteilichen Kräfte dienen sollte.

Der NSDAP wurde jetzt auch eine eigene Partei- und SA-Gerichtsbarkeit zuerkannt, die selbst Haft- und Arreststrafen verhängen konnte. Carl Schmitt, der NS-Kronjurist dieser Jahre, kommentierte diese Bestimmung als eine Sondergerichtsbarkeit der Staatspartei außerhalb des ordentlichen Gerichtswesens und mit der Folge, daß dieses sich nicht »unter irgendeinem Vorwand in innere Fragen und Entscheidungen der Parteiorganisation einmischen und deren Führungsprinzip von außen her durchbrechen« dürfe. Mit »erhöhten Pflichten [der NSDAP] gegenüber Führer, Volk und Staat« wurde hier eine privilegierte Rechtsstellung der Partei und ihrer Mitglieder begründet, die nicht nur gegen elementare demokratische Gleichheitsrechte verstieß, sondern die Kernorganisation der neuen totalitären Herrschaft der ordentlichen staatlichen Gerichtsbarkeit weitgehend entzog.[52] Es entstand ein »Doppelstaat«, in dem die Partei »dem Staat befahl« und sich zugleich mit ihm identifizierte.[53]

Verfassungs- und staatsrechtlich war diese »neue Ordnung« ohnehin ein Monstrum. Die Weimarer Verfassung war durch die Notverordnung des 28. Februar 1933 nicht außer Kraft gesetzt worden, sondern »bis auf weiteres« lediglich ihre Grund- und Bürgerrechtsartikel, wodurch die Bürger und vor allem die politischen Gegner rechtlos gemacht wurden. Dieser Ausnahmezustand, mit der »Abwehr kommunistischer staatsgefährdender Gewaltakte« begründet, dauerte jedoch bis zum Ende des Dritten Reiches, er wurde auch nach der terroristischen Machtergreifungsphase nicht aufgehoben oder gelockert. Dagegen stellten die beiden Gesetze vom 14. Juli und vom 1. Dezember 1933 so etwas wie ein neues materielles Verfassungsrecht des monopolistischen Einparteistaates dar. Es wurde ergänzt durch ein ebenfalls am 14. Juli 1933 erlassenes »Gesetz über Volksabstimmung«, das der künftigen plebiszitären Legitimierung des neuen »Führer- und Volksstaates« dienen sollte.[54] Danach sollte »das Volk« »beabsichtigte Maßnahmen« der Reichsregierung auf deren »Befragen«

billigen oder sie ablehnen können, auch Gesetzesvorlagen mit verfassungsändernden Vorschriften. Aus der Sicht der neuen Herren war dies eine Art zweites Standbein für die Diktatur neben dem Ermächtigungsgesetz – in der klaren Erkenntnis, daß plebiszitäre Verfahren pseudodemokratischer Legitimation der Diktatur nützlich sein konnten, nicht zuletzt im Ausland. Kennzeichnenderweise hat das Regime in der Folgezeit aber nicht einmal diese seine eigenen Rechtsgrundlagen respektiert: Die Volksabstimmungen ermöglichten keine Stellungnahme »des Volkes« zu *beabsichtigten* Maßnahmen, wie es im Gesetz hieß, sondern waren nachträgliche Akklamationen zu *bereits vollzogenen* einsamen Führer-Entscheidungen – am 12. November 1933 über Deutschlands Austritt aus dem Völkerbund, am 19. August 1934 über die Vereinigung des Amtes des Reichspräsidenten und des Reichskanzlers in Hitlers Hand oder am 28. April 1938 über den Anschluß Österreichs.

Mit der Volksabstimmung am 12. November 1933 wurde eine Neuwahl zum Reichstag verbunden, keine acht Monate nach der Wahl vom 5. März. Der an jenem Tag gewählte Reichstag hatte seine Schuldigkeit getan, als er sich selbst ausgeschaltet hatte. Die Diktatur konnte jetzt nur noch ein total gleichgeschaltetes Parlament gebrauchen, das nun erstmals über eine Einheitsliste (»Liste des Führers«) »gewählt« wurde – mit der »überwältigenden Mehrheit« von 92 Prozent, während der Austritt aus dem Völkerbund sogar mit 95 Prozent Ja-Stimmen Billigung fand.[55]

Das zweite Jahr der »Revolution« begann mit dem »Gesetz über den Neubau des Reichs« vom 30. Januar 1934, das die staatliche Existenz der Länder und ihre Landtage aufhob.[56] Die Hoheitsrechte der Länder gingen auf das Reich über, die Landesregierungen, die bis 1945 fortbestanden, wurden zu faktischen Provinzverwaltungen; die neuen »Reichsstatthalter« anstelle der bisherigen Staatspräsidenten wurden der Dienstaufsicht des Reichsinnenministers unterstellt. Wo sich die Grenzen eines Landes mit denen eines Partei-Gaues deckten, wurde die Personalunion von Gauleiter und Reichsstatthalter üblich. Der traditionell bundesstaatliche Aufbau des Deutschen Reiches seit 1871, der 1919 von der Weimarer Reichsverfassung bestätigt worden war, wurde durch einen rigorosen Zentralismus der Diktatur ersetzt. Am 14. Februar 1934 wurde durch ein weiteres Gesetz der Reichsregierung auch der Reichsrat abgeschafft, dessen Erhaltung kaum ein Jahr zuvor im Ermächtigungsgesetz ausdrücklich zugesagt worden war als Voraussetzung für die Zustimmung der bürgerlichen Parteien. Die Reihe auch der legislatorischen Wortbrüche des Regimes wurde immer länger.

Mit dem blutigen Zwischenakt des 30. Juni 1934 folgte eine neue terroristische Phase auf dem Weg zur totalen Durchsetzung der »Führergewalt«. Hitler schaltete seine innerparteiliche Opposition gewaltsam aus, die sich um den Stabschef der SA, Ernst Röhm, mit dem Ziel einer »zweiten Revolution« unter »sozialistischen« Vorzeichen gebildet hatte. Teile der SA-Führung und der nach Hunderttausenden zählenden »SA-Männer« fühlten sich vom bisherigen Machtergreifungsprozeß zur Seite gedrängt. In behender Taktik sicherte Hitler sich die Unterstützung der Reichswehrführung. In der Blutnacht des 30. Juni wurden jedoch nicht nur die Gegner in der SA-Führung und in der Partei liquidiert (darunter auch Gregor Strasser, der wegen seines eher gemäßigten Kurses schon Ende 1932 von Hitler politisch kaltgestellt worden war), sondern auch Persönlichkeiten aus der konservativen und militärischen Opposition (darunter Hitlers Vorgänger als Reichskanzler, General Kurt v. Schleicher, und General v. Bredow). Ein Gesetz der Reichsregierung vom 3. Juli erklärte die Massaker des 30. Juni, in denen das Regime die Maske endgültig hatte fallen lassen, »als Staatsnotwehr für rechtens«.[57] Hitler verteidigte sie am 13. Juli in einer Tirade vor dem gleichgeschalteten Reichstag mit nie bewiesenen Vorwürfen des Landes- und Hochverrats: »Meuternde Divisionen« habe man zu allen Zeiten durch die Anwendung der »Kriegsartikel« und »Dezimierung ... zur Ordnung gerufen«.

Es erschien wie ein böses Schicksal, daß dann am 1. August 1934 Reichspräsident von Hindenburg starb, worauf Hitler sogleich die Ämter des Reichspräsidenten und Reichskanzlers unter der neuen Amtsbezeichnung »Führer und Reichskanzler« durch ein Gesetz auf der Grundlage der Ermächtigung vom 24. März 1933 in seiner Hand vereinigte; doch auch hier handelte es sich wieder um einen gravierenden Verstoß gegen jene Ermächtigung, die ausdrücklich festgelegt hatte, daß »die Rechte des Reichspräsidenten unberührt bleiben«. Aber der Reichstag vom März 1933, bei dem es noch um verfassungsändernde Mehrheiten gegangen war, bestand nicht mehr, und im neuen Einpartei-Reichstag war an Einspruch vollends nicht mehr zu denken, um so weniger, als Hitler nun ein zweites Mal die Pseudolegalität seines plebiszitären »Volksstaates« spielen und am 19. August die Zustimmung der Volksgenossen zu seinem neuen Gewaltstreich einholen ließ. In panischer Eile wurde die Wehrmacht bereits am 2. August mit einem persönlichen Treueid auf das neue Staatsoberhaupt verpflichtet.[58] Die Generalität, durch die begonnene Wiederaufrüstung ohnehin an die neue Herrschaft gebunden, hatte damit ihren Preis für die Ausschaltung der SA-Konkurrenz am 30. Juni zu entrichten.

Der Ausbau des totalitären Parteistaates

War mit dem Ermächtigungsgesetz vom 24. März 1933 der Grundstein der totalitären Einparteiherrschaft gelegt und mit den Gesetzen vom 14. Juli und 1. Dezember 1933 der Rohbau vollendet worden, so war die Führer- und Parteidiktatur seit dem 30. Juni und 2./19. August 1934 gewissermaßen »bezugsfertig«. In kaum eineinhalb Jahren hatte sich Hitlers totalitäres Herrschaftssystem ohne nennenswerten Widerstand in einem Prozeß der »Machtergreifung« durchgesetzt, in dem eine legal erscheinende »Revolution von oben« optimal abgestimmt war mit putschartigen Phasen der Gewalt »von unten« und mit einem schrittweise perfektionierten Terrorsystem. Es ging nun in der Tat um die Durchsetzung eines neuen revolutionären Wertesystems in Staat *und* Gesellschaft. Die Begriffe der »Gleichschaltung« und »Erfassung« ließen keinen Zweifel an der Absicht, mit dem Kontroll- und Indoktrinationsapparat des Parteistaats alle Bereiche des gesellschaftlichen und kulturellen Lebens zu erreichen, mit dem Ziel der möglichst weitgehenden Einschränkung, wenn nicht Beseitigung der staats- und herrschaftsfreien Sphäre des Individuums. Wenn die Partei die »überholte bürgerliche Welt« schmähte, war das nur die ideologische Verschleierung einer fortschreitenden Entmündigung und Entrechtung der Bürger.

Hitler selbst hatte schon im September 1933 die »Übernahme der politischen Führung« ausdrücklich als bloßes Zwischenspiel bezeichnet.[59] Damit habe der »Kampf der Weltanschauungen« keineswegs sein Ende gefunden. Die nationalsozialistische Bewegung sei nun einmal keine der »sonstigen landesüblichen Parteien«, die in der Regel am Tag der Regierungsübernahme den Zenit ihres Wollens erreichten: »Weltanschauungen aber sehen in der Erreichung der politischen Macht nur die Voraussetzung für den Beginn der Erfüllung ihrer eigentlichen Mission.« Mit schöner Offenheit wies Hitler darauf hin, daß schon das Wort »Weltanschauung« die »feierliche Proklamation« enthielt, daß künftig die nun alleinherrschende Partei »zu allen Erscheinungen und Vorgängen des Lebens« ihr »bindendes und verpflichtendes Gesetz für jedes Wirken« durchzusetzen gedenke. Wenige Wochen später, im November 1933, nannte Joseph Goebbels im gleichen Sinne die nationalsozialistische Machtergreifung eine »totale Revolution«, die »alle Gebiete des öffentlichen Lebens erfaßt und von Grund auf umgestaltet« mit dem Anspruch, »die Beziehungen der Menschen untereinander, die Beziehungen der Menschen zum Staat und zu den Fragen des Daseins vollkommen« zu ändern und neu zu formen. Wenn der Liberalismus »vom Individuum ausging und den Einzelmenschen in das Zentrum aller Dinge stellte, so haben wir Individuum durch Volk und Einzelmensch durch Gemeinschaft ersetzt«. Das bedeute die Begrenzung der Freiheit des Individuums durch die Freiheit der Nation: »Die Grenzen des individuellen Freiheitsbegriffes liegen deshalb an den Grenzen des völkischen Freiheitsbegriffes.«[60]

Seit dem Frühjahr 1933 wurde so in einem wohlinszenierten zeitlichen Ablauf ein Netz totalitärer Kontrolle, Indoktrination und Betreuung über die Gesellschaft gelegt. Am 2. Mai wurden in einer polizeilichen Blitzaktion alle Gewerkschaftshäuser besetzt, die Gewerkschaften verboten und durch die Zwangskorporation der »Deutschen Arbeitsfront« (DAF) ersetzt. Im Zeichen der proklamierten Überwindung des Klassenkampfes sollte diese Unternehmer (»Betriebsführer«), Arbeitnehmer (»Betriebsgefolgschaft«) und Angestellte umfassen, »die Arbeiter der Stirn und der Faust«, wie es in der Propaganda hieß. Die DAF wurde zu einer faktischen Befehlsorganisation des Staates und erinnerte deutlich an die Funktion der Gewerkschaften als »Transmissionsriemen« des Parteiwillens in der Sowjetunion. Die Tarifautonomie zwischen Arbeitgebern und Gewerkschaften wurde durch eine faktisch staatliche Lohnfestsetzung ersetzt, bei der die DAF ein sehr beschränktes Mitwirkungsrecht besaß. Die ihr angeschlossene Organisation »Kraft durch Freude« (KdF) übernahm die Betreuung und Organisation der Freizeit, auch hier mit erstaunlichen Ähnlichkeiten zum Sowjetsystem: Ferienheime, billige Urlaubsfahrten und Schiffsreisen für den »arbeitenden deutschen Menschen« sollten das fortschrittliche Image des nationalen Sozialismus im In- und Ausland prägen.[61]

Als eine »junge Weltanschauung« richtete das Regime seine besondere Aufmerksamkeit auf die Gewinnung der Jugend nach dem Motto: »Wer die Jugend hat, hat die Zukunft.« Der Pluralismus der politischen, gesellschaftlichen und kirchlichen Jugendorganisationen wurde schon seit 1933 Zug um Zug erstickt. 1936 wurde dann die Hitlerjugend (HJ) zur Staatsjugend erklärt mit der Aufgabe, »die gesamte deutsche Jugend außer in Elternhaus und Schule körperlich, geistig und sittlich im Geiste des Nationalsozialismus zum Dienst am Volk und zur Volksgemeinschaft zu erziehen«[62]. Der Reichsjugendführer der NSDAP wurde mit der Stellung einer Obersten Reichsbehörde zum »Jugendführer des Deutschen Reiches« bestellt und damit auch auf diesem Gebiet die Personalunion von Partei und Staat etabliert und die freie gesellschaftliche Entfaltung der Jugend beseitigt. Die Erziehung, Indoktrination und Kontrolle der jungen Menschen begann mit zehn Jahren durch Eintritt in das »Jungvolk«, an das sich mit vierzehn Jahren die HJ anschloß. Nach dem Ende der Schul- oder Lehrzeit (mit etwa achtzehn Jahren) folgte der Reichsarbeitsdienst, darauf die zweijährige Wehrdienstzeit. Dann sollte der Eintritt in die Partei, ihre Gliederungen oder angeschlossenen Verbände stattfinden, so daß die Heranwachsenden, Männer wie Frauen, »nicht mehr frei werden ihr ganzes Leben«, wie Hitler selbst in einer Art Freudscher Fehlleistung öffentlich verkündete.

Hitler hatte schon in »Mein Kampf« seine Konzeption der Partei als einer »straff organisierten, geistig und willensmäßig einheitlichen politischen Glaubens- und Kampfgemeinschaft«[63] entwickelt, in der selbstverständlich das »Führerprinzip« galt, ein Verständnis, das mit Lenins »Partei neuen Typs« nah verwandt war. Seit 1930 ging er daran, die Partei als eine Art »Parallelstaat« oder »Staat im Wartestand« zu organisieren.[64] Zu dieser Zeit besaß die NSDAP bereits ein umfangreiches Verlags-, Presse- und »Schrifttum«wesen. Im »Braunen Haus« in München, der Parteizentrale, wurden »Ämter« und Abteilungen für verschiedene Politikbereiche aufgebaut, etwa für Wehr-, Beamten- und Sozialpolitik, für Volksgesundheit, Ingenieurtechnik, Kriegsopfer etc. Hier konnten nicht nur der Tatendrang und das Geltungsbedürfnis der Anhänger befriedigt werden. Diese umfangreiche parteiinterne Organisation stand auch für den Augenblick bereit, in dem die Partei »dem Staat befehlen« würde und es die Parteigenossen der Kampfzeit durch staatliche Pfründe zu entlohnen galt. 1933/34 war so eine große Zahl sogenannter »Gliederungen« und »angeschlossener Verbände« der Partei darauf vorbereitet, sich als monopolistisches Netz des Parteistaats und Instrumentarium der Gleichschaltung, Indoktrination und Kontrolle über die Gesellschaft zu legen und den totalen Staat zu komplettieren. Für nahezu jeden Berufsstand und jedes individuelle Interesse gab es eine Organisation: die SA für den kleinen Mann, war er nun »alter Kämpfer« oder »Märzgefallener« von 1933, die SS für die »Elite« aus Akademikern, Wirtschaft und sich selbst gleichschaltender Aristokratie. Wer motorsportliche Interessen hatte, organisierte sich im NS-Kraftfahrerkorps (NSKK), wer seiner Leidenschaft für Segelflug huldigen wollte, im NS-Fliegerkorps (NSFK). Die meisten Berufe wurden in »angeschlossenen Verbänden« zwangsorganisiert, die den »gesellschaftlichen Organisationen« des sowjetischen Herrschaftstypus glichen und wie diese der Einträufelung des Führer- und Parteiwillens in die Kapillaren der Gesellschaft dienten: NS-Lehrer-, Rechtswahrer-, Ärzte- oder Apothekerbund etc., der Reichsnährstand für die Bauern und, nicht zu vergessen, die NS-Frauenschaft. Auch die Studenten- und Hochschullehrerschaft wurde in entsprechenden Verbänden der Gleichschaltung und Ausrichtung durch die Partei unterworfen, die damit auch die wissenschaftliche Personal- und Publikationspolitik steuern konnte.

Von der Welle der nationalsozialistischen Machtergreifung wurde nicht zuletzt die Unabhängigkeit der Justiz Stück um Stück zurückgedrängt, vor allem im Bereich des politischen Strafrechts, das unter nationalsozialistischem Einfluß zu einem terroristischen Gesinnungsstrafrecht pervertierte. Gewaltenteilung galt ohnehin als »bürgerliches Vorurteil.«»Grundlage der Auslegung aller Rechtsquellen ist die nationalsozialistische Weltanschauung, wie sie insbesondere in dem Parteiprogramm und den Äußerungen unseres Führers ihren Ausdruck findet. Gegenüber Führerentscheidungen, die in die Form eines Gesetzes oder einer Verordnung gekleidet sind, steht dem Richter kein Prüfungsrecht zu. Gesetzliche Bestimmungen, die vor der nationalsozialistischen Revolution erlassen worden sind, dürfen nicht angewendet werden, wenn ihre Anwendung dem heutigen gesunden Volksempfinden ins Gesicht schlagen würde.«[65] Und es fehlte nicht an bereitwilligen Adepten der Wissenschaft, die alles Recht aus der »Wirklichkeit der Volks- und Rassenzugehörigkeit« ableiteten, so wie selbst deutsche Nobelpreisträger die Rassebedingtheit der Naturwissenschaften oder einer »deutschen Physik« rechtfertigten. Viele deutsche Wissenschaftler boten in diesen Jahren ein trauriges Bild des Opportunismus und der Feigheit und rechtfertigten die Verachtung, die ihnen von den Aufsteigern im NS-Funktionärskorps entgegengebracht wurde.

Die totalitären, »ebenso breiten wie tiefen Eingriffe in das gesamte gesellschaftliche und private Leben« richteten sich nicht zuletzt auf jene Bereiche, deren Gleichschaltung zur Herrschaftsstabilisierung des Systems wesentlich beitragen mußte. Bereits am 22. September 1933 wurde auf Betreiben des Propagandaministers Goebbels ein »Reichskulturkammergesetz« erlassen, das »Schrifttum«, Presse, Theater, Musikleben und Bildende Künste in sechs »Reichskammern« zusammenfaßte.[66] Formell wurde dies als Teil des »berufsständischen Neubaues« des Staates dargeboten; tatsächlich handelte es sich aber auch hier um eine Zwangsorganisation »unter der Aufsicht des Reichsministers für Volksaufklärung und Propaganda« und war die Mitgliedschaft Voraussetzung für die berufliche Tätigkeit. Wer sich hier nicht »einordnete«, stand rasch vor der Existenzfrage, etwa wenn einem Kunstmaler vorgeworfen wurde, »entartete Kunst« zu produzieren. Ein eigenes »Gesetz über die Einziehung von Erzeugnissen entarteter Kunst« vom 31. Mai 1938 verfügte deren Entfernung aus den öffentlichen Museen und Sammlungen. Die Kriterien, was entartete Kunst sei, wurden aus »richtungsweisenden Reden des Führers anläßlich der Eröffnung der Großen Deutschen Kunstausstellung in München« entnommen.[67] Die Freiheit des Geistes und der Künste war aufgehoben. Wie in der Kunstpolitik des »sozialistischen Realismus« entschieden der Kunstgeschmack und die persönlichen Urteile von Führern und Funktionären der Monopolpartei darüber, welche Kunst »tragbar« und willkommen sei und welche nicht.

Die Organisation der Reichskulturkammer wurde zum Netz der Erfassung und Gleichschaltung, das über das freie Geistesleben gelegt wurde. Mit den Kammern für Presse und Rundfunk waren die beiden politisch wichtigsten Medien eingeschlossen. Ein »Schriftleitergesetz« vom Oktober 1933 erklärte die Presse zur »öffentlichen Aufgabe« und machte die »arische Abstammung« aller Journalisten (»Schriftleiter«) zur Voraussetzung der Berufsausübung.[68] Neben der Kammer gab es noch einen »Reichsverband der deutschen Presse« als öffentlich-rechtliche Körperschaft, dessen »Leiter« der Reichsminister für Volksaufklärung und Propaganda ernannte. Wer hier nicht organisiert war, dem war die Berufsausübung bei Strafe verboten. Das Goebbels-Ministerium sorgte für die tägliche »Sprachregelung« für die gesamte deutsche Presse hinsichtlich Kommentierung, Aufmachung und

Schlagzeilen. Das war nichts anderes als staatliche Vorzensur, die schon deshalb erfolgreich war, weil sich die Verlage und Druckhäuser der meisten Zeitungen und Zeitschriften in der Hand der Partei befanden. Der Rundfunk unter einem »Reichssendeleiter« war ohnehin eine staatliche Anstalt und fest in der Hand des Goebbels-Ministeriums und damit des Parteistaates.

Seit dem 2. August 1934 war Deutschland zur Diktatur eines Mannes geworden und zu einem Einparteistaat, in dem nach einer Formulierung des Reichsinnenministers Frick »alle Ämter mit zuverlässigen Nationalsozialisten besetzt sind«. Es fehlte nicht an beflissenen Staatsrechtslehrern, die dafür die entsprechenden Legitimationsformeln bereitstellten. Die amtliche Bezeichnung »Führer und Reichskanzler« umriß nach Ernst Rudolf Huber nicht nur die konstitutionellen Befugnisse der beiden bisherigen höchsten Staatsämter, sondern sei darüber hinaus eine vor- und außerstaatliche Gewalt des »Führers« als Träger der »geschichtlichen Sendung des Nationalsozialismus« und daher gegenüber bloß staatlicher Gewalt »umfassend und total ..., ausschließlich und unbeschränkt«[69]. Karl Dietrich Bracher kommentiert hier zu Recht, daß nach dieser Auffassung der Führer »das Volk aus den Verwirrungen des Tages erst zum Bewußtsein seiner Mission« führte, »im Besitz des Heils« war und »immer in Übereinstimmung mit den objektiven Gesetzen des Lebens der Nation handelte«.[70]

Aus diesen politisch-messianischen Wurzeln ging der totalitärdespotische Charakter auch des Nationalsozialismus mit Folgerichtigkeit hervor. Die Elemente der identitären und totalitären Demokratie wurden durch die völkisch-biologistischen Prämissen noch gesteigert: Der Führer handelte nicht nur *für* das Volk und *an seiner Stelle*. Er *verkörperte* schlechthin die volonté générale, wie ein anderer NS-Jurist, Werner Best, in seinem Deutschen Polizeirecht schrieb. Die nachfolgenden plebiszitären Akklamationen konnten daher, wie Best offen einräumte[71], bestenfalls eine sekundäre legitimatorische Funktion haben, keinesfalls bindende Wirkungen; sie waren nur nachträgliche Demonstrationen der vorausgesetzten Einheit von Führer und Volk. Es war reinster Rousseau und Robespierre, wenn man in diesem »mystischen Einklang von Führer und Volk« davon ausging, »daß in der ›richtigen Idee‹ des Nationalsozialismus und in seinem vollkommen Repräsentanten, dem Führer, alle Partikularinteressen vertreten und zugleich aufgehoben seien« und eben deshalb der Führer auch Gehorsam finden mußte für seinen Anspruch, »die totale Einheit dieses Volkes zu verkörpern, gegenüber der Opposition und selbst Kritik keinen Platz mehr hatten«[72]. Der von Staatsrechtslehrern beschworene »völkische Führerstaat«, der aus der angeblichen Einheit von Volk und Staat und von Führer und Volk erwuchs und dessen bewußte Antiliberalität etwa von Otto Koellreutter mit der »offenen Verantwortlichkeit der Führer«[73] begründet wurde, war der Rechtfertigungsversuch einer Allmacht, die einen tiefen Bruch mit einer jahrhundertealten deutschen und europäischen Verfassungstradition und ihrer Zähmung absoluter Macht darstellte und schließlich in einem Herrschaftssystem mündete, das nicht mehr an europäische Tradition erinnerte, sondern an die orientalischen Despotien und Sultanate mit ihrer Hofkamarilla und Günstlingswirtschaft ohne rechtliche und institutionelle Begrenzung.

Dieses Urteil steht durchaus im Einklang mit der Diskussion, die die monolithische Einheit und Geschlossenheit des »totalen Führerstaates« bezweifelt und statt dessen von einer »Polykratie« und »institutionellen Anarchie« zahlreicher »eigenständiger Machtträger« spricht, die »unabgegrenzt miteinander konkurrierend und einander überschneidend nebeneinander und gegeneinander standen«. Schon Bracher hat in seiner grundlegenden Darstellung der »Deutschen Diktatur« von diesen »erbitterten Kämpfen um Kompetenzen und Entscheidungswege« gesprochen: »Die Ineffizienz und Korruption, die man der Demokratie vorgeworfen hatte, wurde durch das kostspielige Wuchern des Einparteistaates und das konfliktreiche Nebeneinander seiner Führungskörper weit überboten.«[74] Nach der Beseitigung der demokratischen und parlamentarischen Institutionen gab es kein rationales Funktionssystem mehr. Das Reichskabinett trat seit 1938 überhaupt nicht mehr zusammen. Ein im gleichen Jahr geschaffener »Geheimer Kabinettsrat« gewann ebensowenig Leben wie der von Hitler am 1. September 1939 angekündigte »Senat«, der notfalls die Wahl des Nachfolgers vornehmen sollte. Bei aller Rhetorik vom »Tausendjährigen Reich« gab es kaum noch ein Minimum institutioneller Kontinuität. Die Reichskanzlei nahm faktisch die Aufgaben des Kabinetts wahr, die Präsidialkanzlei die wenig bedeutsamen Ehrenrechte des Staatsoberhaupts und seines Protokolls. Das Oberkommando der Wehrmacht wurde zum Stab Hitlers als unmittelbarer Oberbefehlshaber der Wehrmacht. Zahlreiche andere Führungsinstanzen sprengten den traditionellen Staatsapparat.

Nach dem Ausscheiden von Heß als »Stellvertreter des Führers« (Mai 1941) begann Bormann als Chef der »Kanzlei des Führers der NSDAP« und »Sekretär des Führers« die meisten anderen Würdenträger aus Partei und Staat zu überrunden. Immer mehr setzten sich persönliche Immediatstellungen durch wie die von Goebbels und Speer, zu denen aber nicht einmal mehr der »zweite Mann« und präsumtive Nachfolger Göring zählte. In der Partei gab es ein leerlaufendes Gegen- und Nebeneinander von Reichsleitern und Gauleitern, von denen einige Führer-Unmittelbarkeit besaßen. Es gab Gauleiter, die zugleich mit Staatsämtern betraut waren (als Reichsstatthalter oder Länder-Ministerpräsidenten); gleiches gab es in der Personalunion der sogenannten »Höheren SS- und Polizeiführer«. Das Instrument der »Führererlasse und -weisungen«, die oft sogar nur telefonisch durch Bormann übermittelt und mit den Zwängen rascher Entscheidung im Krieg begründet wurden, zeigte die eigenartige Mischung von außerordentlicher Machtentfaltung und gleichzeitiger Formlosigkeit des Herrschaftssystems. Immer wieder machte sich ein grundlegender Dualismus von Führer- und Parteiautorität einerseits und Staatsautorität andererseits bemerkbar. Die letztere wurde durch die Partei ebenso kontrolliert und unterhöhlt wie ergänzt und potenziert. Besonders im Krieg entstanden immer neue zentrale Reichsbehörden, neue Zweige der Verwaltung und Justiz mit dem Ergebnis eines institutionellen Gestrüpps und organisatorischen Dschungels, in dem Hitler mit seinem Machtinstinkt der oberste Schiedsrichter blieb. Dieser Instinkt und seine antibürokratischen Überzeugungen ließen den Diktator auch erkennen, daß jede institutionelle Verfestigung seine eigenen, grundsätzlich grenzenlosen Machtmöglichkeiten nur beschränken konnte; die institutionelle Anarchie wurde zur wesentlichen Voraussetzung der unbegrenzten Eigenmacht Hitlers.

Im Unterschied zur Leninschen Parteidiktatur gab es in Hitlers totalem Führerstaat kein Politbüro, in dem sich der Führer als Primus inter pares hätte durchsetzen müssen. Hitlers Herrschaft glich von Anfang an viel eher der totalitären Führerdespotie Stalins, der die Parteiorgane ebenfalls völlig entmachtete, sie aber gleichwohl formell bestehen ließ, während die NSDAP keine irgendwie relevanten Führungsgremien mehr besaß. Sehr ähnlich war hingegen in beiden Fällen die Funktion der Partei als Instrument einer möglichst lückenlosen Kontrolle und Indoktrination der Bevölkerung. In beiden Fällen überzog ein Netz von Parteistellen und -funktionären das Land, in Hitler-Deutschland vom »Block« und von der »Zelle« über die »Ortsgruppe« und den »Kreis« bis zum »Gau«[75]. 1935 gab es in Deutschland 33 Gauleiter, nach dem Anschluß Österreichs wuchs diese Zahl auf 38; ferner 827 Kreisleiter, rund 21 000 Ortsgruppenleiter und etwa 260 000 Zellen- und Blockleiter. 1937 überstieg die Zahl der »Politischen Leiter«, vom Volksmund »Goldfasanen« genannt, bereits 700 000 – ein gigantischer Obrigkeitsstaat, der sich als realdemokratischer Volksstaat ausgab und sich das Geltungsstreben der deutschen »Vizefeldwebel-Mentalität« zunutze machte. Wie im Sowjetsystem wurde der Staat weithin zur Beute der Monopolpartei in Gestalt von Personalunionen, das heißt von Doppel- und Mehrfachfunktionen in Partei- und Staatsämtern. Das betraf die Personalunion von Gauleitern, Reichsstatthaltern und Länder-Ministerpräsidenten ebenso wie etwa die Landratsposten, von denen schon 1935 rund dreißig Prozent von Parteigenossen eingenommen wurden. Viele Ortsgruppenleiter der Partei brachten es wenigstens zu Bürgermeisterposten.

Die Partei und ihre Gliederungen waren seit der »Machtübernahme« von einer stürmischen Zunahme ihrer Mitgliederzahlen gekennzeichnet.[76] Waren sie schon zwischen 1928 und 1932 von rund 100 000 auf fast 1,5 Millionen angewachsen, so stieg diese Zahl zwischen dem 30. Januar 1933 und Ende 1934 noch einmal um fast zweihundert Prozent, so daß nun einem Drittel Alt- zwei Drittel Neu-Parteigenossen gegenüberstanden. 1937 kam es zu einer nochmaligen Massenaufnahme, vor allem von Beamten, Lehrern und Richtern, die dem Druck am unmittelbarsten ausgesetzt waren. Nach 1937 waren 63 Prozent der Beamten Parteimitglieder, in Preußen sogar 86 Prozent. Hinsichtlich der sozialen Struktur war der Anteil der Selbständigen überdurchschnittlich hoch (20 Prozent gegenüber 9 Prozent des Gesellschaftsdurchschnitts). Der Anteil der Arbeiter stieg von 28 Prozent 1932 auf 32 Prozent 1934, lag aber unter dem Arbeiteranteil in der Gesamtgesellschaft. Dagegen waren die Angestellten überdurchschnittlich repräsentiert, auch wenn ihr Anteil nach 1933 sogar sank (20,6 Prozent bei 12,4 Prozent Gesellschaftsanteil). Der Angestelltenstatus überwog auch in der Parteiführung zum Beispiel bei den Kreisleitern (37 Prozent); hier folgten mit Abstand Beamte und Bauern.

Die Altersstruktur der NSDAP wies sie als eine »Partei der Jugend« aus, wie es ihrem Selbstbild entsprach: Über 37 Prozent waren unter dreißig, über 65 Prozent noch nicht vierzig, nur knapp 15 Prozent über fünfzig. Dies verdankte sie auch dem Zugang aus der HJ, die 1933/34 (also noch vor ihrer Erklärung zur »Staatsjugend«) schon fast 3,6 Millionen Mitglieder zählte. Die regionale Verteilung folgte in auffallender Weise den Konfessionsgrenzen: Die Hitlerpartei war im protestantischen Nord- und Ostdeutschland stärker als im mehrheitlich katholischen Süden und Westen, jedenfalls bis zur Machtübernahme. Ausnahmen von der Regel boten vor allem München und Oberbayern als Geburtsregionen der Partei. Die katholischen Regionen an Rhein und Main holten seit 1933 rasch auf, während die protestantischen Regionen Mittel- und Oberfrankens starke Zentren blieben. Die Partei war jedenfalls seit 1933 zu einer großen Sammelpartei geworden, so daß in der Forschung schon die Frage gestellt worden ist, ob es sich hier um die »erste deutsche Volkspartei« handelte.[77] Ihr Zentralproblem blieb die Spannung zwischen der Realität als Massenpartei und ihrem Anspruch als Elitepartei. Dieser wurde nach dem 30. Juni 1934 zunehmend durch die Förderung der SS aufrechtzuerhalten und zu verstärken versucht. Als »einzige politische Partei in Deutschland« und »mit dem Staat unlöslich verbundene Trägerin des deutschen Staatsgedankens«, wie es in den beiden Gesetzen vom Juli und Dezember 1933 hieß[78], genoß die Monopolpartei Privilegien, so einen besonderen strafrechtlichen Schutz ihrer Symbole wie gegenüber öffentlicher Kritik an ihr und ihren Funktionären. Auch ihr immer umfangreicherer Besitz an Bauten, Verlagen, Druckereien etc. war staatlicher Kontrolle entzogen, mit der unvermeidlichen Folge von Bonzentum und Korruption. Von ihrer bloßen Existenz ging für viele Nichtmitglieder eine Drohung aus. Zwar war die Parteimitgliedschaft auch für höhere Beamte formell nicht obligatorisch; doch konnten örtliche Parteidienststellen etwa gegen Beförderungen ihr Veto einlegen, sie durch »Beurteilungen« verzögern oder zumindest von der Mitgliedschaft in Verbänden, etwa der NS-Volkswohlfahrt (NSV), abhängig machen. Die Partei war »Staat geworden« und »befahl« ihm, wie die offiziellen Formeln lauteten. Dies schlug sich etwa in einem Beamtengesetz von 1937 nieder, das »dem Führer« das Recht gab, im Fall von Zweifeln an ihrer Loyalität selbst Lebenszeit-Beamte jederzeit entlassen zu können. Dieses Gesetz verpflichtete die Beamten, künftig alles zu melden, was in ihrem dienstlichen oder privaten Umkreis der Partei zu schaden geeignet war, ein Aufruf zur Massendenunziation, der sich in den traditionellen Loyalitätsanspruch des Staates hüllte, obwohl gerade dieser neuartige Parteistaat die überparteiliche Integrität des Staates längst zerstört hatte.

Die Unterwerfung der Wehrmacht

Es entsprach Hitlers Strategie der »zeitlichen Staffelung und unterschiedlichen Dosierung von Zwang und Gewalt« im Prozeß seiner »Machtergreifung«, wenn er die Armee zunächst nicht antastete, sondern als »einzigen Waffenträger der Nation« zu respektieren schien.[79] Als er am 30. Juni 1934 seinen eigenen radikalen Parteiflügel politisch entmachtete und seine Führer über die Klinge springen ließ, schien das die Ernsthaftigkeit dieses Versprechens zu bestätigen. Daß bei der Aktion gegen die SA-Führung auch der frühere Reichswehrminister und Reichskanzler General von Schleicher und ein weiterer Reichswehr-General ermordet wurden, konnte freilich als ein erster, aus Hitlers Sicht erfolgreicher Test gewertet werden, wie weit er gegenüber der Militärführung gehen konnte. Ihr gegenüber verfügte er über mehrere Trümpfe. Nach dem Tod Hindenburgs band er sie durch den Treueid vom 2. August 1934 an seine Person. Seine Politik der Revision des Versailler Vertrags und der raschen Aufrüstung sowie die Proklamation der allgemeinen Wehrpflicht im März 1935 ließen ihn im Offizierskorps starke Sympathien gewinnen. Dessen national-konservative Homogenität in der Zeit der Weimarer Republik wurde durch die entstehende Wehrpflichtarmee zunehmend aufgelöst, auch wenn es noch bis in den Krieg hinein ein Hort der »inneren Emigration« für nicht-nationalsozialistisch Gesinnte blieb. Gegen Hitlers seit Ende 1937 deutlich werdenden Kriegskurs wurde in der Wehrmachtführung Widerstand spürbar. Am 4. Februar 1938 hielt der Diktator den Zeitpunkt für gekommen, sich von den beiden Spitzenmilitärs, dem Reichskriegsminister Generalfeldmarschall von Blomberg und dem konservativen Oberbefehlshaber des Heeres, Generaloberst Freiherr von Fritsch, mit intrigenhaften Methoden zu trennen und mit einem neu geschaffenen »Oberkommando der Wehrmacht« selbst den militärischen Oberbefehl zu übernehmen.[80] Hatte er bisher schon das Glück gehabt, mit Blomberg und einigen anderen Generälen auf pronationalsozialistische Leute in der Militärführung zu treffen, so hatte er nunmehr freie Hand, sich mit bedingungslos willfährigen Generälen zu umgeben.

Jetzt konnte er es auch wagen, das Waffenmonopol der Wehrmacht anzutasten und einen Zweig der bewaffneten Macht »zu meiner ausschließlichen Verfügung« aufzubauen. Im August 1938 befahl er in einer »Geheimen Kommandosache« die Aufstellung besonderer SS-Verfügungstruppen, SS-Totenkopfverbände und

SS-Junkerschulen.[81] Sie, wie auch seine eigene »SS-Leibstandarte«, waren weder Teil der Wehrmacht noch der Polizei, doch konnte die Wehrpflicht künftig auch in ihnen abgeleistet werden. Der Grundstein zu einer eigenen Führer- und Parteiarmee war damit gelegt. Mit Kriegsbeginn entstand aus diesen Sonderverbänden die sogenannte Waffen-SS als bewaffneter Arm des totalitären Systems mit besonderer ideologischer Verläßlichkeit und überdurchschnittlicher militärischer Qualität und Ausrüstung. Als Prätorianergarde der Diktatur, »Staatstruppen-Polizei«, wie Hitler selbst sagte, sollte sie »in jeder Situation befähigt [sein], die Autorität des Reiches im Innern zu vertreten und durchzusetzen«.

Im Herbst 1938 scheiterte ein erster Anlauf des Widerstands von Teilen der Militärführung gegen Hitlers Kriegskurs, als der Diktator mit dem Münchner Viermächte-Abkommen vom 29. September wider Erwarten einer friedlichen Regelung des Sudetenproblems zustimmte. In der ersten Phase des Krieges mit ihren eindrucksvollen militärischen Erfolgen wurde die Wehrmacht zu einem militärisch hervorragenden, aber politisch willenlosen Werkzeug von Hitlers Politik. Die soziale Homogenität des Offizierskorps schmolz dahin, die jungen Jahrgänge der Soldaten und Offiziere waren zunehmend von der nationalsozialistischen Volksgemeinschaftsideologie, wenn nicht auch von rassenpolitischen Vorstellungen geprägt. Der Kriegsverlauf und die durch ihn bedingte enorme Verbreiterung der militärischen Rekrutierungsbasis wirkten als Modernisierungsschub im Sinne eines Abbaus des früheren gesellschaftlichen Sonderstatus der Armee. Das Regime hatte auch Erfolg mit seiner Darstellung der militärischen Teilnehmer am 20. Juli 1944 als einer »ganz kleinen Clique dummer und reaktionärer Offiziere«, gegen die sich alsbald eine unbarmherzige Ausrottungsaktion richtete.[82] Die sogenannten »NS-Führungsoffiziere«, die nun eingeführt wurden, sollten nationalsozialistisches Bewußtsein in der Truppe stärken und erinnerten an die Politischen Kommissare in der Sowjetarmee. Im Unterschied zu diesen waren sie jedoch keine stellvertretenden Kommandeure mit Befehlsbefugnis und ohne Einfluß auf operative oder taktische Entscheidungen wie jene. Die Einführung des

Hitlergrußes in der Wehrmacht nach dem 20. Juli 1944 symbolisierte indessen den vordringenden Parteieinfluß im Schatten der Niederlage. Himmlers Ernennung zum Befehlshaber des Ersatzheeres am 20. Juli 1944 war eine weitere Etappe auf dem Weg der Unterwerfung der Armee unter den Parteistaat. In den »Volksgrenadierdivisionen« und schließlich im »Volkssturm« der letzten Kriegsmonate konnte man aus der Sicht des Regimes doch noch so etwas wie ein letztes Aufgebot jener nationalsozialistischen Parteiarmee erkennen, die ein Jahrzehnt zuvor Ernst Röhm mit seiner SA-Truppe im Auge gehabt hatte. In den fast sechs Kriegsjahren hatte sich die Wehrmacht bis zur Unkenntlichkeit verändert.

Nationalsozialistische Wirtschaftspolitik

Das 25-Punkte-Programm der Nationalsozialisten von 1920 hatte einen mittelständisch-sozialistischen Forderungskatalog enthalten, der unter anderem die Verstaatlichung von Trusts, Gewinnbeteiligung an Großbetrieben, Bodenreform und unentgeltliche Enteignung von Boden für gemeinnützige Zwecke, »Kommunalisierung der Großwarenhäuser und ihre Vermietung zu billigen Preisen an kleine Gewerbetreibende« etc. enthielt, wie das der sozialen Zusammensetzung der damaligen Anhängerschaft entsprach.[83] Während der »Kampfzeit« verzichtete Hitler dann aus taktischen Gründen auf genauere wirtschaftspolitische Festlegungen. Nach der Machtergreifung traten dann die antikapitalistischen, mittelständischen und auch ständestaatlichen Parolen des Beginns immer mehr in den Hintergrund. Wie die Wehrmacht brauchte Hitler auch die Industrie und die Unternehmerschaft, um seine Ziele verwirklichen zu können, die er zum Beispiel in seiner geheimen Denkschrift zum Vierjahresplan (1936) niederlegte, wo es hieß: »Die deutsche Armee muß in vier Jahren einsatzfähig sein. Die deutsche Wirtschaft muß in vier Jahren kriegsfähig sein.«[84]

Grundlegend für Hitlers wirtschaftspolitische Auffassungen –

und er war auch hier der weitgehend bestimmende Faktor – war die Überzeugung vom Vorrang der Politik und des Staates vor den privatwirtschaftlichen Interessen, und das schloß »staatliche Einschränkung des Wettbewerbs« und »staatliche Steuerung der Wirtschaft« ein. Zwar führten Hitlers sozialdarwinistische Überzeugungen einerseits dazu, daß er das Konkurrenz- und Ausleseprinzip in der Wirtschaft betonte und vor den Gefahren der Bürokratisierung bei Vollsozialisierung warnte. Andererseits verstand er sich als Sozialist, der sich gegen den »ungezügelten wirtschaftlichen Liberalismus« wandte. Die rasche Aufrüstung und die damit in Verbindung stehenden Autarkie-Vorstellungen waren nur durch staatliche Plan- und Lenkungswirtschaft zu verwirklichen. Schon 1934 hatte der NS-Staat ein fast vollkommenes staatliches Außenhandelsmonopol eingerichtet mit Überwachungsstellen für das Importgeschäft, Rohstoff- und Devisenkontrollen etc. Schon jetzt unterlag auch die Investitionstätigkeit weitgehend der staatlichen Aufsicht, um sie auf die forcierte Aufrüstung konzentrieren zu können.[85]

Die Verkündung des ersten Vierjahresplans im August 1936, als dessen Beauftragter Göring zum zeitweilig allmächtigen Wirtschaftsdiktator aufstieg, markierte den künftigen wirtschaftspolitischen Kurs. Trotz formeller Beibehaltung des privaten Produktionsmitteleigentums unterwarf er die Wirtschaft einer rigorosen staatlichen Planung und Lenkung im Zeichen der Rüstungs- und Autarkiepolitik, der Devisenbewirtschaftung und der Anlage von Rohstoffvorräten. In dieser Verklammerung der Wirtschaft mit staatlichen Institutionen wurden die Unternehmer und ihre Verbände im Auftrag der staatlichen Wirtschaftsführung tätig, eine Konstruktion, die auch im Krieg beibehalten wurde und zeitweise eine hohe Effizienz verzeichnen konnte. Dies führte zu einer klaren Bevorzugung der Großwirtschaft, der lukrative Gewinne zugestanden wurden, die jedoch stets unter der Drohung stand, der Parteistaat werde gegebenenfalls die von ihm gestellten Aufgaben selbst übernehmen, wenn die private Wirtschaft dazu außerstande sein sollte.[86] Diese hatte nach nationalsozialistischer Auffassung »Dienerin am Volk« zu sein mit der von Göring schon im Dezember 1936 verkündeten Konsequenz, daß angesichts des »höchsten Einsatzes« um »Sieg und Untergang« künftig Kosten- und Kalkulationsfragen keine Rolle mehr spielen durften. Im Rahmen des Vierjahresplans wurde 1936 auch die Dienststelle des »Reichskommissars für die Preisbildung« zu einem wichtigen zentralen Lenkungsinstrument mit der Aufgabe der behördlichen Bildung der Preise.[87] Der dirigistische Zugriff des Parteistaates auf die Wirtschaft wurde nicht zuletzt durch den Auf- und Ausbau einer staatseigenen Industrie vor allem im Bereich der Grundstoff- und Energiewirtschaft ergänzt. Dazu gehörten die Hermann-Göring-Werke, die man in Salzgitter für eine heimische Eisenerzgewinnung aus dem Boden stampfte und denen nach dem Anschluß Österreichs auch die dortige staatliche Montanindustrie hinzugefügt wurde. Ebenso wurde in Leuna-Bitterfeld der Ausbau der Chemieindustrie zur Produktion synthetischen Treibstoffs und Gummis (Buna) vorangetrieben. Im Jahr 1940 zählte der Staatskonzern Hermann-Göring-Werke bereits 600 000 Beschäftigte.[88] Ein ähnlicher staatswirtschaftlicher Schwerpunkt, ebenfalls mit vor allem kriegswirtschaftlicher Zielsetzung, war der Bau des Volkswagenwerks in Wolfsburg, so daß im Raum Salzgitter ein neuer Industriekomplex in der Mitte des Reiches entstand.

Das Nebeneinander von parteistaatlicher Initiative, staatlicher Wirtschaftsbürokratie und Produktion in privaten Unternehmen, vermittelt durch Branchenverbände und gemischte Gremien, stellte sicherlich kein reibungslos funktionierendes Plan- und Kommandosystem dar und wies manchen Leerlauf, Kompetenzkonflikte und Fehlplanungen auf. Doch gelang es dem Parteistaat, den Primat der politischen – und das hieß weitgehend der kriegswirtschaftlichen – Zielsetzung durchzusetzen, Unternehmer, Techniker und sonstige Fachleute zu Instrumenten der politisch-ideologischen Ziele zu machen und das »sozialistische« Element dieser Wirtschaftsordnung durch ein stets präsentes Lenkungs- und Eingriffsrecht der politischen Führung zu verwirklichen.[89]

Hitler war entschlossen, diese Synthese markt- und planwirtschaftlicher Elemente auch nach dem Krieg beizubehalten, wobei der Schwerpunkt eindeutig auf der staatlichen Wirtschaftslenkung lag, die das »Primat der Politik« realisieren sollte.[90] Auch hier war es das sowjetische Modell, das Hitler durch seine Leistungen während des Krieges immer stärker beeindruckte. Während er vor dem Krieg diesem gegenüber eher skeptisch eingestellt war und seine Überzentralisierung und Bürokratisierung kritisierte, bewunderte er im Krieg zunehmend etwa das Stachanow-System und die gewaltige Rüstungsleistung der UdSSR, die er auf deren zentralisierte Wirtschaftsorganisation zurückführte, der die liberale Wirtschaftsordnung auf Dauer nicht gewachsen sein würde.[91] Offensichtlich trug der Verlauf des Krieges gerade auch auf wirtschaftspolitischem Gebiet zur Konvergenz der beiden verfeindeten totalitären Systeme bei.

Terror, Genozid und politischer Messianismus

Die zwölf Jahre nationalsozialistischer Herrschaft in Deutschland waren von Anfang bis Ende von Lüge und Rechtsbeugung, Unrecht, Terror und Mord begleitet, gipfelnd im Genozid an den Juden. Vor allem das furchtbare Kapitel der Judenverfolgung und -ausrottung ist letztlich wohl nur mit den Erfahrungen der Religionsgeschichte wenigstens ansatzweise zu begreifen.[92] Hier prägte der politische Messianismus in seiner biologistischen Form die Biographie und Tiefenpsychologie eines Mannes, der von seinen Eindrücken im Wien der Vorkriegszeit als Schlüsselerlebnis berichtete. Sein pathologischer Haß richtete sich gegen alle, die seinem Aufstieg im Weg zu stehen schienen, »obere Zehntausend«, Reaktionäre, Intellektuelle und nicht zuletzt »die Juden«. Er sammelte jene um sich, deren Biographie der seinen glich und die so zu seinen Helfern bis hin zum Massenmord werden konnten. Sie waren zumeist geprägt von einem ähnlich begrenzten Bildungshorizont und mochten von ähnlichen Ressentiments erfüllt sein, die sie zum gleichen haßerfüllten Willen zur Zerstörung der »alten« und zum Glauben an das »Heil« einer gereinigten und völlig »neuen« Welt führten. Dieser messianisch-manichäische

Antrieb ließ sie die Welt und die Menschen in Gut und Böse, Freund und Feind einteilen mit dem Willen zur Vernichtung, Ausmerzung, Liquidierung des letzteren. Die hier wirksame Realitätsverweigerung führte zur Absage an alle humanen Regungen, zur Perversion von Unrecht in »Recht« im Namen der Erlösung der Menschheit, die die Vernichtung der Feinde rechtfertigte und das Recht zu einem Instrument des politischen Kampfes denaturierte. In diesem Sinne hatte das Sowjetsystem dem bürgerlichen Rechtsstaat die Klassenjustiz entgegengestellt, und beiden antwortete der Nationalsozialismus mit der Idee des »völkischen Rechts« als Durchsetzung ausschließlich der Ansprüche des eigenen Volkes und »Blutes«, der eigenen Weltanschauung und des Willens des »Führers«.

Schon in den ersten Tagen und Wochen der NS-Herrschaft wurden die politischen Gegner auf der Straße zusammengeschlagen, terrorisiert, aus dem Land getrieben oder eingesperrt. Unter dem lügnerischen Vorwand, die politischen Gegner aus den »System-Parteien« vor gerechtem Volkszorn schützen zu müssen, wurden die ersten KZ-Lager als »Schutzhaft«-Lager eingerichtet. An die Stelle rechtsstaatlicher Justiz traten von Anfang an der direkte Zugriff der Gestapo und die administrative Einweisung in ein Lager, meist als Strafe nur für abweichende Gesinnung. Dann enthüllte sich das Gesicht des totalitären Terrorstaates am 30. Juni 1934 in aller Eindeutigkeit: Der »Führer« selbst und seine engere Umgebung mordeten unter dem Vorwand der Abwehr von Hoch- und Landesverrat eigene Genossen ebenso unbedenklich wie politische Gegner. Der Despot erklärte sich zum »obersten Gerichtsherrn des deutschen Volkes«. Die Einschüchterung der Gegner und möglicher Abweichler war die nicht geringste Absicht dieser deutschen Bartholomäus-Nacht. Die Despotie hatte »Freund und Feind« gezeigt, wessen sie fähig war, und das war nur das Vorspiel.

In wohlweislicher Absicht hatte die Reichsregierung im April 1934 durch Gesetz auf der Ermächtigungsgrundlage den sogenannten »Volksgerichtshof« als Zitadelle einer künftigen »revolutionären« und »völkischen« Justiz errichtet.[93] Dem Reichsgericht wurde der Bereich des Hoch- und Landesverrats entzogen, und der neue Volksgerichtshof tat künftig alles, um die in ihn gesetzten politischen Erwartungen zu erfüllen. Unter seinem berüchtigten Präsidenten Freisler, einem einstigen Mitglied des Arbeiter- und Soldatenrats 1918/19, erlangte er vor allem im Krieg und mit seiner Terrorjustiz gegen die Männer des 20. Juli 1944 traurige Berühmtheit. Die »Prozesse« vor dem Volksgerichtshof wurden zum Pendant von Stalins Schauprozessen.

Den nächsten qualitativen Sprung stellten die sogenannten »Nürnberger Gesetze« vom 14. September 1935 dar, die der in die »Stadt der Reichsparteitage« gerufene Akklamations-Reichstag einstimmig beschloß.[94] Jetzt wurde die »Reinheit des Blutes« zum Rechtskriterium, das Freund und Feind schied und zu dessen Durchsetzung schwere Strafen angedroht wurden. Die Hetze gegen jüdisches »Untermenschentum« zerstörte den rechtsstaatlichen Gleichheitsgrundsatz und entzog der jüdischen Minderheit Staatsbürgerschaft und zunehmend auch den Rechtsschutz überhaupt. Mit dem Pogrom am 10. November 1938 gewann die Judenverfolgung an Schärfe. Heute wissen wir, daß von spontanen Aktionen der Bevölkerung keine Rede sein konnte, die Initiative vielmehr von Goebbels ausging, der dadurch seine erschütterte Stellung am Hof des Diktators zu festigen gedachte. Es folgte die endgültige Ausschaltung der Juden aus dem Wirtschaftsleben durch eine Verordnung Görings, die Einführung des »Judensterns« am 1. April 1941 und die »Abschiebung« der Juden »nach dem Osten« als Vorstufe des Genozids.[95] Ohne den Krieg wäre dieses Verbrechen kaum möglich gewesen. Seine Tatorte befanden sich außerhalb des Reichsgebiets, vorwiegend im polnischen »Generalgouvernement« und im sogenannten »rückwärtigen Frontgebiet« des Ostens, was der Mehrheit der deutschen Bevölkerung das Wissen von diesem Völkermord entziehen sollte. Diejenigen, die Zeugen waren, verschwiegen oder verdrängten ihr Wissen.

Totalitäre Gewalt und Bedrohung eskalierte aber auch gegen das eigene Volk. Am Tag des Kriegsbeginns, am 1. September 1939, wurde die Todesstrafe für das Abhören feindlicher Sender eingeführt. Am gleichen Tag unterzeichnete Hitler einen »Erlaß«, der die Tötung »lebensunwerten Lebens« für Recht erklärte, eine Praxis, die schon zuvor – gegen den leidenschaftlichen Protest der Kirchen – in Gang gekommen war. Auch diese biologistisch-materialistische »Recht«-Setzung wurde mit dem sozialdarwinistischen Slogan vom Überleben der Tüchtigen gerechtfertigt.

Im grauenvollen Schlußakt des Genozids an den Juden ist dann ein paranoider Haß und eine chiliastische Vision Realität und Regierungspraxis geworden. Hitlers und seiner Gläubigen Rassendogma wurde zur Grundlage für die »Endlösung«. Auch wenn es den berüchtigten schriftlichen Führerbefehl hierzu nicht gibt, kann doch kein Zweifel bestehen, daß Hitlers öffentliche Äußerungen und Vorhersagen über das Schicksal der Juden in Europa, etwa in der Reichstagsrede am 30. Januar 1939, das Klima erzeugten, in dem die konkreten Entscheidungen und Handlungen der großen und kleinen Helfer möglich wurden. Ian Kershaw findet in der »charismatischen Herrschaft« im Dritten Reich und in ihren »heroischen, chimärenhaften Zielen« die zentralen Antriebskräfte der eskalierenden Radikalisierung bis zum Massenmord.[96] An der Wurzel des Geschehens finden wir einen biologistischen Messianismus, der die Menschheit in banaler Dichotomie in Kultur- und Lichtbringer einerseits und diebische, lästernde, mörderische und parasitäre »Untermenschen« unter der Führung des »ewigen Juden« andererseits einteilte[97] – und in solcher Projektion mehr über die seelischen Abgründe seiner Anhänger aussagte als über die so Bezeichneten.

Diese messianische Dynamik war offensichtlich nicht nur auf Hitler und einige wenige Getreuen beschränkt, sondern sie fand Resonanz in der Pathologie des modernen Staates, unter der dünnen Kruste der industriegesellschaftlichen Zivilisation, die inmitten ihrer Widersprüche nach Ordnung, nach Orientierung, nach »dem Heil« lechzte. Hier kamen die Helfer ins Spiel, ganze Gruppen und Institutionen der totalitären Despotie, ohne die dieses Verbrechen nicht möglich gewesen wäre: Teile der SS und der Gestapo oder etwa die berüchtigten »Einsatzgruppen« des Sicherheitsdienstes (SD) und der Sicherheitspolizei als »Truppe des

Weltanschauungskrieges«[98], aber auch Hehler in Bürokratie, Justiz, Wehrmacht, Wissenschaft und Wirtschaft. Der perverse Messianismus konnte sogar zu der Meinung führen, die Untaten seien ein »Ruhmesblatt unserer Geschichte« (Himmler)[99], wo sie doch nur die Täter und ihr Volk, das sie so leichtfertig zum »Höchsten auf Erden« erklärt hatten, mit Schande bedeckten.

Die moderne Despotie

Lange Zeit galt es in der Zeitgeschichtsschreibung als ausgemacht, daß die totalitären Herrschaftssysteme sich von den liberalen Demokratien vor allem dadurch unterschieden, daß sie mit ihren Systemelementen von Verführung und Gewalt, Befehl und Gehorsam, Hierarchie und Kollektivismus »atavistische« Rückfälle in jenem großen Prozeß der Modernisierung und des Fortschritts darstellten, der von der Aufklärung in Gang gesetzt und von der liberalen Demokratie fortgeführt wurde. Das »Projekt der Moderne«, so schien es, verband mit Säkularisierung, wissenschaftlichem und technischem Fortschritt und wirtschaftlichem Wachstum auch unauflöslich den Abbau sozialer Ungleichheit und politischen »Fortschritt« im demokratisch-freiheitlichen Verfassungsstaat.[100]

Diese glatte Dichotomie wurzelte freilich in einer hochnormativen Festlegung des Modernisierungsbegriffs. Der Ansatz unterschlug das nicht geringe Maß der Mitverantwortung freiheitlich-demokratischer, »offener« Gesellschaften für unfreiheitliche Entwicklungen, ihre stets mögliche Selbstgefährdung, die leicht totalitäre Folgen zeitigen kann. Die Weimarer Republik ist ein anschauliches Beispiel dafür, das auch im Blick auf die Zukunft Beachtung verdient. Die Totalitarismus-Theorie enthielt deshalb von Anfang an ein wichtiges Potential freiheitlich-demokratischer Selbstaufklärung. Carl-Joachim Friedrich, einer der Begründer ihrer »klassischen« Gestalt, sah daher im Totalitarismus wesentlich eine »mit gewissen Zügen der heutigen Industriegesellschaft verknüpfte Entwicklungsform«[101], und Hans Herzfeld nannte ihn

»eine Verfallserscheinung oder Perversion der Demokratie«, nur denkbar »auf dem Nährboden der suggestionsfähigen, für eine intensiv geübte Propaganda empfänglichen Massendemokratie«[102]. Darin schlägt sich die Einsicht nieder, daß Aufklärung und Modernisierung von Anfang an von einer tiefgreifenden Ambivalenz gekennzeichnet waren, jenen »zwei entgegengesetzten Bewegungen, die nicht verwechselt werden dürfen«, wie Tocqueville erkannt hatte: »... die eine für die Freiheit, die andere für den Despotismus«[103]. Schon im Schoß der Aufklärung war das große Schisma zwischen liberaler und totalitärer Demokratie angelegt – Montesquieu und Kant hier, Rousseau, die Jakobiner, Fichte, Mazzini und Marx dort –, das schließlich in der unser Jahrhundert bestimmenden großen Konfrontation zwischen 1917 und 1990 mündete.

Die Sowjetunion wie der Nationalsozialismus waren hervorstechende Beispiele dafür, daß Modernisierung auch unter diktatorisch-totalitären Vorzeichen stattfinden kann. Der Soziologe Rainer Lepsius hat festgestellt, daß der in der Modernisierungstheorie angenommene enge Zusammenhang zwischen Industrialisierung und politischer Demokratisierung empirisch nicht zu bestätigen sei.[104] Und Karl Dietrich Bracher zog daraus die politisch-pädagogische Folgerung: »Wissenschaftliche und technische Fortschritte haben uns nicht etwa besser befähigt, ideologischen Verführungen entgegenzutreten, sie haben vielmehr die Aufgabe noch erschwert, die dem Menschen als Bürger gestellt ist: Politik selbst zu denken und mitzugestalten, um der Unterwerfung unter den Alleinanspruch politischen Glaubens entgegenzuwirken – und nicht umgekehrt, wie es seit je die Ideologen wollen.«[105]

Nur aus diesem kritischen Blickwinkel läßt sich die Frage nach den Ursachen der zumindest zeitweilig starken Resonanz und Unterstützung, die die totalitären Systeme bei großen Mehrheiten fanden, beantworten. So hat Sebastian Haffner darauf hingewiesen, daß es Hitler bis zum Jahr 1938 gelungen war, durch den wirtschaftlichen Aufschwung und die Beseitigung der Massenarbeitslosigkeit, die man seinem Wirken zuschrieb, die große Mehrheit der Deutschen für sich zu gewinnen, obwohl diese Erfolge um den Preis einer revolutionären Egalisierung der Gesellschaft erkauft wurden (von dem Preis der Kriegsvorbereitung und des Krieges ganz abgesehen). Gerade die »Sozialisierung« der Menschen im Sinne ihrer zunehmend kollektivistischen Organisation, Lebensführung und Betreuung wurde von der Mehrheit nicht negativ, sondern als Sinnstiftung und Aufhebung der Entfremdung in der modernen industriellen Massengesellschaft empfunden. Man lese hierzu etwa die beiden autobiographischen Erinnerungsbücher von Melita Maschmann und Lew Kopelew, um die weitgehende Ähnlichkeit des Erlebens und der Faszination des totalitären Messianismus gerade bei jungen Menschen zu ermessen.[106]

Hier ist auch an Ralf Dahrendorfs These der vom Nationalsozialismus bewirkten »sozialen Revolution« in Deutschland im Sinne eines »brutalen Bruchs mit der Tradition und Stoßes in die Modernität« zu erinnern.[107] Dahrendorf hatte damit früh Inhalt und Resultat dieser Revolution bestimmt: die Modernität im Sinne der »traditionsfreien Gleichheit der Ausgangsstellung aller Menschen«. Mit dem enthüllenden Schlüsselwort »Gleichschaltung« richtete sich diese Revolution gegen die überlieferten Loyalitäten zu Region, Religion und Familie, aber auch gegen die unabhängigen gesellschaftlichen Organisationen und staatlichen Institutionen wie Bürokratie und Justiz, Verfassungsorgane, Gewerkschaften, Kirchen, ständische Einrichtungen etc. Sie alle wurden vom totalen Machtanspruch des neuen Regimes zerbrochen, eingeschmolzen in die *eine* egalitäre Rolle des Volksgenossen. Gerade weil die neue Führungsclique selbst traditionslos war, war sie »zur Begründung unangefochtener Macht auf den Weg des Totalitarismus angewiesen«.

Die neuen zeithistorischen Forschungen zur Sozialgeschichte des Dritten Reiches haben diese Thesen in empirischen Einzeluntersuchungen bestätigt. Terror und Gewalt vor allem gegen zu »Feinden« erklärte Minderheiten wurden synchron ergänzt von einer Integrationspolitik für die Mehrheit im Zeichen des »nationalen Sozialismus«, der nicht nur Rhetorik blieb.[108] Vor allem in der »Deutschen Arbeitsfront« wurden seit 1940, in der Euphorie des Sieges über Frankreich, auf Hitlers Weisung Pläne eines totalitären »Sozialstaats« entwickelt mit sehr modernen Ideen der Vollbeschäftigung, der Berufsausbildung und -lenkung, der Leistungssteigerung durch eine Lohnpolitik der »gleichen Bezahlung für gleiche Leistung« sowie mit einem breiten Spektrum »sozialer Maßnahmen« vom Wohnungsbau bis zur Präventivmedizin und Freizeitgestaltung. Selbst amerikanische Modelle zur »Humanisierung« der Fließbandarbeit wurden dabei nicht verschmäht. Bei alldem spielten sozialpsychologische Einsichten in die gesellschaftlichen Bedürfnisse und Probleme des Menschen in der modernen Industriegesellschaft eine wichtige Rolle, die sich zum Beispiel in der Arbeitsplatzgestaltung (»Schönheit der Arbeit«) ebenso niederschlugen wie in der Freizeitpolitik der Organisation »Kraft durch Freude« und in der Tätigkeit der »NS-Volkswohlfahrt« oder des »Winterhilfswerks« (WHW). Mutterschutz und Urlaubsregelungen vor allem für junge Menschen traten hinzu. Das Geltungs- und Aktivitätsbedürfnis der Menschen sollte stimuliert und befriedigt werden, freilich nur innerhalb des dafür vom Parteistaat bereitgestellten Rahmens. Ein Kernpunkt war die geplante Aufhebung des »überholten« Unterschieds zwischen Beamten, Angestellten und Arbeitern hinsichtlich Entlohnung und Versorgung. An die Stelle der bisherigen vielgestaltigen privaten Versicherungen und des Rentensystems sollte ein einheitliches »Deutsches Sozialwerk« treten, der Beamtenstatus sollte beseitigt werden.

»Der Arbeiter« war – neben dem Bauern – der am meisten umworbene Stand: *Für* ihn sollte viel getan werden, wenig jedoch *durch* ihn selbst. Technischer, ökonomischer und gesellschaftlicher Modernisierung sollte Raum gegeben werden, aber an die Stelle politischer Mitwirkung im pluralistischen Verfassungsstaat sollte ein sich als »sozialistisch« deklarierendes Betreuungssystem treten. Robert Ley, ein Kollektivist quasibolschewistischen Zuschnitts, gab dem unverblümt Ausdruck, wenn er »das Volk« mit einem Kind verglich, störrisch, trotzig und unartig, aber eben auch gläubig, treu und liebebedürftig: »Das Volk hat einen Anspruch darauf, von seiner Führung gehegt und gepflegt zu werden. Es war die größte Torheit des demokratischen Systems zu glauben, daß sich ein Volk selber führen kann.«[109]

Gerade in der nationalsozialistischen Sozialpolitik und in den entsprechenden Plänen für die Zeit nach Krieg und Sieg – eines der wenigen Beispiele langfristiger gesellschaftspolitischer Zielsetzungen – war eine wachsende Nähe zum sowjetisch-stalinistischen Gesellschaftsmodell unverkennbar (wie sich dieses umgekehrt in den dreißiger Jahren zunehmend »faschisierte«). Hier sollte ein umfassender, totalitärer, durchaus »moderner«, von staatlichen Planern entworfener und gelenkter Sozialstaat entstehen. Eine gewaltige Staatsbürokratie sollte nicht nur materielle Gratifikationen bereitstellen, sondern auch soziale Belohnung und Orientierung im Dienst der Systemstabilisierung. Dies alles bis hin zu den Anfängen von Massenkonsum mit Volksradio, Volkswagen und Volkswohnung war Teil einer beispiellosen Politisierung der Massen, auch wenn sie sich vor allem als deren Manipulation in den entsprechenden pseudodemokratischen Institutionen und Formen darstellte, in einem Befehls- und Betreuungsstaat für die Gehorsamen und Anpassungsbereiten (wie er später in der Honecker-Ära der DDR mit ihrer »Einheit von Wirtschafts- und Sozialpolitik« wiederkehrte). Wir erkennen »die totalitäre Seite der Moderne«, das zweischneidige Schwert von Rousseaus *volonté générale.* »Das NS-Regime war ein Experiment in totalitärer Demokratie – die andere Schneide jenes Schwertes. Es war eine sehr ›moderne‹ Form der Tyrannis«.[110] Darin besteht nicht zuletzt seine exemplarische Lehre für die Nachkommenden.

DER KRIEG
Totalitäre Außenpolitik und die Konfrontation der beiden Parteistaaten

Die totalitären Diktaturen des 20. Jahrhunderts wurden von einem Geist des revolutionären Maximalismus getragen, der nicht an Staats- und Volksgrenzen haltmachte, sondern einen prinzipiell übernational-internationalistischen Anspruch erhob. Hatte eine totalitäre Partei einmal die Macht in einem Staat an sich gerissen, wurde dieser zum Instrument einer buchstäblich grenzenlosen Außenpolitik. Strategie und Taktik totalitärer Außenpolitik wurden zur bloßen Erweiterung der innerstaatlichen revolutionären Machtergreifungsmethoden in den internationalen Raum. Schroffes Freund-Feind-Denken, wenn auch häufig verdeckt von geschmeidiger Taktik, revolutionäre Agitation und Propaganda, die die Massen in permanente Kampfstimmung versetzt und ihre Furcht- und Haßvorstellungen mobilisiert, enthüllten auch in der internationalen Politik den innersten Kern des politisch-messianischen Totalitarismus. Der sowjetische Historiker Wjatscheslaw Daschitschew hat diesen Tatbestand auf die Formel gebracht, »daß eine totalitäre Diktatur, ganz gleich auf welchem sozialökonomischen Boden sie gedeiht, eine Gefahr für den Frieden darstellt«[1].

Die Geburt des Revolutionären Krieges in der Französischen Revolution

Die revolutionäre Epoche zwischen 1789 und 1815 hatte das Paradigma des modernen politisch-revolutionären Krieges gesetzt, der dann das 20. Jahrhundert so entscheidend prägen sollte. Die politisch-gesellschaftlichen Verhältnisse sollten grundlegend umgestaltet werden im Namen der »Natürlichen Ordnung«. Es ging um den letzten Krieg zur Abschaffung aller Kriege und zur endgültigen Errichtung einer gerechten Gesellschaftsordnung. Krieg und Revolution verschmolzen miteinander im Namen des Glücks des Volkes und eines moralisch gerechtfertigten Kreuzzugs gegen die »Tyrannen« der alten feudal-monarchischen Ordnung. In der jakobinischen Proklamation »Krieg den Palästen, Friede den Hütten!« erlebte der Krieg einen tiefgreifenden Gestaltwandel: vom Kampf zwischen Staaten und Monarchen zu einer großen Auseinandersetzung zwischen Klassen und Schichten im Namen der sozialen Gleichheit und des Friedens. Seitdem wurde »die Revolution« zur »modernen Art, Kriege zu führen und zu rechtfertigen, in der gleichen Weise, in der sie früher durch die Idee der Nation oder die Erbfolgeschaft legitimiert wurden«[2]. Die Revolutionskriege ab 1792 dokumentierten den Einbruch des politischen Messianismus in die internationale Politik: Da die Geschichte selbst die Gleichheit aller Menschen wolle und diese allein den endgültigen, weil sozial gerechten Frieden garantiere, »wird jeder Zustand, der sich seiner Revolutionierung widersetzt, zum eigentlichen Angreifer«[3]. Der letzte aller Kriege sollte dazu dienen, »die politische Gleichheit herzustellen und aufrechtzuerhalten«, wie Robespierre mit jakobinischer Logik formulierte – eine neue Ideologie des »gerechten Krieges« im Namen der Gleichheit. Diese Logik, die die eigene Position naiv und selbstverständlich mit dem »Fortschritt«, mit dem besseren, gerechteren gesellschaftlichen Zustand identifiziert, mußte zum Instrument neuer, gnadenloser Feindbestimmung werden; sie hat dann im Friedensverständnis des Marxismus und des Leninismus ihre weltgeschichtlich wirksame Ausformung gefunden.[4]

Für Marx und Engels war der Krieg erst in zweiter Linie ein militärisches Ringen, sondern vor allem Ausdruck ökonomischer und gesellschaftlicher Kräfte. Waren die Produktionsverhältnisse zu Fesseln der Produktivkräfte geworden, dann kam die Stunde revolutionärer Gewalt als »Geburtshelferin jeder alten« Gesellschaft, die mit einer neuen schwanger geht« und als »Werkzeug, womit sich die gesellschaftliche Bewegung durchsetzt und erstarrte, abgestorbene politische Formen zerbricht«[5]. Mit der Erhebung des revolutionären Bürgerkriegs und Klassenkampfes zum Krieg der Zukunft hatte sich »der Marxismus seinen eigenen Kriegsbegriff geschaffen, der sich ideenmäßig völlig vom Kriegsbild des liberalen Bürgertums« gelöst hatte.[6]

Lenin: Die Revolution ist der »einzig gerechte Krieg«

Hier konnte Lenin anknüpfen, wenn er die Überführung der bisherigen imperialistischen Staatenkriege in Bürgerkrieg und Revolution proklamierte und deren Berechtigung konsequent aus dem Klassenkampf-Dogma ableitete: »... die Revolution [sei] von allen Kriegen, die die Weltgeschichte kennt, der einzige rechtmäßige, gerechte, wirklich große Krieg«.[7] Lenin ließ auch keinen Zweifel daran, daß die Stellung der Kommunisten zum Krieg »eine grundsätzlich andere als die der bürgerlichen Pazifisten (der Friedensfreunde und Friedensprediger) und der Anarchisten« war: »Von den ersteren unterscheiden wir uns durch unsere Einsicht in den unabänderlichen Zusammenhang der Kriege mit dem Kampf der Klassen innerhalb eines Landes, ferner auch dadurch, daß wir die Berechtigung, Fortschrittlichkeit und Notwendigkeit von Bürgerkriegen voll und ganz anerkennen, d. h. von Kriegen der unterdrückten Klasse gegen die unterdrückende Klasse.«[8]

Die systematische Instrumentalisierung »des Friedens« und der Friedenssehnsucht der Völker durch Lenin zeigte ein Telegrammwechsel, der im Februar 1922 zwischen dem sowjetischen Volkskommissar für das Auswärtige, Georgij Tschitscherin, und Lenin stattfand. Tschitscherin hatte die Anweisung erhalten, auf der Konferenz in Genua, dem ersten internationalen Treffen, an dem die Sowjetunion teilnahm, »ein umfassendes Friedensprogramm« vorzulegen. Er, ein Bolschewik der ersten Stunde, fragte bei Lenin an: »Mein Leben lang habe ich gegen diese kleinbürgerliche Illusion gekämpft, und jetzt zwingt mich das Politbüro auf meine alten Tage, sie zu vertreten. Könnten Sie mir präzise Anweisungen geben?« Lenin telegrafierte zurück: »Genosse Tschitscherin, Sie sind allzu nervös. Sie und ich haben im Zeichen des Programms unserer revolutionären proletarischen Partei gegen den Pazifismus gekämpft. Das ist klar. Aber sagen Sie mir doch, wo und wann die Partei es je abgelehnt hätte, den Pazifismus zu benutzen, um ihren Feind, die Bourgeoisie, zu spalten?«[9]

Lenins Grundlinie war jedenfalls deutlich. Als er vor 1914 in Carl von Clausewitz' Werk »Vom Kriege« auf den Satz gestoßen war: »Der Eroberer liebt stets den Frieden. Er würde gern widerstandslos in unser Gebiet einziehen«, versah er ihn fasziniert mit der Randbemerkung »Haha! Geistreich!«[10] Es war die Geburtsstunde des politisch-revolutionären Krieges und der Strategie der Friedlichen Koexistenz in Lenins revolutionärem Geist. Kein Geringerer als Leo Trotzkij praktizierte diese neuartige Kampfform erstmals auf der internationalen Bühne, als er auf der Friedenskonferenz von Brest-Litowsk am 18. Februar 1918 den Slogan »Weder Krieg noch Frieden« verkündete[11] und damit zum Ausdruck bringen wollte, daß der gewünschte völkerrechtliche Friedensschluß der Intensivierung des ideologisch offensiven und subversiven Kampfes nicht nur nicht entgegenstehen, sondern dessen Entfaltung erst ermöglichen sollte. Es sollte noch lange dauern, bis die Zeitgenossen im Westen diesen neuartigen »verschleierten Krieg im Frieden«, auch und besonders mit den Mitteln der Friedenspropaganda, begriffen. Nur wenige waren so hellsichtig wie der deutsche Historiker Max Lenz, der dieses Neuartige auf den Begriff einer »untermilitärischen Revolution« mit einer »auflösenden Tendenz, die im Innern wühlt«[12], zu bringen versuchte.

Stalin: Das Bewußtsein der Massen als »Hauptkampfplatz«

Lenins Nachfolger haben diese politisch-revolutionäre Strategie und Taktik mit ihrer prinzipiellen methodischen Gleichartigkeit von innerstaatlicher Machtergreifung und internationalem Operieren fortgeführt und ausgebaut. In beiden Bereichen galt die Strategie und Taktik der »Bündnispolitik« mit ihrer Sammlung aller »fortschrittlichen und friedliebenden, progressiven und demokratischen Kräfte«, der »antifaschistisch-demokratischen Einheitsfront« etc.[13] Nachdem die Revolution in Mittel- und Westeuropa ausgeblieben war, stellte sich die sowjetische Führung unter Stalin ab 1924 auf einen »langandauernden Kampf« ein, für den das Prinzip der »Kombinierung aller Waffen« gelten sollte. Das hieß: Neben die forcierte Aufrüstung der Roten Armee im Zeichen des »Aufbaus des Sozialismus in einem Land« trat ein breites Spektrum gewaltloser Konflikttechniken wie Agitation, Propaganda, Infiltration sowie Teilnahme am legalen politischen Prozeß in den parlamentarischen Demokratien.[14] Auch Stalin betonte den psychologisch-revolutionären Faktor, wenn er zum Beispiel dem englischen Schriftsteller G.H. Wells im Jahr 1936 versicherte, daß die Kommunisten »keineswegs die Methoden der Gewalt idealisieren«, daß sie vielmehr »ein freiwilliges Abtreten der Bourgeoisie begrüßen« würden, daß also »die größere oder geringere Schärfe des Kampfes, die Anwendung oder Nichtanwendung von Gewalt beim Übergang zum Sozialismus nicht so sehr vom Proletariat als vielmehr vom Widerstand der Ausbeuter, von der Anwendung von Gewalt durch die Ausbeuter selbst« abhänge.[15] Wenn Stalin davon sprach, daß man »nicht nur an der Front triumphieren, sondern auch das Hinterland des Feindes revolutionieren« müsse, so verstand er unter »Hinterland« weniger einen militärisch-geographischen Begriff als, korrekt marxistisch, die Gesamtheit aller nicht-militärischen Lebensbereiche der feindlichen kapitalistischen Gesellschaft, ihre gesamte ökonomische, politische und psychologische Verfaßtheit. Hier wurde das »Bewußtsein der Massen« zum »Hauptkampfplatz«, wurde der Klassenkampf im nationalen wie internationalen Maßstab nicht zuletzt in den »ängstlichen Seelen der Bürger« geführt und entschieden.

Für Lenin wie Stalin war die Außenpolitik der Sowjetunion nichts anderes als »Klassenkampf im Weltmaßstab«, ausgehend von der Überzeugung, daß das Nebeneinander der jungen Sowjetunion und der »imperialistischen« Staaten nur ein zeitweiliger Zustand sein konnte. Das zentrale Axiom der sowjetischen

Außen- und Militärpolitik der Stalin-Ära war die These von der »Unvermeidbarkeit« von Kriegen der kapitalistisch-imperialistischen Länder untereinander, weshalb es die Aufgabe der Sowjetunion sein mußte, sich darauf militärisch und politisch optimal vorzubereiten und die erhofften innerkapitalistischen Konflikte im Dienst ihrer eigenen weltrevolutionären Ziele so gut als möglich zu nutzen.[16]

Weltrevolution durch Koexistenz

Aus diesem Ansatz entstand nach Stalins Tod die grundlegende Doktrin der »Friedlichen Koexistenz« als Leitfaden sowjetischer Politik.[17] In ihrem defensiven Aspekt galt sie der Absicherung der Sowjetunion und der Monopolherrschaft der KPdSU als Basis und Motor des revolutionären Weltprozesses. Zugleich war sie der Ausdruck des Willens der sowjetischen Führung zur weltweiten politisch-ideologischen Offensive auch unter den Bedingungen des durch die Atomwaffen gegebenen »Gleichgewichts des Schreckens«, jedoch unter tunlicher Vermeidung des Risikos eines Frontalzusammenstoßes mit dem imperialistischen Gegner. »Friedliche Koexistenz« wurde so seit den fünfziger Jahren zu einer auf das Kernwaffen-Patt zwischen Ost und West zugeschnittenen verdeckten Offensivstrategie im Gewand des »Friedens«, mit der die sowjetische Seite versuchte, die Friedenssehnsucht der Völker in den Dienst ihrer ideologisch verbrämten Machtpolitik zu stellen. Ideologischer Kampf, militärischer Druck und ökonomische Kooperation wurden zu Elementen einer integralen Strategie mit dem Ziel, das Gewicht des »sozialistischen Weltsystems« zu verstärken und »dem Imperialismus« Schritt für Schritt »seine Positionen zu entreißen«.

»Friedliche Koexistenz« bezog sich dabei im Sinne einer Doppelstrategie nur auf die Beziehungen der Sowjetunion zu anderen *Staaten* und *Regierungen*. Unabhängig davon verlief nach den marxistisch-leninistischen Prämissen der revolutionäre Prozeß nach seinen eigenen Gesetzen, die es der sowjetischen Führung ermöglichten, mittels eines umfangreichen Instrumentariums des »ideologischen Kampfes« sich an den Regierungen vorbei unmittelbar an die Bevölkerung der kapitalistischen Länder zu wenden. Neben die klassischen außenpolitischen Formen und Institutionen der Diplomatie, völkerrechtlicher Verträge und Abkommen trat hier insbesondere die 1919 von Lenin ins Leben gerufene »Kommunistischen Internationale«. Die Verantwortung für deren revolutionäre, subversive und propagandistische Aktivitäten weit von sich zu weisen, war schon von Stalin zu einem Meisterspiel der Verwirrung, Tarnung und Täuschung ausgebaut worden, dessen Opfer die westlichen Demokratien mehr als einmal wurden.[18]

Der XX. Parteitag der KPdSU im Februar 1956 erhob die »Friedliche Koexistenz« zur »Generallinie« der sowjetischen Außenpolitik. Nach dem Programm der KPdSU von 1961 war sie sowohl Ausdruck des »friedlichen Wettbewerbs zwischen Sozialismus und Kapitalismus im internationalen Maßstab« als auch »eine spezifische Form des Klassenkampfes zwischen ihnen«, um der »unablässigen Festigung der Positionen des sozialistischen Weltsystems« zu dienen. Der Westen konnte sich dann selbst aussuchen, ob er die freundlichere oder die offensive Variante dieser Doppelstrategie für *das Ganze* halten wollte. Tatsächlich verkannten viele westliche Politiker den Kern der Koexistenz-Doktrin, der von der Sowjetunion und ihren ideologischen Prämissen und nicht von westlichen Wunschvorstellungen bestimmt wurde. Nur wenigen westlichen Analytikern wie etwa Henry A. Kissinger gelang es, diesen Kern zu entziffern. Kissinger unterschied zwischen den Mächten des Status quo im Westen und den seit 1917 auf die weltpolitische Bühne getretenen neuen revolutionären Kräften und Mächten, die auch die internationalen Beziehungen revolutioniert hatten, während die Status-quo-Mächte mit Prämissen und Methoden arbeiteten, die noch aus der vorrevolutionären Ära des europäischen Mächtekonzerts stammten.[19]

Der verschleierte Krieg im Frieden

Dabei ließ die sowjetische Doktrin der Friedlichen Koexistenz keinen Zweifel, daß sich unter den Bedingungen des atomaren Patts nur die *Methoden* gewandelt hatten, nicht jedoch die *Ziele,* daß also der Kontext nicht gelesen werden durfte als »Friedliche Koexistenz *statt* Weltrevolution«, sondern als »Weltrevolution *durch* Friedliche Koexistenz«. War für die westliche Welt der Frieden ein *Ziel an sich,* so war für die totalitäre Sowjetunion Frieden nichts anderes als eine *Form des Kampfes,* wie Kissinger erkannte. Neben die traditionellen Mittel der Diplomatie, Konferenzen und Verträge traten hier stets die psychologisch-revolutionären und propagandistischen Elemente des ideologischen Kampfes. Je unwahrscheinlicher der Atomkrieg durch das nukleare Patt wurde, desto wichtiger wurden gerade die Formen dieses Kampfes, der als »subtile Mischung politischer, psychologischer, wirtschaftlicher und nebenbei auch militärischer Kriegführung« verstanden werden mußte. Hier wurden nicht zuletzt Sprache und Begriffe von der sowjetischen Führung gezielt als Instrumente der ideologischen Kampfführung eingesetzt, So wurde zum Beispiel die sowjetische Koexistenzpolitik mit den »ureigensten Interessen der gesamten Menschheit« identifiziert – im Gegensatz zu den Interessen »der Beherrscher der Mammutmonopole und des Militärklüngels«, die angeblich auch zur Auslösung eines Thermonuklearkrieges bereit waren, um ihre von der Geschichte zum Untergang verurteilten Positionen zu verteidigen.[20]

Überhaupt wurde die marxistisch-leninistische Agitation nicht müde, die Ursachen der Kriege als Auswuchs bestimmter sozioökonomischer Bedingungen, das heißt des Privateigentums an Produktionsmitteln und der Teilung der Gesellschaft in antagonistische Klassen zu erklären. Dieses ideologische Erklärungsmuster stellte dem seinem »Wesen« nach kriegslüsternen und kriegserzeugenden Kapitalismus den ebenso wesensmäßig auf den Frieden gerichteten Marxismus-Sozialismus-Kommunismus gegenüber. Selten in der Geschichte ist ein Kampfprogramm zur Durchsetzung einer bestimmten Ideologie und ihrer Machtinteressen derart lapidar und aggressiv mit »dem Frieden« identifiziert worden wie in der marxistisch-leninistischen Lehre von den gerechten und ungerechten Kriegen und der daraus gezogenen praktischen Folgerung: »Wir Kommunisten sind gegen alle ungerechten Kriege, die den Fortschritt verhindern, aber wir sind nicht gegen die dem Fortschritt dienenden gerechten Kriege. Wir Kommunisten treten nicht nur für die gerechten Kriege ein, sondern wir beteiligen uns aktiv an ihnen.«[21] Damit entschied derjenige über Krieg und Frieden, Freund und Feind, der bestimmte, was jeweils als »gerecht«, »Fortschritt« etc. zu gelten hatte.

Die westlichen Demokratien hätten sich viele Irrtümer und Fehlwege in der Zeit des Ost-West-Konfliktes ersparen können, wenn sie auf Analysen und Ratschläge gehört hätten, wie sie etwa der französische Soziologe Jules Monnerot schon 1951, auf dem Höhepunkt des Kalten Krieges, in einem Buch unter dem Titel »Der Krieg, um den es geht« vorgelegt hat.[22] Monnerot machte deutlich, wie die totalitären Ideologen es verstanden, die Widersprüche und Schwächen der offenen, pluralistischen Gesellschaft zu nutzen und in ihren »Langstreckenfriedensoffensiven« souverän auf dem Instrumentarium des natürlichen Selbsterhaltungstriebes der Menschen in allen Ländern zu spielen. In diesem »verschleierten Krieg im Frieden« mit seinen ideologisch aufgeladenen Kampfformen ging es vor allem darum, dem Gegner in den liberalen Gesellschaften »all seine Gründe zum Leben und Hoffen zu nehmen«, indem man ihn von dem sich angeblich geschichtsnotwendig vollziehenden Untergang des »Kapitalismus« überzeugte. Monnerot ließ keinen Zweifel daran, daß diese psycho-revolutionäre Strategie sich vor allem auch auf die Intellektuellen in den Bereichen der Schule, der Erziehung, der Medien etc. richtete, auf die »Sinnvermittler« und Kommandohöhen des geistig-kulturellen Lebens. Diese »Hungrigen nach einheitlicher subjektiver Gewißheit« seien besonders empfänglich für das »Opium« von Weltanschauungen und Ideologien, die den Gang und das Ziel der Geschichte zu kennen beanspruchten.[23]

Hitler: »Rede vom Frieden, wenn du den Sieg willst«

Die Ähnlichkeit, ja Gleichartigkeit der außenpolitischen Strategien und Methoden der Sowjetunion und des Nationalsozialismus ist erstaunlich und lehrreich. Auch Hitlers Außen- und Kriegspolitik entsprach in ihrer Mischung von Lockung, Verschleierung und militärischem Druck dem totalitären Stil einer revolutionären Strategie, die die aus der Zeit des Mächtekonzerts der europäischen Nationalstaaten überkommene klare Trennung von Krieg und Frieden, Politik und Kriegführung auflöste und einem Zustand des Zwielichts zwischen Krieg und Frieden Platz machte. Der nach den USA emigrierte deutsche Politikwissenschaftler Sigmund Neumann charakterisierte sie früh als eine neuartig-revolutionäre Außenpolitik, als eine »mixed strategy of promise and blackmail«, welche die Illusionsbereitschaft der Demokratien gegenüber einem unerklärten politisch-ideologischen Krieg optimal auszunutzen und, wenn nötig, durch erpresserische Gewaltandrohung (wie beim Münchener Abkommen von 1938) zu überspielen verstand. Neumann prägte hierfür den Begriff der »extended strategy«, einer erweiterten Strategie, die die in Jahrhunderten gewachsene Trennung zwischen Frieden und Krieg auflöste.[24] Hermann Rauschning charakterisierte diesen neuartigen Tatbestand wie folgt: »Militärische Aktionen werden überhaupt nur noch denkbar in Verbindung mit revolutionären Handlungen. Sie sind erst möglich, wenn die politische Lage beim Gegner so gereift ist, daß ein bewaffneter Aufstand unter allen Umständen erfolgreich und im Sinne des revolutionären Prozesses vor allem auch nützlich erscheint.«[25]

Auch in Hitlers Außenpolitik entfaltete sich eine Strategie, in der die revolutionär-psychologischen Faktoren einen hohen Stellenwert gewannen und »die politische Entscheidung durch den vorrangigen Einsatz psychologischer Mittel gesucht wird.[26] Sie stand von Anfang an im Zeichen der ideologischen Grundüberzeugungen und Zielvorstellungen des Nationalsozialismus.[27] Schon bei einem ersten Zusammentreffen Hitlers mit den militärischen Befehlshabern am 3. Februar 1933 sprach der neue

Reichskanzler offen von einer künftigen Politik der »Eroberung neuen Lebensraums im Osten und dessen rücksichtsloser Germanisierung«[28]. Zunächst galt es freilich, die Machtergreifung nach außen abzuschirmen. Mit machiavellistischer Meisterschaft gelang es Hitler, seine Expansionsziele hinter emphatischen Friedensbeteuerungen in Reden und Interviews mit großen westlichen Zeitungen zu verbergen. Wie bei Lenin, der im Interesse der Machtsicherung den Friedensbedingungen der Mittelmächte in Brest-Litowsk am 3. März 1918 zugestimmt hatte, hatte auch für Hitler die Machtsicherung Priorität, und es gelang ihm, sich in England und Frankreich als maßvoller Revisionspolitiker in der Tradition der Weimarer Republik vorzustellen, eine Taktik der Täuschung, die bei den Westmächten ebenso Erfolg hatte wie die Taktik der »legalen« Machtergreifung bei den innenpolitischen Bundesgenossen wie Gegnern.[29] Zum Erfolg dieser Abschirmungstaktik trug bei, daß der national-konservative Außenminister Konstantin von Neurath und sein Auswärtiges Amt als Garanten maßvoller Kontinuität erschienen, was Hitlers Kalkül entsprach. Neurath wurde erst nach fünf Jahren, am 4. Februar 1938, durch Joachim von Ribbentrop ersetzt, als Hitler die Verschleierung seines Expansionskurses nicht mehr nötig zu haben glaubte. Ein wichtiges Element der Abschirmung war nicht zuletzt auch die Berufung auf das nationale Selbstbestimmungsrecht, auf das Hitler sich sowohl beim Anschluß Österreichs und des Sudetenlandes als auch in der Frage Danzigs und des Korridors beziehen konnte und das seine Wirkung in der öffentlichen Meinung des Westens nicht verfehlte.

Revolutionär-psychologische Kriegführung

Schon mit dem Austritt Deutschlands aus dem Völkerbund am 14. Oktober 1933 begann Hitler mit der für ihn charakteristischen Taktik »der dosierten Drohungen, überraschenden Sonderaktionen und vollzogenen Tatsachen«[30]. Dadurch gelang es ihm immer wieder, eine gefährliche Isolierung Deutschlands zu verhindern.

Selbst nach dem gravierenden Bruch des Versailler Vertrags durch die Wiedereinführung der allgemeinen Wehrpflicht am 14. März 1935 und durch den Einmarsch deutscher Truppen in das entmilitarisierte Rheinland ein Jahr später kam eine geschlossene europäische Gegenfront nicht zustande. Hitler verstand es, sich mit den verschiedenen Mächten einzeln zu verständigen, so zuerst durch einen Nichtangriffsvertrag mit Polen am 26. Januar 1934 und dann durch das deutsch-britische Flottenabkommen im Juni 1935. Die britische Regierung signalisierte ihre Bereitschaft, Hitlers Revisionsforderungen entgegenzukommen, sofern sie »friedlich«, also ohne militärische Gewalt eingelöst würden. Diese Politik, die sich als Ausdruck pragmatischer Friedenssicherung verstehen mochte und in der auch die Überlegung eine Rolle spielte, Hitlers Expansionismus nach Osten abzulenken, kam Hitlers eigener Taktik wohldosierter Erpressung und fortgesetzter Friedensbeteuerung verhängnisvoll entgegen. Insbesondere das Münchener Abkommen vom 29. September 1938 konnte von Hitler als Honorierung seiner Erpressungstaktik verstanden werden und zeigte die Unsicherheit der Westmächte im Blick auf das von Hitler ins Feld geführte »nationale Selbstbestimmungsrecht«.

Gleichzeitig zerfiel das französische Bündnissystem in Europa. Polen entfernte sich angesichts seiner Zwangslage zwischen den beiden totalitären Mächten von seinem Bündnis mit Paris und beteiligte sich 1938 sogar an der Beute aus dem Zerfall der Tschechoslowakei. Nach dem Anschluß Österreichs spielte Deutschland auch in Südosteuropa, schon aus wirtschaftspolitischen Gründen, wieder die erste Rolle. Schon die italienische Eroberung Abessiniens (Oktober 1935 – Mai 1936) und der Beginn des spanischen Bürgerkriegs (Juli 1936) hatten die deutsche Position gestärkt, nicht zuletzt weil Mussolini nun Rückhalt bei Deutschland suchen mußte und daher den Anschluß Österreichs tolerierte.

Hitlers Manipulation der Friedensbereitschaft der beiden Westmächte kam nicht zuletzt in den Friedensvereinbarungen zum Ausdruck, die er mit Großbritannien noch in München (»Peace in our time«) und mit Frankreich am 6. Dezember 1938 abschloß und die in seiner Sicht doch nur der Täuschung vor der nächsten Aktion dienen sollten. Die Beseitigung der »Rest-Tschechei« und ihre Umwandlung in ein »Reichsprotektorat Böhmen und Mähren« am 15. März 1939 waren ein klarer Gewaltakt, dessen expansionistische Zielsetzung nun nicht mehr durch die Berufung auf das Selbstbestimmungsrecht verschleiert werden konnte. Gegenüber dieser Politik der vollzogenen Tatsachen enthüllte sich die englisch-französische Garantie der Tschechoslowakei als ein bloßes Blatt Papier. Das erneute Zurückweichen der beiden Westmächte stimulierte nur Hitlers Maßlosigkeit und bestärkte ihn in dem Glauben, daß er auch die britische Beistandsgarantie für Polen vom 31. März 1939 nicht allzu ernst zu nehmen brauchte. Noch einmal versuchte er, die Ansprüche auf Danzig und den Korridor mit dem Selbstbestimmungsrecht zu rechtfertigen, obwohl er im internen Kreis keinen Zweifel daran ließ, daß dies nur ein Vorwand war und Danzig nicht das Problem, um das es ging.[31]

Überblicken wir diese »erweiterte Strategie« Hitlers zwischen 1933 und 1939/40, so erkennen wir eine Politik der *faits accomplis* und der »Salamitaktik«, die ihre Schritte nicht zuletzt an der psychologischen und geistigen Lage der gegnerischen offenen Gesellschaften ausrichtete nach dem Rezept »Sprich vom Frieden, wenn du den Sieg willst«. Auch die Nationalsozialisten hatten für diese revolutionär-psychologische Kriegführung ihre Transmissionsriemen[32]: das Propagandaministerium, das die westlichen Medien versorgte, die Dienststelle Ribbentrop als Parallelapparat der Partei neben dem Auswärtigen Amt, die sogenannte Auslandsorganisation der NSDAP, die zwar dem Auswärtigen Amt formal unterstellt war, faktisch jedoch ein Kontrollorgan der Partei im Auswärtigen Amt und in den deutschen diplomatischen Vertretungen darstellte, schließlich den sogenannten »Verein für das Deutschtum im Ausland« (VDA), der vor allem die Volksdeutschen in Ost- und Südosteuropa betreute und von den neuen Machthabern gleichgeschaltet und schließlich in die sogenannte Volksdeutsche Mittelstelle der SS überführt wurde.

Man hat zwar im westlichen Ausland den Umfang der Tätigkeit einer sogenannten deutschen »5. Kolonne« der Subversion und

Agitation nicht selten überschätzt.³³ Doch ist nicht zu bezweifeln, daß diese Einrichtungen einer informellen Außenpolitik des Dritten Reiches – vergleichbar der wohl noch effizienteren Kommunistischen Internationale – die Aufgabe hatten, die öffentliche Meinung in den westeuropäischen Demokratien im Sinne der angeblichen »Friedenspolitik« Hitlers zu beeinflussen. Schon vor der Machtübernahme hatte sich Hitlers damaliger Pressereferent, Ernst Hanfstaengl, der sich später aus genauer Kenntnis seines Herrn zu dessen entschiedenem Gegner wandelte, die Auffassung geäußert, daß »wir den Demokratien immer darin überlegen sein werden, ihre öffentliche Meinung nach unserem Wunsch zu lenken ... Das schafft eine solche Ungleichheit, daß damit im Ernstfall erhebliche Unterschiede in der militärischen Rüstung wettgemacht werden können.«³⁴ Ihren größten Erfolg errang diese politisch-psychologische Kriegführung mit den Mitteln der Friedenspropaganda bei der Zersetzung des französischen Widerstandswillens vor dem Zweiten Weltkrieg, indem sie dort eine verbreitete Stimmung des »Mourir pour Dantzig?« erzeugte, so daß schließlich der militärische Angriff einem psychologisch bereits weidwund geschossenen Wild nur noch den »Fangstoß« zu geben brauchte.³⁵

Pazifismus und Appeasement der Demokratien

Neue französische Untersuchungen haben gezeigt, wie sehr die damalige pazifistische Stimmung in Westeuropa und besonders in Frankreich zwischen 1930 und 1939 zu einem Hindernis für eine standfeste Politik der Regierungen gegenüber Hitler geworden war.³⁶ Schon während der Genfer Abrüstungskonferenz 1932/33 herrschte in Frankreich vielfach geradezu ein »Abrüstungsfieber«. Nach Hitlers Einmarsch in das entmilitarisierte Rheinland im März 1936 war eine Stimmung des »Bloß keinen Krieg!« weit verbreitet, und auch das Zurückweichen der beiden Westmächte in München wurde von breiten pazifistischen Strömungen begrüßt, die sich als Adressaten des psychologischen Krieges der Nationalsozialisten anboten: die Kriegsteilnehmer von 1914/18, christliche und linke pazifistische Bewegungen bis hin zu einem Pazifismus in bestimmten rechtsgerichteten Gruppen und ihrer Presse, die sich dann während des Krieges in der Kollaboration mit der Besatzungsmacht betätigten.

Das alles machte deutlich, wie wenig das öffentliche Bewußtsein im Westen die neuartige Strategie begriff, die kurz vor Kriegsausbruch, im August 1939, ein junger französischer Offizier, der spätere General André Beaufre, als die paradoxe Erscheinung des »paix-guerre«, der Aggression im Frieden und mit den Mitteln der Friedenspropaganda, treffend beschrieb. Wie die Franzosen mußten viele Völker im Zweiten Weltkrieg und erneut während des Kalten Krieges die bittere Erfahrung machen, daß Beschwichtigung das falsche Rezept ist, totalitäre Aggression zu verhindern, und sie im Gegenteil gerade ermutigt.

Zwei Offensiven stoßen aufeinander

Der deutsch-sowjetische Krieg (1941-1945), die militärische Konfrontation der beiden totalitären Parteistaaten steht bis heute mit Recht im Vordergrund des zeitgeschichtlichen Interesses. Dieses Zentralereignis des Zweiten Weltkriegs hat eine Fülle gegensätzlicher, auch irrtümlicher und irreführender Beurteilungen gefunden. Manche Autoren, besonders in Westdeutschland, neigen zu der einseitigen Betrachtungsweise, 1939 habe allein Hitler aggressive Ziele verfolgt, während die Sowjetunion Stalins ein friedliebendes, nur am »Aufbau des Sozialismus« interessiertes Land gewesen sei. Da die Westmächte Stalins Versuch des Schulterschlusses gegen Hitler verweigerten, sei diesem nichts anderes übriggeblieben, als sich mit Hitler zu verständigen, um Zeit für die Abwehr der erwarteten Aggression Hitler-Deutschlands zu gewinnen. Insofern habe Stalin Hitlers Angriff auf Polen »in Kauf genommen« und die Gelegenheit genutzt, Ostpolen und das Baltikum an sich zu bringen und damit das sowjetische Sicherheitsglacis nach Westen vorzuschieben. Die Abgrenzung der Interessensphären zwischen Deutschland und der Sowjetunion sei aus sowjetischer Sicht vor allem ein Stück Revisionspolitik in der Kontinuität russisch-sowjetischer Staatlichkeit, Stalins Taktik eine auf Risikovermeidung bedachte Staatspolitik gewesen. »Die Unterstützung für die im Selbstverständnis weltrevolutionäre Bewegung ging nicht so weit, daß die staatliche Dispositionsfreiheit beeinträchtigt schien.«[37] Diese Darstellung gipfelt dann zumeist in der These vom »deutschen Überfall auf die Sowjetunion« und darüber hinaus in der Behauptung, ein Konzept für die künftige Herrschaft über außersowjetische Staaten in Europa sei bei Stalin »nicht nachweisbar«; dieser habe noch während des Krieges keine konkreten Vorstellungen über das künftige Verhältnis der Sowjetunion zu Deutschland und Europa gehabt und die sowjetischen Ziele eher »pragmatisch Schritt für Schritt weitergesteckt«.[38]

Abgesehen von der – richtigen – Feststellung einer sowjetischen Doppelstrategie von risikobewußter Staatspolitik und weltrevolutionär-offensiver Zielsetzung, wie sie schon Lenins Abschluß des Friedens von Brest-Litowsk 1918 bestimmt hatte, ist die eben skizzierte Argumentation von »bewußter Verschleierung von Fakten und einer Unterdrückung von Schlüsseldokumenten« gekennzeichnet.[39] Sie versucht, sich auf die mehrheitlich noch nicht zugänglichen sowjetischen Archive hinauszureden, ohne die bereits vorliegende Fülle beweiskräftiger Quellen einzugestehen, die heute eine verhältnismäßig eindeutige Beurteilung erlaubt.

Der Hitler-Stalin-Pakt vom 23. August 1939 und Hitlers militärischer Angriff auf die Sowjetunion am 22. Juni 1941 sind jedenfalls ohne den Gesamtzusammenhang der Entwicklung der beiden totalitären Bewegungen und Parteistaaten seit 1917 nicht hinreichend zu verstehen. Erst dieser Zusammenhang enthüllt den Kern des Themas: den Zusammenstoß des ideologisch begründeten Offensivwillens auf *beiden* Seiten in der Kontinuität des »europäischen Bürgerkriegs« seit seinen ersten Höhepunkten zwischen 1917/19 und 1923. Dabei hatte zunächst noch das kaiserliche Deutschland aus der russischen Schwäche Nutzen zu ziehen versucht. Andererseits ließ Lenin den Frieden von Brest-Litowsk trotz seiner schweren Gebietsverluste nur unterschreiben, um die bolschewistische Machtergreifung nicht zu gefährden: Raum für Zeitgewinn war seine Devise in der Erwartung der absehbaren deutschen militärischen Niederlage. Als diese eingetreten war, ging die politische Offensive mit der Kündigung des Brester Friedens und den ersten sowjetischen Einflußnahmen auf den deutschen Bürgerkrieg, besonders durch Unterstützung der am 30. Dezember 1918 gegründeten KPD, auf die sowjetische Seite über.

Um zu tragfähigen Schlüssen zu gelangen, muß man also von den beiderseitigen langfristigen Zielsetzungen und Erwartungen auf bolschewistischer und nationalsozialistischer Seite ausgehen.[40] Das Scheitern der bolschewistisch-sowjetischen Revolutionsversuche in Deutschland im Herbst 1923 führte zu der dann vor allem von Stalin vollzogenen Schwenkung zum »Aufbau des Sozialismus in einem Lande«, was in der Folgezeit eine mehr pragmatische zwischenstaatliche Politik Moskaus mit sich brachte, ohne indes die langfristigen ideologisch-revolutionären Ziele aus den Augen zu verlieren. Und die Weimarer Republik war ab 1924 ohnedies, schon aufgrund der internationalen Kräftekonstellation, auf eine pragmatisch-defensive Politik gegenüber Sowjetrußland ausgerichtet, in der eine begrenzte ökonomische und auch militärische Zusammenarbeit ideologische Abgrenzung und Abwehr, insbesondere bei der deutschen Sozialdemokratie, nicht ausschloß. Erst mit der Machtergreifung Hitlers gewann auf der deutschen Seite der ideologisch bestimmte Offensivfaktor zunehmend an Gewicht.

Lenin: Die Strategie des »lachenden Dritten«

Bereits im November/Dezember 1920 hatte Lenin in mehreren Reden vor der Moskauer Parteiorganisation der Kommunisten den Rahmen der zukünftigen sowjetischen Außenpolitik abgesteckt mit Handlungsanweisungen, die auch für Stalin und bis in die Breschnew-Ära gültig blieben. Er konstatierte tiefe Gegensätze im kapitalistisch-imperialistischen Lager – zwischen Siegern und Besiegten des Ersten Weltkriegs, der Entente und Deutschland; zwischen den pazifischen Mächten USA und Japan; zwischen den europäisch-amerikanischen Industriestaaten und den Kolonialvölkern; schließlich zwischen den Vereinigten Staaten und Europa. Die Grundregel für die sowjetische Politik »bis zum endgültigen Sieg des Sozialismus in der ganzen Welt« konnte daher nach Lenin nur lauten, »daß man die Widersprüche und Gegensätze zwischen zwei imperialistischen Mächtegruppen, zwischen zwei kapitalistischen Staatengruppen ausnutzen und sie aufeinanderhetzen muß«. Es galt, die eigenen, sowjetischen Kräfte »so zu gruppieren, daß die beiden [imperialistischen Mächtegruppen, K. H.] in Streit geraten, denn wenn zwei Diebe sich streiten, ist der Ehrliche der lachende Dritte«[41].

Stalin: »Die Sache der Weltrevolution entfachen«

An diese von Lenin empfohlene Spaltungsdiplomatie als wichtigstem Instrument der sowjetischen Außenpolitik konnte Stalin bruchlos anknüpfen. Nach dem vorläufigen Scheitern der Revolutionserwartungen in Mittel- und Westeuropa seit dem erfolglosen »deutschen Oktober« 1923 war der revolutionäre Weltprozeß aus der Phase der »Flut« in eine Phase der »Ebbe« eingetreten. Sie galt es nun für den »Aufbau des Sozialismus« in der Sowjetunion zu nutzen, das hieß für ihre rasche Industrialisierung und militärische Stärkung, um die Voraussetzungen zu schaffen für die mit gesetzmäßiger Notwendigkeit erwartete nächste revolutionäre Flut. Aufgrund marxistischer Prämissen entwickelte Stalin das Axiom der »Unvermeidbarkeit« von Kriegen zwischen den kapitalistisch-imperialistischen Staaten. Die Sowjetunion mußte eine mögliche kapitalistische Einheitsfront verhindern und Zeit gewinnen für den sozialistischen Aufbau, also die eigene industriellmilitärische Stärkung[42]. In der strategischen Einheit von »Sicherheit und Offensive«, also zugleich defensiver und offensiver Elemente, galt es, die Gegensätze des imperialistischen Lagers auszunutzen und zu schüren und so aus der Position der Hinterhand, des umworbenen Dritten, schließlich auch Partei zu ergreifen, also sich in bestimmten Konstellationen mit einer imperialistischen Gruppierung gegen die andere zu verbünden. Neben dem japanisch-amerikanischen Gegensatz bot sich hierfür vor allem der Hebel Deutschland an, das nach der Revision des Status quo von 1919 strebte. Schon der Vertrag von Rapallo (1922) und der Berliner Vertrag (1926) zwischen der Sowjetunion und der Weimarer Republik, aber auch der Appell der Kommunistischen Internationale im Oktober 1923 zum gemeinsamen »nationalen Befreiungskampf« gegen die Siegermächte von Versailles sowie die geheimen Beziehungen zwischen Reichswehr und Roter Armee bis 1933 entsprachen diesem Kalkül, wenn die deutsche Republik auch über die Grenzen einer gemäßigten Revisionspolitik nicht hinausging. Gustav Stresemanns visionäre Warnung vor dem Ausgang einer militärpolitischen deutsch-sowjetischen Kooperation war eindrücklich genug: »Wenn die Russen in Berlin sind, weht zunächst die Rote Fahne vom Schloß, und man wird in Rußland, wo man die Weltrevolution wünscht, sehr zufrieden sein, Europa bis zur Elbe bolschewisiert zu haben, und wird das übrige Deutschland den Franzosen zum Fraß geben.«[43]

Solange solche Einsichten in Berlin wirksam blieben, konnte Stalins Erwartung eines zweiten imperialistischen Krieges in Europa, der eine neue revolutionäre Flut entfachen würde, nicht in Erfüllung gehen. Davon, daß Stalin »gleichsam mit abgewandtem Antlitz« die Gefahr des seit 1930 heraufziehenden »deutschen Faschismus« für die Sowjetunion verkannt habe, kann keine Rede sein[44]; dazu war er sich der Bedeutung der Entwicklung in Deutschland für die Sowjetunion zu sehr bewußt. Er setzte im Gegenteil auf einen deutschen Radikal-Revisionismus gegen Versailles und den Status quo von 1918/19 als Türöffner für die neue revolutionäre Flutphase. Dies wurde unter anderem blitzartig in einem Gespräch Stalins mit dem deutschen führenden KPD- und Kominternfunktionär Heinz Neumann im Sommer 1931 deutlich, von dem Margarete Buber-Neumann berichtete: »Während dieser Unterhaltung suchte Neumann seine Politik [gegenüber der SPD,

K. H.] mit der zunehmenden Bedrohung durch die Nazis zu rechtfertigen. Stalin unterbrach und fragte: ›Glauben Sie nicht auch, Neumann, daß falls in Deutschland die Nationalisten [Nationalsozialisten, K. H.] zur Macht kommen sollten, sie so ausschließlich mit dem Westen beschäftigt sein werden, daß wir in Ruhe den Sozialismus aufbauen können?‹ ... Wir versuchten, diesen Ausspruch zu enträtseln, der doch eigentlich an Eindeutigkeit nichts zu wünschen übrig ließ. Wir schoben es weit von uns, in diesem Satz Stalins außenpolitisches Konzept zu erkennen.«[45] Tatsächlich machte im Rahmen dieses Konzepts auch der von Stalin befohlene Kampf gegen die Sozialdemokratie als angeblichem »Sozialfaschismus« Sinn, ging es hier doch nicht nur um das innenpolitische Ringen zwischen Kommunisten und Sozialdemokraten um die deutsche Arbeiterklasse, sondern nicht zuletzt darum, daß Stalin den sozialdemokratischen Verständigungskurs mit dem Westen im Zeichen von Locarno bekämpfte und durch einen entschieden nationalistischen und revisionistischen Kurs ersetzt sehen wollte, weshalb er den nationalsozialistischen Machtaufstieg begrüßte.

Schon Marx und Lenin hatten Kriege als »Lokomotiven der Geschichte« und Türöffner zu Bürgerkrieg und Revolution betrachtet. Stalin war der gleichen Meinung. Die Weltwirtschaftskrise seit dem Herbst 1929 schien seine Erwartungen rascher als gedacht Wirklichkeit werden zu lassen. Seine schon erwähnte Rede vom 4. Februar 1931 zeigte dies mehr als deutlich.[46] Der Aufbau des Sozialismus, die industrielle Revolution von oben, die in einem »wirklich bolschewistischen Tempo« den Rückstand gegenüber den fortgeschrittenen Ländern in zehn Jahren aufholen sollte, stand unter dem Primat der außenpolitischen Sicherung, aber auch der »Verpflichtung gegenüber dem Weltproletariat« – mit der Sowjetunion als »Vorhut«, »Stoßbrigade« und »Vaterland der Arbeiterklasse der ganzen Welt« und mit dem Aufruf, »gegen die Kapitalisten die Sache der Weltrevolution zu entfachen«. Mit dem revolutionären Aufruf war das realpolitische Kalkül eng verknüpft, dem Stalin schon sechs Jahre zuvor, am 19. Januar 1925, auf einer Plenartagung des Zentralkomitees der

KPdSU Ausdruck gegeben hatte mit der Forderung, die militärische Macht der Sowjetunion zu stärken, um jeder Situation »bei Verwicklungen in den uns umgebenden Ländern« gewachsen zu sein. Dies bedeutete zwar nicht, »daß wir in einer solchen Situation unbedingt aktiv gegen irgend jemand auftreten müssen ... Sollte aber der Krieg beginnen, so werden wir nicht untätig zusehen können – wir werden auftreten müssen, aber wir werden als letzte auftreten, um das entscheidende Gewicht in die Waagschale zu werfen, ein Gewicht, das ausschlaggebend sein dürfte ... Der Krieg (kann), natürlich nicht morgen oder übermorgen, wohl aber in einigen Jahren, unvermeidlich werden.«[47] Dies war die Richtlinie von Stalins Politik, die bis zum Paktabschluß mit Hitler am 23. August 1939 und darüber hinaus gültig blieb.

Hitler: Lebensraum im Osten

Fast gleichzeitig mit dem Beginn von Stalins Herrschaft hatte der gerade 35jährige Adolf Hitler, dessen Putschversuch am 9. November 1923 kläglich gescheitert war, im Gefängnis in Landsberg am Lech mit der Niederschrift seines ideologisch-politischen Programms begonnen. Nach seiner sozialdarwinistisch-geopolitischen Ideologie mußte ein »rassisch hochwertiges« Volk wie die Deutschen über ausreichenden »Lebensraum« in ernährungs- und militärpolitischer Hinsicht verfügen: »Damit ziehen wir Nationalsozialisten bewußt einen Strich unter die außenpolitische Richtung unserer Vorkriegszeit. Wir stoppen den ewigen Germanenzug nach dem Süden und Westen Europas und weisen den Blick nach dem Land im Osten. Wir schließen endlich ab die Kolonial- und Handelspolitik der Vorkriegszeit und gehen über zur Bodenpolitik der Zukunft. Wenn wir aber heute in Europa von neuem Grund und Boden reden, können wir in erster Linie nur an Rußland und die ihm untertanen Randstaaten denken.«[48] Sicherlich hat Hitler nach seiner Machtübernahme dieses ideologische Imperialprogramm aus naheliegenden Gründen zunächst zu verschleiern versucht. Bei aller taktischen Flexibilität sollte man aber die Zielgerichtetheit seiner Politik bis zum Kriegsbeginn am 1. September 1939 nicht übersehen, auch und gerade wenn er in vielen Reden der ersten Jahre seinen Friedenswillen beteuerte. Schon am 3. Februar 1933 hatte er in kleinem Kreis vor den Befehlshabern des Heeres und der Marine den Schleier über seinem Programm gelüftet und die beabsichtigte »Eroberung neuen Lebensraumes im Osten und dessen rücksichtslose Germanisierung« angekündigt. Am 25. November 1936 wurde mit Japan ein »Vertrag über die gemeinsame Abwehr gegen die Kommunistische Internationale« (Antikominternpakt) abgeschlossen, dem Italien ein Jahr später beitrat. Der Vertrag, von Ribbentrop und nicht vom Reichsaußenminister unterzeichnet, also auf der Parteiebene abgeschlossen, hatte vor allem ideologisch-propagandistische Bedeutung, enthielt aber auch ein geheimes Zusatzabkommen, in dem sich die Vertragspartner verpflichteten, im Falle eines nicht provozierten Angriffs oder einer Angriffsdrohung seitens der Sowjetunion »keinerlei Maßnahmen zu treffen, die in ihrer Wirkung die Lage der Union der Sozialistischen Sowjetrepubliken zu entlasten geeignet sein würden«[49]. Der Vertrag, Vorläufer des militärischen Dreimächtepakts mit Italien und Japan vom 27. September 1940, hinderte Hitler freilich nicht, seinen Pakt mit Stalin am 23. August 1939 ohne Konsultation Japans zu schließen, worauf dieses mit gleicher Münze zurückzahlte, als es am 14. April 1941 einen Neutralitätsvertrag mit der Sowjetunion abschloß, der der Sowjetunion im bevorstehenden Krieg mit Hitler-Deutschland und ebenso Japan bei seinem beabsichtigten Angriff auf die Vereinigten Staaten, der dann am 7. Dezember 1941 begann, den Rücken freimachte.

Nach einer »Periode der abschirmenden und vorbereitenden Politik« hob Hitler am 5. November 1937 seine Lebensraumkonzeption in einer über vierstündigen Rede vor den Befehlshabern von Heer, Luftwaffe und Marine sowie dem Reichsaußenminister von Neurath in den Bereich unmittelbarer Planung (siehe das »Hoßbach-Protokoll«[50]). Er teilte seinen Entschluß mit, die »Raumfrage« spätestens bis 1943/45 auch auf dem Weg der Gewalt zu lösen. Weiteres Zuwarten mußte nach seiner Meinung den bestehenden Rüstungsvorsprung Deutschlands mindern. Der Zugriff auf Österreich und »die Tschechei« sollte die Ouvertüre bilden und »blitzartig schnell« erfolgen. Im Fall Österreichs und der Sudetendeutschen konnte dabei noch die Berufung auf das Selbstbestimmungsrecht dienlich sein. Aus der gesamten Diktion Hitlers im Hoßbach-Protokoll geht jedoch hervor, daß die national-großdeutsche Revisionspolitik nur als Vorstufe eines ausladenden sozialdarwinistisch-geopolitischen Expansionsprogramms gedacht war. Dabei war Hitler sich darüber im klaren, daß angesichts der schmalen deutschen Basis an Raum und Potential nur ein enger zeitlicher Korridor zur Verfügung stand, der bei weiterem Abwarten bald wieder geschlossen sein würde.

Mit seiner die eigene Lebensdauer vorrangig in Rechnung stellenden pathologischen Ungeduld wurde Hitler in der Folgezeit immer mehr zu einem risikoverachtenden Vabanque-Spieler, wie er selbst zugab. Die »Blumensiege« in Österreich und im Sudetenland, die ihm die Bereitschaft vor allem Englands zu einem Ausgleich auf der Basis einer europäischen Viermächte-Ordnung unter Ausschluß der Sowjetunion signalisierten, genügten ihm nicht. Sie hatten seinen Willen zur »Lösung der Lebensraumfrage« nur gestärkt und ebenso seine Verachtung der schwächlichen Appeasement-Politik der beiden Westmächte. Mit der »Zerschlagung« der »Rest-Tschechei« im März 1939 und den rasch danach erhobenen Ansprüchen auf Danzig und den Korridor hatte der Diktator den Rubikon überschritten. Die englische Garantie-Erklärung für Polen am 31. März 1939 wurde nach den vorausgegangenen Erfahrungen von ihm verächtlich als leere Geste abgetan. Auch die »polnische Frage« sollte nun bis Ende August – »so oder so« – gelöst werden.

Stalin: »Ich habe Hitler überlistet«

Das Viermächte-Abkommen von München (29. September 1938) war für Stalin ein höchstes Alarmsignal gewesen. Auch er meinte, nun handeln zu müssen, um die gefürchtete imperialistische Einheitsfront oder gar den britischen Versuch, Hitlers Expansionismus nach Osten abzulenken, zu verhindern. Die Abwehr Hitlers im Bündnis mit den Westmächten im Rahmen einer Politik der »kollektiven Sicherheit« war für Stalin stets nur die zweitbeste Lösung gewesen. Jetzt sah er den Zeitpunkt gekommen, auf den er gewartet hatte: Hitler die Rückendeckung zu geben, die ihn veranlaßte, gegen Polen militärisch vorzugehen. Der Pakt vom 23. August 1939 markierte den kurzen Moment der Übereinstimmung der beiden totalitären Mächte, deren Führer entschlossen waren, die europäische Ordnung von 1919/20 aus den Angeln zu heben, um dadurch freie Hand für ihre jeweiligen, freilich völlig gegensätzlichen Endziel-Programme zu gewinnen. Dabei war Stalins Position in diesem Pokerspiel von Anfang an stärker als die Hitlers. Denn während dieser meinte, bei zeitweiliger Rückendeckung einschließlich Rohstoffversorgung durch Stalin die beiden Westmächte rasch niederwerfen und sich dann gegen die Sowjetunion wenden zu können, war Stalin nun in der Lage des Umworbenen. Es war grausame Selbsttäuschung, als Hitler nach der Paktunterzeichnung am 23. August ausrief: »Ich habe sie!« und damit meinte, daß England und Frankreich nun nicht mehr auf seinen Angriff auf Polen militärisch zu reagieren wagen würden. Da war Stalins Bemerkung am gleichen Tag: »In Wirklichkeit habe ich ihn überlistet«, von der Chruschtschow in seinen Memoiren berichtet[51], weit zutreffender. Stalin wollte mit dem Paktabschluß jedenfalls den Krieg nicht verhindern, sondern Hitler grünes Licht für seine Entfesselung geben, ihn jenen Krieg auslösen lassen, in dem sich die beiden »imperialistischen« Staatengruppen in einem langandauernden blutigen Ringen nach dem Muster des Ersten Weltkrieges gegenseitig erschöpfen sollten.

Es konnte nicht wundernehmen, daß sich Stalin für den Pakt mit Hitler und nicht mit den Westmächten entschloß: Diese wollten durch eine Abmachung mit der Sowjetunion Hitler am Angriff auf Polen hindern und damit, wenn irgend möglich, den Krieg überhaupt vermeiden. Hitler bot dagegen die Auslösung des von Stalin gewünschten Krieges und zugleich Zeit- und Raumgewinn für die Sowjetunion an, die dann den Zeitpunkt ihres späteren Eingreifens selbst bestimmen konnte. Während der Pakt für Hitler das »Fenster der Gelegenheit« zugleich öffnete und sofort wieder schloß, er an diesem denkwürdigen 23. August 1939 den Zweiten Weltkrieg also bereits verloren hatte, noch bevor er begann, gewann Stalin nicht nur ein breites Glacis, sondern beträchtliche weltpolitische Bewegungsfreiheit.

Was das auslösende Moment des Zweiten Weltkriegs anlangt, hat die sowjetische Geschichtsschreibung bis in die Gorbatschow-Ära die Mitverantwortung Stalins zu leugnen versucht, »um die Verantwortung für den Krieg zwischen Hitler und den Westmächten aufzuteilen; doch an Stalins Mitwirkung kann kein Zweifel bestehen. Die Sowjets wußten, daß der Pakt mit Hitler den Krieg bedeutete, und sie fürchteten im Sommer 1939 nur eines: eine Verzögerung des Kriegsausbruchs.«[52] Durch den Pakt hat Stalin zu dem Zusammenstoß zwischen Deutschland und den Westmächten und damit zur Entfesselung des Zweiten Weltkrieges entscheidend beigetragen. Dieser sogenannte »Nichtangriffsvertrag zwischen Deutschland und der Union der Sozialistischen Sowjetrepubliken«, in dem sich die Partner den Verzicht auf »jeden Gewaltakt, jede aggressive Handlung und jeden Angriff« zusicherten, erschien ja nur auf den ersten Blick friedfertig. Seinen Pferdefuß enthüllte schon Artikel 2, der Hitler-Deutschland generell sowjetische Neutralität zusicherte und diese Zusage nicht, wie üblich, auf den Fall eines unprovozierten Angriffs einer »dritten Macht«, also Polens, beschränkte.

Vollends ungewöhnlich war der Wortlaut des »Geheimen Zusatzprotokolls« (das in Moskau auch dem Obersten Sowjet unbekannt blieb und Hitlers Pseudo-Parlament so wenig vorgelegt wurde wie der Vertrag überhaupt) mit seiner Abgrenzung der Interessensphären »für den Fall einer territorial-politischen Umgestaltung« in den baltischen Staaten einschließlich Finnlands und »der zum polnischen Staat gehörenden Gebiete« sowie des bekundeten deutschen »völligen politischen Desinteresses« an Bessarabien, das damit der sowjetischen Interessensphäre zugeschlagen wurde.[53] So ist es in der Tat »geradezu lächerlich«, wie Walther Hofer sagt, »die Behauptung aufrechterhalten zu wollen, die sowjetrussischen Staatsmänner hätten beim Abschluß des Paktes nicht gewußt, daß sie ihm [Hitler, K. H.] damit den Weg in den geplanten Krieg freimachten«[54]. Stalin kalkulierte hier von Anfang an realistischer: Hitlers Angriff auf Polen sollte die Intervention der beiden Westmächte und damit den lange erwarteten zweiten imperialistischen Krieg auslösen. Die vereinbarte vierte Teilung Polens war für ihn nur der erste Schritt zum Einsturz nicht nur der 1919 geschaffenen »zwischeneuropäischen« Pufferzone zwischen Deutschland und der Sowjetunion, sondern des ganzen nach dem Ersten Weltkrieg entstandenen europäischen Staatensystems.

Der große Machtpoker im Dreieck zwischen den beiden totalitären Parteistaaten und den Westmächten setzte sich nach dem Paktabschluß und bis zu Hitlers Angriff auf die Sowjetunion am 22. Juni 1941 mit unverminderter Härte fort. Die britische Regierung entsandte im Sommer 1940 den Linkssozialisten Sir Stafford Cripps als Botschafter nach Moskau, der für den Abschluß der ein Jahr zuvor gescheiterten Allianz werben sollte. Noch ließ Stalin sich nicht aus der Reserve locken. In einem Gespräch mit Cripps am 1. Juli 1940 wies er mit der bei ihm nicht seltenen brutalen Offenheit darauf hin, daß die Grundlage seines Paktes mit Hitler »das gemeinsame Bestreben gewesen [sei], das alte in Europa bestehende Gleichgewicht zu beseitigen, das Großbritannien und Frankreich vor dem Krieg aufrechtzuerhalten bestrebt gewesen seien. Wenn [Churchill] das alte Gleichgewicht wiederhergestellt haben möchte ..., können wir dem nicht zustimmen.«[55] Die Bedingungen für den Frontwechsel lagen also auf dem Tisch. Der unerwartet rasche deutsche Sieg über Frankreich wurde aber für Stalin zum Anlaß, über den weiteren Gang der Dinge nachzudenken. Zunächst durfte die Komintern-Presse wieder eine offenere, teilweise bedrohliche Sprache führen; so stand zum Beispiel in einem Komintern-Flugblatt zu lesen: »Deutschland *kann* diesen Krieg nicht gewinnen, England *darf* ihn nicht gewinnen. Das ist das A und O der Politik der Sowjetunion.«[56] Und im Winter 1940/41 hieß es, die Rote Armee werde erst marschieren, wenn Europa ausgeblutet sei. Weder das »imperialistische« England noch das

»imperialistische« Deutschland würden letztlich erfolgreich sein, am Ende würden »die Völker, gestützt auf die Friedenspolitik der Sowjetunion, kämpfen und siegen«. Die Idee der Nutzung und des Weitertreibens des imperialistischen Krieges für die nächste Flutwelle der proletarischen Revolution beherrschte Stalin und die sowjetische Politik in diesen Monaten vor dem militärischen Zusammenstoß mehr denn je.

Molotow in Berlin: Die Sowjetunion am längeren Hebel

Die Gespräche des sowjetischen Außenministers Molotow in Berlin im November 1940 hat man mit gutem Grund als das wichtigste Ereignis des Zweiten Weltkriegs, wenn nicht des Jahrhunderts bezeichnet.[57] Sie führten zur letzten Weichenstellung in Richtung auf den deutsch-sowjetischen Krieg. Der Moskauer Abgesandte ließ keinen Zweifel daran, daß man dort die im Vorjahr erfolgte Abgrenzung der Interessensphären nur als Teillösung und durch die seitherigen Ereignisse überholt betrachtete.[58] Hitler begann es zu dämmern, daß er sich bereits in der Rolle des von Stalin Erpreßten befand. Die Moskauer Forderungen waren weit ausgreifend und betrafen Rumänien, Bulgarien und Finnland ebenso wie die türkischen Meerengen und die Ostseeausgänge. Vergebens suchten Hitler und Ribbentrop sich aus dem sowjetischen Würgegriff durch das Angebot an die Moskauer Adresse zu befreien, sich doch nach Süden in Richtung Persischer Golf und Indien zu orientieren, also auf Kosten des britischen Weltreichs. Molotow stellte sich zu diesem Punkt taub. Man hat sein herrisches Auftreten in Berlin als bewußte Provokation beurteilt, die Hitler das Odium des vertragsbrüchigen Angreifers zuschieben sollte. Die Moskauer Führung kannte natürlich die Abhängigkeit der deutschen Seite nicht zuletzt von den sowjetischen Rohstoff-, Öl- und Getreidelieferungen, die jederzeit als Druckmittel eingesetzt werden konnten. Unverhüllt hatte die Komintern-Zeitschrift *Der Rote Morgen* bereits in ihrer Juli-Nummer 1940 die Lagebeurteilung der sowjetischen Führung formuliert, wenn sie schrieb: »Wie ein neuer

Napoleon läuft heute Hitler in Europa Amok, erobert große Länder, erschreckt die Nichteinmischungsspießer. Ihm und seinen PGs kommt das sehr heroisch vor. Die Nazis sehen schon ein neues Mittelalter heraufziehen, mit sich selbst und Herzog Adolf als Mittelpunkt. Auch dieses Zukunftsgemälde wird sich als ›Mißverständnis‹ erweisen. Wenn das Werk getan ist, wird der Welteroberer und seine Mitverbrecher dort landen, wo er hingehört: auf den Kehrichthaufen der Weltgeschichte. Der Mohr hat seine Schuldigkeit getan. Der Mohr kann gehen.«[59]

Stalin hatte schon seit Kriegsbeginn die sowjetischen Rüstungsanstrengungen weiter verstärkt. Am 1. September 1939 war die allgemeine Wehrpflicht eingeführt worden.[60] Am 26. Juni 1940, dem Tag nach dem Inkrafttreten des deutsch-französischen Waffenstillstands, erließ das Präsidium des Obersten Sowjets der UdSSR eine Verordnung »Über den Übergang zum achtstündigen Arbeitstag und zur siebentägigen Arbeitswoche und über das Verbot des eigenmächtigen Verlassens der Betriebe und Büros durch die Arbeiter.« 1941 erreichte der Anteil der Militärausgaben am sowjetischen Staatsbudget 43 Prozent. Am 7. Mai übernahm Stalin selbst den Vorsitz im Rat der Volkskommissare, also das Amt des Regierungschefs, und am 5. Mai hielt er vor den Absolventen der Militärakademie eine Rede, die das Offizierskorps und die Armee auf den Krieg, die militärische Überlegenheit und einen baldigen Angriff nach Westen vorbereiten sollte.

Es gehört zum Kapitel der verschleierten Fakten und unterdrückten Quellen, daß es einem 1978 in den Westen gegangenen sowjetischen Generalstabsoffizier vorbehalten blieb, den sowjetischen Offensivaufmarsch im Sommer 1941 detailliert darzustellen.[61] Die Bereitstellung vor allem der Panzerkräfte und der Luftwaffe, einschließlich starker Luftlandekräfte, die Beseitigung der sowjetischen Minensperren und die Vernachlässigung der sogenannten Stalinlinie wiesen unzweideutig auf Angriff hin. Die Gefechtsstände der Stäbe, die Nachrichtenverbindungen und die Bahn erhielten Befehle zur Umstellung auf kriegsmäßige Bedingungen. Viktor Suworow zitiert zahlreiche hohe sowjetische Militärs als Zeugen für einen Vorsprung des deutschen Angriffs vor dem sowjetischen von nur wenigen Wochen, schon weil die Dislozierung der sowjetischen Angriffsarmeen nicht über den nächsten Winter hätte aufrechterhalten werden können. Nicht zuletzt werden so auch die raschen deutschen Anfangserfolge gegen einen nicht zur Verteidigung, sondern selbst zum Angriff aufgestellten Gegner erklärbar.

Stalins Meisterstück: Hitler als »Eisbrecher«

Erdrückende militärstrategische Fakten des Aufmarsches 1941 sind geeignet, die Schlußfolgerungen abzurunden und zu erhärten, die aus der gesamten politisch-ideologischen Vorgeschichte des Verhältnisses zwischen der Sowjetunion und Hitler-Deutschland seit 1933 zu ziehen sind. Seit dem Ende des Ersten Weltkriegs hatten die sowjetischen Führer, zunächst Lenin und dann mit großer Konsequenz auch Stalin, auf den »zweiten imperialistischen Krieg« gehofft, der die nächste revolutionäre Flutwelle auslösen und Moskau die Wiederaufnahme des revolutionären Prozesses ermöglichen sollte, der 1923 zum vorläufigen Stillstand gekommen war. Dieser zweite Krieg war nach marxistisch-leninistischer Analyse »unvermeidlich« angesichts der verschiedenen »Widersprüche« und Konfliktfronten innerhalb des »imperialistischen Lagers«. Der Konflikt zwischen den Siegern und den Besiegten von 1918 in Europa schwelte weiter, und die deutschen Revisionsforderungen gegen Versailles boten den Ansatz zu einer möglichen Ausweitung und Intensivierung dieses Konflikts. Die gemäßigte, im nationalstaatlichen Rahmen bleibende Revisionspolitik der Weimarer Republik und ihres Außenministers Gustav Stresemann konnte da aus Moskauer Sicht nicht genügen. Die Übernahme der Funktion des »Eisbrechers« gegen den europäischen Status quo von 1919/20 war nur von einem Radikal-Revisionismus zu erwarten, dessen totalitäre Zielsetzung über den nationalstaatlichen Rahmen Europas hinausging. Hier kamen Hitler und seine Bewegung wie gerufen, auch wenn Stalin sich des Risikos bewußt war, das er dabei einging. Er meinte, es durch ein späteres Bündnis mit England und den Vereinigten Staaten beherrschen zu können, wenn nur vorher der Eisbruch erfolgt war. Nach der Ausschaltung Deutschlands würden die Verhältnisse in Europa ohnehin nicht mehr so sein, wie sie vorher gewesen waren. Tatsächlich sollte der Pakt vom 23. August 1939 das alte Europa aus den Angeln heben und im Ergebnis die neue globale, bipolare Mächtekonstellation heraufführen. Der Pakt wurde zu Stalins Meisterstück und zu Hitlers Todesurteil. Stalin gelang mit seinem Abschluß, Hitler in die Falle zu locken, aus der er sich nur noch unter dem Odium des vertragsbrüchigen Aggressors wieder befreien konnte. Daß Stalins machtpolitisches wie politisch-psychologisches Kalkül weitgehend aufging, seinen eigenen geplanten Eroberungsfeldzug als Reaktion auf Hitlers Angriff darstellen zu können, zeigt seine Meisterschaft als Schachmatador gegenüber dem Hasardeur Hitler und wirkte im historisch-politischen Urteil über Jahrzehnte nach, zusätzlich gestützt von der Tatsache, daß stets die Sieger die Geschichte schreiben.

Wann trat die Sowjetunion in den Krieg ein?

Die Geschichtsschreibung ist heute in der Lage, das Geflecht von Aktion und Reaktion in der Konfrontation der beiden totalitären Diktaturen zu durchleuchten und die mannigfachen weißen Flecken der Zeitgeschichte auszufüllen. Sie kann zum Beispiel auch den Mythos der sowjetamtlichen Historiographie von der sogenannten »Vorkriegsperiode« der Sowjetunion entlarven[62], die angeblich erst durch den deutschen Überfall auf die Sowjetunion beendet worden sei, ein Urteil, das auch im Westen weithin kritiklos übernommen wurde, weil es auch hier Verantwortlichkeiten und Versäumnisse zu verschleiern galt. Tatsächlich ist die Sowjetunion nicht gegen ihren Willen durch den Angriff Hitlers am 22. Juni 1941 in den Zweiten Weltkrieg hineingestoßen worden, sondern war schon am 17. September 1939 mit dem militärischen Angriff auf Ostpolen im Vollzug des Hitler-Stalin-Pakts in ihn eingetreten. Der Annexion und Sowjetisierung Ostpolens folgte wenig später, am 30. November 1939, der Angriff auf Finnland mit dem gleichen Ziel. Das kleine Nachbarland konnte den Zugriff Stalins durch seinen erfolgreichen Winterkrieg abwehren, wenn es sich auch im März 1940 zu Gebietsabtretungen bereitfinden mußte. Kaum drei Monate später, im Juni 1940, annektierte die Sowjetunion die drei baltischen Staaten sowie Bessarabien und die Nordbukowina. Innerhalb nur *eines* Jahres, vom Sommer 1939 bis zum Sommer 1940, waren Aggressions- und Kriegshandlungen der Sowjetunion gegen alle sechs westlichen Nachbarstaaten zu verzeichnen, mit denen durchweg Nichtangriffsverträge bestanden – ein eigentümliches Verständnis von Neutralität, Vorkrieg und Nichtkrieg, jedoch völlig im Sinn des typisch totalitären »Krieges im Frieden« wie übrigens auch Hitlers Angriff auf die Sowjetunion am 22. Juni 1941, der ohne formelle Kriegserklärung erfolgte. Im Dezember 1939 raffte sich der sterbende Völkerbund als Reaktion auf die Aggression gegen Finnland immerhin noch zum Ausschluß der Sowjetunion auf, ein Zeichen dafür, daß deren Vorgehen noch als völkerrechtswidriger Aggressionsakt verstanden und verurteilt wurde, ein Bewußtsein, das aus der nachfolgenden Geschichtsschreibung in Ost und West dann weithin verschwand.

Heute überblicken wir den Gesamtzusammenhang der mörderischen Konfrontation der beiden totalitären Parteistaaten, in der zwei offensive Langzeitstrategien aufeinanderstießen: Hitlers Lebensraum-Imperialismus und »Bodenpolitik« nach Osten und die Revolutionsstrategie Lenins und Stalins nach Westen, um Europa aus den Ketten des Kapitalismus zu befreien. Stalin gelang es, seine eigenen ausgreifenden Revolutionspläne als Reaktion auf den nationalsozialistischen Angriff erscheinen zu lassen, obwohl es ihm darum ging, »die sowjetische Machtsphäre in Europa – nach der einkalkulierten Niederlage Deutschlands im Weltkrieg – in Frontstellung gegen die USA und England bis ins Zentrum des Kontinents zu erweitern«[63] und damit die Voraussetzungen für die nachfolgenden weiteren vierzig Jahre des Ost-West-Konflikts zu schaffen. Im Sommer 1945 stand die Sowjetunion dort, wo ihre Führer schon 1923 zu stehen gehofft hatten – als Ergebnis eines

»deutschen Oktober« und eines »nationalen Befreiungskrieges« der Deutschen gegen die Sieger von 1918/19 in sowjetisch-deutscher Bundesgenossenschaft: an der Elbe, in der Mitte des Kontinents.

OFFENSIVE UND VERSCHLEIERUNG
Faschismus-Doktrin und antifaschistische Strategie

Im Mittelpunkt des ideologischen und politischen Kampfes der Sowjetunion mit dem nationalsozialistischen Deutschland bis 1945 und danach im »Kalten Krieg« mit den westlichen Demokratien bis zum Ende der 1980er Jahre standen die marxistisch-leninistische Faschismus-Doktrin und die entsprechende »antifaschistische« Strategie. Seit den zwanziger Jahren wurde sie zum zentralen Instrument der sowjetischen revolutionär-psychologischen Kriegführung und ihrer »Bündnispolitik«. Stalin und die sowjetischen Führer der Komintern wollten nach ihrem Gutdünken bestimmen, wem das Brandmal des »Faschismus« aufzudrücken und wer mit dem Gütesiegel des »Antifaschismus« zu belobigen sei. Als Faustregel galt, daß alle Gegner der sowjetischen Politik und des von ihr gesteuerten »revolutionären Weltprozesses« mit dem Sperrfeuer des Faschismus-Vorwurfs zu belegen waren. Das wurde nie deutlicher als in der Kampagne, mit der die deutschen Sozialdemokraten der Weimarer Republik zu »Sozialfaschisten« gestempelt, also mit dem Bannfluch belegt wurden, »Sozialisten« nur in Worten, tatsächlich aber Schleppenträger »des Kapitals« zu sein und eine »faschistische« Politik zu dessen Verteidigung und Stabilisierung zu betreiben. Es war dies die Antwort auf die klare antibolschewistische Position der deutschen Sozialdemokratie seit 1918 und ihre Verständigungspolitik mit den westlichen Demokratien, besonders mit Frankreich im Zeichen der Locarno-Politik Stresemanns. Die »Sozialfaschismus«-Propaganda Moskaus und der Komintern sollte zur Destabilisierung der Weimarer Republik beitragen. Sie spaltete die deutsche Arbeiterbewegung und bereitete Hitlers Machtantritt den Weg.[1]

Mit taktischer Flexibilität schaltete die Moskauer Komintern-Zentrale nach 1933 auf die neue Generallinie der »antifaschistischen Einheitsfront« und der Volksfrontpolitik in Westeuropa um. Nachdem er das seine dazu beigetragen hatte, Hitler zu installieren, mobilisierte Stalin nun nach der Taktik »Haltet den Dieb!« den internationalen Widerstand gegen den deutschen Diktator und damit zugleich den Konflikt zwischen den beiden »Fraktionen des Imperialismus«, wobei Hitlers plumpe, nicht nur antikommunistische, sondern auch antiwestliche und antisemitische Politik das Spiel des Kremlherrn erleichterte. Der Verlauf des spanischen Bürgerkriegs und das Münchener Viermächteabkommen signalisierten Stalin dann jedoch das Scheitern seiner Politik der Volksfront und der kollektiven Sicherheit – mit dem Ergebnis eines erneuten abrupten Kurswechsels zur zeitweiligen taktischen Verständigung mit Hitler-Deutschland. Ebenso mühelos schaltete die sowjetische Propaganda nach Hitlers Angriff am 22. Juni 1941 wieder auf die Linie des »antifaschistischen Kriegsbündnisses« mit den angelsächsischen Mächten um.

Der Einfluß der sowjetisch geprägten antifaschistischen Semantik auf die öffentliche Meinung und Urteilsbildung im Westen dauerte auch nach dem Krieg fort. Wenn das Potsdamer Abkommen vom 2. August 1945 »demokratische und friedliche Grundlagen« für ein künftiges Deutschland und die »Ausrottung von Militarismus und Nazismus« proklamierte, so gaben solche ausdeutungsfähigen Begriffe der sowjetischen Propaganda die Gelegenheit, sie mit ihrem eigenen, marxistisch-leninistischen Inhalt zu füllen. In ganz Mittelosteuropa und in der sowjetischen Besatzungszone Deutschlands vollzog sich der schrittweise Aufbau der sowjetkommunistischen Alleinherrschaft unter der Tarnkappe einer neuen »antifaschistisch-demokratischen Ordnung«, die sich mit ideologischer Selbstsicherheit als die höhere, »wahrhaft demokratische« und fortschrittliche Ordnung im Vergleich mit der westlichen, »bürgerlich-kapitalistischen« Demokratie verstand und sich damit den Massen in aller Welt empfahl.

Es solle »demokratisch aussehen, aber wir müssen alles in der Hand haben«[2], lautete folgerichtig die Formel Walter Ulbrichts für den antifaschistischen Aufbau in der sowjetischen Besatzungszone. Besonders in den ersten Nachkriegsjahren und dann erneut in der Ära der Entspannung und des »Wandels durch Annäherung« ergossen sich die Sprachregelungen der sowjetkommunistischen Propaganda auch in die Welt diesseits der militärischen Teilungslinie. Nicht zuletzt viele Publizisten, die sich als »fortschrittlich« verstanden, übernahmen diesen Sprachgebrauch, waren sie sich nun seiner sowjetkommunistischen Herkunft bewußt oder nicht. In der Sowjetunion und im Lager der westlichen marxistisch-leninistischen Parteien und ihrer – auch nichtkommunistischen – Multiplikatoren versuchte man, der Faschismus-Doktrin ein »wissenschaftliches«, marxistisches Fundament zu geben. Tatsächlich dienten sie in erster Linie der politisch-ideologischen Kriegführung der Sowjetunion.

Die Entstehung der Faschismus-Doktrin der Bolschewiki

Die sowjetkommunistische Faschismus-Doktrin entstand als Reaktion auf das Scheitern der Moskauer Weltrevolutionspläne 1922/23. Im Oktober 1922 waren in Italien die Faschisten Mussolinis an die Macht gekommen. Im Juni 1923 war in Bulgarien ein kommunistischer Aufstandsversuch gescheitert. In Deutschland war im Herbst 1923 der von der Komintern so gründlich vorbereitete »deutsche Oktober« ein Mißerfolg geworden. Die Führer der Bolschewiki und der Kommunistischen Internationale hatten die Niederlage theoretisch aufzuarbeiten und daraus praktisch-politische Schlußfolgerungen zu ziehen. Die italienischen Faschisten hatten offensichtlich von den revolutionären Methoden Lenins und Trotzkijs viel gelernt: Kaderpartei, Machtergreifungsstrategie mit ihren typischen Formen von Agitation und Terror, Etablierung eines Einparteistaats – das alles wäre ohne die Vorbilder in Petrograd und Moskau kaum möglich gewesen.

Nikolai Bucharin, der führende Theoretiker seiner Partei, machte vor dem XII. Parteitag der Russischen Kommunistischen Partei (RKP (B)) im April 1923 kein Hehl daraus, daß die italienischen Faschisten »sich mehr als irgendeine andere Partei die Erfahrungen der russischen Revolution zunutze gemacht haben«. Man entdecke bei ihnen »*eine genaue Kopie* der bolschewistischen Taktik, wie zum Beispiel die schnelle Konzentration der Kräfte, die Schaffung einer kraftvollen Militärorganisation, die erbarmungslose Vernichtung des Gegners, sobald es nötig ist und die Umstände es erfordern«[3]. Die Kommunisten waren nicht zuletzt davon beeindruckt, wie es die Faschisten Mussolinis verstanden, mit den »Massen« umzugehen und sie zu mobilisieren. Sie waren, wie der deutsche Kommunist A. Jacobsen urteilte, keineswegs nur eine »Organisation der Großbourgeoisie« und deren »Söldner«, sondern eine »demokratische Massenorganisation« mit einer sozialen Basis »in breiten Bauern- und Kleinbürgermassen«[4]. Dies war der Beginn einer umfassenden Debatte über Entstehungsursachen und Funktion des Faschismus, seiner sozioökonomischen »Autonomie« oder »Heteronomie«, also der Frage, ob er vor allem als Schutztruppe des »Kapitalismus« oder als eigenständige politisch-gesellschaftliche Kraft zu beurteilen sei.

Kontroverse zwischen Sozialdemokraten und Bolschewiki

Viele europäische Sozialdemokraten waren überzeugt, daß die russischen Kommunisten eine besondere Verantwortung für die Entstehung des Faschismus trugen. Der einflußreiche österreichische Sozialdemokrat Otto Bauer nannte hier den »bolschewistischen Terror« an erster Stelle, mit dem Lenins Partei schon den Oktober 1917 für sich entschieden hatte.[5] Aus sozialdemokratischer Sicht trugen die Kommunisten die Hauptverantwortung für die Spaltung der Arbeiterbewegung und der Gewerkschaften. Auch die Rückeroberung Georgiens (1922), das sich unter menschewistischer Führung für die nationale Selbständigkeit entschieden hatte, wirkte bei den Sozialdemokraten als Schock. Natürlich wandten sich die Kommunisten mit Vehemenz gegen diese Schuldzuweisung, so Clara Zetkin vor dem Exekutivkomitee der Kommunistischen Internationale (EKKI) im Juni 1923: »Für die Herren Reformisten spielt die russische Revolution dieselbe Rolle wie für die Bibelgläubigen der Apfelbiß im Paradies. Sie ist [für die Sozialdemokraten, K. H.] der Ausgangspunkt aller terroristischen Erscheinungen der Gegenwart.« Wie immer, wenn sich bolschewistische Führer ertappt sahen, griff auch Clara Zetkin zum probaten Mittel der Ironie gegen Otto Bauer und seinen »keuschen politischen Busen« und polemisierte, nicht die Oktoberrevolution sei für den seitdem unaufhörlich steigenden Pegel der Gewalt verantwortlich, sondern die »Klassendiktatur« der Bourgeoisie und ihr »imperialistischer Raubkrieg« von 1914 bis 1918.[6] Dies war die klassische marxistische Rechtfertigung der Gewalt als gerechter »Gegengewalt« gegen die *eigentlich* ursächliche Gewalt des bürgerlich-kapitalistischen Gegners.

Zetkins Analyse der sozialen Basis des italienischen Faschismus, die vor allem von proletarisierten oder von der Proletarisierung bedrohten klein- und mittelbürgerlichen Schichten, von Beamten und bürgerlichen Intellektuellen gebildet wurde, war nicht ohne realistische Einsicht; jedoch kehrte sie gleich wieder zur praktischen Nutzanwendung für den politischen Kampf im Zeichen marxistischer Orthodoxie zurück: Die reformistischen Sozialdemokraten hätten mit ihrem »Verrat« und kleinmütigen Verzicht auf den revolutionären Kampf des Proletariats gegen die kapitalistische Ordnung die enttäuschten Massen in die Arme der Faschisten getrieben. Der Faschismus sei zwar »ein außerordentlich gefährlicher und furchtbarer Feind«, aber eben doch »ein Ausfluß der Zerrüttung und des Zerfalls der kapitalistischen Wirtschaft und ein Symptom der Auflösung des bürgerlichen Staates«, letztlich »der stärkste, der konzentrierteste, der klassische Ausdruck der Generaloffensive der Weltbourgeoisie in diesem Augenblick«, ein zwiespältiges Gebilde, dessen »revolutionäre Elemente« von den »reaktionären Elementen« im Dienst des »Geldschranks und der politischen Macht der Großbourgeoisie« manipuliert und gefesselt würden.[7]

Aus der Analyse leitete Clara Zetkin den Ratschlag für die weitere Strategie der kommunistischen Weltbewegung ab: Sie solle eine Politik des trojanischen Pferdes betreiben, um »die energischsten und entwicklungsfähigen Elemente« im Faschismus werben, sie »entweder unserem Kampf eingliedern oder sie zumindest für den Kampf neutralisieren« und so verhindern, »daß sie die Mannschaften stellen für die Gegenrevolution der Bourgeoisie«.

Die theoretische und praktisch-politische Funktion der Faschismus-Doktrin in dieser frühen Phase unter dem Eindruck ihrer italienischen Variante war es nicht zuletzt, die Verzögerung des angeblich unaufhaltsamen »revolutionären Weltprozesses« zu erklären. Deshalb mußte der Faschismus zum letzten verzweifelten, daher auch so gewaltsamen Versuch der von der Geschichte todgeweihten Bourgeoisie gestempelt werden, ihr Leben zu verlängern. Man brauchte Sündenböcke für die unübersehbare Tatsache, daß der marxistische Geschichtsfahrplan durcheinander gekommen war, und fand sie bei den »Faschisten« und den »Herren Reformisten« unter den sozialdemokratischen Führern. Diese ideologische Hilfskonstruktion konnte mehrere Funktionen zugleich erfüllen: Sie konnte die Verzögerungen im Revolutionsfahrplan erklären und die Verantwortung auf Faschisten und Sozialdemokraten abschieben, ohne deren »Verrat« es nicht zum Faschismus gekommen wäre. Und sie konnte den Terrorismus der eigenen Machtergreifung und Herrschaftspraxis seit 1917 mit diesen feindlichen Kräften rechtfertigen, also den Vorwurf des »Apfelbisses im Paradies« an sie zurückgeben.

Am kommunistischen Faschismus-Begriff und der daran geknüpften Kampfstrategie konnte man aber auch die dialektischen Fähigkeiten bewundern, aus der Defensive und Niederlage der kommunistischen Revolutionsbewegung 1922/23 unverzüglich wieder zur politisch-ideologischen Offensive überzugehen. Clara Zetkin schlug zum Beispiel eine Strategie der »proletarischen Einheitsfront« vor, die, je nachdem, eine »rechte« oder eine »linke« Variante haben konnte. Um aus der Niederlage und Isolierung herauszukommen, konnten die Kommunisten versuchen, die Massen der faschistischen Anhängerschaft von ihren Führern, diesen »Marionetten der monopolkapitalistischen Bourgeoisie«, zu trennen. Sie konnten die gleiche Taktik aber auch als »Einheitsfront von unten« bei der sozialdemokratischen Anhängerschaft versuchen, diesmal mit Hilfe der Propaganda gegen die »rechten«, mit der Bourgeoisie paktierenden Führer. In jedem Fall boten sich die Kommunisten »den Massen« als die authentischen Führer des Proletariats an, die um dessen wirkliche Bedürfnisse und Wünsche wußten und den unfehlbaren Gang der Geschichte kannten.

Revolutionäre Situation 1923

Im Sommer und Herbst 1923 signalisierten schwere Krisenerscheinungen in Deutschland – der Wirtschafts- und Währungsverfall sowie der Einmarsch französischer und belgischer Truppen in das Ruhrgebiet – den Kommunisten eine revolutionäre Situation. Karl Radeks vielzitierte Schlageter-Rede vor dem 3. Plenum des Exekutivkomitees der Komintern im Juni 1923 mit ihrer Huldigung an den wegen Sabotageakten von einem französischen Militärgericht zum Tod verurteilten und hingerichteten deutschen Nationalisten Albert Leo Schlageter enthielt ein veritables Bündnisangebot der Kommunisten an die Adresse der nationalistischen deutschen Rechten.[8] Sowohl die deutschen Kommunisten wie das Bürgertum waren gespalten. Dachte der Reichswehrchef General von Seeckt zeitweilig an eine Wiederaufnahme des Kampfes gegen den Westen mit sowjetischer Unterstützung, so strebte Reichskanzler Gustav Stresemann die Überwindung der Krise gerade durch eine Verständigung mit Frankreich an und setzte sich mit dieser Linie auch schließlich durch, die im Vertrag von Locarno (1925) mündete. Die KPD kehrte schon im Herbst zur Einheitsfront zurück und arbeitete mit den linkssozialistischen Landesregierungen in Sachsen und Thüringen zusammen. Gleichzeitig bereitete sie im Untergrund mit sowjetischer Hilfe den bewaffneten Aufstand vor, wobei unklar ist, ob sich in diesem Zickzack-Kurs Flexibilität oder eher revolutionäre Ungeduld niederschlug. Der kurzzeitige Schlageter-Kurs im Sommer 1923 blieb aber eine stets mögliche Option der sowjetischen Politik in Deutschland, mit der versucht werden konnte, Deutschland vom

Westen zu isolieren, gegen ihn in Stellung zu bringen und somit die sowjetische Außenpolitik durch propagandistische Einflußnahme zu verstärken im Sinn einer typisch totalitären integralen Einheit politisch-psychologischer Kampfführung.

Nach dem Scheitern der sowjetischen Hoffnungen auf den »deutschen Oktober« griff in Moskau die Erkenntnis Platz, daß die Periode des »revolutionären Aufschwungs« in Europa fürs erste beendet war und einer Phase der Konsolidierung »des Kapitals« Platz machte. Stalin formulierte die neue Generallinie mit der Formel, die deutsche Arbeiterbewegung sei »aus der Periode des Sturmes in eine Periode der Ansammlung der Kräfte eingetreten«. Mit unverhohlenem Opportunismus verzichtete man nun darauf, die Sozialdemokraten des Verrats an der Revolution zu bezichtigen und sie als eine »Abart des Faschismus« zu diffamieren. Mit der neuen Einheitsfront-Taktik wollte man sie nun aus der Umarmung der Bourgeoisie befreien und im übrigen alle Risse innerhalb des bürgerlichen Lagers ausnutzen.

Die »Sozialfaschismus«-Kampagne Stalins und der Komintern

Aber schon vier Jahre später proklamierten Stalin und die Komintern eine neue »Generallinie«: Nach dem revolutionären Aufschwung der ersten Nachkriegszeit und der kapitalistischen Konsolidierung seit 1924 habe nun eine dritte Periode der Nachkriegszeit begonnen. Wieder avancierte die SPD für die sowjetischen Führer zum Hauptfeind in Deutschland. Ihr prowestlicher und antibolschewistischer Kurs wurde aus Moskauer Sicht verstärkt durch den Eintritt der Sozialdemokraten in die Reichsregierung Seite an Seite mit dem Zentrum und der gemäßigt rechten Deutschen Volkspartei (DVP) Stresemanns im Juni 1928[9]. Im Schatten der heraufziehenden neuen Wirtschaftskrise unterlag die kapitalistische Welt nach Auffassung der Komintern insgesamt einer deutlichen »Faschisierung«, der sich angeblich auch die Sozialdemokraten nicht entziehen konnten. Die deutsche Innenpolitik wurde dabei zum Spiegel der gleichzeitigen Machtkämpfe in der sowjetischen Führung, in denen sich Stalin gegen seine »rechten« Kritiker wie Bucharin durchsetzte – mit entsprechenden Folgen für die Kominternpolitik in Deutschland. Tagespolitische Ereignisse wie das Vorgehen der sozialdemokratischen preußischen Regierung gegen kommunistische Demonstranten in Berlin am 1. Mai 1929, bei dem einige Demonstranten getötet wurden, lieferten dem Kreml willkommene Munition für seine neue Strategie.

Das 10. Plenum des Exekutivkomitees der Komintern im Juni 1929 erklärte den »Sozialfaschismus« der SPD zum Hauptfeind des »revolutionären Proletariats«: Die deutsche Sozialdemokratie sei nur in Worten sozialistisch, faktisch unterstütze sie jedoch die kapitalistische Bourgeoisie. Die These, die Sozialdemokraten träten unter der »Maske« des Sozialismus auf und seien damit gefährlicher als der »offene Faschismus«, trug deutlich Stalins Handschrift, der einige Jahre zuvor seine Sprachregelung zu diesem Thema schon einmal mit den Sätzen formuliert hatte: »Faschismus ist eine Kampforganisation der Bourgeoisie, die sich auf die aktive Unterstützung der Sozialdemokratie stützt. Faschismus und Sozialdemokratie schließen einander nicht aus, sondern ergänzen sich; sie sind keine Antipoden, sondern Zwillingsbrüder.«[10] Nach Komintern-Meinung war die SPD schon deshalb faschistisch, weil sie eine Politik der Versöhnung und Zusammenarbeit der Klassen vertrat anstelle der Klassenkampfidee. In Stalins charakteristischer Semantik galt es daher, diesen ihren wahren Charakter zu »entlarven«. Da die Diagnose und Strategie der Komintern jetzt wieder auf »revolutionäre Verschärfung der Weltlage« lautete, mußte in der entsprechenden revolutionärpropagandistischen Zuspitzung auch der Faschismus wieder als Herrschaftsform der Bourgeoisie in der Zeit des »verfaulenden Kapitalismus« definiert und mußten dementsprechend die starken sozialdemokratischen Parteien des Westens und besonders die SPD ideologisch diskreditiert werden. Stalins Interesse an einer revolutionär-ideologischen Ausbeutung der ökonomischen Krise und an einer entsprechenden Destabilisierung gerade der Weimarer Republik war unverkennbar.

Vor dem 11. Plenum des Exekutivkomitees der Komintern im

März 1931 vertrat dann auch der neue Vorsitzende der nun völlig stalinisierten KPD, Ernst Thälmann, gehorsam die These, die SPD sei eine wesentlich größere Gefahr als die Nationalsozialisten, da sie zur »wichtigsten Stütze des kapitalistischen Systems in Deutschland« geworden sei.[11] Auch jetzt war der Zusammenhang mit den Auseinandersetzungen in der Sowjetunion deutlich. Im März 1931 fand in Moskau ein Schauprozeß gegen Führer der russischen Menschewiki statt, die der antibolschewistischen Verschwörung beschuldigt wurden. Die deutschen Sozialdemokraten kritisierten die terroristische Politik des Kreml-Herrschers in diesem Prozeß wie bei der gleichzeitigen Kollektivierung der Landwirtschaft. Auf dem SPD-Parteitag in Leipzig Anfang Juni 1931 kommentierte Fritz Tarnow Stalins Politik: »Die Einbildung, als ob das russische Experiment für das russische Volk die Befreiung aus sozialer Not gebracht hätte, wird ja niemand von uns teilen können.«[12] Und Otto Bauer erklärte vor dem Kongreß der Sozialistischen Internationale in Wien im August 1931 noch grundsätzlicher: »Es sind verschiedene Wege zum Sozialismus denkbar. Es ist denkbar jener Weg der Gewalt, der Diktatur, des Terrors, zu dem das weltgeschichtliche Beispiel der russischen Revolution breite Massen von Arbeitern in allen Ländern lockt ... Aber wir wissen alle, ... daß der Versuch auf diesem Weg erkauft wird ... mit dem Verzicht auf alle ... kostbaren Güter der persönlichen und geistigen Freiheit ... Wir wissen, daß das Ergebnis dieser Opfer zunächst noch kein anderes ist und kein anderes sein kann, als ein Staatskapitalismus einer Diktatur ...«[13]

Noch im September 1932 bestätigte das 12. Plenum des Exekutivkomitees der Komintern die Sozialfaschismus-Linie mit Formeln, die die SPD erneut als »Wegbereiterin des Faschismus« und »wichtigste soziale Stütze der Bourgeoisie« diffamierte. Ohne ihre vorherige Zerschlagung sei ein wirksamer Kampf gegen den Faschismus nicht möglich, erklärten führende Komintern-Funktionäre wie Otto Kuusinen, Dimitrij Manuilskij und Walter Ulbricht, andere wiederholten Stalins Sentenz von der »Zwillingsbruderschaft« von Sozialdemokratie und Faschismus.[14]

Im Lager der deutschen Kommunisten und der Komintern war

um diese Zeit die Meinung weit verbreitet, daß eine Hitler-Regierung bald scheitern müsse, jedoch als Zwischenphase und Wegbahnung für die dann um so erfolgreichere proletarisch-kommunistische Revolution von Nutzen sein könne.[15] Und selbst bei längerer Machtausübung des Nationalsozialismus könne sich die Chance ergeben, daß sich der deutsche Revisionismus zunächst einmal nach Westen richten würde und die Sowjetunion inzwischen weiter »den Sozialismus aufbauen« könne. Auch nach Hitlers Machtergreifung weigerte sich Stalin zunächst, die Sozialfaschismus-Taktik zu korrigieren. Obwohl Hitler alsbald mit der Vernichtung der KPD begann, versuchte Stalin eine Politik der »Nichteinmischung« in die deutsche Innenpolitik zu praktizieren. Zeitweilig setzte er auch Hoffnungen auf die Spannung zwischen Hitler und den Kräften der »zweiten Revolution« um den SA-Stabschef Röhm.

»Antifaschistische Volksfront gegen Faschismus und Krieg«

Erst unter dem Eindruck der raschen Gangart von Hitlers Revisionspolitik, vom Austritt Deutschlands aus dem Völkerbund (Oktober 1933) bis zur Wiedereinführung der allgemeinen Wehrpflicht (März 1935), schwenkte der Kreml auf den Versuch einer Politik der »kollektiven Sicherheit« im Bund mit den Westmächten um. Diese neue Linie führte im Mai und Juni 1935 zum Abschluß von Beistandspakten der Sowjetunion mit Frankreich und der Tschechoslowakei und zu ihrem Eintritt in den Völkerbund. Die neue sowjetische Politik sollte nun auch durch eine neue ideologische Generallinie der Komintern im Zeichen der »Einheitsfront gegen den Faschismus« ergänzt und untermauert werden.[16] Diese bis dahin »radikalste Wende in der Geschichte der Dritten Internationale«, wie Franz Borkenau urteilte[17] (der freilich bald der ebenso radikale Kurswechsel des Paktes mit Hitler folgen sollte), wurde vor allem von dem führenden Komintern-Funktionär Georgij Dimitroff vorbereitet, der 1933 durch den Reichstagsbrandprozeß in Leipzig international bekannt geworden war und nach dem Zweiten Weltkrieg dann mit harter Hand das sowjetkommunistische System in seiner Heimat Bulgarien durchsetzte. Die Komintern übte nun im Blick auf die Sozialfaschismus-Strategie Selbstkritik und erklärte feierlich den internationalen Faschismus zum Hauptfeind. Gegen ihn wollte man nun ebenso mit den Sozialdemokraten wie mit den Kräften der bürgerlichen Demokratie zusammenarbeiten.

Dimitroff kritisierte nun die vorherige uferlose Ausweitung des Faschismus-Begriffs auch auf die Sozialdemokraten und selbst auf die New-Deal-Politik des neuen amerikanischen Präsidenten Franklin D. Roosevelt. Die Grundfreiheiten der bürgerlichen Demokratie, die man lange Zeit als bloße Tarnung bürgerlicher Klassenherrschaft abgewertet hatte, sollten nun respektiert und für die Mitwirkung der Kommunisten in antifaschistischen Volksfront-Regierungen genutzt werden. Das Ergebnis war die klassisch gewordene Faschismus-Formel des 7. Komintern-Kongresses vom Mai 1935[18], die den Faschismus als »die offene, terroristische Diktatur der reaktionärsten, chauvinistischsten, am meisten imperialistischen Elemente des Finanzkapitals« qualifizierte und mit dieser schematisierenden Formel frühere differenziertere Analysen auch auf kommunistischer Seite zugunsten eines simplen politischen Kampfbegriffs zurückwies. Die Formel sollte die agitatorisch nützliche Vorstellung wecken und nähren, daß es hier angeblich um die Konfrontation zwischen einer kleinen Gruppe von Ausbeutern, zusammengefaßt in dem Symbolbegriff des »Finanzkapitals«, und der übergroßen Mehrheit der Menschheit ging, deren Interessen die Volksfront vertrat. Längst hatte sich dabei der Faschismus-Begriff von seinem ursprünglichen Gegenstand, den italienischen Faschisten, gelöst und war zu einem generalisierenden Begriff geworden, der sich mit Vorrang auf den Nationalsozialismus bezog und den Vorzug hatte, den von Kommunisten positiv konnotierten »Sozialismus«-Begriff taktisch geschickt zu umgehen.

Dimitroffs Rede auf dem Komintern-Kongreß von 1935 brachte inhaltlich keine neuen Erkenntnisse. Der Faschismus-Begriff sollte aber zur durchschlagenden Formel eines von den Kommunisten initiierten breiten Bündnisses aller »fortschrittlichen« Kräfte in möglichst vielen Ländern werden und die Gewißheit suggerieren, daß der Faschismus die »heftige Zuspitzung der allgemeinen Krise des Kapitalismus« signalisiere und die »herrschende Bourgeoisie« in ihm ihren letzten Rettungsanker sah. Dimitroff als der Sprecher gerade jener Organisation, die auf Befehl Stalins die Sozialfaschismus-Strategie exekutiert hatte, ließ sich jetzt ohne Scham vernehmen, daß eine »antifaschistische proletarische Einheitsfront« noch nach 1930 dem »Hitler-Faschismus« hätte den Weg verlegen können. Um so mehr sei es jetzt das Gebot der Stunde, die Drohung der »reaktionärsten Spielart des Faschismus des deutschen Schlages«, der die »Dreistigkeit« habe, sich Nationalsozialismus zu nennen, »obwohl er nichts mit Sozialismus gemein hat«, durch die Bildung der Einheitsfront des Proletariats und des ganzen »werktätigen Volkes« einschließlich der Bauernschaft, des städtischen Kleinbürgertums und der Intelligenz abzuwehren. Diesem »Stoßtrupp der internationalen Konterrevolution und Initiator eines Kreuzzuges gegen die Sowjetunion, das große Vaterland der Werktätigen der ganzen Welt«, galt es nun eine überlegene Kraft entgegenzusetzen.

Auf die Befürchtungen der Bündnispartner eingehend, die er nur zu gut kannte, meinte Dimitroff, die Kommunisten wollten nicht diktieren, sondern lediglich, wie alle anderen Bündnispartner, ihre »Vorschläge« den Arbeitern zur Beurteilung vorlegen. Die Kommunisten schlügen ja »einstweilen« nicht die Diktatur des Proletariats als Ziel der Volksfront vor, meinte Dimitroff weiter. Mit dieser verräterischen Einschränkung wies er aber auf die letzte Zielperspektive der Kommunisten hin. Natürlich seien die Kommunisten »Anhänger der Demokratie der Werktätigen«, jetzt aber, in der Phase der Einheitsfront, würden sie »jeden Fußbreit der bürgerlich-demokratischen Freiheiten in den kapitalistischen Ländern« verteidigen. Der Komintern-Sprecher leugnete den dialektischen Stufen-Charakter der kommunistischen Strategie nicht.

Die Einheitsfront-Strategie Dimitroffs schloß sogar, wie bei Clara Zetkin 1923, die Werbung um die faschistische Anhänger schaft ein, deren »außerordentlich buntscheckige Zusammensetzung« Dimitroff als »Achillesferse« des Faschismus bezeichnete. Gegebenenfalls mußte man mit verdeckten antifaschistischen Losungen die Massen der einfachen Anhänger unter den »werktätigen Schichten« von ihren faschistischen Führern und Demagogen im Sold des Finanzkapitals trennen. Als Zielgruppen dieser Einheitsfront-Taktik wies Dimitroff dabei besonders auf die Jugend sowie auf die werktätigen Frauen – Arbeiterinnen, Bäuerinnen und Hausfrauen – hin. Ihnen sollte ihre Versklavung durch Monopolkapital und Faschismus vor Augen geführt werden. Von der weitaus manifesteren Versklavung der Frauen im sowjetischen Produktions- und Zwangsarbeitsprozeß war natürlich nicht die Rede. Nicht zuletzt sollten die Kommunisten, obgleich »unversöhnliche grundsätzliche Gegner des bürgerlichen Nationalismus«, künftig auch der nationalen Frage gegenüber aufgeschlossener sein und keinem »nationalen Nihilismus« huldigen; Dimitroff rief dazu auf, nicht die »nationalen Gefühle der breiten werktätigen Massen zu mißachten«.

Die Generallinie der »antifaschistischen Einheitsfront« seit 1935 blieb keine Sache allein der ideologischen Propaganda. In Frankreich und Spanien führte sie zu Volksfront-Regierungen unter Einschluß oder doch parlamentarischer Duldung der Kommunisten. Das französische Experiment war freilich nur von kurzer Dauer. Im spanischen Bürgerkrieg dokumentierte sich nach Meinung der Komintern der »Hauptwiderspruch« der Epoche zwischen Faschismus und Antifaschismus. Aber gerade hier wurde auch deutlich, wie sehr die antifaschistische Strategie für die Kommunisten Mittel zum Zweck der Durchsetzung ihrer eigenen Machtansprüche und totalitären Ziele war. Hier wurde zugleich der Widerspruch zwischen den weltrevolutionären Zielen und den machtpolitischen Interessen der Sowjetunion erkennbar.

Einen unzweifelhaften Erfolg hatte die Linie der antifaschistischen Einheitsfront vor allem im Bereich der europäischen Intelligenz zu verzeichnen. Hitlers aggressive Politik spielte der Komintern auch und gerade hier nicht unwesentlich in die Hände, vor allem durch die antisemitischen Verfolgungen des NS-Regimes. Eine Reihe glänzender Namen aus der fortschrittlichen Intelligenz Europas wallfahrtete nach Moskau, um das Experiment der Freiheit und Gleichheit im Arbeiter- und Bauernparadies kennenzulernen und nach der Rückkehr euphorisch zu preisen. »Selbst die Stalinschen Massenmorde in den Jahren 1936-1938 ... haben diese ›antifaschistische‹ Mode in den Literatenkreisen nicht sehr zu erschüttern vermocht. Zahlreiche linksstehende Schriftsteller haben damals die Augen vor diesem Blutbad geschlossen, ja sogar rechtfertigende und verniedlichende Erklärungen abgegeben: Henri Barbusse, Ernst Bloch, Bert Brecht, Lion Feuchtwanger, Ernst Fischer, Romain Rolland, G. B. Shaw.«[19]

Besonders unter den von Hitler vertriebenen deutschen Emigranten in Westeuropa wurden die Kommunisten mit ihrer Volksfront-Taktik aktiv. 1936 wurde in Paris ein »Ausschuß zur Vorbereitung der deutschen Volksfront« gebildet.[20] Die KPD war durch Willi Münzenberg vertreten, eine kleine volksfrontwillige Gruppe der SPD durch Rudolf Breitscheid und die »Sozialistische Arbeiterpartei« (SAP), die sich 1932 von der SPD abgespalten hatte, durch Willy Brandt. Den Vorsitz übernahm der Schriftsteller Heinrich Mann. In einem Fünf-Punkte-Programm sprach sich der Ausschuß zwar für eine »demokratische Republik« des Weimarer Typs aus und war von der Diktatur des Proletariats keine Rede. Der KPD-Vorsitzende Wilhelm Pieck sprach jedoch in vertrautem Kreis offen davon, daß diese Leitsätze für die Kommunisten nur einen taktischen Umweg auf dem Weg zu ihrer Alleinherrschaft darstellten.

Mehrere Jahre gelang es so der Komintern, die Exzesse des NS-Regimes in Deutschland als Rauchschleier zu benutzen, um dahinter den gleichzeitigen totalitären Terrorismus Stalins zu verstecken. Allerdings wurden die Moskauer Schauprozesse zwischen 1936 und 1938 dann für eine wachsende Zahl bisheriger Sympathisanten der Volksfrontpolitik zum Anstoß für die Einsicht, daß man einem »Gott, der keiner war« gedient hatte, wie der Titel eines aufsehenerregenden Buches von Arthur Koestler lautete.[21] Die Nachrichten über die Moskauer sogenannte »große Säuberung«

waren es unter anderem auch, die den Westmächten, vor allem der britischen Regierung, die Entscheidung zwischen Hitler und Stalin erschwerten und das tiefe Dilemma der westlichen Politik zwischen den beiden totalitären Mächten deutlich machten.

Stalins doppelter Kurswechsel und Roosevelts »progressive« Weltpolitik

Auch die Bedenkenlosigkeit, mit der Stalin durch seinen Pakt mit Hitler den politischen Kurs und die entsprechende ideologische Begleitmusik erneut wechselte, erregte die internationale Öffentlichkeit. Über Nacht wurden die beiden europäischen Westmächte für die Sowjets wieder zu Hauptfeinden – wenn nicht gleich zu »Faschisten«, so doch zu monopolkapitalistischen Kriegstreibern. Der schockierende Pakt zwischen den Erzfeinden öffnete weiteren bisherigen Verfechtern des antifaschistischen Bündnisses mit den Kommunisten die Augen.

Als Hitler kaum zwei Jahre später diese Verbindung wieder löste, durch die er sich selbst in die Gefahr der machtpolitischen Erdrosselung gebracht hatte, entstand dann unter dem Zwang der Umstände jene große antifaschistische Koalition, die 1939 an Stalins Weigerung gescheitert war. In der Situation des 22. Juni 1941 war ihr Motiv natürlich zunächst vor allem militärisch-machtpolitischer Natur. Die sowjetkommunistische Propaganda, die während des Hitler-Stalin-Pakts die westlichen Demokratien ungescheut als »imperialistisch« und als die eigentlichen »Kriegstreiber« qualifiziert hatte, schwenkte nun rasch wieder auf die Linie eines antifaschistischen Kampfes gegen den »Hitler-Faschismus« um, die bei der westlichen »progressiven« Linken, besonders im engeren Umfeld des amerikanischen Präsidenten Franklin D. Roosevelt, auch lebhafte Resonanz fand. Seine Jalta-Strategie, die zur Preisgabe Kontinentaleuropas an die sowjetische Hegemonialmacht bereit war, knüpfte an politische Grundüberzeugungen des Präsidenten Woodrow Wilson an, der schon 1917 von der »großen Revolution« der Bolschewiki gesprochen hatte und in ihr ein verwandtes »demokratisches« Element entdeckt zu haben glaubte. »Diese ideologische Brücke auf den Grundpfeilern der Weltmachtinteressen schien Angloamerikaner und Bolschewisten genügend zu verbinden, um darauf ein politisches Allianzsystem aufbauen zu können.«[22] Schon seit den zwanziger Jahren hatten wirtschaftliche, technologische und finanzielle Hilfen der USA für die UdSSR begonnen. Roosevelts erste richtungweisende Entscheidung war im November 1933 die diplomatische Anerkennung der Sowjetunion gewesen. Seit Ende der dreißiger Jahre versuchte er dann, England und Frankreich gegen Hitlers Expansionspolitik den Rücken zu stärken. Und zur Stärkung von Stalins Position im internationalen Machtpoker trug schließlich dessen begründete Erwartung bei, gegen Hitlers Offensive früher oder später mit amerikanischer Bündnishilfe rechnen zu können.

»Volksdemokratie« als Verschleierung der Sowjetisierung Ost-Mitteleuropas

Seit der Konferenz der »Großen Drei« in Teheran im Dezember 1943 war Roosevelt zu einem großzügigen Interessenarrangement mit Stalin auf Kosten Europas und Großbritanniens bereit. Diese neue machtpolitische Kooperation im Zeichen fortschrittlich-demokratischer und antifaschistischer Gemeinsamkeit wurde auch in der Folgezeit zu einem wesentlichen Trumpf der sowjetischen Politik, um den ihr im Krieg zugefallenen Teil Europas nicht nur militärisch-politisch, sondern auch gesellschaftlich-ideologisch ihrer Hegemonie zu unterwerfen. Hier leistete die antifaschistisch-demokratische Einheitsfront-Strategie abermals unschätzbare Dienste. Sie sollte für westliche und amerikanische Augen verschleiern, daß sie überall in Ost- und Mitteleuropa dem schrittweisen Aufbau des totalitären Parteimonopols sowjetischen Typs diente. Die sowjetische Propaganda suggerierte, daß die dortigen antifaschistisch-demokratischen »Volksdemokratien« eine verbesserte Form des westlichen Sozialismus darstellten und aus dem gemeinsamen Mutterboden der westlichen

»fortschrittlichen« Tradition stammten. Erst als die Resultate unumkehrbar geworden waren, wurde Georgij Dimitroff, nunmehr Stalins mächtiger Statthalter in seiner Heimat Bulgarien, deutlich: »Das sowjetische Regime und das volksdemokratische Regime sind zwei Formen ein und desselben Regierungssystems. Sie fußen auf dem Bund zwischen den städtischen und den landwirtschaftlichen Arbeitern. Beide fußen auf der Diktatur des Proletariats. Das sowjetische Beispiel ist das einzige und das beste Vorbild für den Aufbau des Sozialismus in unserem Land wie auch in den anderen Ländern der Volksdemokratien.«[23]

Tatsächlich wurde die Sowjetisierung Ost-Mitteleuropas nach dem Zweiten Weltkrieg zu einem weiteren Musterbeispiel der bolschewistischen Machteroberung unter der Tarnkappe antifaschistisch-demokratischer Volksfront- und Bündnis-Strategie. Und es war natürlich auch kein Zufall, daß dabei altgediente Komintern-Funktionäre wie Dimitroff oder in Ungarn Mátyás Rákosi, der schon 1919 Mitglied der kommunistischen Revolutionsregierung Bela Kuns gewesen war, wichtige Funktionen übernahmen.

Der kommunistische Machtergreifungsprozeß verlief auch hier in einer charakteristischen Stufen-Strategie. In einem ersten Stadium antifaschistisch-demokratischer Koalitionsregierungen ging es zunächst nur um die »Säuberung vom Faschismus«, um radikale Sozialreformen und eine beginnende Bodenreform sowie um die Sicherstellung einer »sowjetfreundlichen« Außenpolitik dieser Länder. Schon in diesem Stadium sicherten sich die Kommunisten vor allem die Schlüsselstellungen bei Polizei, Armee und Nachrichtendienst. In einer zweiten Phase wurden die nichtkommunistischen bürgerlichen und bäuerlichen Parteien in die Opposition gedrängt oder übernahmen kommunistische Vertrauensleute deren Führung. Kommunistische Frontorganisationen, wie etwa die Buchdrucker-Gewerkschaften, unterminierten die freie Meinungsäußerung, kommunistische Rollkommandos die Versammlungsfreiheit der nichtkommunistischen Parteien und Gruppen. Im dritten Stadium wurde schließlich das »monolithische« Regime einer von den Kommunisten beherrschten »Nationalen« oder »Vaterländischen Front« etabliert und wurden die

»gesäuberten« sozialdemokratischen Parteien mit den Kommunisten zu Einheits- und Arbeiterparteien fusioniert. Die Wortführer der nichtkommunistischen Opposition wurden zur Flucht in den Westen gezwungen oder verhaftet und als »Spione des Imperialismus« zu langen Kerkerstrafen verurteilt oder hingerichtet. 1949/50 war dieser Prozeß überall in Osteuropa im wesentlichen abgeschlossen; der Abfall Tito-Jugoslawiens von der Sowjetunion hatte ihn noch beschleunigt. Innerkommunistische Parteisäuberungen mit stalinistischen Schauprozessen sorgten für strikt moskauhörige Führungsgarnituren.

Antitotalitärer Grundkonsens in der Bundesrepublik Deutschland

Natürlich blieb auch das geteilte Deutschland im Fadenkreuz dieser antifaschistisch-demokratischen Umwälzungsstrategie. Über die entsprechenden Entwicklungen in der sowjetischen Besatzungszone wird im folgenden Kapitel berichtet. Die Bundesrepublik war 1949 im Zeichen eines klaren antitotalitären Grundkonsenses errichtet worden. Richard Löwenthal formulierte ihn gültig: »Die Schaffung eines demokratischen Staates aus den westlichen Besatzungszonen beruhte auch auf dem Wunsch der übergroßen Mehrheit der Bevölkerung, aus den Ruinen des Hitlerreiches eine freiheitliche Demokratie westlichen Typs aufzubauen und nicht Untertanen einer neuen, diesmal kommunistischen Parteidiktatur zu werden.«[24] Sicherlich stand die Wiederherstellung der materiellen Lebensgrundlagen im Vordergrund des gemeinsamen Bemühens. Im Zeichen der totalitären Erfahrung begann jedoch schon in den fünfziger Jahren – entgegen manchen heutigen Behauptungen – eine ernsthafte, besonders auch wissenschaftliche Auseinandersetzung mit dem Nationalsozialismus und wurde vor allem auch das Vermächtnis des deutschen Widerstandes gegen Hitler für die geistige Fundierung der freiheitlichen Demokratie gewürdigt.[25] Die gleichzeitige Erfahrung mit der neuen kommunistischen Diktatur in der sowjetischen Besatzungszone und die bereits 1945 begonnene Flucht von Millionen Menschen in die Westzonen waren geeignet, diesen antitotalitären Grundkonsens zu bekräftigen. Zu ihm gehörte nicht zuletzt die Überzeugung, daß die Bundesrepublik Deutschland entsprechend der Präambel des Grundgesetzes von 1949 der Kern- und Treuhandstaat für ein künftiges wiedervereintes Gesamtdeutschland war und die DDR lediglich »Moskaus westliche Provinz« und »ein Staat, der nicht sein darf«[26].

Erosion des Grundkonsenses und Antifaschismus in der Bundesrepublik

Nach dem Bau der Berliner Mauer und der innerdeutschen Sperranlagen 1961 setzte eine Erosion dieses Konsenses ein. An die Stelle einer ausgewogenen historisch-politischen Urteilsbildung auf der Grundlage eines soliden zeitgeschichtlichen Grundwissens und differenzierter Analysen der komplexen historischen Ursachengeflechte trat die Neigung zu einem besserwisserischen und moralistischen Umgang mit der Zeitgeschichte. Häufig wurde die historische Wahrheit ohne ausreichende Kenntnis der Fakten und Konstellationen verkündet. Die Einsicht in den zeitgeschichtlichen Totalitarismus in seinen *beiden* Ausprägungen wurde von einer erneuten »Faschismus«-Debatte verdrängt. Geistig-politische Krisenerscheinungen und sich ausbreitende Selbstzweifel in der Bundesrepublik wurden zum fruchtbaren Boden einer erneuerten Antifaschismus-Strategie mit dem Ziel, die Bundesrepublik zu delegitimieren und zu destabilisieren und die DDR als den wahrhaft »antifaschistischen« deutschen Staat aufzuwerten. In mehreren Kampagnen wurde führenden Politikern sowie Richtern und Militärs eine faschistische Vergangenheit vorgeworfen.

Im Zeichen der Studentenbewegung und des wachsenden Einflusses der sogenannten »Kritischen Theorie« der Frankfurter Schule kehrten Formeln der antifaschistischen Komintern-Strategie der zwanziger Jahre wieder und ergoß sich ein breiter Strom entsprechender Literatur in die publizistischen, wissenschaftlichen und pädagogischen Kanäle des Landes, wobei etwa das Diktum Max Horkheimers den Ton angab, niemand solle vom Faschismus reden, der nicht vom Kapitalismus zu sprechen bereit sei.[27] Klassische Faschismus-Analysen aus der Zeit der Weimarer Republik von August Thalheimer und Arthur Rosenberg bis Wilhelm Reich und Herbert Marcuse kamen wieder auf den Markt, die die These vom »Faschismus« als dem Agenten und Söldner des Großkapitals wieder aufnahmen.[28] Die Faustformel des Marburger Politologen Reinhard Kühnl (Jahrgang 1936), Liberalismus und Faschismus seien nur zwei »Formen bürgerlicher Herrschaft«, die eine für den Normalfall, die andere für Zeiten der Krise und Bedrohung monopolkapitalistischer Herrschaft, wurde für nicht wenige erneut zur unantastbaren Wahrheit, obwohl sie nur einen Neuaufguß der Komintern- und Dimitroff-Formeln darstellte und die Mitverantwortung des Marxismus-Leninismus-Bolschewismus für den Machtaufstieg des Nationalsozialismus mit Schweigen überging.[29]

Die Kader der Studentenbewegung trugen die marxistisch-leninistischen Thesen vom »faschistischen« Kern der Bundesrepublik, die jetzt ihr »wahres faschistisches Gesicht« enthülle und zu »terroristischen Herrschaftsformen« Zuflucht nehme, auf die Straßen. Die alten Thesen von der soziopolitischen Funktion des Faschismus zur »Stabilisierung der ökonomischen Struktur eines mehr und mehr auf staatliche Intervention angewiesenen Kapitalismus«[30] wurden wieder aufgewärmt und von Wortführern des intellektuellen Zeitgeistes wie Jürgen Habermas autoritativ bestätigt.[31] Die These von der »Methodenanalogie« zwischen dem Sowjetsystem und dem Nationalsozialismus hingegen wurde in altbewährter Manier ohne empirische Begründung als »offensichtlich brüchig« bekämpft: Sie verschweige den unterschiedlichen »gesellschaftlichen Inhalt« und vergesse, »daß es bei der Gewaltanwendung in der Politik nicht auf die Gewalt ankommt [sic!], sondern auf ihren emanzipatorischen oder repressiven Charakter«[32]. Man war wieder bei der jakobinischen Logik gelandet, daß Gewalt im Dienst der »Emanzipation« grundsätzlich anders beurteilt werden müsse als Gewalt »zur Aufrechterhaltung bestehender Herrschafts- und Unterdrückungsverhältnisse«. Und selbst die Frage, *wer* denn nun darüber entscheide, ob und wann eine politisch-ideologische Position fortschrittlich sei oder das Gegenteil, wurde als »falsch gestellt« oder »offensichtlich brüchig« abgetan. Die notwendige Diskussion über die Ziel-Mittel-Problematik, also die Frage nach der Perversion noch so guter Ziele durch schlechte und gewaltsame Mittel wurde im öffentlichen Diskurs zumeist von dogmatischen Vorentscheidungen und den sie begleitenden Emotionen erstickt.

Die These von der »Restauration kapitalistischer Verhältnisse«[33] in der Bundesrepublik nach 1945 war nur die Vorstufe zu dem Vorwurf ihres angeblichen Ausbaus zu einer »antikommunistischen Bastion« im Kalten Krieg und der Entwicklung eines »hysterischen Antikommunismus« in der Adenauer-Zeit, weshalb auch die »antikommunistische Totalitarismustheorie« aufgegeben werden sollte. In der sogenannten Kulturrevolution seit Ende der sechziger Jahre und ihrer intellektuellen »Welt im Kopfe« wurden die grundlegenden Tatsachen und Entwicklungen der Nachkriegszeit nicht zur Kenntnis genommen: weder die freien Wahlen ab 1946/49, durch die die große Mehrheit ihrer Bürger die Bundesrepublik Deutschland als den freien Staat der Deutschen legitimierte, noch die Theorie und Praxis der sozialen Marktwirtschaft und des sich auf ihrer Grundlage entfaltenden Sozialstaats, der mit dem klassischen »Kapitalismus« nicht mehr in einen Topf geworfen werden konnte. Die marxistisch-»antifaschistisch« inspirierte Kulturrevolution blendete aus ihrer Realitätswahrnehmung auch die außen- und sicherheitspolitische Lage der Bundesrepublik aus: die Realität der Bedrohung durch die imperialistische Sowjetunion und als deren Folge die Zementierung der neostalinistischen Breschnew-Ära und deren enorme Aufrüstung und politisch-militärische Expansion im Krisengürtel von Vietnam und Afghanistan bis Südafrika wurden geleugnet, die eigene Wunschwelt – die angebliche Entwicklung der Sowjetunion zur »sozialistischen Demokratie« und die »Konvergenz der Systeme« von Ost und West – wurde in die Realität hineinprojiziert. Die »sozialistischen Errungenschaften« der DDR und ihrer »antifaschistischen Demokratie« sollten erhalten bleiben und als mögliches Modell für ein künftiges Gesamtdeutschland dienen.[34]

Politische Erfolge der Antifaschismus-Strategie

Die praktisch-politische Funktion der Antifaschismus-Strategie in und gegen die Bundesrepublik läßt sich an vier Beispielen deutlich zeigen: an der Tätigkeit der »Vereinigung der Verfolgten des Naziregimes« (VVN), am Ge- und Mißbrauch des Faschismus-Vorwurfs durch den Linksterrorismus der siebziger und achtziger Jahre, am programmatischen Antifaschismus der Grünen und an bestimmten Segmenten der »kritischen« Friedensforschung und der Friedensbewegung.

1. Die Vereinigung der Verfolgten des Naziregimes

Die VVN war 1947 für alle vier Besatzungszonen gegründet worden, existierte in der DDR aber nur bis 1953, danach nur noch in der Bundesrepublik, wo sie ihren Namen 1971 durch den Zusatz »Bund der Antifaschisten« erweiterte.[35] Mit ihren etwa 13 000 Mitgliedern (1983) war sie von Anfang an eine DKP-nahe »Frontorganisation«, um deren Verbot als kommunistische Tarnorganisation aufgrund Artikel 9 des Grundgesetzes die Bundesregierung sich beim Bundesverwaltungsgericht vergeblich, wenn auch nicht sonderlich nachdrücklich bemühte. Das Gütesiegel, daß es sich hier um Verfolgte des NS-Regimes handelte, spielte dabei ebenso eine Rolle wie wohl auch eine NS-Belastung des Präsidenten des Bundesverwaltungsgerichts. Daß die VVN aber ein nützliches Instrument antifaschistischer Volksfront- und Bündnispolitik war, um Sozialdemokraten, Christen und auch Vertreter »bürgerlicher« Parteien zur Zusammenarbeit mit den Kommunisten zu gewinnen, während die DKP im Hintergrund bleiben konnte, ist nicht zu bezweifeln. Unvereinbarkeitsbeschlüsse der SPD hinsichtlich der Zusammenarbeit und Mitgliedschaft in der VVN wurden in den achtziger Jahren zunehmend mißachtet. Als der Sozialismus sowjetkommunistischer Prägung sich seit Mitte der achtziger Jahre mehr und mehr als vor allem ökonomisch unattraktives Modell erwies, war es taktisch leichter, an die Stelle eines politökonomisch argumentierenden Antikapitalismus Themen wie »Faschismus« und Kriegsgefahr als mobilisierende und integrative Faktoren in den Vordergrund zu rücken.

2. Der Linksterrorismus

»Antifaschismus« wurde auch zum Haupttheorem des linken Terrorismus, der aus der zerfallenden Studentenbewegung von 1968 hervorging, besonders in Gestalt der »Rote Armee Fraktion« (RAF) und der dann in ihr aufgehenden »Bewegung 2. Juni«, der »Revolutionären Zellen« und des »Sozialistischen Patientenkollektivs«.[36] Die terroristischen Gruppen in der Bundesrepublik machten sich den Faschismus-Begriff der sowjetkommunistischen Version ohne Umschweife zu eigen, und dies mit um so größerem Erfolg, als der Begriff in den siebziger Jahren zeitweilig geradezu zu einer »Fundamentalnorm« zu werden begann und die bundesrepublikanische Gesellschaft insgesamt und ihre Eliten in Politik, Medien, Wissenschaft und Erziehung zunehmend einer historisch-politischen Orientierungslosigkeit anheimfielen mit allen Folgen der Staatsverdrossenheit und des geistigen Opportunismus. »Die moralische Legitimation der westlichen Demokratien schien in Frage gestellt zu sein. Radikale Befreiungsideologien erschienen als Morgenröte am Horizont und wurden gierig aufgesogen.«[37] Die diktatorischen Realitäten der meisten »revolutionären« und nationalen »Volksbefreiungs«bewegungen und -regime wurden ebenso beflissen übersehen wie im Falle der sowjetkommunistischen Systeme.

Das Faschismus-Verständnis der RAF war genuin marxistisch, wurden die »Faschisten« doch als Instrumente »des Kapitals« gesehen und die privatkapitalistische Verfügungsgewalt über Produktionsmittel als die eigentliche Wurzel faschistischer Entwicklungen und Gefahren. Und wie Moskau und Ost-Berlin vertrat auch die RAF die These von der »Kontinuität« faschistischer Sozialstrukturen und Führungseliten in der Bundesrepublik. Die praktische Unterstützung durch die DDR und ihre »Staatssicherheit« lag nahe und wurde nach deren Ende auch bestätigt, was nur naive Beobachter überraschen konnte. Je mehr die RAF und die anderen Gruppen schließlich in einen blinden terroristischen Aktionismus abglitten, desto deutlicher wurde auch hier, daß der Faschismus-Vorwurf nur noch als dünnes Legitimationsgewand diente sowie zur Immunisierung gegen die Erkenntnis des eigenen Realitätsverlusts.

3. Grüner Antifaschismus

In der aus Studentenbewegung und »Kulturrevolution« hervorgegangenen Partei der Grünen wurde der »Antifaschismus« zur programmatischen Grundlage. Ohne selbst orthodox marxistisch zu sein, stimmte sie mit ihren Postulaten der »Aufarbeitung der deutschen Vergangenheit« in einem strikt antifaschistischen Sinn oder des Verbots »faschistischer Organisationen« und Literatur weitgehend mit sowjetkommunistischen und aus Ost-Berlin kommenden Thesen und Forderungen überein. Aus diesem Antifaschismus leiteten die Grünen in den achtziger Jahren grundsätzliche außenpolitische Zielperspektiven ab wie die Neutralität und »Blockunabhängigkeit« der Bundesrepublik sowie weitgehende militärische Abrüstung. Die maßvolle Sicherheitspolitik der Bundesrepublik im Rahmen des Nordatlantischen Bündnisses wurde von einer Sprecherin der Grünen, Antje Vollmer, als »faschistische Allmachtsphantasien der Weltherrschaft der germanischen Herrenrassen« beschimpft.[38] Oft war man sich über die Herkunft der antifaschistischen Agitationsformeln aus dem ideologischen Kampf des Sowjetkommunismus nicht einmal im klaren. Deren Wirkung bei Teilen der sich politisch artikulierenden jüngeren Generation wurde aus dem aus den Prozessen der Umerziehung nach 1945 stammenden selektiven Geschichtsbild verständlich, das die Antifaschismus-Dogmatik weiter verstärkte und sich zeitweise zu einem pathologischen deutschen Selbsthaß steigerte. Die grundlegenden Fakten und Kriterien der Geschichte und des politischen Systems der Sowjetunion und ihrer Satelliten in

Osteuropa verschwanden dagegen weitgehend aus diesem Denken.

4. Antifaschistischer »Kampf für den Frieden«

Wie in den fünfziger Jahren im Kampf gegen den westdeutschen Verteidigungsbeitrag und schon zur Zeit der Volksfrontpolitik der dreißiger Jahre verband sich die antifaschistische Strategie auch in den achtziger Jahren mit dem »Kampf für den Frieden«. Die sowjetisch gesteuerte Sprachregelung erlebte hier noch einmal einen Höhepunkt ihres Einflusses auf die öffentliche Meinung des Westens, besonders in der Bundesrepublik Deutschland, indem es ihr gelang, sowjetische Aufrüstung und Stärke (wie die Aufstellung der SS-20-Raketen) als Faktoren eines stabilen Friedens, hingegen die westliche Nachrüstung als Friedensgefahr darzustellen. Da die westlichen Demokratien und ihre politischen Führer vielfach ohne historisches Erinnerungsvermögen leben, war ihnen auch die Langzeitperspektive der sowjetischen Strategie zumeist unbekannt, so daß die sowjetische Politik den Westen immer wieder täuschen konnte.[39] Von sowjetischer Seite wurde so in den achtziger Jahren noch einmal das ganze Arsenal der politisch-ideologisch-psychologischen Kampfführung aufgeboten auf der Grundlage des Axioms der Ausnutzung der Widersprüche im Kapitalismus-Imperialismus: Nichtangriffspakte (jetzt nannte man sie »Gewaltverzichtsverträge«), Vorschläge zur Etablierung kernwaffenfreier Zonen (in Zentraleuropa, in der Ostsee, im Mittelmeer oder in Asien) mit ihren Möglichkeiten politisch-psychologischer Erpressung der atomaren Habenichtse durch die Kernwaffen-Mächte, antiimperialistische Bündnisstrategie in der Dritten Welt zwecks Mobilisierung des dortigen Nationalismus gegen den Westen, Ausnutzung unterschiedlicher strategischer Interessen der USA und der Europäer.

Dieser »Kampf für den Frieden« wurde seit den siebziger Jahren auch in der sogenannten kritischen Friedensforschung ausgefochten, die sich als »Kritik der Ökonomie der Abschreckung«, »Paxeologie« und friedenspolitische Bewußtseinsbildung verstand.[40] Auch sie ging von der marxistischen Prämisse aus, daß der monopolistische Kapitalismus und sein Gesellschaftssystem auf die Disziplinierung ihrer Untertanen angewiesen sind und zwecks Ableitung innergesellschaftlicher Widersprüche zur »organisierten Friedlosigkeit« nach außen tendieren.[41] Nach dieser These wurde der Frieden nicht von außen bedroht, sondern von den »militaristischen Interessen im eigenen Sozialsystem«[42]. Semantisch aufwendige Formulierungen konnten kaum verhüllen, daß hier die urmarxistische Antithese des wesensmäßig friedlosen »Kapitalismus« und des grundsätzlich friedliebenden und friedensichernden »Sozialismus« einschließlich der Rechtfertigung der »progressiven Funktion von Gewalt«[43] repetiert wurden. Mit diesen agitatorischen Formeln – von der »organisierten Friedlosigkeit« des Kapitalismus bis zur angeblich »nicht aufgearbeiteten faschistischen Vergangenheit« der Bundesrepublik – konnte man sehr praktische Politik machen. Wenn zum Beispiel die Mauern und Grenzanlagen der DDR ein »antifaschistischer Schutzwall« waren, konnte man sie und die Tatsache rechtfertigen, daß auch nach 45 Jahren »Frieden« in Europa an der Mauer jeder abgeschossen werden konnte, der ohne »Propusk« (russ.: Passierschein) vom Alexanderplatz zum Kurfürstendamm fahren wollte (Günther Zehm). In der Ära Breschnew wurde die antifaschistische Strategie noch einmal zu einem probaten Mittel, den Selbstbehauptungswillen des politischen Gegners – jetzt der Bundesrepublik Deutschland – zu schwächen und ihn innen- wie außenpolitisch an der Wahrnehmung seiner natürlichen Interessen zu hindern.

Antifaschistische Bündnisstrategie der SED gegenüber der SPD

Trotz aller Enttäuschungen der SED-Führung darüber, daß die SPD Westdeutschlands auf dem Höhepunkt des Ost-West-Konflikts der kommunistischen Umarmungsstrategie widerstanden hatte, gab es Versuche Moskaus wie Ost-Berlins, die neue Ostpolitik ab 1970 auch zu zwischenparteilicher und ideologischer Zusammenarbeit in der Tradition der antifaschistischen Einheitsfront auszuweiten. Die Wiederzulassung der Kommunistischen Partei in der Bundesrepublik konnte auf sowjetischer Seite als ein erster Schritt zu wachsender Einflußnahme auf die westdeutsche Innenpolitik erscheinen, obwohl Abgrenzungsversuche von SPD-Parteitagen hier – an der Basis nicht immer beachtete – Riegel vorzuschieben versuchten. Im Berliner Wahlkampf 1981 hat es darüber hinaus konkrete politische Wahlhilfen aus Ost-Berlin für die SPD gegeben.[44]

Im Verlauf der achtziger Jahre nahm die Bereitschaft in der SPD zur Abkehr vom Ziel der staatlichen Einheit Deutschlands zu, zum Beispiel durch Übernahme von Honeckers »Geraer Forderungen« von 1980, die sich auf die Anerkennung der DDR-Staatsbürgerschaft und die Auflösung der Erfassungsstelle Salzgitter richteten. »Man glaubte an die Unabänderlichkeit der Dinge und daran, daß es dem Gebot der Geschichte und des Friedens entspreche und auch zum Wohle der Menschen sei, wenn die Zweistaatlichkeit auch de jure legitimiert würde. Die Epoche der Teilung und die Erfahrung von den Gegebenheiten der Macht hatten das Bewußtsein geprägt.«[45] Bis hin zum Dialog-Papier von SPD und SED vom Sommer 1987 entwickelte sich auf der Seite der SPD eine Politik des Appeasement, der Beschwichtigung gegenüber als überlegen empfundenen Positionen der Kommunisten, mochte sich dieses Empfinden nun auf Gesellschaftspolitik oder auf pure politisch-militärische Stärke beziehen. Einer nachwachsenden Führungsgeneration waren die zeitgeschichtlichen Erfahrungen gerade der SPD mit der sowjetischen Antifaschismus- und Einheitsfront-Politik nicht mehr gegenwärtig oder sie interpretierte sie eher aus der Sicht Karl Liebknechts und Rosa Luxemburgs als aus derjenigen von Friedrich Ebert, Otto Bauer, Otto Braun, Julius Leber, Kurt Schumacher und Ernst Reuter – mit dem Ergebnis, daß man selbst erneut Objekt, wenn nicht Opfer der entsprechenden sowjetischen Machtstrategie wurde. Die Neben-Deutschlandpolitik auf der direkten Parteischiene bis zum Ende der achtziger Jahre ließ nicht nur die sich in der DDR formierende Opposition im Stich, sondern sollte auch der Stabilisierung des realsozialistischen Systems und damit der deutschen Teilung dienen.

DDR 1989/90:
Zurück zu den »antifaschistisch-demokratischen« Anfängen

Während und unmittelbar nach der Wende in der DDR im Herbst 1989 versuchten die Erben der Diktatur, durch den Rückgriff auf den »antifaschistisch-demokratischen« Anspruch die Eigenstaatlichkeit des SED-Staates aufrechtzuerhalten. Schon im März 1989 hatte das für Ideologiefragen zuständige Politbüromitglied der SED, Kurt Hager, versucht, anstelle des gescheiterten Stalinismus die »antifaschistische Tradition« der DDR ins Feld zu führen; er wiederholte die alte Formel, im Gegensatz zur Bundesrepublik seien in der DDR die ökonomischen Grundlagen des Imperialismus ausgerottet und damit sei eine Erneuerung der »humanistischen Kultur« geleistet worden.[46] Noch gleichzeitig mit der beginnenden Massenflucht aus »Moskaus westlicher Provinz« im August 1989 wagte Professor Otto Reinhold, Mitglied des ZK der SED und seit 1962 Rektor der Akademie für Gesellschaftswissenschaften beim ZK der SED (übrigens der wichtigste Gesprächspartner der SPD bei der Erstellung des ominösen SED-SPD-Papiers vom Sommer 1987), die Bemerkung, die DDR sei und bleibe die »antifaschistische und sozialistische Alternative zur BRD«[47]. Dabei war die neue Reihenfolge der beiden Zentralbegriffe interessant – eine dialektische Rolle rückwärts: War einst der »Antifaschismus« die Zwischenstation auf dem Weg zur Errichtung des totalitären Parteimonopols gewesen, so wollte man nun zu dieser Auffangposition zurückkehren, um sie zugleich als Ausgangsposition für spätere Offensiven zu bewahren.

Nachdem der offizielle Antifaschismus »äußerlich und starr« geblieben sei, so war aus dem linken Lager nun zu hören, wolle man nun mit einem »wahren« Antifaschismus im Sinne der Ideale des Beginns von 1945 ernst machen. Die bisherige marxistisch-politökonomische Fundierung sollte erweitert werden durch ein »sittliches« Verständnis des Begriffs, und man scheute sich nicht, dafür nun auch das Vermächtnis des deutschen Widerstands gegen Hitler aufzurufen. Der altvertraute Pferdefuß der Antifaschismus-Strategie sowjetkommunistischer Prägung war aber auch jetzt nicht zu übersehen, wenn ein Gedenkartikel der SED-Nachfolgerpartei PDS auf den deutschen Widerstand mit den Worten endete:»Ihr [der Offiziere um Graf Stauffenberg] Vermächtnis kann nur lauten: Antifaschismus als Grundkonsens, dem sich alle deutschen Parteien und politischen Bewegungen verpflichtet fühlen sollten.«[48] Die klassische antifaschistische Bündnispolitik war und ist aus kommunistischer Sicht sowohl für die Zeit der Offensive und »revolutionären Flut« (wie nach 1945) als auch für Phasen der Defensive und »Ebbe« zu gebrauchen, wo es verlorenes Terrain wiederzugewinnen gilt (wie nach 1989).

Die »antifaschistische Tradition« der DDR war auch die Grundlage eines Aufrufs »Für unser Land«, den Ende November 1989 Schriftsteller wie Christa Wolf, Stefan Heym und Volker Braun sowie Bischof Deneke und andere Persönlichkeiten des »öffentlichen Lebens« der DDR, darunter Egon Krenz und Wolfgang Berghofer, unterzeichneten und in dem sie sich gegen den »Ausverkauf unserer materiellen und moralischen Werte« und gegen die »Vereinnahmung« durch die Bundesrepublik wandten. Auch hier war von der »sozialistischen Alternative« zur Bundesrepublik die Rede und vom Antifaschismus als Integrationsbasis, auf der sich alte und neue »Sozialisten« aus der DDR sowie die westdeutsche »sozialistische Linke« zusammenfinden sollten. Die »antifaschistisch-demokratische« Periode des Beginns von 1945 wurde als authentischer Sozialismus beschworen, den man jetzt aufbauen wolle. Dabei wurde die Tatsache übersehen, daß für die marxistisch-leninistische Gesamtstrategie jene Periode grundsätzlich nur ein Stadium gleitender Machtübernahme auf dem Weg zum totalen Herrschaftsmonopol der »Partei neuen Typs« war und sein konnte, eine Tatsache, die allen Beteiligten, Tätern wie Opfern, bekannt war. Denn schon während dieser Aufbauphase für ein »schöneres Leben« hatte sich ja der bolschewistisch-totalitäre Terror mit seinen Methoden der Ausgrenzung, Verfolgung, Vertreibung, Verhaftung und Liquidierung von Zehntausenden politischer Gegner entfaltet. Der November-Aufruf der alten SED-Nomenklatura und ihrer edel-oppositionellen Partei-Literaten war also nicht auf der historischen Wahrheit gegründet, sondern diente dazu, die klassische Verschleierungsfunktion der Antifaschismus-Strategie sowjetkommunistischer Herkunft einmal mehr zu praktizieren.

Gleiches galt für die »Massenkundgebung« der PDS/SED am 4. Januar 1990 vor dem angeblich von Neonazis geschändeten sowjetischen Siegesdenkmal in Berlin-Treptow. Gregor Gysi gab hier die Parole aus: »Unser Land ist in Gefahr, und zwar von rechts. Wir müssen diese Gefahr bannen. Wie wollen wir denn demokratisch wählen, wenn hier die Neonazis alle Freiräume besetzen?« Die Beschwörung neonazistischer Gefahren diente auch hier deutlich der Sammlung der Kräfte und verband dialektisch defensive und offensive Elemente der politischen Auseinandersetzung. Selbst die alternative *tageszeitung* warf der SED vor, mit Begriffen wie »Kampfdemonstration«, »Einheitsfront gegen rechts« etc. die Sprache von gestern zu sprechen und ein »Spiel mit der Angst« zu treiben, ganz abgesehen von der Wahrscheinlichkeit, daß Kader der Staatssicherheit selbst die faschistischen Parolen an das Denkmal geschmiert hatten. Auch der Schriftsteller Peter Schneider kritisierte diesen Versuch einer »breiten antifaschistischen Abwehrfront gegen alle Formen von Neonazismus« mit dem Hinweis, daß die jungen Neonazis in der DDR Fleisch vom Fleisch der alten SED seien und nicht selten aus alten kommunistischen Funktionärsfamilien stammten.

So enthüllten die antifaschistischen Bündnis- und Sammlungsversuche in den letzten Tagen der DDR noch einmal jene typisch totalitäre Manipulations- und Herrschaftsfunktion, die diese Strategie von Anfang bis Ende, seit den Tagen Lenins bis in die Ära Gorbatschow und Krenz, gekennzeichnet hat. In Deutschland war sie nicht zuletzt Instrument geistiger Besatzungsherrschaft im Namen des internationalistischen Kommunismus und ein Mittel im ideologischen Kampf für die Aufrechterhaltung der deutschen Teilung. Noch die Trauer über das Ende des SED-Systems stand – auch bei manchen Wortführern des Zeitgeistes in Westdeutschland – unter dem Motto: »Es war zwar fehlerhaft, aber das eine muß man ihm lassen – es war wenigstens konsequent antifaschistisch.«[49]

Für die geistig-politische Erneuerung im zusammenwachsenden Deutschland wird es zentral wichtig sein, den Begriff »Antifaschismus« von seinen totalitären marxistisch-leninistischen Wurzeln zu lösen und ihm eine neue, aus der geschichtlichen Wahrheit kommende Bedeutung zu geben im Sinne des Satzes: Niemand soll von Antifaschismus reden, der nicht bereit ist, von der totalitären Bedrohung der Freiheit und ihren geistigen Wurzeln zu sprechen.

DER IMPORT DES SIEGERS
Die zweite totalitäre Diktatur im halben Deutschland

Irrwege der zeitgeschichtlichen Beurteilung
der deutschen Teilung

Die Teilung Deutschlands nach dem Zweiten Weltkrieg und die Entstehung und Entwicklung der sogenannten Deutschen Demokratischen Republik können zureichend nur beurteilt werden im Gesamtzusammenhang der deutschen und europäischen Geschichte in der ersten Hälfte des 20. Jahrhunderts und der epochalen Konfrontation zwischen den beiden totalitären Systemen und Ideologien in Rußland und Deutschland. Der ersten Nachkriegsgeneration der Politiker in Ost und West ist dieser Zusammenhang noch voll bewußt gewesen. Sie alle – die Stalin, Molotow und Churchill, die Konrad Adenauer, Ernst Reuter und Theodor Heuss in Westdeutschland, Walter Ulbricht, Wilhelm Pieck oder Kurt Hager in der sowjetischen Besatzungszone – waren selbst Mithandelnde und Zeitzeugen seit dem Oktober 1917 gewesen. Sie erinnerten sich der Revolutionswirren in Deutschland nach 1918, der schweren Krise der Republik im Herbst 1923, als die Spaltung Deutschlands an der Elbe schon einmal auf des Messers Schneide gestanden hatte, des Zusammenbruchs der Weimarer Republik und des Aufstiegs des Nationalsozialismus. Stalin sah 1945 nicht ohne Grund die Chance, nun die Ernte seiner weit ausgreifenden, auf den »unvermeidlichen« Zweiten Weltkrieg gerichteten Revolutionsstrategie in die Scheune fahren zu können. Und die führenden Politiker in Westdeutschland waren sich des tiefen Einschnitts und der Tragik der Spaltung der Nation als Folge des katastrophalen Zusammenbruchs des totalitären Hitler-Experiments voll bewußt, ein Bewußtsein, das dann auch seinen Niederschlag fand in der Präambel des Grundgesetzes mit ihrer Verpflichtung, »die Einheit und Freiheit Deutschlands in freier Selbstbestimmung zu vollenden«.

Dies war auch der Wille der großen Mehrheit der Deutschen. Noch bis in die sechziger Jahre hinein wurde die DDR im allgemeinen Sprachgebrauch in Westdeutschland als abgetrennte »Zone« bezeichnet und empfunden. Die Forderung freier Wahlen zur Überwindung der Abnormität der Teilung fand einen breiten Konsens aller politischen Kräfte. Und es war eine der großen nationalpolitischen Leistungen des ersten Bundeskanzlers, diesen Willen auch in der internationalen Staatengemeinschaft, besonders bei den drei westlichen Sieger- und Besatzungsmächten geltend zu machen mit dem Ziel der Wiedervereinigung Deutschlands mit friedlichen Mitteln und unter einer freiheitlich-demokratischen Verfassung (wie es im »Deutschlandvertrag« der Bundesrepublik mit den Drei Mächten vom 26. Mai 1952 hieß). Auch die deutsche Politikwissenschaft und Publizistik reflektierten lange Zeit noch diesen politischen Willen. Die DDR wurde umstandslos als das bezeichnet, was sie unter nationalpolitischen, ideologischen und militärstrategischen Gesichtspunkten tatsächlich war: »Ein Staat, der nicht sein darf«[1].

Das alles änderte sich seit den sechziger Jahren, besonders unter dem betäubenden Eindruck des Baus der Berliner Mauer und der Grenzanlagen der DDR im August 1961. Zunehmend trat an die Stelle des Willens zur Wiederherstellung der staatlichen Einheit Deutschlands die Rede von der Hinnahme, wenn nicht der »Anerkennung« scheinbar auf lange Zeit hinaus nicht veränderbarer »Realitäten«. Es wurde eine Politik des »Wandels durch Annäherung« empfohlen, wobei unklar blieb, ob damit nur pragmatische Verhandlungen zwischen den »beiden deutschen Staaten« zur »Milderung der Teilung im Interesse der Menschen« gemeint waren oder etwa eine »Konvergenz« grundlegender gesellschaftspolitischer Positionen angestrebt wurde, durch die der Kapitalismus »sozialer und demokratischer« und das Sowjetsystem »freiheitlicher« würde. Fortan sollte jedenfalls gelten, sich im Blick auf die deutsche Teilung auf den »Boden der Tatsachen« zu stellen.

Wesentliche Teile der Politik- und Sozialwissenschaften und der politischen Publizistik gingen auf diesem Weg voran. Es erschienen Bücher wie »An Ulbricht führt kein Weg mehr vorbei«, »Die DDR ist keine Zone mehr«, »Das geplante Wunder. Leben und Wirtschaften im anderen Deutschland«, »Die DDR-Elite oder: Unsere Partner von morgen?« und schließlich »Zehn Gründe für die Anerkennung der DDR«.[2] Im Jahr des deutsch-deutschen Grundlagenvertrags 1972 veröffentlichte Rüdiger Thomas die Studie »Modell DDR. Die kalkulierte Emanzipation«. Er räumte zwar ein, »daß im politischen System der DDR weiterhin ein Machtsicherungsinteresse dominiert, das gesellschaftliche Eigendynamik zu kanalisieren trachtet und mit der Formel einer prinzipiellen Interessenidentität die eigene Führungsfunktion legitimiert«. Doch sei nicht zu übersehen, »daß durch die Gesellschaftspolitik der DDR eine wesentliche Vergrößerung der Chancengleichheit erreicht worden ist, eine erhebliche soziale Mobilität besteht und eine Reihe von Maßnahmen (zum Beispiel Verankerung des Rechts auf Arbeit, Reform des Scheidungsrechts, Legalisierung des Schwangerschaftsabbruchs) als Beiträge zur Erweiterung des Selbstbestimmungsrechts gewertet werden können«[3].

Die »progressive« Grundhaltung dieser Autoren führte zu einem geradezu krampfhaften Wegblicken von den sich aufdrängenden Realitäten der totalitären Diktatur im anderen Teil Deutschlands, etwa dem Dauer-Exodus nach Westen, dem Stasi-Terror gegen Andersdenkende oder den Morden an der innerdeutschen Grenze, dem sogenannten antifaschistischen Schutzwall. Die DDR, so hieß es nun in enger Kooperation zwischen Wissenschaftlern und der neuen sozialliberalen Deutschlandpolitik, solle man »nicht anklagen und abwerten wollen«, man solle sie auch nicht an der Bundesrepublik messen, »sondern die Eigendynamik von Herrschaft, Wirtschaft und Gesellschaft im anderen Teil Deutschlands exakt erfassen«[4]. Der totalitäre Parteistaat der SED nach sowjetischem Modell wurde nun nicht mehr als solcher bezeichnet. Man sprach statt dessen »wertneutral« von »sozialistischer Industriegesellschaft«[5], später vom »Realsozialismus«, um dessen dauerhafte Realität, wenn auch mit einigen Schönheitsfehlern, zu suggerieren. Die seit 1968 aufblühende Faschismus-Diskussion in Westdeutschland trug das ihre dazu bei, die Bundesrepublik als »autoritäre Kanzlerdemokratie« abzuwerten und ihr mit der DDR ein »Modell deutscher Möglichkeiten« entgegenzustellen. »Da mangels anderer Alternativen nur die zweite deutsche Diktatur übrigblieb, durfte man diese nicht so nennen, sondern mußte ihr Qualitäten andichten, die sie gar nicht hatte, aber ständig behauptete.«[6]

Es kam zu grotesken Fehlurteilen, so etwa, wenn der renommierte westdeutsche DDR-Experte Hermann Weber in seiner 1985 erschienenen »Geschichte der DDR« diese einen »der historisch stabilsten Staaten der neueren deutschen Geschichte« nannte und seine Meinung mit der damals schon bald vierzigjährigen Lebensdauer des zweiten deutschen Staates begründete, die damit die Weimarer Republik und das »Dritte Reich« weit überrundet habe und schon fast so lange währe wie das deutsche Kaiserreich von 1871.[7] Weber verkniff sich auch nicht den Hinweis, daß man in der Bundesrepublik der DDR anfänglich keine lange Lebensdauer prophezeit hatte, Teilung und Zweistaatlichkeit aber nun schon ein Drittel der 110 Jahre »deutscher Nationalgeschichte« seit 1871 währten – eine Feststellung, die offensichtlich die »Normalität« und Fortdauer des Status quo von 1945 nahelegen sollte.

Bei solchen wissenschaftlich verbrämten politischen Urteilen konnte es nicht wundernehmen, wenn sich – vor allem im akademischen Nachwuchs – die Meinung ausbreitete, die »deutsche Frage« sei entschieden. Viele Schulbuchautoren machten sich in bekannter Autoritätsgläubigkeit gegenüber Wissenschaft und Politik die neuen Bewertungen zu eigen. Die Semantik der öffentlichen Sprache prägte und festigte den »neuen Realismus« in der Deutschlandfrage: Mauer und Todesstreifen in Berlin und von Lübeck bis Hof wurden zur »Grenze«, der freie Teil Berlins zu »Westberlin«, die Morde an der Mauer zum »Schußwaffengebrauch«. Die opportunistische Übernahme der SED-Begriffe führte dazu, daß es in Westdeutschland immer schwerer fiel zu erkennen, worin eigentlich die Unfreiheit im Ostsektor Berlins und in der DDR begründet sein sollte.[8]

Die zentrale Realität der Nachkriegszeit, die sowjetische Hegemonie in Deutschland bis vor die Tore Hamburgs, zur Elbe und zum Thüringer Wald in ihrer doppelten Dimension der Machtpolitik und Militärstrategie wie der totalitären Ideologie und Gesellschaftspolitik spielte offensichtlich keine Rolle mehr. Man hatte sich weitgehend von der deutschen Nationalgeschichte verabschiedet. Wenn man nicht, wie die Deutsche Kommunistische Partei in Westdeutschland, für die Einheit unter DDR-Vorzeichen eintrat, so wollte man bei der linken Intelligenzija in Deutschland doch möglichst eine politisch-gesellschaftliche Ordnung des »Dritten Wegs« – etwa im Sinn der einstigen linkssozialistischen »Unabhängigen Sozialdemokratischen Partei« (USPD) – mit verstaatlichen Produktionsmitteln und einem begrenzten Pluralismus allein der »fortschrittlichen Kräfte«. Rosa Luxemburg und Karl Liebknecht wurden zu Symbolfiguren solcher west-östlicher Konvergenzhoffnung der westdeutschen »unorthodoxen Linken«, von denen sich das SED-Politbüro zumindest Steigbügelhalterdienste versprechen durfte.

Die deutsche Frage – »nicht auf der Tagesordnung der Geschichte«

Auch in der Bonner Deutschlandpolitik griff die Überzeugung um sich, daß »die Geschichte die deutsche Frage beiseite gelegt« habe und sie in dieser Hinsicht »jedenfalls unrevidierbar geworden« sei, wie Egon Bahr seinen Denkrahmen noch 1988 beschrieb. Deshalb sollten fortan »die deutschen Chancen, auch für die Menschen, nur in der Teilung gesucht werden, also durch die und mit den beiden Staaten«[9]. Für solche »Realpolitik« im Dienst der Erhaltung des Status quo in Europa waren ausschließlich die kommunistischen Regierungen oder Parteiführungen die legitimen Partner und nicht etwa die Dissidenten als Sprecher der zum Schweigen verurteilten Mehrheit im kommunistischen Machtbereich, die hier nur Störfaktoren sein konnten. Seit Beginn der achtziger Jahre wurden die bisherigen Grundwerte der Freiheit und Selbstbestimmung für alle Europäer einschließlich der Deutschen im totalitären SED-Staat im Zuge der sogenannten Nachrüstungsdebatte vollends durch den neuen »säkularen Heilsbegriff« des Friedens[10] abgelöst, der im Interesse der Stabilisierung des Status quo der Teilung der kritischen Hinterfragung entzogen wurde. Egon Bahr dekretierte kurzerhand, die deutsche Selbstbestimmung werde auf unabsehbare Zeit »in den gesetzten Grenzen von den beiden deutschen Staaten ausgeübt«. Und Günter Gaus, von 1976 bis 1981 Ständiger Vertreter Bonns in Ost-Berlin, empfahl über die formal vertragliche Hinnahme der Zweistaatlichkeit hinaus auch die »innere Anerkennung« der DDR, dieses »Staates der kleinen Leute«, der sich dem »besitzbürgerlich-kapitalistischen Zugriff« entzogen habe, was für Gaus offensichtlich Modellcharakter auch für die westdeutsche Bundesrepublik besaß.[11]

Nach der Wiedergewinnung der Einheit soll heute diese Geschichte der Irrtümer und Fehlurteile in der Zeit der Teilung vernebelt werden. Noch im Sommer 1989 sahen die Protagonisten des Status quo die Einheit bekanntlich »nicht auf der Tagesordnung der Geschichte«. Ende September 1989 warnte Außenminister Hans-Dietrich Genscher noch nachdrücklich von einer »Destabilisierung« der DDR.[12] Gleiches verlautete etwa von leitenden Persönlichkeiten der evangelischen Kirche in der »sozialistischen DDR«. So kann es niemand wundern, daß die Westdeutschen auf das historische Ereignis des Herbstes 1989 nicht vorbereitet waren. Die »verbissene Stabilisierungspolitik aller Bundesregierungen der letzten zwanzig Jahre« kann jedenfalls für den Zusammenbruch der DDR und des ganzen Ostblocks nicht in Anspruch genommen werden, wie Ulrich Schacht zu Recht urteilt.[13] Diese sind vielmehr an ihrer unlösbaren ökonomischen Krise zugrunde gegangen, diesem »soliden Fundament ihrer dauernden Legitimationskrise«. Die westlichen Milliardengeschenke an die realsozialistischen Systeme im Rahmen der sogenannten Real- und Entspannungspolitik haben sie im Gegenteil über die natürliche Zeit hinaus am Leben erhalten und ihren schließlichen Offenbarungseid hinausgezögert.

Auch westdeutsche Politiker und viele Intellektuelle haben, wie Günter Kunert treffend gesagt hat, bis zuletzt daran geglaubt, »daß die Vorzüge des Sozialismus gegenüber dem Kapitalismus prinzipieller Natur sind«. Sie haben »ihre Visionen vom Guten, Schönen und Humanen« in das »Modell DDR« hineinprojiziert und ließen sich ihre Hoffnungen »durch keine noch so massive Tatsachenfülle« widerlegen.[14] Sie glaubten nicht nur allzulange den östlichen Statistiken und der Devise des »Einholens und Überholens«, mit der schon Stalin geprahlt hatte. Im gleichen Maße, wie sie das totalitäre Machtmonopol verdrängten und leugneten, erlagen sie der Faszination geballter Macht, wie das in dem dreiviertel Jahrhundert der Geschichte des Totalitarismus in unserer Epoche immer wieder festzustellen war.[15] Ihr gegenüber verzichtete man beflissen auf eigenes Recht und eigene Interessen, die eben nur im Konsens nationaler Selbstbestimmung sinnvoll zu vertreten waren, ganz davon abgesehen, daß nicht wenige westliche Nichtkommunisten dem totalitären Geschichtsdeterminismus verfallen waren, der sie bewog, im Zweifelsfall auf der »richtigen Seite« der historischen Sieger stehen zu wollen und dementsprechend eine Politik der »vorbeugenden Unterwerfung« zu betreiben. Noch die heutige schwierige Situation im staatlich wieder geeinten Deutschland zeugt von einem unheilvollen Fortwirken mancher dieser Haltungen.

Sowjetische Siegerpolitik und antifaschistische Machteroberungsstrategie

Am 8. Mai 1945 lag nicht nur die militärische Macht des NS-Regimes vernichtet am Boden. Hinzu kam bei den besiegten Deutschen eine tiefgreifende politische und geistige Orientierungslosigkeit. Der Nationalsozialismus drohte auch den deutschen Nationalstaat und das auf ihn bezogene Bewußtsein mit sich in den Abgrund zu reißen. Die Formel der Sieger in Potsdam für die

Deutschen lautete – nach einer Phase der Bestrafung und Umerziehung – Neuaufbau auf »demokratischen und friedlichen Grundlagen«. Diese Formel war freilich so dehnbar, daß Ost und West ihre jeweils eigenen ideologisch-politischen Vorstellungen in sie hineininterpretieren konnten. Mit dem Gespür des Machtpolitikers hatte Stalin die gegebene Lage als erster auf den Punkt gebracht, als er im Dezember 1944 gegenüber dem Vertreter Titos, Milovan Djilas, äußerte: »Dieser Krieg ist nicht wie in der Vergangenheit; wer immer ein Gebiet besetzt, erlegt ihm auch sein eigenes gesellschaftliches System auf. Jeder führt sein eigenes System ein, soweit seine Armee vordringen kann. Es kann gar nicht anders sein.«[16] Die Quintessenz totalitärer Machtpolitik unter ideologisch-gesellschaftspolitischen Vorzeichen war damit formuliert. Sie verhieß im Blick auf die »demokratischen und friedlichen Grundlagen« für Nachkriegsdeutschland nichts Gutes, aber Eindeutiges.

Gerade Stalin beurteilte die neue Lage am Ende des Zweiten Weltkrieges im Gesamtzusammenhang der Entwicklung seit 1917/18. Die Geschichte hatte nach seiner festen Überzeugung Lenins Prognose bestätigt, wonach ein neuer Akt jenes revolutionären Weltprozesses, der mit der Oktoberrevolution eröffnet worden war, nur eine Frage der Zeit war. War dieser Weltprozeß zwischen 1923 und 1939 aus der Phase der revolutionären Flut in eine Phase der Ebbe geraten, so war es ihm, Stalin, 1939 gelungen, durch seinen Pakt mit Hitler der Geschichte gleichsam nachzuhelfen und eine neue Flut-Phase einzuleiten, aus der es nun galt, einen möglichst großen Ertrag zu ziehen. Was nach 1923 durch den faschistischen Gegner verzögert worden war, so Stalins marxistisch-leninistische Lageanalyse, war jetzt erneut zum Greifen nah: die proletarische Revolution im kriegszerstörten Europa und in ganz Deutschland, wo der Hitler-Faschismus den erwarteten Türöffner gespielt hatte.[17]

Wie war diese große Strategie zu konkretisieren? Stalin und die sowjetischen Führer schlossen keine Variante künftiger Entwicklungsmöglichkeiten in Europa und Deutschland aus: Man konnte – unter Aufrechterhaltung der antifaschistischen Kriegsallianz mit den Westmächten – Deutschland einen Karthago-Frieden bereiten mit dem Ziel, diese mitteleuropäische Hürde auf dem Weg nach Westen endgültig zu beseitigen und damit der proletarischen Revolution, sprich der sowjetischen Hegemonie, den Weg bis zur Atlantikküste zu bahnen. Traf dieses Konzept auf amerikanischen Widerstand, was Stalin durchaus einkalkulierte, dann war der Aufbau eines Cordon Sanitaire, eines sowjetischen Vorfelds in Europa bis zur Elbe, die zweitbeste Lösung, die die sowjetische Besatzungszone in Deutschland, deren Westgrenze im Einvernehmen mit den USA so erfreulich weit westwärts gelegt worden war, zusammen mit Mittelost- und Südosteuropa der Sowjetisierung unterwarf. Entsprechend der typisch bolschewistischen Dialektik von »Sicherheit und Offensive« konnte dieses sowjetische Glacis in Mitteleuropa gleichzeitig und wechselnd die Funktionen als Sicherheitsdamm wie als Sprungbrett für weitere Offensiven übernehmen.[18]

Für die sowjetische Deutschlandpolitik hieß dies konkret, so flexibel wie möglich beide Optionen offenzuhalten: einerseits die gesamtdeutsche und gesamteuropäische Perspektive stets im Auge zu behalten, zum anderen aber zugleich in der sowjetischen Besatzungszone ein möglichst stabiles Vorfeld aufzubauen durch eine »sozialistische Umwälzung« nach dem eigenen Modell, die man im Propagandakrieg als Verwirklichung der Potsdamer Beschlüsse über die »demokratischen und friedlichen Grundlagen« Nachkriegsdeutschlands verschleiern konnte, auch unter Ausnutzung gewisser »antikapitalistischer« Stimmungen der Massen im kriegszerstörten Europa. Der Vollzug dieser Doppelstrategie mochte im einzelnen schwierig sein, er konnte jedoch aus einer Position der Stärke heraus erfolgen, die die Sowjetunion bei Kriegsende erlangt hatte.

Nach Stalins Willen sollte die »Ausbreitung des sowjetischen Imperiums bis zur Elbe, zum Böhmerwald und zur Drau« (Hugh Seton-Watson)[19] den Boden der europäischen Kultur tief umpflügen. Jeder Widerstand aus nationalen, religiösen, sozialen oder intellektuellen Gründen gegen die »sozialistische Umwälzung« nach dem sowjetischen Modell wurde als »Konterrevolution« mit

Schärfe bekämpft, selbst bei den »nationalkommunistischen« Strömungen in den Kommunistischen Parteien selbst. Auch gegen sie wurde nun das Instrument der terroristischen Schauprozesse eingesetzt, das sich zwischen 1936 und 1938 in der Sowjetunion so hervorragend bewährt hatte. Zwar praktizierte die Moskauer Regie in ganz Mittel-, Ost- und Südosteuropa zunächst die Übergangsstrategie der antifaschistisch-demokratischen und volksdemokratischen Ordnung, doch das Endziel stand fest. Schließlich wurden alle politischen Systeme von Warschau, Prag und Ost-Berlin bis Budapest, Bukarest und Sofia zu Kopien des sowjetischen Monopol-Parteistaates, auch wo aus optischen Gründen ein Scheinpluralismus volksdemokratischer »Nationaler Fronten« aufrechterhalten wurde.[20]

Der sowjetische totalitäre Imperialanspruch dokumentierte sich in allen Bereichen, etwa in der »Reichsarchitektur« pompöser Partei- und Staatsbauten oder in der großen Zahl von Denkmälern für die siegreichen sowjetischen »Befreiungsarmeen«, die weniger als humane Gedenkstätten menschlicher Opfer denn als Symbole dauernder Unterwerfung gedacht waren. Allerdings: Die terroristischen Gewaltmittel konnten die innere Akzeptanz durch die Mehrheit der Unterworfenen nicht erringen. Die Serie der Volkserhebungen – beginnend in der sowjetischen Besatzungszone Deutschlands im Juni 1953 über die Ereignisse in Polen und Ungarn 1956 bis nach Prag 1968 und wiederum Polen 1970 und 1980 – zeigte, auf welch schwankendem Boden das sowjetische Vorfeld stets stand. Heute erinnert die gesamte Region zwischen Ostsee und Schwarzem Meer nach dem politisch-militärischen Abzug des totalitären Imperiums materiell wie psychisch und geistig vielfach an das Bild Südosteuropas nach dem Rückzug des Osmanischen Reiches vor hundert und zweihundert Jahren.

»Antifaschistisch-demokratische Umwälzung« in der sowjetischen Besatzungszone

In der sowjetischen Besatzungszone (SBZ) ergriff die gerade installierte »Sowjetische Militäradministration in Deutschland« (SMAD) schon am 10. Juni 1945 die politische Initiative mit ihrem wohlvorbereiteten »Befehl Nr. 2«, der die rasche Bildung und Tätigkeit »antifaschistischer Parteien« anordnete, »die sich die endgültige Ausrottung der Überreste des Faschismus und die Festigung der Grundlagen der Demokratie und der bürgerlichen Freiheiten in Deutschland und die Entwicklung der Initiative und Selbstbetätigung der breiten Massen der Bevölkerung in dieser Richtung zum Ziel setzen«[21]. Das geschah zu einem Zeitpunkt, zu dem die amerikanischen und britischen Truppen sich noch nicht einmal auf die vereinbarten westlichen Grenzen des sowjetischen Besatzungsgebiets zurückgezogen hatten. Der sowjetischen Führung ging es darum, vollendete Tatsachen in ihrem Sinne zu schaffen, noch bevor die Potsdamer Konferenz der »Großen Drei« am 17. Juli zusammentrat. Unter der gut organisierten Regie der SMAD ging es dann Schlag auf Schlag weiter: Bereits am 11. Juni erließ die KPD ihren Gründungsaufruf, am 12. Juni die SPD, und am 26. Juni folgten CDU und LDPD.[22] Schon die Reihenfolge gab Auskunft über die sowjetischen Präferenzen.

Das Vorgehen war in Moskau seit langem sorgfältig vorbereitet worden. Die wichtigste der drei sowjetischen Initiativgruppen, die »Gruppe Ulbricht«, war bereits am 30. April, noch während der letzten Kampfhandlungen östlich Berlins gelandet, offiziell um den Neuaufbau der Berliner Bezirksverwaltungen in die Hand zu nehmen, tatsächlich aber als »Vorhut der Arbeiterklasse« im klassisch bolschewistischen Sinn. Die Strategie war klar: Es mußte »demokratisch aussehen, aber wir müssen alles in der Hand behalten«, wie Wolfgang Leonhard Ulbricht zitiert.[23] Der Kampf um die »antifaschistisch-demokratische Umgestaltung« Deutschlands war eröffnet. Der Gründungsaufruf der KPD enthielt mit keinem Wort Hinweise auf das eigentliche Endziel des »Sozialismus« sowjetischen Typs, statt dessen lauttönende Bekenntnisse

309

zur »Demokratisierung Deutschlands«, zur Vollendung der »bürgerlich-demokratischen Umbildung« von 1848 und zur völligen Beseitigung der »feudalen Überreste« und des »reaktionären altpreußischen Militarismus«. Nicht »Deutschland das Sowjetsystem aufzuzwingen« sei der richtige Weg, da er »nicht den gegenwärtigen Entwicklungsbedingungen in Deutschland« entspreche, sondern die »Aufrichtung eines antifaschistischen, demokratischen Regimes, einer parlamentarisch-demokratischen Republik mit allen demokratischen Rechten und Freiheiten für das Volk«. Zur Überraschung vieler Kommunisten und auch Sozialdemokraten sprach sich die neue KPD sogar für die »völlig ungehinderte Entfaltung freien Handels und der privaten Unternehmerinitiative auf der Grundlage des Privateigentums« aus, aber auch für die Schaffung eines »Blocks der antifaschistischen, demokratischen Parteien«, dem dieses Aktionsprogramm der KPD »als Grundlage« dienen sollte.

Die Berliner Sozialdemokraten standen mit ihrem einen Tag später veröffentlichten Gründungsaufruf, der »Demokratie in Staat und Gesellschaft und Sozialismus in der Wirtschaft« forderte, sogar links von den Kommunisten.[24] Beide Arbeiterparteien betonten, daß sich ihr Gegeneinander in der Zeit vor 1933 nicht wiederholen solle und man eine Politik der »Arbeitereinheit« verfolgen wolle, vorläufig noch nicht in einer gemeinsamen Partei, wohl aber in enger »Arbeitsgemeinschaft«. Das Programm der »antifaschistischen Demokratie«, das die KPD vertrat, war nicht zuletzt dazu da, bei den westlichen Demokratien und Besatzungsmächten Sorgen zu zerstreuen und Vertrauen zu wecken. Ähnliches galt auch für das Programm eines »christlichen Sozialismus« im Gründungsaufruf der CDU im Sinne einer antimonopolistischen Politik der Verstaatlichung der Bodenschätze und anderer Monopole in der Wirtschaft.

Bereits am 14. Juli 1945 schlossen sich die vier von der SMAD zugelassenen Parteien »unter gegenseitiger Anerkennung ihrer Selbständigkeit« zu »einer festen Einheitsfront der antifaschistisch-demokratischen Parteien« zusammen; das Datum war wohl in Erinnerung an den 14. Juli 1789 gewählt worden, vielleicht auch an den 14. Juli 1933, an dem Hitler seinen Einparteistaat und das Verbot aller anderen Parteien ausgerufen hatte.[25] Ein Ausschuß aus je fünf Vertretern der vier Parteien sollte die gemeinsame Politik nach dem Prinzip der Einstimmigkeit festlegen, was sicherstellte, daß künftig keine Politik gegen die Kommunisten gemacht werden konnte; durch ihre enge Sonderbeziehung zur sowjetischen Besatzungsmacht waren sie ohnehin der Seniorpartner des neuen Systems. Die antifaschistisch-demokratische Einheitsfront wurde zum Instrument des kommunistischen Machtergreifungsprozesses, bei dem es darauf ankam, die eigene Minderheitsposition zu überspielen[26]. Dieses Blocksystem, die Keimzelle der von der Sowjetführung vorgesehenen »volksdemokratischen« Ordnung für alle künftigen Satellitenstaaten, war nach kommunistischer Überzeugung etwas grundsätzlich anderes als eine herkömmliche »Koalition« der bürgerlich-parlamentarischen Demokratie. Während bei dieser, wie Ulbricht im Oktober 1946 bei einer Rede in München ausführte, die Repräsentanten der Konzerne, Großbanken und Großgrundbesitzer die »führende Kraft« waren, mit lediglich einigen »Arbeitervertretern« aus der rechten Sozialdemokratie in ihrem Schlepptau, sollte die künftige Blockpolitik der Kommunisten darin bestehen, »daß durch die gemeinsamen Anstrengungen die Macht der Kriegsverbrecher, Konzerne, Großbanken und militaristischen Großgrundbesitzer beseitigt wird und die Arbeiterschaft die führende Rolle in der demokratischen Bewegung übernimmt«, daß also »neue Kräfte aus dem schaffenden Volk die Geschicke der Nation in ihre Hände nehmen«[27].

Nach der kommunistischen Bündnisstrategie sollten die »demokratische Einheit« und die »Volksfront«-Politik ergänzt und abgestützt werden durch die »Arbeitereinheitsfront«. Offensichtlich lautete die strategische Anweisung aus Moskau bis zum Herbst 1945, daß die KP bei den allfälligen Wahlen versuchen sollte, allein eine Mehrheit zu gewinnen, wobei man auf die normative Kraft des Faktischen durch die Anwesenheit und Unterstützung seitens der sowjetischen Besatzungsmacht vertraute. Als aber die ersten Nachkriegswahlen in Österreich und Ungarn im Spätherbst 1945 diese Hoffnung zunichte machten, drängte Moskau nun auf eine möglichst rasche Verschmelzung der beiden Arbeiterparteien. Während große Teile der Parteibasis und des mittleren Funktionärskorps der SPD in Mitteldeutschland und Berlin an der Selbständigkeit festhalten wollten, fand der kommunistische Einheitskurs vor allem bei der Berliner SPD-Führung unter Otto Grotewohl und bei einigen Landesverbänden Resonanz. In altbekannter Meisterschaft zog die KPD alle Register der Drohung und Lockung. Sie propagierte ihre These vom »besonderen deutschen Weg zum Sozialismus« und lockte mit der paritätischen Besetzung aller Parteigremien und Führungspositionen der künftigen Einheitspartei. Stellungnahmen des durchaus kompromißbereiten Grotewohl-Vorstands wurden in der schon weitgehend von den Kommunisten beherrschten Presse unterdrückt, sozialdemokratische Funktionäre wurden bearbeitet oder auch verhaftet. Die SMAD mischte sich massiv ein. Grotewohl wurde zu mehreren »Aussprachen« nach Karlshorst zitiert. Nicht selten wurde die lokale Vereinigung von den sowjetischen Ortskommandanten kurzerhand »verkündet« und mit Wodka besiegelt. Die auch von Grotewohl gewünschte Urabstimmung der Parteimitglieder unterblieb, jedenfalls in der SBZ und im Berliner Ostsektor. Lediglich in den Berliner Westsektoren fand sie statt – mit dem Ergebnis von 82 Prozent gegen eine sofortige Vereinigung und nur 12,4 Prozent dafür. Bei der zweiten Frage: »Bist du für ein Bündnis beider Parteien, welches gemeinsame Arbeit sichert und Bruderkampf ausschließt?« antwortete eine Mehrheit von 14 663 Stimmen mit Ja und eine Minderheit von 5 568 mit Nein (bei 33 247 Stimmberechtigten und 23 755 abgegebenen Stimmen).[28]

Die authentischen Berichte über diese heute weitgehend vergessenen Vorgänge und Methoden bei der zweiten totalitären Machtergreifung in Deutschland – etwa die Erinnerungsbücher von Erich Gniffke, des ersten, aus der SPD kommenden Vorsitzenden des ostzonalen Freien Deutschen Gewerkschaftsbundes und Mitglied des ersten SED-Politbüros, von Wolfgang Leonhard und anderen[29] – dokumentieren den gnadenlosen Machtkampf der KPD gegen die SPD in der SBZ vor und nach der Gründung der SED am 21./22. April 1946. Die Kommunisten verstanden unter der von ihnen propagierten »Festigung der Macht der Arbeiterklasse« lediglich diejenige ihrer Kader. Die vereinnahmte sozialdemokratische Mitgliedschaft hatte vor allem zahlenmäßige »Blutspenderdienste« für die Einheitspartei zu leisten; in den Führungsbereichen wurde sie jedoch Stück um Stück entmachtet. Das anfängliche Paritätsprinzip wurde schrittweise unterhöhlt, viele Sozialdemokraten wurden verhaftet oder zur Flucht in den Westen gezwungen. Die zahlenmäßige Schwäche der Kommunisten wurde so durch rücksichtslose Organisations- und Kaderpolitik mehr als ausgeglichen. Die sowjetische Besatzungsmacht leistete gezielte Schützenhilfe. »So wurde zum Beispiel die Zulassung sozialdemokratischer Zeitungen mit dem Hinweis auf formale Fehler bei der Antragstellung immer wieder verhindert. Um die Jahreswende 1945/46 betrug die Gesamtauflage der SPD-Presse weniger als eine Million Exemplare, während die KPD bereits damals über eine Gesamtauflage von mehr als vier Millionen verfügte.«[30] Auf Klagen der Sozialdemokraten über Verletzungen des Paritätsprinzips etwa bei der Stellenbesetzung in der öffentlichen Verwaltung antworteten die Kommunisten, nicht das Zahlenverhältnis sei entscheidend, sondern »die Garantierung eines festen demokratischen antifaschistischen Kurses«, den sie vor allem für sich selbst in Anspruch nahmen. Die jakobinische »politische Mehrheit« anstelle der »nur arithmetischen« war aktueller denn je. Vieles erinnerte an die Bündnispolitik der Nationalsozialisten 1933 gegenüber den Deutschnationalen, jetzt am anderen Pol des politischen Spektrums: ein Spiel der Lockungen und Drohungen, der demagogischen Zusicherungen und zynischen Machtpolitik, bis »der Mohr seine Schuldigkeit« getan hatte.

Dies war die Stunde der Klarheit und des Mutes des Vorsitzenden der SPD in der britischen Zone, Kurt Schumacher, der im Januar 1946 zur Vereinigungsfrage deutlich Stellung bezog und öffentlich die KP »nicht eine deutsche Klassen-, sondern eine fremde Staatspartei« nannte. »Wir wollen nicht antikommunistisch sein«, fuhr Schumacher fort, »trotzdem wir nicht erkennen können, für welche Zwecke Deutschlands oder des internationalen Sozialismus sie [die Kommunisten] nötig sein könnten. Darum werden wir uns auch von dieser Seite nichts bieten lassen.« Wie kaum ein anderer machte der SPD-Vorsitzende den Vorbehalt deutscher Selbstbestimmung gegen fremden politisch-ideologischen Willen deutlich und durchschaute er die variable kommunistische Taktik der gleichzeitigen Bekenntnisse zur antifaschistischen Einheitsfront und zum Privateigentum. Schumacher scheute sich nicht, diese Methoden mit jenen zu vergleichen, »die wir in zwölf Jahren in Deutschland kennengelernt haben. Es ist die reine Goebbels-Atmosphäre, jedem alles zu versprechen, um niemandem etwas zu halten. Mit Sozialismus hat dies nichts zu tun.«[31] Hier wurde der Widerstand gegen die Machtergreifungsstrategie der »fremden Staatspartei« Ulbrichts und seiner Leute ebenso entschieden wie argumentativ folgerichtig aus dem deutschen Anspruch auf Selbstbestimmung begründet.

Soziale Revolution
auf Befehl der sowjetischen Besatzungsmacht

Die Machtergreifung in Deutschland hatte die sowjetische Militäradministration mit einer Serie von Befehlen und Maßnahmen schon seit dem Sommer 1945 eingeleitet. Die »gesellschaftliche Umgestaltung« und soziale Revolution auf Befehl der Besatzungsmacht sollten die militärische Okkupation nach Stalins Vorstellung unumkehrbar machen. Die von der SMAD befohlene Errichtung von elf »Deutschen Zentralverwaltungen« als Unterbau des Alliierten Kontrollrats schon am 27. Juli 1945, als die Potsdamer Konferenz noch andauerte, sollte erste Tatsachen schaffen für ein von Berlin aus regiertes und damit unter nachhaltigem sowjetischem Einfluß stehendes Gesamtdeutschland. Bereits vier Tage vorher hatte die SMAD die Verstaatlichung aller Banken, Sparkassen und Versicherungen in ihrer Zone befohlen, auch dies, ohne entsprechende Beschlüsse der Siegerkonferenz abzuwarten.[32] Am 3. September begann durch SMAD-Befehl die sogenannte »demokratische Bodenreform«[33], das hieß die Enteignung des Grundbesitzes über hundert Hektar. Damit sollten die sozialökonomischen Fundamente der »feudalen Überreste«, wie es im KP-Aufruf geheißen hatte, beseitigt werden. Aus dem enteigneten Besitz wurde ein sogenannter »Bodenfonds« gebildet und aus ihm in der Folgezeit eine halbe Million Menschen – Landarbeiter, landarme Bauern, auch Vertriebene aus den deutschen Ostgebieten – mit Grundeigentum versehen. Dabei war das sowjetische Vorbild von 1917/18 nach dem Motto »Junkerland in Bauernhand« unverkennbar, und auch hier wurden bewußt kleine und kaum lebensfähige Eigentumseinheiten geschaffen mit der Absicht, sie früher oder später nach Stalinschem Muster der Kollektivierung zuzuführen; diese wurde dann zwischen 1952 und 1958 in der Tat durchgeführt – gemäß der Taktik, zuerst breite Massen an die kommunistische Herrschaft zu binden, solange diese noch nicht fest im Sattel saß, um erst später das kollektivistisch-despotische Gesicht zu enthüllen, als man es sich leisten zu können meinte.

Am 30. Oktober 1945 ordnete der Befehl Nr. 124 der SMAD die Verstaatlichung der Industrie, Bergbauunternehmen und Handelsfirmen in der SBZ an[34], die bald in sogenannte »Volkseigene Betriebe« (VEB) bzw. Einrichtungen der staatlichen Handelsorganisation (HO) überführt wurden. Gleichzeitig sicherte die Sowjetunion sich die Befriedigung ihrer Reparationsansprüche durch umfangreiche Betriebsdemontagen. Über tausend Betriebe, darunter die berühmten Zeiss-Werke in Jena und viele andere, wurden ganz oder teilweise abgebaut und nach Osten verfrachtet. Weitere zweihundert Betriebe, die zunächst ebenfalls auf der Demontageliste gestanden hatten, wurden in »Sowjetische Aktionsgesellschaften« (SAG) umgewandelt, die ausschließlich für die Sowjetunion produzierten. Ihr Anteil betrug zeitweilig 25 Prozent an der industriellen Gesamtproduktion der SBZ und späteren DDR. Die Betriebsenteignungen fanden meist unter dem Vorwand statt, deren Besitzer oder Direktoren seien geflohen oder »Kriegs- und Naziverbrecher« gewesen. Sie wurden anfangs weitgehend unter Sieger- und Besatzungsrecht getroffen, da es überregionale deutsche Vertretungskörperschaften bis zum Herbst 1946 überhaupt nicht gab. Eine demokratische Legitima-

tion sollte die »Übergabe von Betrieben von Kriegs- und Naziverbrechern in das Eigentum des Volkes« durch eine Volksabstimmung am 30. Juni 1946 in Sachsen erhalten, bei der es dann auch 77,7 Prozent Ja-Stimmen gab. Die demagogische Formulierung sollte verhüllen, daß es sich hier um die Verstaatlichung fast des ganzen privaten Industriebesitzes in Sachsen handelte.[35]
Neben der ökonomischen Basis hatte die Aufmerksamkeit der Kommunisten stets mit Vorrang den Institutionen der Erziehung und Ausbildung gegolten, wie etwa an dem »Gesetz zur Demokratisierung der deutschen Schule« vom 31. Mai 1946 deutlich wurde.[36] Hier waren es nun zunehmend deutsche Stellen, die den Auftrag der »gesellschaftlichen Umwälzung« von der Besatzungsmacht übernahmen. Die »demokratische Einheitsschule« trat an die Stelle des bisherigen dreigegliederten »bürgerlichen« Schulwesens. Sie umfaßte alle Einrichtungen vom Kindergarten bis zur Hochschule und sollte aus den »gesellschaftlichen Bedürfnissen« erwachsen. Privatschulen wurden ebenso abgeschafft wie der Religionsunterricht, der zur Sache der »Religionsgemeinschaften« erklärt wurde. Die Lehrerschaft wurde von ehemaligen Mitgliedern der NSDAP gründlich gesäubert und durch in Schnellkursen ausgebildete »Neulehrer« ersetzt. Gleiches geschah in Verwaltung und Justiz. Wegen Mitgliedschaft in der NS-Partei wurden vier Fünftel der Richter und Staatsanwälte entlassen. Die ideologischen Rechtfertigungsformeln lagen bereit und überzeugten nicht wenige, sei es aus Gründen des Opportunismus oder eines Idealismus des Neubeginns vor allem in der jüngeren Generation. Diesem Idealismus sollte die Beseitigung der »bürgerlichen Klassenjustiz« ebenso dienen wie die des bisherigen, die Oberschichten privilegierenden Schulsystems. Die künftige klassenlose Gesellschaft sollte demokratische Gleichheit verwirklichen. Die demagogische Funktion dieses Versprechens im Dienst der Etablierung einer totalitär-monopolistischen Parteiherrschaft, in der dann alle gleich, einige jedoch »gleicher« als die anderen sein würden, und dies alles auch noch im Dienst der politischen, ökonomischen und ideologischen Fremdherrschaft der sowjetischen Siegermacht, stieß zwar bei nicht wenigen auf

Widerstand oder zwang sie zur Flucht, wurde aber von breiten Schichten, die sich vom »sozialistischen Aufbruch« begeistern und verführen ließen und seine Kehr- und Schattenseiten nicht bemerken wollten oder zu spät erkannten, nicht wirklich durchschaut.

Die SED auf dem Weg zum Machtmonopol

Die auf dem Vereinigungsparteitag im April 1946 verabschiedeten »Grundsätze und Ziele der Sozialistischen Einheitspartei Deutschlands«[37] schienen auf den ersten Blick eine Synthese kommunistischer und sozialdemokratischer Programmsätze darzustellen. Das öffentliche Leben sollte von »Faschisten und Reaktionären« gesäubert und auf der Grundlage demokratischer Wahlen mit »ehrlichen Demokraten und bewährten Antifaschisten« neu aufgebaut werden. »Befähigte Werktätige« sollten Lehrer, Volksrichter oder Betriebsleiter werden. Die politischen Gegner – Faschisten, Monopolkapitalisten, Großgrundbesitzer und Militaristen – sollten durch Enteignung ihrer sozioökonomischen Machtgrundlagen beraubt werden. Verstaatlichung der Großindustrie und zentrale Wirtschaftsplanung erschienen auch den Sozialdemokraten als selbstverständlich. Das zugrunde liegende Geschichtsbild war kaum umstritten: Die »bürgerliche Schein- und Formaldemokratie« habe die Mehrheit der Bevölkerung – Arbeiter, Bauern und Intelligenz – von der staatlichen Macht ausgeschlossen und das Scheitern der demokratischen Revolution sowohl 1848 wie 1918 zu verantworten. Daher sei die demokratische Verpflichtung nun auf »die Arbeiterklasse« übergegangen, die »zahlenmäßig größte Bevölkerungsgruppe«, der daher auch die »entscheidenden Machtpositionen« gebührten. Doch die kommunistische Handschrift war deutlich, wenn die Arbeiterklasse als »die einzige Klasse« bezeichnet wurde, »deren Politik von wissenschaftlichen Erkenntnissen geleitet« werde und die deshalb in der Lage sei, die staatliche Entwicklung im Sinne des geschichtlichen Fortschritts voranzutreiben. Unzweideutig hieß es auch, die »Lösung der nationalen und sozialen Lebensfragen unseres Volkes« könne nur durch den Sozialismus erreicht werden; zu seiner »Errichtung« sei deshalb die »Eroberung der politischen Macht durch die Arbeiterklasse« unter Führung der SED »grundlegende Voraussetzung«. Als »Kampforganisation« und »fortschrittlichste und beste nationale Kraft« habe die Partei »die Arbeiterklasse und das gesamte schaffende Volk bei der Erfüllung dieser ihrer historischen Mission zu führen«.

Schon jetzt verstand sich die SED nach dem Willen der Kommunisten als Partei des neuen, leninistischen Typs, auch wenn der Begriff selbst erst 1948 verwendet wurde. Im § 1 des SED-Statuts hieß es: »Die Sozialistische Einheitspartei Deutschland ist *die* politische Organisation der deutschen Arbeiterklasse und aller Werktätigen.« Damit wurde Opposition gegen diesen Anspruch zu so etwas wie Verrat an der Partei und bald auch an dem von ihr zu errichtenden Staat. Der Anspruch der SED, »führende Kraft« in Gesellschaft, Staat und Wirtschaft zu sein, implizierte ihr Monopol auf die Organisation der »Arbeiterinteressen«, aller »Werktätigen« und der »werktätigen Intelligenz« und damit der ganzen Gesellschaft. Das bolschewistisch-totalitäre Avantgardeprinzip unter Berufung auf das Wissen dieser Avantgarde um Weg und Ziel des geschichtlichen »Fortschritts« war etabliert.

Das hatte sehr praktische Konsequenzen. In der neuen Partei beherrschten die Kommunisten nach KPdSU-Vorbild vor allem die Personalabteilungen auf allen Ebenen, die späteren Kader- und Nomenklatur-Abteilungen. Allein sie entschieden über Aufnahme und Ausschluß der Mitglieder. Walter Ulbricht baute nach stalinistischem Muster seine Machtbasis im zentralen Apparat aus, wobei ihm das Privileg des Alleinkontakts zur Besatzungsmacht, zu SMAD, KPdSU und KGB zustatten kam. In seiner Person verdichtete sich gewissermaßen die Fernsteuerung der Sowjetischen Besatzungszone als »Moskaus westlicher Provinz«. Die sozialdemokratischen Partner im Apparat wurden dementsprechend konsequent umgangen, über getroffene Entscheidungen oft nicht einmal informiert, zunehmend ignoriert. Bald besaßen die Kommunisten die totale Kontrolle über alle Ernennungen, Beförderungen und Abberufungen nicht nur in der Partei, sondern auch in Verwaltung und Gesellschaft. In der theoretischen Parteizeitschrift *Einheit* kamen nur noch kommunistische, keine sozialdemokratischen Positionen mehr zu Wort. Nach zwei Jahren der Vereinigung befand sich die Partei auf dem Weg zur totalitären Monopolpartei.

»Sozialistische Demokratie«

Nach der sowjetischen Regie war die im Frühjahr 1946 rasch durchgesetzte Gründung der SED im Hinblick auf die für den Herbst geplanten ersten Wahlen in der SBZ erfolgt. Die Vorbereitungen darauf dienten nach altem totalitärem Rezept dazu, den Machtergreifungsprozeß der herrschenden Gruppe hinter der Fassade der »breitesten sozialistischen Demokratie« zu intensivieren.[38] Die SED begann um ehemalige nationalsozialistische Mitläufer und um den christlichen Bevölkerungsteil zu werben, dem eine »positive Mitwirkung am Neuaufbau Deutschlands« zugesichert wurde, eine Formel, die peinlich an die der Nationalsozialisten vom »positiven Christentum« im Jahr 1933 erinnerte. Die »Neubauern« als Nutznießer der »Bodenreform« wurden darauf hingewiesen, daß nur ihre Stimmabgabe für die SED ihr Eigentum vor der Revanche der Grundbesitzer sichern konnte. Die SMAD befahl für die Gemeindewahlen im September 1946 eine Wahlordnung, die auch den SED-beherrschten Massenorganisationen FDGB, FDJ, VdgB (Vereinigung der gegenseitigen Bauernhilfe), dem Demokratischen Bauernbund und den Frauenausschüssen eigene Kandidatenlisten zusprach, die den Zweck hatten, die SED zu verstärken. Die beiden bürgerlichen Parteien, CDU und LDPD, wurden massiv behindert, etwa durch schleppende Registrierung seitens der SMAD, Ablehnungen noch nicht registrierter Ortsgruppen, geringere Papierzuteilungen für Plakate, Zeitungen und Druckschriften, selbst durch Verhaftungen bürgerlicher Kandidaten. So brachten die Gemeindewahlen im September 1946 der SED 57,1 Prozent der Stimmen, dazu nochmals 3 Prozent für die VdgB und die Frauenausschüsse, während die LDPD 21,1 und die CDU nur 18,8 Prozent erzielten. Auch bei den Kreis- und Landtagswahlen am 20. Oktober 1946 hatten die beiden bürgerlichen Parteien keine faire Chance, nicht zuletzt infolge ihrer programmatischen Nähe zur SED im Korsett des sogenannten Antifaschistischen Blocks. Immerhin fiel die SED jetzt auf 47,5 Prozent der Stimmen in der SBZ zurück, während die CDU 24,6 Prozent und die LDPD 24,5 Prozent gewann. Obwohl also von einer zahlenmäßigen Übermacht der SED nach diesen Wahlen nicht gesprochen werden konnte, besetzte die kommunistische Dominanzpartei die wichtigsten Positionen in den fünf Landesregierungen, vor allem die Innen- und Schulministerien. Wie das Wahlergebnis ohne Zwangsvereinigung ausgesehen hätte, zeigten die am gleichen Tag in Groß-Berlin abgehaltenen Wahlen mit 48,7 Prozent für die SPD und nur 19,8 Prozent für die SED als umfirmierter KP. Schon dies war für die SED Grund genug, die bürgerlichen Kräfte durch die gesteuerte Gründung zweier weiterer Parteien, der Nationaldemokratischen Partei und der Demokratischen Bauernpartei Deutschlands, zu zersplittern und damit zu schwächen und im übrigen die Zügel im Blocksystem anzuziehen, das jetzt auch FDGB, FDJ und Demokratischen Frauenbund umfaßte, um als »Nationale Front« das künftige System der DDR zu komplettieren.

SED als »Partei neuen Typs«

Die nächste Phase der totalitären Machtergreifung bildete die offizielle Umwandlung der SED in eine »Partei neuen Typs« durch Beschluß des SED-Zentralsekretariats am 3. Juli 1948. Die Phase der »antifaschistisch-demokratischen Umwälzung« wurde als erfolgreich abgeschlossen bezeichnet und durch die neue Generallinie des »Aufbaus des Sozialismus« abgelöst.[39] Schon auf dem 2. SED-Parteitag im September 1947 hatte Grotewohl ein wenn auch noch gemäßigtes Bekenntnis zu Lenin abgegeben, dessen Lehren es kennenzulernen gelte, »um uns das für Deutschland Passende anzueignen«. Nun ordneten »Parteidirektiven« das Studium des sogenannten »Kurzen Lehrgangs der KPdSU(B)« an, des verbindlichen sowjetischen Lehrbuchs der Geschichte und Theorie der Partei. Ebenfalls nach sowjetischem Vorbild wurde das Parteilehrjahr eingeführt mit zwei Schulungsabenden im Monat, Selbststudium und dem Besuch von Partei- und Internatsschulen.

Die 1. Parteikonferenz im Januar 1949 hob formell das Paritätsprinzip der Parteigründung auf und beschloß nach leninistischer Tradition die Errichtung eines Politbüros und Sekretariats beim Zentralkomitee. Die Parole vom »deutschen Weg zum Sozialismus«, die 1945/46 als Lockvogel für die Einheitspartei gedient hatte, wurde nun als »nationalistische Abweichung« und Verleumdung der Sowjetunion verurteilt, obwohl sie damals offizielle Parteilinie gewesen war. Ihr Hauptexponent Anton Ackermann, der sie im Parteiauftrag propagiert hatte, wurde zur »Selbstkritik« gezwungen. Überhaupt wurde der ganze bisherige Einheitsfrontkurs nun durch das Bekenntnis der Partei zum Klassenkampf ersetzt.

Ausgehend vom »Verrat der rechten sozialdemokratischen Führer« an den »Arbeiterinteressen« in den Jahren 1918/19 und danach kehrte man nun zum »Kampf gegen den Sozialdemokratismus« in der Partei zurück. Die gestrigen Parolen von der notwendigen Brüderschaft und Kampfgemeinschaft der Arbeiterparteien und die Reuebekenntnisse hinsichtlich der vor 1933 die Einheit zerstörenden »Sozialfaschismus«-Strategie wurden erneut über Bord geworfen und durch die alten Propagandaformeln ersetzt. Wieder wurden die Vorwürfe des Rechtsopportunismus, Objektivismus und Kosmopolitismus an die Adresse der Sozialdemokratie zu Markenzeichen der bolschewistischen Dogmatik. Die SED bezeichnete sich nun offen als »kommunistische« Partei, ohne indes ihr irreführendes Etikett abzulegen. Zur Leninschen Kaderpartei und »Avantgarde der Arbeiterklasse«, zu der man sich nun bekannte, gehörte natürlich der Kampf gegen den »kleinbürgerlich-opportunistischen Sozialdemokratismus«. Der neue Parteitypus wurde geprägt von straffer Organisation und strengen Auswahlkriterien, demokratischem Zentralismus und Fraktionsverbot. Es wurde Anspruch erhoben auf die Anleitung und Kontrolle der übrigen Organisationen des »Proletariats« wie der Gewerkschaften und Genossenschaften, auf die »führende Rolle« der SED im eigenen Land und die Anerkennung der führenden Rolle der KPdSU in der »kommunistischen Weltbewegung« im Zeichen des »proletarischen Internationalismus«, eine Bezeichnung, die das uneingeschränkte politische und ideologische Interventionsrecht der KPdSU und der Sowjetunion in alle kommunistischen Parteien der Welt und ihre politischen Entscheidungen definierte.

Diese Umformung der SED zur Partei neuen Typs stand in engstem Zusammenhang mit der sich verändernden Weltlage, wie sie jedenfalls von sowjetischer Seite interpretiert wurde.[40] Der Chefideologe der KPdSU, Andrej Schdanow, verkündete im Auftrag Stalins den Wandel der internationalen Konstellation vom »antifaschistischen« Kriegsbündnis mit den USA zur Bildung zweier antagonistischer »Lager«, des »Lagers des Friedens« mit der Sowjetunion und ihren Verbündeten und des Lagers der »Kriegstreiber« mit den Vereinigten Staaten an der Spitze. Dem mußte eine geänderte Generallinie auch im Inneren entsprechen, die von der antifaschistisch-volksdemokratischen Umgestaltung nun auf die Linie des »Aufbaus des Sozialismus« umschaltete. Ausdruck der eingetretenen »Zuspitzung« war vor allem auch der Konflikt mit den jugoslawischen Kommunisten Titos, die kurzerhand zu einer »faschistischen« Verräterclique abgestempelt und aus dem Informationsbüro der kommunistischen Parteien (Kominform) ausgeschlossen wurden (um allerdings, nach erneut geänderter Generallinie, unter Chruschtschow schon 1955 wieder in Gnaden aufgenommen zu werden).

Im Inneren der DDR ging der Transformationsprozeß der Partei- und Machtstrukturen Hand in Hand mit weiteren ökonomischen und gesellschaftlichen »Umgestaltungen«. Schon Anfang 1948, kaum drei Jahre nach Kriegsende, befanden sich 99 Prozent des Bergbaus und die Hälfte der metallurgischen Produktion sowie der Energieerzeugung in Staatshand. Am 30. Juni 1948 beschloß der SED-Parteivorstand einen ersten Zweijahres-Wirtschaftsplan für 1949/50. Der »volkseigene« Handel in Gestalt der staatsmonopolistischen »Handelsorganisation« (HO) sollte den Privathandel immer mehr einengen und schließlich ganz ersetzen. Auf dem Lande bereiteten die Maschinen- und Traktorenausleih-Stationen (MTS) die geplante, aber noch verborgene Kollektivierungspolitik vor. Die traditionelle gesellschaftliche Schichtung wurde durch die ständig größer werdende Zahl der sogenannten »Werktätigen« ersetzt, die dem Parteistaat alles verdankten und als gehorsame Masse unter seiner strengen Anleitung und Kontrolle gehalten werden konnten.

Zu der von der Partei gewollten Egalisierung der Gesellschaft trug auch die starke Flucht- und Abwanderungsbewegung nach Westdeutschland bei, die den »Staat der Arbeiter und Bauern« von seinem Protestpotential befreite; um so rascher konnte er die neuen »sozialistischen Produktionsverhältnisse« durch »neue Menschen« mit einem normgerechten »sozialistischen« Verhalten unterbauen. Eine durchaus praktische Psychologie der Führung knüpfte dabei nicht ohne Erfolg an die materiellen wie immateriellen Bedürfnisse der Menschen an, die sich im Meer der Gleichheit durch entsprechende marginale Unterscheidungen hervorheben wollen, sei es durch sogenannte »materielle Interessiertheit« mit entsprechenden finanziellen Gratifikationen, sei es durch den Appell an das gesellschaftliche Prestigebedürfnis des einzelnen. Wettbewerbs- und Aktivistenbewegungen und ein ausgefeiltes System von Auszeichnungen, Titeln und Funktionen wurden von der Führung mit der Absicht ins Spiel gebracht, persönlichen Aufstiegswillen in systemkonforme Kanäle zu leiten. Dieses ganze System angeblich »breitester demokratischer Mitwirkung«, mit dem die Führung lockte, trug alle Zeichen der Manipulation im Interesse der Machterhaltung der Führungsclique, ein System der Verführung und Gewalt, wie es etwa George Orwell in seiner satirischen Negativ-Utopie »Farm der Tiere« früh durchschaut hatte.

Dieselbe egalisierende und menschenunwürdige Manipulation vollzog sich nicht zuletzt bei der Eingliederung der Frauen in den Produktionsprozeß. Man propagierte sie demagogisch als wichtigen Fortschritt auf dem Weg zur Emanzipation. Tatsächlich war die SED-Führung im Sinne ihrer totalitären Ziele klug genug zu erkennen, daß sie mittels der verschleiernden Emanzipationsformel zwei Fliegen mit einer Klappe treffen konnte: die Erhöhung des Arbeitskräftepotentials mit einem zeitweilig über neunzigprozentigen Frauenanteil in der Volkswirtschaft *und* die Zerstörung der Familienbindungen als Stätten individueller, antikollektivistischer Entwicklung und Prägung.

Der totalitäre Parteistaat der DDR

Das Ergebnis der von der sowjetischen Besatzungsmacht in ihrer Zone eingeleiteten und von der Machteroberungsstrategie der Moskauer Fraktion der deutschen Kommunisten begleiteten und fortgeführten »sozialistischen Umgestaltung« war das politische und gesellschaftliche System der DDR, wie es rund vierzig Jahre Bestand hatte. Bei der offiziellen Staatsgründung am 7. Oktober 1949 hatte es seine »antifaschistisch-demokratische« Anfangs- und Übergangsphase bereits hinter sich gelassen, um sich konsequent nach sowjetischem Vorbild zu einem ausgeprägt totalitär-monopolistischen Parteistaat zu entwickeln. Zunehmend wohlwollendere westdeutsche Darstellungen und Interpretationen, die einen grundlegenden Wandel von totalitären zu »nur« autoritären und »konsultativen« Herrschaftsmustern[41] sowie ein Wachstum »sozialistischer Demokratie« und »demokratischer Partizipation« meinten feststellen zu können, führten in die Irre und wurden durch die Enthüllung der totalitären Realität nach ihrem Zusammenbruch im Herbst 1989 widerlegt.

Dieses Regime des leninistisch-stalinistischen Typs rechtfertigte seinen Anspruch auf die »führende Rolle« aus der Berufung auf die von Marx, Engels und Lenin entwickelten Lehren des historischen und dialektischen Materialismus. Aus der Lehre vom Klassenkampf als angeblichem Grundgesetz der Geschichte sollte sich die historische Aufgabe der Befreiung des Proletariats, aller Ausgebeuteten und Geknechteten ergeben, die schließlich in der ganzen Welt siegen und einen neuen Menschen heraufführen würde. Aus der von Marx entdeckten »wissenschaftlichen« und daher »unumstößlich wahren« Erkenntnis der »tiefen Gesetzmäßigkeiten« der geschichtlich-gesellschaftlichen Gesamtentwicklung schöpfte die Partei den Anspruch, die »wahren Interessen« der Arbeiterklasse und damit der »ungeheuren Mehrzahl« besser zu kennen als diese selbst. Sie beanspruchte die »Überkompetenz des Allwissenden« aufgrund ihrer Einsicht in den geschichtlichen Lauf der Dinge. Daraus ergab sich die »substitutionalistische Fiktion« (Roger Garaudy) der Interessenidentität der Parteiführung mit der Partei und der Partei mit der Arbeiterklasse und dem »ganzen Volk«.[42] Diese Fiktion war aber der entscheidende Ansatzpunkt für die Dialektik der Macht, die sich hier vollzog: Aus der Diktatur des Proletariats entfaltete sich im Zuge ihrer Realisierung diejenige der Partei *über* das Proletariat und schließlich der Parteiführung und kleiner Machtoligarchien über *beide*. Der Anspruch auf Allwissenheit schien zur monopolistischen Besetzung der Schlüsselpositionen in Staat, Wirtschaft und Gesellschaft zu berechtigen. An diesem Anspruch ist das Gesamtsystem schließlich gescheitert.

Die DDR wurde nach Verfassungsrecht und politischer Wirklichkeit zum Staat der SED. Diese war als »Partei neuen Typs« im Besitz des Monopols der Herrschaft und der Willensbildung, dem die »Subsysteme« des Staats- und Wirtschaftsapparats, der Massenorganisationen, der Medien und der »Machtsicherungsorgane« hierarchisch untergeordnet waren[43] – als »Transmissionsriemen«, wie schon Lenin gesagt hatte, des Willens der Parteiführung in die Breite und Tiefe der Gesellschaft hinein. Freilich war hier schon der Begriff der »Partei« irreführend, denn dieser Organisationstypus verstand sich niemals als bloßer Teil der Machtkonkurrenz in einem pluralistischen System, sondern von Anfang an als Organisation von »Berufsrevolutionären« zwecks Eroberung und ungeteilter Ausübung der Macht in Staat und Gesellschaft, als »die Massen« organisierende, indoktrinierende und kontrollierende Avantgarde des Proletariats und des historischen Fortschritts.[44] Hinter aller Rede von sozialistischem Humanismus und Dienst an den »kleinen Leuten« stand der zynische Wille, sie durch die von der Partei gesetzten politischen und gesellschaftlichen Rahmenbedingungen wie durch eine systematische Indoktrination ihres Denkens und Urteilens zu beherrschen.

Die Partei als »Avantgarde«

Auch in ihrer inneren Struktur war diese Organisation der Machteroberung und Machtbehauptung etwas völlig Neuartiges. Nach Programm und Statut verstand die SED sich als »freiwilliger Kampfbund Gleichgesinnter« aus den Reihen der »fortschrittlichen Angehörigen der Arbeiterklasse, der Klasse der Genossenschaftsbauern, der Intelligenz und der anderen Werktätigen«[45]. Sie verkörperte nach diesem Selbstbild »die besten revolutionären Traditionen« der deutschen Arbeiterbewegung mit dem Ziel, »in Übereinstimmung mit der geschichtlichen Entwicklung unserer Epoche« die von Marx, Engels und Lenin gestellten Aufgaben der Arbeiterklasse zu verwirklichen. Von den Parteien des herkömmlichen Typs unterschied sie die Betonung der »ideologischen und organisatorischen Einheit und Geschlossenheit ihrer Reihen, der freiwilligen und bewußten Disziplin« ebenso wie die Absage an »Fraktionsmacherei und Gruppenbildung als unvereinbar mit dem Wesen der Partei und der Zugehörigkeit zu ihr«. Dieses Prinzip war seit 1921 zum Eckstein der bolschewistischen Partei Lenins geworden; es war ein Freibrief für die unumschränkte Beherrschung der Partei durch die Führung. Auch die »Pflichten und Rechte« der Parteimitglieder unterschieden sich grundlegend von denen der Mitglieder in einer Partei des demokratisch-freiheitlichen Systems. In der Partei leninistischen Typs rangierten die Pflichten weit vor den Rechten der Mitglieder. Und sie betrafen nicht nur die aktive Mitarbeit in der Partei, sondern auch das »Bewußtsein« der Mitglieder, das von der »marxistisch-leninistischen Weltanschauung« und der Bereitschaft geprägt sein sollte, »die Normen der sozialistischen Moral und Ethik einzuhalten und die gesellschaftlichen Interessen über die persönlichen zu stellen«.

Neuartig und leninistisch war auch das im Parteistatut niedergelegte Institut des »Parteiauftrags«, das die Mitglieder zur Übernahme bestimmter Aufträge der vorgesetzten Parteiorgane in ihrem gesellschaftlichen und beruflichen Umfeld verpflichtete.[46] Dazu konnte etwa gehören, bestimmte Personen für den Eintritt in die Volkspolizei oder in die »Nationale Volksarmee« zu gewinnen, aber auch Kollegen und Nachbarn zu überwachen. Die Partei neuen Typs besaß hier ein wirkungsvolles Instrument zur Unterwerfung und Botmäßigkeit ihrer Mitglieder. Der Vorrang der Machtinteressen der Führung vor den privaten Verpflichtungen und Moralvorstellungen war damit unzweideutig festgeschrieben. Dies war der Ausgangspunkt für die Seuche der Bespitzelungen durch die berüchtigten »Informellen Mitarbeiter«, die im Westen erst nach dem Zusammenbruch des Regimes bekannt wurde. Mittels des Parteiauftrags wurden Partei, Staat und Gesellschaft an der Basis verklammert und wurde die Führungsrolle der ersteren sicherzustellen gesucht, denn er umfaßte die Pflicht jedes Mitglieds, »seine Arbeit in den staatlichen und wirtschaftlichen Organen und in den Massenorganisationen entsprechend den Beschlüssen der Partei im Interesse der Werktätigen zu leisten, die Partei- und Staatsdisziplin zu wahren, die für alle Mitglieder der Partei in gleichem Maße bindend ist«. Die Ziffern 49 b und c des SED-Status von 1976 verpflichteten die Parteimitglieder, entsprechend den Parteibeschlüssen und Parteiaufträgen in den staatlichen Organen, in der Presse (etwa durch lancierte »Leserbriefe«), im Kultur- und Bildungswesen, in der Gewerkschaft, in Jugend- oder Frauen-Organisationen etc. tätig zu werden. Hier wie auch in der Armee, bei den Grenztruppen, in der Volkspolizei und bei der Eisenbahn bestanden Grundorganisationen der Partei.

Diese innere Struktur der SED, die die Befehlsmacht eines kleinen oligarchischen Kreises an der Spitze legitimierte und gegen innerparteiliche Opposition abschirmte, fand ihre Entsprechung im Verhältnis der Partei und ihrer Führung gegenüber Staat, Wirtschaft und Gesellschaft. Dem Prinzip des demokratischen Zentralismus *in* der Partei entsprach ihr Anspruch auf die

»führende Rolle« im politischen System insgesamt, wie er in Systematik und Inhalt der DDR-Verfassung seinen Niederschlag fand. Abweichend von dem urmarxistischen Primat der Ökonomie standen hier nach dem Muster der Sowjetverfassungen die »Politischen Grundlagen« *vor* den »Ökonomischen Grundlagen«.[47] Artikel 1 fixierte den Eckstein des Verfassungsgebäudes, die Führungsrolle der »marxistisch-leninistischen Partei der Arbeiterklasse«: Die DDR war nach ihrem ganzen Selbstverständnis der »Staat der SED«. Dies wurde von den in der Verfassung niedergelegten »Ökonomischen Grundlagen« unterbaut, besonders dem »sozialistischen Eigentum an den Produktionsmitteln« (Artikel 9, Abs. 1) und dem »Grundsatz der Leitung und Planung der Volkswirtschaft sowie aller anderen gesellschaftlichen Bereiche« (Artikel 9, Abs. 3), der die Wirtschaftsplanung zu einer umfassenden Gesellschaftsplanung ausweitete, die etwa das Schul- und Erziehungswesen ebenso einschloß wie die Wissenschaft oder das Kulturleben. Artikel 9 fixierte noch einmal die »sozialistische Planwirtschaft« und das staatliche Monopol des Außenhandels und der Valutawirtschaft.

Die Artikel 10 und 11 definierten die Hauptformen des »sozialistischen Eigentums«. Es wurde unterteilt in »gesamtgesellschaftliches Volkseigentum« (mit den »volkseigenen Betrieben« in Industrie und Handel und den Staatsgütern in der Landwirtschaft), »genossenschaftliches Eigentum werktätiger Kollektive« (vor allem die »Landwirtschaftlichen Produktionsgenossenschaften, LPG, und die Produktionsgenossenschaften des Handwerks, PGH) und schließlich »Eigentum gesellschaftlicher Organisationen der Bürger« (wozu etwa Zeitungsverlage, Immobilienbesitz, Ferienheime etc. der SED, der Blockparteien und der Massenorganisationen wie FDGB und FDJ zu zählen waren). Artikel 12 führte diejenigen Bereiche auf, die strikt »Volkseigentum« waren und an denen Privateigentum für »unzulässig« erklärt wurde.[48] Die Verfassung sanktionierte also den Vorrang des »Volkseigentums« und seiner Nutzung durch die »sozialistische Planwirtschaft« im Rahmen des »sozialistischen Wirtschaftsrechts« gegenüber den anderen Eigentumsformen. »Volkseigentum« war einer jener zentralen Begriffe zur Verschleierung der wirklichen Machtstrukturen des Systems. Er war mit »Eigentum des monopolistischen Parteistaates und Nutzung durch diesen« zu übersetzen.

Das ökonomische Monopol des Parteistaats

Die von der sozialistischen Umwälzung herbeigeführten neuen »ökonomischen Grundlagen« dienten der totalitären »bürokratischen Kontrolle der Ökonomie und der sozialen Beziehungen auf dem Weg des staatlichen Dirigismus, der Sozialisierung, der Verstaatlichung«[49]. Nach der Beseitigung des Privateigentums an Produktionsmitteln und der Klassengesellschaft zum Zwecke der Überwindung der »Ausbeutung des Menschen durch den Menschen« war es folgerichtig, ja unvermeidlich, daß in der »sozialisierten«, das heißt verstaatlichten Volkswirtschaft an die Stelle der Koordination der Wirtschaftssubjekte durch den Markt diejenige durch einen umfassenden, politisch festgelegten Plan trat, genauer durch ein Netz von Plänen, die zentral gesteuert und miteinander abgestimmt werden mußten.[50] Der alljährlich als Gesetz von der Volkskammer verabschiedete Volkswirtschaftsplan im Rahmen von Fünfjahresplänen nach sowjetischem Muster war gekennzeichnet durch die »Vermaschung« eines komplexen Netzes von Einzelplänen sowie volks- wie betriebswirtschaftlichen Bilanzposten (»Kennziffern«) nach dem Modell eines Zahnradsystems, dessen Räder reibungslos ineinandergreifen mußten in Gestalt von Mengenplänen zur Produktion, Rohstoffgewinnung und Zuteilung, Investitions- und Finanzierungsplänen, »Reproduktionsplänen« (Reparaturen von Maschinen und Anlagen), Arbeitskräftebedarfsplänen, Plänen für Löhne und Sozialleistungen sowie Absatzplänen für den Groß- und Einzelhandel im Rahmen der staatlichen Handelsorganisation usw.

Dieses ökonomische Lenkungs- und Planungssystem mußte (und sollte natürlich) die Macht des von der Partei beherrschten Staates weit über seine klassischen Funktionen hinaus ausdehnen. Seine Verfügungsmacht erstreckte sich auf die gesamte

Volkswirtschaft, auf Produktion, Distribution und Konsum, selbst auf den Arbeitsmarkt, wo der Parteistaat als monopolistischer Arbeitgeber den Untertanen gegenübertrat. Durch das Lenkungsmonopol des »Arbeitskräfteeinsatzes« in der ganzen Gesellschaft strahlte der Einfluß des Parteistaats auch in den gesamten Bereich der »Reproduktion« der Arbeitskräfte aus, also in Schulen, Hochschulen, Wissenschaft und Forschung, die allesamt an Pläne gebunden waren und bei Nichterfüllung unter Strafe standen. Hier wurde die Forderung des »gleichen Arbeitszwangs für alle und Errichtung industrieller Armeen« des Kommunistischen Manifests Wirklichkeit.[51] Die »Werktätigen« wurden damit zu einer Art von öffentlichen Bediensteten und bis in ihre materiellen Existenzgrundlagen hinein vom Parteistaat abhängig. Der »Staat der Arbeiter und Bauern« enthüllte sich als eine sehr moderne totalitäre Despotie.

Der »Staatsapparat« als Ausführungssystem des Parteiwillens

Gegenüber Abschnitt I über die »Grundlagen der sozialistischen Gesellschafts- und Staatsordnung« trat der Verfassungsabschnitt III über »Aufbau und System der staatlichen Leitung« (Artikel 47 ff.) deutlich zurück. Im Gegensatz zu manchen Interpretationen, die etwa aus Artikel 48 über die Volkskammer als »oberstem staatlichen Machtorgan« eine Art Generalnorm abzulesen versuchten im Sinne eines hohen Ranges des Parlaments in der »sozialistischen Demokratie«, war auch und gerade dieser Artikel wie der ganze Abschnitt eindeutig unter dem Vorbehalt der führenden Rolle der Partei nach Artikel 1 zu verstehen; ohne diesen Vorbehalt mußte das Verständnis des Artikels 48 zu gravierenden Fehlschlüssen führen, wie sie etwa auch durch manche Organ-Grafiken in westdeutschen Lehr- und Schulbüchern zum Ausdruck kamen. Die SED besaß jedenfalls die Kompetenz gegenüber den vier Verfassungsorganen der »staatlichen Leitung« (Volkskammer, Staatsrat, Ministerrat und örtliche Volksvertretungen) nicht nur aufgrund von Artikel 1 der Verfassung, sondern auch durch das materielle Verfassungsrecht des Programms und Statuts der Staats- und Dominanzpartei wie durch die einfache Gesetzgebung. Nach § 4 des Gesetzes über den Ministerrat der DDR arbeitete zum Beispiel die Regierung »auf der Grundlage des Programms der SED und der Beschlüsse des ZK der SED, die die staatliche Tätigkeit betreffen«[52]. Die Beschlüsse der Volkskammer und die Erlasse des Staatsrats wurden auch an dieser Gesetzesstelle deutlich als nachrangig aufgeführt. Die Volkskammer war nichts anderes als ein verläßliches akklamatives Organ für die Ratifizierung der von der Parteispitze gefaßten Beschlüsse und ihre Transformation in »staatliches Recht«, eine für das Image der »sozialistischen Demokratie« freilich unentbehrliche Funktion. Was sollte und konnte ein Parlament überhaupt bewirken, das in der Regel drei- bis viermal im Jahr zu zwei- bis dreitägigen Sitzungen zusammentrat und die vorgelegten Gesetze, Erlasse und Beschlüsse des Politbüros, des Staats- und Ministerrats fast immer einstimmig gleichsam notariell bestätigte? Die Volkskammerabgeordneten wurden aus gutem Grund auch nicht zur politischen Funktionselite gezählt.[53] Ihr Mandat war ein gesellschaftliches Ehrenamt für verläßliche Genossen und Mitglieder der Blockparteien und Massenorganisationen, das neben der normalen Berufstätigkeit ausgeübt werden konnte. Lediglich eine gewisse »Basisnähe« mochte als Vorzug gelten. Aber jeder lokale oder regionale Parteifunktionär war einflußreicher als ein Volkskammerabgeordneter, es sei denn, es bestand zwischen beiden Personalunion.

Die Machtzentren

Die eigentlichen Machtzentren des DDR-Systems wurden in der Verfassung überhaupt nicht und im materiellen Verfassungsrecht des SED-Statuts nur ganz knapp erwähnt: Politbüro (PB), Zentralkomitee (ZK) und ZK-Sekretariat der Partei.[54] In der die Machtlage verschleiernden Semantik der totalitären Partei wurde zwar der Parteitag als »höchstes Organ« der Partei bezeichnet, das Politbüro aber nur insoweit erwähnt, als es mit der »politischen Leitung der Arbeit des Zentralkomitees« zwischen dessen Plenartagungen beauftragt war. Die Statut-Bestimmungen stellten jedenfalls die tatsächlichen Machtverhältnisse geradezu auf den Kopf. Denn nicht der Parteitag, der laut Statut nur alle fünf Jahre zusammentrat und eine Massenversammlung von mehr als 3000 Delegierten war, und auch nicht das Zentralkomitee, das in der Regel zwei Plenarsitzungen im Jahr abhielt und etwa 150 Mitglieder und 50 nicht stimmberechtigte Kandidaten umfaßte, waren die eigentlichen Machtzentren, sondern das wöchentlich tagende Politbüro mit etwa zwanzig Mitgliedern oder weniger, die die »Machtsäulen« des Systems in der Spitze vertraten und bündelten. Dieser Aufbau beruhte entgegen den formellen Bestimmungen auf der grundlegenden organisationssoziologischen Erfahrung, daß das jeweils kleinere und häufiger tagende Organ oder Gremium im politischen Entscheidungsprozeß einflußreicher ist als die zahlenmäßig größeren, aber selten tagenden Gremien.

Das Politbüro war somit das zentrale Führungsorgan von Partei *und* Staat, Kommandozentrale und Richtlinienorgan für alle Bereiche der Politik und Gesellschaft mit letztgültigem Einfluß auf die Besetzung der wichtigsten Partei- und Staatsämter. Mit seiner Generalkompetenz konnte es auch jede beliebige Einzelfrage an sich ziehen. Das ZK-Sekretariat, besser bezeichnet als Zentraler Parteiapparat, mit einigen tausend hauptamtlichen Funktionären, war auch weniger der Exekutivapparat des Zentralkomitees (wie sein Name behauptete) als der des Politbüros, in dessen Dienst und Auftrag ihm die Vorbereitung und Durchführung der Politbüro-Beschlüsse oblag. Einige besonders herausragende Politbüro-Mitglieder bekleideten daher auch in Personalunion die Positionen von »Sekretären« im ZK-Apparat und verzahnten damit zusätzlich das Entscheidungsorgan mit dem Ausführungsapparat. Den 41 Abteilungen des ZK-Apparats oblag die »Anleitung und Kontrolle« nicht nur der internen Parteiarbeit auf den verschiedenen Gebieten, sondern auch aller Ressorts des Staats- und Wirtschaftsapparats. Faktisch handelte es sich hier um einen diesem vorgeordneten Leitungsapparat der Partei. Die 41 ZK-Abteilungsleiter waren daher gegenüber den

Ressortministern des Ministerrats weisungsberechtigt; ein Wechsel etwa von einem Ministeramt zum ZK-Abteilungsleiter war dementsprechend stets ein Karriereaufstieg und umgekehrt.

Das Zentralkomitee war zwar nicht machtlos, da es formell Wahlkörper für die Mitglieder des Politbüros und den Generalsekretär war.[55] Aber der Generalsekretär konnte seine Zusammensetzung über die Kaderabteilung des ZK-Apparats weitgehend steuern, wie es Stalin als Generalsekretär der KPdSU erfolgreich vorgemacht hatte. Dieses für die Führung sehr effektive stalinistische System blieb in allen Staaten des Sowjetblocks bis zum Herbst 1989 in Kraft. Die engeren Führungszirkel in Politbüro und Zentralem Apparat bereiteten jedenfalls alle Personal- und Richtlinien-Entscheidungen sorgfältig vor, bevor sie dem ZK zur formellen Entscheidung vorgelegt wurden. Freilich waren die Mitglieder des ZK so auszuwählen, daß sie die wichtigsten Funktionsbereiche und Gruppierungen der Partei vertraten. Man wird das ZK also als Repräsentativorgan und eine Art »Parlament« der Parteielite kennzeichnen können, bestehend aus dem hohen Funktionärskorps der Partei, den Leitern des Staats- und Wirtschaftsapparats, führenden Funktionären der Massenorganisationen sowie Vertretern der Armee und des Staatssicherheitsdienstes.

Wie aber wurde die »Transmission« des Willens der Parteiführung auf die Ausführungssysteme sichergestellt?[56] Da war zum einen ein System von Personalunionen der Politbüromitglieder mit ihren Spitzenpositionen in den verschiedenen Machtsäulen des Systems: Der Generalsekretär war in der Regel zugleich Vorsitzender des Staatsrats (also formelles Staatsoberhaupt). Umgekehrt waren der Regierungschef, der Volkskammer-Präsident, der Minister für Staatssicherheit, die Vorsitzenden von FDGB und FDJ und manchmal auch der Verteidigungsminister zugleich Politbüro-Mitglieder. Das Transmissionssystem wurde ferner durch die Statuten der Nationalen Front sowie der ihr angehörenden Blockparteien und Massenorganisationen sichergestellt, die alle die ausdrückliche Anerkennung der Führungsrolle der Partei enthielten. Die Beschlüsse der obersten Parteiorgane (Politbüro, ZK, Parteitag) besaßen Weisungscharakter für alle Ausführungsapparate in Staat, Wirtschaft, Erziehungswesen, Medien, Wissenschaft etc. Über diese materielle Rechtssetzungskompetenz der Partei hinaus konnten deren Beschlüsse auch in formelles staatliches Recht umgesetzt werden: durch Gesetze der Volkskammer, Erlasse und Beschlüsse des Staatsrats oder Verordnungen des Ministerrats.

Jedoch machte die Form der Volkskammergesetze nur einen kleinen Teil der gesamten Rechtssetzung aus. Die meisten Rechtssetzungsakte erfolgten – übrigens nach sowjetischem Muster, das seinerseits die russische autoritäre Tradition fortsetzte – durch rein exekutive Akte in Form von Erlassen (russisch: Ukas), Beschlüssen und Verordnungen. Man konnte hier geradezu von einer Fortsetzung der autoritären preußischen Tradition in realsozialistischem Gewand sprechen. Schließlich gab es noch die Sonderform gemeinsamer Beschlüsse von Politbüro und/oder ZK einerseits und Staatsrat andererseits, denen dann Verordnungen des Ministerrates Rechtskraft verliehen. Selbst vom Politbüro und seinen Arbeitsgruppen erstellte »Materialien« konnten durch Verordnungen des Ministerrates formelle Rechtskraft erlangen. Das Rechtssystem und die Masse der Rechtssetzungen wurden so zu einer Art von Arkanwissen, bei dem die Untertanen durch häufig mangelnde Veröffentlichung im dunkeln tappten, wodurch sie auch rein formal in die schwächere Position gerieten.

»Nationale Front«, Blockparteien, Massenorganisationen

Die in der Nationalen Front unter der SED als Führungspartei zusammengeschlossenen Parteien (CDU, LDPD, NDPD, DBD) und Massenorganisationen (FDGB, FDJ, Demokratischer Frauenbund und Kulturbund) wurden in der offiziellen Lesart des Systems als Ausdruck des »Pluralismus« in der »sozialistischen Demokratie« gepriesen.[57] Sie hatten den Auftrag, bestimmte Bevölkerungsgruppen – etwa die Christen, die Genossenschaftsbauern, einstige NS-Mitläufer, Teile der jungen Generation und der Frauen –, die nicht SED-Mitglieder waren oder werden wollten, an das System heranzuführen und in gewissem Umfang auch Interessen dieser Gruppen wahrzunehmen. Dazu verfügten sie über eigene hauptamtliche Funktionärsapparate, Zeitungen, Buchverlage, Tagungsstätten. Sie hatten freilich alle in ihren Satzungen die Suprematie der SED anerkannt, so daß Selbständigkeitsregungen jederzeit als Satzungsverstöße geahndet werden konnten, ganz abgesehen davon, daß ihr Spielraum durch die Überwachung seitens des Staatssicherheitsdienstes eng begrenzt war. Die SED-Partei- und Staatsführung sorgte auch dafür, daß die Mitgliederzahl der Blockparteien auf festgesetzte Quoten begrenzt blieb (CDU etwa 150 000, LDPD 75 000, NDPD 85 000, DBD 92 000), damit so etwas wie eine schleichende Volksabstimmung gegen die Führungspartei verhindert wurde. Nach mehreren Säuberungen in den Führungspositionen der Blockparteien schon vor 1949 war sichergestellt worden, daß für die SED voll verläßliche Vertrauenspersonen an ihrer Spitze standen (wie Gerald Götting bei der CDU und Manfred Gerlach bei der LDPD), während die mittleren und unteren Parteiebenen etwas mehr Spielraum hatten.

Die »gesellschaftlichen« oder »Massenorganisationen« waren nach Leninscher Tradition und offizieller Definition »unter Führung der marxistisch-leninistischen Arbeiterpartei Schulen der Demokratie und des Sozialismus«, »Wesensmerkmale der sozialistischen Demokratie«, die »unter Führung der SED aktiv die Gestaltung der entwickelten sozialistischen Gesellschaft unterstützen« sollten. Ihre leitenden Funktionäre waren überwiegend SED-Mitglieder. So sollte der FDGB die Werktätigen besonders in den Großbetrieben ruhigstellen und sozialpolitische Aufgaben für sie wahrnehmen (von der Arbeitsplatzgestaltung über die Freizeit- und Urlaubsorganisation bis hin zur Gesundheitspolitik, Sozialversicherung und eng begrenzten Mitwirkung an der Lohngestaltung).

Die FDJ war längst ihren »antifaschistischen« Anfängen eines relativ pluralistischen »Jugendlebens« entwachsen und unter der Führung Honeckers nach dem Modell der sowjetischen Parteijugend Komsomol zur »Kaderreserve« der Partei neuen Typs avanciert. Auch sie war nicht Produkt freier gesellschaftlicher Initiativen von unten, sondern planmäßiger Gesellschaftsgestaltung von oben. Hier drängte sich der Vergleich mit den entsprechenden Organisationen des NS-Regimes auf. In beiden Fällen versuchte die totalitäre Parteiführung der Gesellschaft ein engmaschiges Netz überzuwerfen, um sie in den Griff ihrer Organisationsgewalt zu bekommen und so wirksam als möglich der ideologisch-gesellschaftspolitischen Gleichschaltung zu unterwerfen.

Wahlen im Realsozialismus

Das »Gesetz über die Wahlen zu den Volksvertretungen der DDR« von 1976 (einheitlich für die Volkskammer und die »örtlichen Volksvertretungen«, die ja nicht kommunale Selbstverwaltungsorgane aus eigenem Recht waren, sondern lediglich Teile des »Systems der staatlichen Leitung«), das das ältere Wahlgesetz von 1963 ablöste, hatte im Westen zeitweilig Hoffnungen auf eine »Demokratisierung« des SED-Systems geweckt.[58] Es konnten jetzt mehr Kandidaten aufgestellt werden als Mandate zu vergeben waren, und es konnten auch Kandidatennamen auf den Stimmzetteln gestrichen werden. Das hatte aber nur dann Folgen, wenn in einem Stimmbezirk mehr als fünfzig Prozent der Wähler den oder die gleichen Namen strichen, was ohne vorherige Absprache nicht zu realisieren war. (Solche Streichungsmehrheiten sind nur in einigen wenigen Fällen begrenzten lokalen Zuschnitts bekannt geworden.) Auch die seit 1976 gegebene Möglichkeit, Kandidaten *vor* ihrer Nominierung durch ihre »Kollektive« (in Betrieben oder Wohngebieten) zu »prüfen« (während zuvor die Bewerbervorstellungen erst *nach* der offiziellen Nominierung stattfanden), waren nicht mehr als Kosmetik. Denn natürlich war auch der SED klar, daß nicht der Wahlvorgang als solcher, sondern die Kandidaten-Nominierung der wichtigste Akt des Wahlvorgangs war. Nominiert wurde aber von den Wahlausschüssen der Nationalen Front, und zwar nach Schlüsseln (Parteien, Massenorganisationen, Berufe, Geschlecht, Alter etc.), auf die die Kaderabteilungen der SED-Sekretariate und die Staatssicherheit den letzten Einfluß hatten. Auf diese Weise wurde bis zum Schluß, also bis zu den berüchtigten Kommunalwahlen im Mai 1989, nach der Einheitsliste der Nationalen Front gewählt. Die sogenannte offene Stimmabgabe blieb der Normalfall, Namensstreichungen, gar unter Benutzung der aufgestellten Wahlkabinen, blieben die Ausnahme einer Wahlprozedur, die der Volksmund treffend als »Falten« der (unveränderten) Stimmzettel kennzeichnete.

Daß es sich hier um die bloße Fiktion wirklicher Wahlen handelte, ging schon daraus hervor, daß die Stärken der »Fraktionen« in der Volkskammer seit 1963 nicht mehr verändert wurden, sondern sich seitdem nach einem starren Mandatsschlüssel richteten. Danach stellte die SED mit 127 von 500 Sitzen zwar die stärkste Fraktion, blieb jedoch, scheinbar bescheiden, mit diesen nur 25,4 Prozent der Sitze hinter den vier Blockparteien mit je 10,4 Prozent zurück. Diese formelle Augenwischerei wurde aber sogleich wieder zurechtgerückt durch die Fraktionen der vier Massenorganisationen, von deren Abgeordneten rund 90 Prozent SED-Mitglieder waren, die der Parteidisziplin unterlagen. Damit besetzte die SED eben doch fast 60 Prozent aller Sitze, ganz davon abgesehen, daß ja auch die Abgeordneten der Blockparteien auf das gemeinsame Programm der Nationalen Front und auf die Führungsrolle der SED verpflichtet waren. Nur einmal hat es in der Geschichte der Volkskammer eine Abstimmung ohne »Fraktionszwang« und Einstimmigkeit gegeben, als bei dem Gesetz über den Schwangerschaftsabbruch die Stimmabgabe freigegeben wurde und es vierzehn Gegenstimmen und acht Enthaltungen seitens der CDU gab. Selbst dann freilich fand das von der SED gewollte Gesetz eine »breite Mehrheit«. Widerspruch und Opposition seitens der Blockparteien in der Volkskammer wagte sich erst im Herbst 1989 hervor, als die SED-Herrschaft bereits deutlich wankte und die Partei zu keinen Sanktionen mehr fähig war.

Tatsächlich eröffneten die Wahlen in der DDR ihren Bürgern niemals die Möglichkeit einer politischen Richtungsänderung oder auch nur Korrektur. Wahlen und »Wahlkampf« waren nach offizieller Lesart vielmehr »Höhepunkte im gesellschaftlichen Leben unserer Republik« und wurden gezielt eingesetzt als »Integrationsmittel zur Befestigung und Weiterentwicklung der sozialistischen Staatsmacht« mit der Funktion der Mobilisierung und Integration der Massen, etwa wenn sie im Betriebskollektiv zu den Stimmlokalen zogen. Zutreffend betonte auch das bundesdeutsche DDR-Handbuch, daß Wahlen in der DDR nicht die Aufgabe hatten, »eine Entscheidung des Volkes darüber herbeizuführen, welche der verschiedenen, miteinander konkurrierenden politischen Kräfte für begrenzte Zeit die Regierungsmacht ausüben sollen. Diese Entscheidung gilt nach der marxistisch-leninistischen Partei- und Staatslehre als ein für allemal getroffen.«[59] In der DDR ging es in der Tat nur um die plebiszitäre Bestätigung der Inhaber der politischen Macht, um die Demonstration der ideologisch-politischen Einheit des Volkes und die Mobilisierung der Volksmassen für die jeweils aktuellen politischen Zielsetzungen der SED-Führung. Nach der ideokratischen Herrschaftsauffassung monopolistisch-totalitärer Parteien und ihrer bekannten jakobinischen Logik erwuchs die Rechtmäßigkeit ihrer Herrschaft niemals aus der nur »arithmetischen« Mehrheit der bloßen Zahl, sondern immer nur aus der »politischen Mehrheit«, die die wahre *volonté générale* authentisch vertritt. Die Verachtung der *wirklichen* Gesellschaft im Namen der von der totalitären Partei *gewollten* Gesellschaft mußte in Theorie und Praxis der Wahl ihre Nagelprobe finden.

Das Informations- und Erziehungsmonopol

Die totalitäre Parteidiktatur des SED-Staates nutzte natürlich auch alle modernen Möglichkeiten der staatlich monopolisierten Informationspolitik. Die Partei war im Besitz des Informations- und Medienmonopols mit vollem Zugriff auf Rundfunk, Fernsehen, Presse, Buchmarkt, Filmproduktion etc.[60] Nahezu 90 Prozent der Tageszeitungen befanden sich auch juristisch im Besitz von SED, FDGB und FDJ, nur 8,8 Prozent im Besitz der Blockparteien. Die betreffenden Abteilungen des Zentralen Parteiapparats, die im Auftrag des Politbüros die staatliche »Allgemeine Deutsche Nachrichtenagentur« (ADN), das Presseamt beim Vorsitzenden des Ministerrats und das SED-Zentralorgan *Neues Deutschland* anleiteten und kontrollierten, fanden im Sinne der alten bolschewistischen Tradition von »Agitation und Propaganda« (Agitprop) stets besondere Aufmerksamkeit. Das Presseamt kontrollierte die beiden staatlichen Komitees für Rundfunk und Fernsehen sowie die Presse der Blockparteien und Massenorganisationen, das ZK die umfangreiche Parteipresse in den Bezirken und Kreisen. Dieses stromlinienförmige System gab tägliche Weisungen bis hin zu Vorgaben für die Schlagzeilen und »Sprachregelungen«. Die von der Kaderpolitik der Partei gesteuerte Personalauswahl stellte die Selbstzensur der Journalisten und Redakteure schon weitgehend sicher; eventuelle aktuelle »Unklarheiten« wurden, falls nötig, durch die Redaktionsgemeinschaften beseitigt, in denen die »Pflichten der Parteimitglieder« wirksam wurden. »Parteigrundorganisationen« gab es ohnehin auch in allen Redaktionen, Druckereien etc. Hinzu kamen in diesem System von Mehrfachsicherungen einheitliche Ausbildungsrichtlinien für den Nachwuchs sowie die gesetzlich geregelte Lizenzpflicht für die restlichen zehn Prozent der Druckerzeugnisse, vor allem für den Bereich der Kirchen. Druckereien und Druckmaschinen, ja selbst Kopiergeräte in privater Hand waren verboten. Ihr Gebrauch etwa in Verwaltungen, Hochschulen und Schulen unterlag einer scharfen Überwachung durch Staatsschutzbestimmungen gegen »antisozialistische« Meinungsäußerungen und Kritik.

Darüber hinaus verfügte der SED-Staat über ein engmaschiges Netz der Erziehung und Indoktrination.[61] In den Schulen und Hochschulen war die ideologische Schulung durch »Staatsbürgerkunde« bzw. das Studium des Marxismus-Leninismus ebenso Pflicht wie in der Staatsjugend in der Partei und in den Massenorganisationen. Der berufliche Aufstieg war an entsprechende Nachweise, zumindest »Bekenntnisse« gebunden. Der »neue«, sozialistische Mensch als Ziel der marxistisch-leninistischen Gesellschafts- und Bildungskonzeption sollte seine wahre Selbstverwirklichung in der Arbeit finden; individuelles Leistungsstreben sollte in kollektiv-gesellschaftlicher Arbeitsmoral aufgehen und von ihr her ihren Sinngehalt erlangen. Diesem ideologisch bewußten sozialistischen Menschen wurde ein weites Feld gesellschaftlicher »Partizipation« in Betrieb, Partei, Massenorganisationen, »sozialistischen Wettbewerben« etc. geboten. Doch diese »sozialistische Demokratie« stieß in der Realität auf enge Grenzen und durfte sich niemals auf den Gesamtrahmen der parteilichen »Generallinie« und Politik, sondern nur auf »Verbesserungen« in den Mikrobereichen beziehen. Durch diese Erfahrungen wuchs, besonders bei der jungen Generation, langsam die Kluft zwischen der alles erklären und reglementieren wollenden Partei und Ideologie und der Lebenserfahrung des einzelnen, zwischen der Lebenswirklichkeit und einer ideologisch erzeugten »zweiten Realität«. Am Ende kumulierten Mangel an persönlichem Spielraum, staatliche Reglementierung, Willkür und ökonomische Stagnation zu einem gefährlichen Gemisch, das den Systemzusammenbruch des Herbstes 1989 vorbereitete. Einerseits blieben die offiziellen Indoktrinationsversuche vielfach äußerlich und folgenlos, andererseits erzielte die Lebenswirklichkeit des sozialistischen Betreuungsstaats trotz seines Willkür- und Terrorregimes aber auch Langzeitwirkungen, die bis heute spürbar sind.

Sozialistische Bürgerrechte

Der totalitäre Charakter des Systems wurde nicht zuletzt im Bereich der Menschen- und Bürgerrechte deutlich.[62] Sie hatten in der DDR einen grundlegend anderen Stellenwert als in freiheitlich-demokratischen Staaten. Sie waren nicht Ausdruck vorstaatlicher, dem Menschen von Natur zukommender Rechte, sondern beruhten auf dem Axiom, daß der Sozialismus als solcher die Lösung aller grundlegenden Probleme des Menschen in sich schloß, also auch der Menschenrechte.

Nach dem Sieg der sozialistischen Produktionsverhältnisse bestand angeblich eine prinzipielle Übereinstimmung zwischen den Interessen der Bürger und denen der Gesamtgesellschaft. Das marxistisch-leninistische Identitätsaxiom verneinte grundsätzlich die Notwendigkeit von Individualgrundrechten. Die Funktion von Bürgerrechten im Sozialismus konnte daher nur darin bestehen, »diese Übereinstimmung jedem Einzelnen bewußt zu machen, jeden Einzelnen an der Leitung der Wirtschaft, der Kultur, des Staates zu beteiligen ... und materiell wie ideell zu interessieren«. So kristallisierte sich auch im Bereich der Bürgerrechte im DDR-System jener totalitär-demokratische Grundzug heraus, für den die Mitwirkungs- und Beteiligungsrechte an erster Stelle und weit vor den individuellen Schutz- und Freiheitsrechten rangieren.

Die Artikel 19 und 21 der DDR-Verfassung betonten das angebliche Recht auf »Mitwirkung an der Leitung der gesellschaftlichen Entwicklung« sowie auf umfassende »Mitgestaltung des politischen, wirtschaftlichen, sozialen und kulturellen Lebens der sozialistischen Gemeinschaft«. Die behauptete Identität zwischen Einzel- und Gesamtinteresse in der klassenlosen Gesellschaft kam in unscheinbar wirkenden Formulierungen zum Ausdruck, etwa wenn gesagt wurde, die Grundrechte sollten die Bürger befähigen, »aktiv und bewußt ihr Leben *und damit* ihren sozialistischen Staat zu gestalten«. So war es auch nur konsequent, wenn die individuellen Freiheitsrechte durchweg unter dem Vorbehalt standen, daß sie nur »im Rahmen der Grundsätze und Ziele der Verfassung« in Anspruch genommen werden durften. Die kommunistische Rechtsauffassung verstand sie wesentlich als ideologisch zweckgebundene Bürgerrechte, die vom Parteistaat ausdrücklich nur für verfassungs- und ideologiekonforme Zwecke »gewährt« wurden. In totalitärer Weise wurden auch die individuellen Freiheitsrechte uminterpretiert in »sozialistische Persönlichkeitsrechte« und somit zu »Instrumenten der Politik der SED-Führung mit dem Ziel, die Persönlichkeit jedes Bürgers so umzuformen, daß er stets und unbedingt den Führungsanspruch der Partei anerkennt«[63]. Der Bürger mußte also zunächst einmal das Wertungssystem der Parteiführung, die marxistisch-leninistische Weltanschauung, akzeptiert haben und sich aktiv für ihre Ziele einsetzen, bevor »eine gewisse Rechtswirkung der Grundrechte zu seinen Gunsten eintritt.«

Wichtige Bürgerrechte der DDR-Verfassung waren darüber hinaus in einer »dialektischen« Einheit von Rechten und Pflichten konzipiert, so etwa wenn von Recht auf *und* Pflicht zur Arbeit die Rede war oder der Wehrdienst als »Recht und Ehrenpflicht der Bürger« bezeichnet wurde. Das DDR-Bürgerrechtsverständnis kam auch dadurch zum Ausdruck, daß die Grundrechte und -pflichten der Verfassung ausdrücklich nur für die Bürger der DDR galten und damit in ihrer politischen Integrationsfunktion betont wurden. Im Staats- und Rechtsverständnis der totalitären Demokratie kam die dialektische Einheit von Zwangs- und Willkürstaat (für die Widerstrebenden) einerseits und Betreuungs- und Versorgungsstaat (für die Gehorsamen, Anpassungsbereiten und Überzeugten) andererseits zum Ausdruck. Diese Seite der Medaille sollte von der großen Zahl »sozialer Rechte« dokumentiert werden, die den einzelnen als Empfänger von Daseinsvorsorge-Leistungen des Staates ansprachen und die in besonderer Weise die »sozialen Errungenschaften« des Honecker-Staates unterstreichen sollten (und als solche auch in Westdeutschland vielfach wohlwollend kommentiert wurden). Freilich wurden auch diese Sozialrechte unter nicht geringe Vorbehalte gestellt, so das Recht auf Arbeit und freie Arbeitsplatzwahl unter den Vorbehalt der »gesellschaftlichen Erfordernisse und der persönlichen Qualifikation«, was die Sache fast wieder umkehrte, oder das Recht auf Wohnraum unter den der »volkswirtschaftlichen Möglichkeiten und örtlichen Bedingungen«. Das Recht auf höhere Bildung über die zehnklassige polytechnische Oberschule hinaus war gar an die dreifache Bedingung des Leistungsprinzips, der »gesellschaftlichen Erfordernisse« und der Berücksichtigung der sozialen Struktur der Bevölkerung geknüpft, also ganz am politischen Ermessen des Parteistaates orientiert.

Recht als Instrument politischer Macht

Schließlich war der Grundrechtsschutz äußerst unzureichend. Es gab keine unabhängige Verwaltungsgerichtsbarkeit zum Schutz des Bürgers gegen Akte der Staatsgewalt, sondern nur – ebenfalls nach sowjetischem Vorbild – ein autoritäres System der Petitionen und Beschwerden, die an die staatlichen Organe gerichtet und von diesen nach dem Prinzip der »Selbstentscheidung« behandelt werden konnten. Hier wurden das grundsätzliche Fehlen von Gewaltenteilung in den realsozialistischen Systemen und deren Prinzip der Gewalteneinheit unmittelbar fühlbar. Nach Artikel 86 der DDR-Verfassung war die Rechtsordnung neben der Staatsordnung Ausdruck und Instrument der »politischen Macht des werktätigen Volkes« im Dienst der »Verwirklichung der Verfassung«. Nach marxistisch-leninistischer Auffassung war das Recht stets Instrument der jeweils herrschenden Klasse, ihr »zum Gesetz erhobener Wille« (Walter Ulbricht) – nunmehr also der Arbeiterklasse und »ihrer« Partei. Wie Abschnitt IV der Verfassung über »Sozialistische Gesetzlichkeit und Rechtspflege« auswies, waren Rechtsprechung und Gerichte Teile der »einheitlichen Staatsgewalt«. Von einer Unabhängigkeit der Richter war nicht die Rede. Sie wurden von der Kaderpolitik der Partei schon zur Ausbildung auf die Hochschulen geschickt und dann entsprechend eingesetzt. Ihre formelle Wahl durch die Volksvertretungen der verschiedenen Ebenen gehörte zum System der Fiktionen der angeblichen sozialistischen Demokratie. Da sie, wie die politischen Mandatare, jeweils nur für eine Legislaturperiode gewählt wurden und, wie diese, auch von ihren zuständigen Wahlkörpern jederzeit abberufen werden konnten, schwebte über ihnen ständig das Schwert des Zwangs zu »Parteilichkeit« und politischem Wohlverhalten.

Die Verfassung ließ keinen Zweifel, daß die »Durchführung der sozialistischen Gesetzlichkeit« und der »Schutz und [die] Entwicklung der Deutschen Demokratischen Republik und ihrer Staats- und Gesellschaftsordnung« *vor* dem Schutz der »Freiheit, des friedlichen Lebens und der Rechte und der Würde der Menschen« rangierten. Ein umfangreiches politisches Strafrecht war die Konsequenz. In ihm wurden klassische Tatbestände wie »Hochverrat« unangemessen ausgeweitet und neuartige wie »Diversion« und »Sabotage« geschaffen. Die letzteren hatte bereits die Sowjetische Militäradministration mit ihrem Befehl 160 eingeführt, und von hier wurden sie in das Strafgesetzbuch der DDR übernommen. Weitere Tatbestände waren etwa »staatsfeindlicher Menschenhandel«, »Republikflucht« oder »Abwerbung«. »Vorbereitungshandlungen« wurden ebenso politische Straftatbestände wie »staatsfeindliche Hetze«, »öffentliche Herabwürdigung« oder »ungesetzliche Verbindungsaufnahme«. Die Grenzen des politischen Strafrechts zu Gesinnungsstrafrecht und »Willkür in Gesetzesform« wurden fließend. Dementsprechend stieg die Zahl der politischen Häftlinge, die 1987/88 auf rund 9500 Personen in 55 »Strafvollzugseinrichtungen« und 36 »Untersuchungshaftanstalten« geschätzt wurde.

Wenn man in Westdeutschland sich von diesen Nachtseiten des DDR-Totalitarismus damals nicht selten beflissen abwandte, so sollte man heute die betreffenden Erlebnisberichte – etwa von Ulrich Schacht, Rainer Kunze, Erich Loest, Siegmar Faust oder Thomas Schmidt – um so aufmerksamer lesen.[64] Gleich bei Kriegsende wurden die Konzentrationslager des NS-Regimes bedenkenlos von den neuen Totalitären genutzt, anfangs nicht zuletzt für die politischen Gegner aus der Sozialdemokratie. Allein zwischen 1961 und 1984 hat die Zentrale Erfassungsstelle in Salzgitter 31 624 Gewalttakte des Regimes, 21 863 Verurteilungen aus politischen Gründen sowie 4253 Tötungen oder Tötungsversuche (vor allem an den innerdeutschen Sperranlagen und an der Berliner Mauer) registriert.[65] Die politischen Versuche in Westdeutschland, die Arbeit von Salzgitter zu beenden oder zu behindern, gehörten zu den peinlichsten Kapiteln der Verdrängung oder Verharmlosung der Realitäten der zweiten totalitären Diktatur auf deutschem Boden.

Die Staatssicherheit –
»Schild und Schwert« der Diktatur des Proletariats

Es sollte nicht vergessen werden, daß gerade auch der Staatssicherheitsdienst eine Schöpfung dieser Diktatur war und ihr als »Schild und Schwert« diente, Verantwortlichkeiten daher nicht isoliert, sondern in ihrer Gesamtheit gesehen und bewertet werden müssen.[66] In allen totalitären Systemen dieses Jahrhunderts nahmen die Machtsicherungs- und Staatssicherheitsorgane einen zentralen Platz ein. Man hat das »Ministerium für Staatssicherheit« (MfS) und seinen Apparat zutreffend »ein Instrument der SED-Bürokratie zur Aufrechterhaltung ihrer Macht« genannt, das freilich seinerseits die ganze Verfassungswirklichkeit der DDR nachhaltig beeinflußte. In ihm bündelten sich die Aufgaben einer inneren Geheimpolizei mit den Befugnissen einer Untersuchungsbehörde für politische Strafsachen und mit der Tätigkeit eines geheimen Auslandsnachrichtendienstes. Es war bereits im Februar 1950 durch Gesetz der Volkskammer geschaffen worden und erhielt einige Zeit später die Stellung eines selbständigen Ressorts, die es mit Unterbrechungen bis zum Schluß behielt. Seine Chefs waren meist zugleich Politbüromitglieder, was den hohen Rang des MfS im Gesamtsystem deutlich machte (verglichen etwa mit dem Verfassungsschutz und dem Bundesnachrichtendienst der Bundesrepublik).

Das MfS, dieses »spezielle Organ der Diktatur des Proletariats«, wie es sich selbst nannte, unterstand der politischen »Anleitung und Kontrolle« durch die Abteilung Sicherheitsfragen im ZK der SED. Dessen Leiter waren jeweils die voraussichtlichen Nachfolger des Staats- und Parteichefs, zuerst Honecker und dann Egon Krenz. Nach dem Vorbild des KGB hatte das MfS eine militärische Struktur mit entsprechenden Rängen, beginnend mit dem Minister im Rang eines Armeegenerals bis zu allen Generals-, Offiziers- und Unteroffiziersdienstgraden. Der Dienst in der Staatssicherheit war dem Wehrdienst gleichgestellt. Das MfS stützte sich auf einen breiten bürokratischen Unterbau mit 14 Bezirksverwaltungen und etwa 250 Kreis- und Objektdienststellen (letztere etwa in Großbetrieben). Der enge Verbund mit der Partei auf allen Ebenen wurde durch die Mitgliedschaft der jeweiligen Stasi-Chefs in den Bezirks- und Kreisleitungen der SED sichergestellt. Budget und Personalstand des MfS waren Staatsgeheimnisse. Schon 1982 wurden jedoch rund 20 000 hauptamtliche Funktionäre angenommen (Generale, Offiziere, Unteroffiziere und Zivilbedienstete), was einer Verfünffachung seit 1950 entsprach. Allein die Bezirksverwaltung (BV) des MfS in Leipzig zählte 1989 rund 2400 Personen. Dazu kamen 6000 Mann der zum Schutz der Regierung und für innere Unruhen vorgesehenen Prätorianergarde des sogenannten »Wachregiments Felix Dserschinskij« – faktisch eine kriegsstarke Division mit schweren Waffen. Schon der Name war Symbol der Unterwerfung unter fremden ideologischen und politischen Willen.

Hinzu kamen die inzwischen notorisch gewordenen »Inoffiziellen Mitarbeiter« (IM), etwa 80 000 bis 100 000 Personen in einem die Gesellschaft durchdringenden Spitzelsystem. Teils arbeiteten sie auf »materieller Basis« gegen Bezahlung und genossen auch etwa berufliche Förderung, teils aus politischer Überzeugung, nicht selten aber auch durch Nötigung oder in einer Kombination aller drei Motive. Zur »politisch-operativen Arbeit« des MfS gehörten auch die planmäßige und gezielte Kontrolle des Post- und Fernmeldeverkehrs und Ermittlungsverfahren bei »Staatsverbrechen« (wie geplante, versuchte und mißglückte »Republikflucht«, »ungesetzliche Verbindungsaufnahme«, »Menschenhandel«, etwa auf den Transitstrecken nach Berlin etc.). Auch für Militärstrafsachen war das MfS zuständig. Formell unterlag es als Untersuchungsorgan der Aufsicht der Staatsanwaltschaft und den Bestimmungen der Strafprozeßordnung. Faktisch waren die »Organe« jedoch, besonders in den Untersuchungsanstalten, weitgehend ohne Kontrolle. Bei ihrer Tätigkeit nutzten sie die modernste Technik bis hin zu Datenbanken und Computern; gleiches galt auch bei der Bespitzelung des Telefonverkehrs mit weitreichenden Anlagen, selbst in der Bundesrepublik und West-Berlin. In den fünfziger Jahren machten spektakuläre Menschenraub-Aktionen des MfS von sich reden, sowohl in West-Berlin wie in der Bundesrepublik. Die Drohung, jeden nach Westen gegangenen Oppositionellen oder Überläufer wo immer aufzuspüren und zu kidnappen, blieb auch später nicht nur Theorie und nicht ohne prophylaktische Wirkung. Die mit Schwerpunkt gegen die Bundesrepublik und West-Berlin gerichtete Spionage wurde als die »Tätigkeit sozialistischer Kundschafter an der unsichtbaren Front« (Erich Mielke) und »wichtige Parteiarbeit an vorderster Front des Klassenkampfes« (Erich Honecker) ganz offen gerechtfertigt. Die Tradition des bolschewistischen Berufsrevolutionärtums und der sowjetischen Tscheka seit Felix Dserschinskij blieb unauslöschlich und war hoch geachtet. Die Hauptverwaltung V unter Generaloberst Markus Wolf war in diesem »Klassenkampf« in langen Jahren nicht wenig erfolgreich.

Bei einem so mächtigen, rechtlich kaum eingeschränkten, geheim operierenden und mit reichlichen Privilegien ausgestatteten Apparat konnten Tendenzen zu einem »Staat im Staat« nicht ausbleiben. Das MfS unterhielt zum Beispiel eine eigene »Juristische Hochschule« in Potsdam-Babelsberg, an der hauptamtliche Mitarbeiter ein Direkt- oder Fernstudium mit dem Abschluß eines Diplomjuristen absolvieren konnten. Voraussetzung für die Zulassung war eine mindestens dreijährige »operative Tätigkeit« in den Organen des MfS, das sich laufend um Nachwuchs, nicht zuletzt unter Studenten und Wissenschaftlern, bemühte. In den fünfziger Jahren gerieten die beiden Vorgänger Mielkes an der Spitze des MfS, Wilhelm Zaisser (1950-53) und Ernst Wollweber (1953-57) in politischen Gegensatz zu Walter Ulbricht, als sie – auch aufgrund besserer Kenntnis der Lage in der Gesellschaft – einen flexibleren politischen Kurs einzuschlagen versuchten. In beiden Fällen behielt der Parteichef, nicht ohne den Rückhalt Moskaus, die Oberhand.

Bilanz der Parteidiktatur

Nach der Auflösung des Politbüros und des Zentralkomitees der SED im Spätherbst 1989 erstattete ein »Arbeitsausschuß« dem letzten Parteitag der SED am 8. Dezember 1989 einen »Parteirechenschaftsbericht« über die Ursachen des Zusammenbruchs von Partei und Staat.[67] Es war der Versuch einer Bilanz aus dem engen Kreis der bisherigen Machthaber (darunter Egon Krenz und Günter Schabowski), der große Teile vor allem der westdeutschen DDR- und SED-Literatur mit ihrer oft die realsozialistischen Realitäten verharmlosenden und verzeichnenden Tendenz zu Makulatur werden läßt. Nach Auffassung der Autoren hatte die Parteiführung unter Honecker spätestens seit dem XI. Parteitag der SED 1986 einen von Wunschvorstellungen und Realitätsblindheit bestimmten Kurs eingeschlagen. Die Interessen der Menschen und ihr Wunsch nach Mitsprache seien ebenso mißachtet worden wie die »Individualität und Kompetenz in der beruflichen und gesellschaftlichen Tätigkeit«. »Die führende Rolle der Partei wurde zum Machtanspruch, zum Diktat über die Gesellschaft, ausgeübt von ihren Spitzenfunktionären.« Aus der Vorstellung, »Vollstrecker der gesellschaftlichen Gesetze« zu sein, sei eine Unfehlbarkeitspraxis bei der Leitung von Politik, Wirtschaft und Kultur erwachsen. Die Parteiführung »wurde zum allein bestimmenden Zentrum. Sie hatte das Monopol der Information wie auch der Organisation. Die Kommunikation zwischen Parteiführung und Parteiorganisation verlief einseitig von oben nach unten, wurde zur Einbahnstraße. Rückkopplung war nicht erwünscht. Berichte von unten nach oben wurden frisiert, wissenschaftliche Meinungsforschung für unnötig befunden.« Das Prinzip der »Einheit und Reinheit der Partei«, so fuhr der Bericht fort, »wurde mißbraucht, um Treue und Ergebenheit gegenüber einer Person bzw. einer kleinen Gruppe von Personen zu fordern ... Kritik an der Führung wurde durch disziplinarische Maßnahmen unterdrückt. Kritiker wurden als ›Nörgler‹ und ›Meckerer‹ diffamiert, bestraft und oft auch ausgeschlossen.«

Die persönliche Bilanz des letzten Berliner SED-Parteichefs und Politbüromitglieds Günter Schabowski im Blick auf das politische System der DDR ist noch deutlicher[68]: Seine Wurzel sei eine »sozialmessianische Ideologie« zur Legitimierung der »Diktatur des Proletariats« gewesen, die im Lauf der Jahrzehnte immer mehr für die diktatorische Vormundschaftspraxis der Herrschenden und ihren Machterhalt eingesetzt worden sei, mit allen Folgen des Machtmißbrauchs, der Willkür und Bereicherung, des Personenkults und der Unmenschlichkeit.»Damit man das tatsächliche oder vermeintliche Wohlsein des Volkes durchsetzen konnte, mußte das Volk parieren, was immer wir ihm auftrugen oder vorsetzten, denn wir waren die einzigen, die wußten, was gut war für das Volk.« Schabowski meint, daß es auch in der DDR ideelle und »vernunftorientierte« Motive gegeben habe und auch dieses System nicht nur in Repression aufging. Doch die fundamentale Schwäche des Systems habe darin bestanden, daß seine grundlegenden Ideen und die Methoden ihrer Durchsetzung immer weniger kritisch diskutiert wurden, am wenigsten von denen, die ihm ihre Karrieren verdankten. Es blieb ein »System des Mißtrauens und der Verachtung bestimmter individueller Bedürfnisse des Menschen, ein System, das den Menschen perverserweise zu seinem Glück zwingen will, selbst um den Preis der Existenz dieses Menschen. Das haben wir in dieser Eindeutigkeit nicht gesehen und wahrhaben wollen.«

Mitläufertum

Doch man wird bei der Frage, »wie es möglich war«, nicht nur auf diejenigen aus der einstigen Führung hören können, so aufklärend ihre heutigen Einsichten sein mögen. Zum Jahrhundert-Phänomen der totalitären Systeme gehört untrennbar die Mitarbeit, das Mitmachen von Zehn- und Hunderttausenden von Mitläufern, im NS-Staat ebenso wie im SED-Staat. Auch hierzu gibt es heute unzählige Dokumentationen und Materialien, die freilich zur Kenntnis genommen werden müssen. Aus der Anfangszeit der DDR hat beispielsweise Günter de Bruyn über seine Erfahrungen in einer Bibliotheksschule in Ost-Berlin berichtet.[69] »Sie wurde von Leuten geleitet, die ihr einseitiges Wissen für die Quintessenz aller Wahrheiten hielten, an Stalin wie an den Erlöser glaubten, diesen Glauben Wissenschaft nannten, ihre Moral und ihre Ästhetik für richtig und endgültig hielten, alle Menschen für gleich erklärten, sich selbst aber unausgesprochen als Elite empfanden und Erziehung und Lehre wie Agitation handhabten.« In diesem Mikrokosmos der »sozialistischen Umwandlung« wurden die Schüler rasch »in die geltende Sprachregelung eingeführt. Man begriff, daß man nie spontan reagieren, nie der ständigen Aufforderung zur Ehrlichkeit nachkommen durfte und Widerreden besser in Frageform kleidete, so daß sie wie Hilferufe eines nach Erkenntnis Hungernden wirkten; denn die Fachschule war, wie der Staat, auch Missionsschule, deren Aufgabe in der Bekehrung der Heiden bestand. Diese angeblich auf Überzeugung, in Wahrheit auf Macht und Angst gegründete Pädagogik erreichte zwar nie ihr Ziel: den neuen, sozialistischen Menschen, aber sie blieb doch nicht wirkungslos. Ob man eigene Meinungen nicht mitgebracht hatte oder keinen Wert auf sie legte, sich also die vorgeschriebene leicht zu eigen machte; ob man heuchelte und das mit notwendigem Selbstschutz entschuldigte; ob man ein selbständig Denkender bleiben, aber doch die Ausbildung beenden wollte und deshalb die eigenen Gedanken für sich behalten und die verordneten Meinungen nur als Lehrstoff betrachten und nachbeten mußte – in jedem Fall wurde man zur Disziplin und zur Beachtung von Grenzen erzogen und damit für das System brauchbar oder doch wenigstens ungefährlich gemacht.«

De Bruyn weist hier auch noch auf einen besonders wichtigen Faktor hin, der die verhältnismäßig leichte Etablierung der zweiten Diktatur verständlich macht: Die faktische Macht wurde durch den »Antifaschismus geadelt«. Viele Deutsche, die im NS-Staat mitgemacht hatten, fühlten sich mehr oder weniger von Schuld beladen. Bei aller Kritik an Intoleranz und Verblendung auch der neuen Herren glaubte man sich »den Emigranten und Widerstandskämpfern gegenüber zu Ehrfurcht verpflichtet«, fühlte man sich von Schuld beladen und moralisch erpreßbar. War das neue System nicht von der Geschichte glänzend gerechtfertigt? War es nicht der Antipode des Faschismus gewesen und daher moralisch zutiefst berechtigt, dessen Wurzeln auszumerzen? Wer von den Zeitgenossen vermochte unter dem Einfluß einer unablässigen neuen Herrschaftspropaganda die wahren zeitgeschichtlichen

Verläufe und die engen Verknüpfungen zwischen beiden totalitären Systemen zu erkennen? Bis heute versuchen ja nicht nur die einstigen Etablierten des SED-Regimes den Gedanken von der »Singularität« des NS-Regimes als letzte Zitadelle zu behaupten, die der zweiten Diktatur im halben Deutschland Legitimation verschaffen soll.

Der unmenschliche Irrtum der Idee

Wie kurzschlüssig und bequem dies auch immer sein mag, noch heute sagen viele, nur die »Ausführung« sei fehlerhaft und verdammenswert gewesen, nicht die »Idee als solche«. Aber war nicht doch schon in der Idee, in dem Glauben, den »neuen Menschen« ohne weiteres in die Wirklichkeit umsetzen zu können, jener »unmenschliche Irrtum« (Günter Kunert) enthalten?[70] War dieses zentrale Postulat nicht bereits das Eingeständnis, daß man mit den *vorhandenen* Menschen den Sozialismus nicht aufbauen konnte, und ging daraus nicht alles Folgende mit Konsequenz hervor? Jeder Widerspruch mußte dann als Angriff gewittert und mit Gegenaggressivität beantwortet werden. Aber dieses neue Menschen- und Gesellschaftsbild, das Marx und Engels als die Propheten der neuen Welt als erste gepredigt und dessen missionarische Ausbreitung Lenin und Stalin mit Feuer und Schwert vollzogen hatten, war ein Konstrukt, bei dem der Mensch nur als Träger von Produktivkräften, »Bewußtsein«, Vernunft und solidarischem Verhalten existierte. Der Versuch der Umsetzung dieses rationalistischen Menschen- und Gesellschaftsbildes der Industriellen Revolution und des wissenschaftlichen Positivismus des 19. Jahrhunderts war von Anfang an in Gefahr, bei seinen Gläubigen Machtwillen, Größenwahn und Menschenverachtung zu fördern. Der moderne Totalitarismus, der aus diesem Keim entstand, mußte dadurch die aus der bisherigen Geschichte bekannten Despotien noch bei weitem übertreffen. Er neigte nicht nur zur weitgehenden Auslöschung der Gegenkräfte und Machtkontrollen in der Gesellschaft. Er fühlte sich darüber hinaus berechtigt, die Menschen im Namen seiner Idee zu brechen, sie seelisch zu verkrüppeln, geistig zu verblöden und Verbrechen jenseits der »bürgerlichen Moral« zu begehen. Und da die Partei als Vertreterin der »Idee« auf Erden »immer recht« hatte und die beherrschte Masse unrecht, mußte diese erzogen, verwandelt, gezüchtigt werden mit allen Mitteln, die der hohe Zweck – die Bekehrung zum Sozialismus, zur neuen Gesellschaft und zum neuen Menschen – heiligte.

Aber aus diesem innersten Punkt entwickelte sich auch jener Umschlag, der den marxistisch-leninistischen Sozialismus schließlich in den Abgrund führte. Hatte er versucht, die Menschen, wie sie aus der Geschichte herkamen, zu entindividualisieren, auf jeweils eng begrenzte soziale Umfelder – Marx sagte: Klassen, also Arbeiter, Bauern, Intelligenz – zu reduzieren und damit ein widerspruchsloses und gehorsames Material für die Schaffung des »neuen Menschen« zu gewinnen, so rächte sich die menschliche Natur im »Realsozialismus« schließlich durch eine eigentümliche Spaltung des Individuums in eine private und eine öffentliche Figur, in individuelle Sprachlosigkeit und öffentliche Deklamation von Phrasen. Wenn erst einmal die begabten Lügner die führenden Positionen einnahmen, dem Betrüger die Belohnung winkte und deshalb immer mehr Menschen die ehrliche Leistung verweigerten, mußte unendlich viel menschliche und geistige Energie vergeudet und dem Gemeinwesen entzogen werden, das sich auf dem Weg zur despotischen Entartung befand. Schließlich blieb die Tatsache, daß der Sozialismus unendlich viel mehr gekostet als erbracht hat – eine »Bilanz von Not und Elend, Mord und Totschlag«, von nicht zu zählenden Untaten und Opfern, mit einem zweifelhaften Fortschritt fast ausschließlich im militärischen Bereich.

»Und was jetzt nach dem Ende des Sozialismus? Eine Wiederauferstehung des Leichnams durch das Adjektiv ›demokratisch‹?« Günter Kunert warnt vor neuen Illusionen in postkommunistischen Gesellschaften, deren totalitäre Intoxikation noch keineswegs überwunden ist. Das gehört zum Gedankengang unseres letzten Kapitels.

DIE ZUKUNFT DER FREIHEIT
Gefahren und Voraussetzungen

In welcher Lage befindet sich »der Westen«, in welcher Verfassung sind die liberalen Demokratien nach dem Ende des totalitären Sowjetkommunismus? Der über vier Jahrzehnte währende Ost-West-Konflikt hatte die politischen Koordinaten nachhaltig bestimmt. Im Schatten der amerikanischen Schutz-Hegemonie, der Abschreckungsstrategie und der politisch-militärischen Spaltung des Kontinents wuchsen in Westeuropa Industrie- und Konsumgesellschaften heran, die den Ausgleich der ökonomisch-sozialen Interessen als Hauptaufgabe der Politik betrachten, Schönwettergesellschaften, in denen die Menschen mit ihrer »Einschenkerwartung« dem Staat in anspruchsvoller Gleichgültigkeit gegenüberstehen.[1] Seit dem Umbruch von 1989, der die Europäer vor völlig neue Herausforderungen stellt, breitet sich Orientierungslosigkeit aus, stellt nicht nur Vaclav Havel fest, die westlichen Demokratien wüßten mit dem Zusammenbruch des Kommunismus nichts anzufangen.[2] Die Erosion der geistigen Fundamente und Werte dieser »Gesellschaftsstaaten« ist unverkennbar.

Die Bundesrepublik Deutschland wurde zum geradezu idealtypischen »Gesellschaftsstaat«, der angesichts der enormen Herausforderungen des Einigungsprozesses »einem Schiff in schwerer See gleicht, dessen Offiziere das Vertrauen von Besatzung und Passagieren verlieren«[3]. Noch werden die tieferen Ursachen der Turbulenzen, in die der wiedervereinigte Staat gerät, nicht genügend gesehen, noch wird der Einigungsprozeß vor allem mit den Mitteln und Methoden einer »Wirtschafts- und Währungsunion« betrieben. Die geistige und politische Malaise wird aber nur verständlich, wenn man erkennt, daß heute in Deutschland die sittenerhaltende Autorität des Staates fehlt, die Flagge der Republik nicht sichtbar wird und die Nation sich vor sich selbst versteckt, weil sie sich selbst Angst einflößt.[4] Ohne diese geistig-sittlichen Grundlagen muß aber ein Gemeinwesen zerfallen, das nur noch Gesellschaft sein will, und Gewalt wird dann unausweichlich. Die neuen Bedrohungen und Gefahren für die freiheitlichen Demokratien stammen heute vor allem aus diesen selbst. Es sind Selbstgefährdungen von Anspruchsgesellschaften in den »weichen und reichen Wohlstandsinseln der Welt«[5]. Je mehr hier aber politische und kulturelle Leerräume entstehen, desto mehr werden aus der internationalen Korrelation der Kräfte heraus neue Gefahren aufsteigen. Soll die Freiheit überleben, ist daher eine schonungslose Inventur der Grundlagen unserer politisch-gesellschaftlichen Verhältnisse und geistigen Dispositionen, der Tabus und der daraus entspringenden Denk- und Handlungsblockaden unerläßlich.

Das Ende des Versorgungsstaates

Die europäischen Demokratien haben sich nach dem Zweiten Weltkrieg in raschen Schritten zu Versorgungsstaaten entwickelt. Angetrieben von einer alles durchdringenden Gleichheitsideologie hat sich eine von Staatsintervention, Bürokratisierung und Bevormundung geprägte Verfassungswirklichkeit herausgebildet, die die freiheitliche Substanz aufzuzehren droht und von einer schleichenden Ausweitung der öffentlichen Vorsorge auf Kosten der Eigenverantwortung gekennzeichnet wird. Es war der alte, vor allem sozialdemokratische Traum von der Geborgenheit des Menschen »von der Wiege bis zur Bahre«, der Sicherung des Daseins mit kostenlosen Kindergärten und Schulen über kostenlose Krankenversicherung bis zu öffentlicher Arbeitsplatzbeschaffung, Wohnungsbau und Altersversorgung. Noch im Zusammenbruch des Sowjetsystems meinte Michail Gorbatschow die zukunftsträchtigen Horizonte dieses »schwedischen Modells« preisen zu sollen.[6]

Inzwischen zeigt sich auch in Deutschland überall, wie sehr

durch Mißbrauch und Wucherungen an sich vernünftiger sozialstaatlicher Prinzipien die Fundamente des Sozialstaats hinsichtlich der Leistungskraft der Wirtschaft und des Verantwortungsbewußtseins der Leistungsempfänger untergraben wurden. »Was wir heute in vielen Bereichen vorfinden, ist der von Ludwig Erhard gefürchtete Versorgungsstaat, der die Verantwortung des einzelnen und seine natürliche Opferbereitschaft zu schwächen droht.«[7] Schon während der langdauernden Wachstumsperiode zwischen 1949 und 1973 hatten die Bürger, aber auch die öffentlichen Hände zunehmend über ihre Verhältnisse gelebt. Als die ersten Rezessionen auftraten, waren die Rücklagen für schlechtere Zeiten nicht vorhanden, die das sozialstaatliche System erfordert. Besonders seit 1969 wurden die Schleusen des »Wohltatenstaates«[8] weit geöffnet, wurde das soziale Netz immer mehr ausgeweitet: von der Hilfe für die wirklich Bedürftigen zur Erfüllung grundsätzlich grenzenloser Ansprüche der vielen, wenn nicht aller. An die Stelle der Hilfe für die »sozial Schwachen« trat im Versorgungsstaat mehr und mehr ein Substitut für individuelle Selbsttätigkeit und Verantwortung.[9]

Spiegelbild und Motor dieser Entwicklung wurde eine permissive Ausgaben- und Haushaltspolitik von Bund, Ländern und Gemeinden, ein öffentliches Schuldenmachen als Lastenverschiebung in die Zukunft und auf den Rücken der kommenden Generationen. Hatten zum Beispiel die öffentlichen Schulden in der Bundesrepublik Deutschland (Bund, Länder, Gemeinden, Bundesbahn) noch 1960 gerade 52,8 Milliarden Mark betragen, so haben sie sich in den dreißig Jahren bis 1991 etwa verdreißigfacht auf 1,6 Billionen mit weiter steigender Tendenz.[10] Nachdem sich die öffentlichen Leistungen auf Pump von einer Einstiegsdroge zu einer harten Dauerdroge entwickelt hatten, ging man 1989/90 in den deutschen Einigungsprozeß mit bereits enormen finanziellen Altlasten hinein. Im Bundeshaushalt 1993 ist die Bundesschuld, also die Kosten für Zinsen und Tilgung der Kredite allein des Bundes, auf den zweiten Platz nach dem Etat für Arbeit und Soziales vorgerückt.[11] Der Anstieg der Lohn- und Lohnnebenkosten hat die Bundesrepublik – als Industriestandort und in der internationalen Wettbewerbsfähigkeit bereits empfindlich zurückgeworfen. Dabei schrumpften die Realeinkommen durch wachsende Belastungen der Bruttolöhne mit Steuern und Abgaben. Hatten zum Beispiel die Sozialabgaben die Bruttolöhne noch 1960 nur um 15,8 Prozent gemindert, so war dieser Satz bis 1989 schon auf etwa 34 Prozent angewachsen, unter Einrechnung der indirekten Steuern und Abgaben sogar auf bis zu 43 Prozent.[12]

Deutsche Tabus

Auf der »Rückseite des Wunders« haben sich in der alten Bundesrepublik während der letzten Jahrzehnte politisch-gesellschaftliche Tabus, Denkhemmungen und Frageverbote eingefressen, die die heute notwendige Bereitschaft und Fähigkeit von Staat und Gesellschaft zur Bewältigung der seit 1989 anstehenden nationalen und internationalen Herausforderungen untergraben. Das gilt nicht nur für den sozial-ökonomischen Bereich mit seinen »sozialen Besitzständen«, Karenztagen oder höheren Löhnen bei sinkender Arbeitszeit. Das gegenwärtig aktuellste Tabu ist das in der Bundesrepublik geschaffene, in der Welt einmalige Asylrecht, dessen gesinnungsethische Auswüchse bis heute die Rückkehr zu verantwortungsethischer Handlungsfreiheit des Staates verhindern, obwohl hier katastrophale Folgen für die sozioökonomische Stabilität und den sozialen Frieden des Landes absehbar sind. Tabus sind nicht zuletzt in unserem Verhältnis zur Geschichte und Zeitgeschichte wirksam, wie sich etwa in der Groteske des Rücktritts des damaligen Bundestagspräsidenten Philipp Jenninger und anläßlich des Historikerstreits um die Vergleichbarkeit der nationalsozialistischen Verbrechen zeigte. Tabus, zumindest idealistisch-visionäre Argumente, überlagern auch in der Europadebatte reale Einsichten. Ausgerechnet im Jahr 1989 war selbst das Wort »Wiedervereinigung« von einem deutschen Sprachforscher zum »Tabu-Wort« des Jahres erklärt worden[13] – ein kennzeichnendes Beispiel dafür, wie Tabus in der Politik zu einem dramatischen Realitätsverlust führen können.

Die Westdeutschen haben sich in den letzten Jahrzehnten aber auch einiger Tabus entledigt, die die individuelle »Selbstverwirklichung« zu hindern schienen, voran etwa Abtreibung und Homosexualität. »So bietet die politische und moralische Kultur der Bundesrepublik Deutschland das Bild einer seltsamen Mixtur von Libertinage und tabuisierten Zonen. Im freiesten Staat der deutschen Geschichte herrschen mehr Frageverbote, mehr Sprachregelungen und weniger Unbefangenheit als bei den Nachbarn. Politische Themen, die in Frankreich, der Schweiz oder England vollkommen offen diskutiert werden dürfen, sind hier tabu und werden verdrängt. Die intellektuelle Verfassung der Bundesrepublik ist konformistisch, neurotisch und langweilig. Die politische Sprache ist zu Formeln erstarrt. Auf den Leserbriefseiten der Frankfurter Allgemeinen Zeitung wird freimütiger diskutiert als im Hohen Haus.«[14]

Die Schwierigkeiten und Krisenerscheinungen in Deutschland im Jahr Drei der neuen staatlichen Einheit werden nicht unwesentlich konstituiert von dem Versuch, ungeachtet des tiefgreifenden weltpolitischen Umbruchs seit 1989, der uns das unerwartete Geschenk der Einheit in den Schoß legte, an unserer »Utopie des Status quo« und der Neigung zur Immobilität krampfhaft festzuhalten.[15] So bedrängt uns heute ein Problemstau, eine lange Liste von Defiziten und ungelösten Aufgaben[16]: öffentliche Verschuldung, Überforderungen des sozialen Netzes, schwelende Krisen im Renten- und Gesundheitssystem, das ebenso unbezahlbar zu werden droht wie unser Bildungs- und Hochschulsystem, dramatische Entwicklungen bei Kriminalität und Drogensucht und endlich jene Völkerwanderung hinein in die Wohlstandszone Mittel- und Westeuropas, die unsere freiheitliche Ordnung und ihre sozialökonomischen Grundlagen zu unterspülen droht und bei noch längerem Gewährenlassen aus einer heute noch effizienten weltpolitischen Region bald ein weiteres Krisengebiet der Erde machen könnte.

Krise des deutschen Parteienstaates

Zwischen der Krise des Versorgungsstaates in der Anspruchsgesellschaft und der aktuellen kritischen Debatte über die Funktion der politischen Parteien besteht eine engere Verknüpfung, als gemeinhin bewußt ist. Im Blick auf die deutsche Situation hat Richard von Weizsäcker diesen Zusammenhang als wechselseitige »Vorteilsaufteilung zwischen Politik und Gesellschaft« beschrieben, zwischen dem Streben der Gesellschaft und ihrer mächtigen Verbände und Verbandsführungen nach »Wohlstandserhaltung« einerseits und dem Streben der Parteien und Parteiführungen nach »Machterhaltung« andererseits.[17]

Die Väter des Grundgesetzes hatten den Parteien die »Mitwirkung bei der politischen Willensbildung des Volkes« aufgetragen. Sie sollten den politischen Volkswillen kanalisieren und zu Alternativen politischer Gestaltung und Ordnung bündeln mit dem Ziel politisch-staatlicher Problemlösungen; die Parteien sollten Bürgerwillen und Bürgerwünsche in politikfähige Forderungen und Entscheidungen transformieren. Tatsächlich wurden sie jedoch, nicht ohne den Einfluß einer bestimmten parteienstaatlichen Theorie, wie sie vor allem der Politikwissenschaftler und spätere Bundesverfassungsrichter Gerhard Leibholz vertrat[18], von *Repräsentanten* der Bürger mehr und mehr zu *Gestaltern* des Bürgerwillens. Das Parteiengesetz von 1967 leistete dieser Tendenz Vorschub, als es feststellte, daß die verfassungsgewollte »Mitwirkung« der Parteien sich »auf *alle* Gebiete des öffentlichen Lebens« erstrecke und sie »insbesondere auf die Gestaltung der öffentlichen Meinung Einfluß [zu] nehmen« hätten.

Der Einfluß der Parteien geht heute in der Tat über den »*politischen* Willen« weit hinaus und durchzieht »die ganze Struktur unserer Gesellschaft«. Er macht sich, direkt oder indirekt, etwa in den Medien ebenso geltend wie bei der Richterwahl, in Kultur und Sport, selbst in kirchlichen Gremien oder in der Personalpolitik von Verwaltung und Hochschulen. Die politikwissenschaftliche Kritik konstatierte schon vor eineinhalb Jahrzehnten eine Tendenz zur Abkopplung der Parteien von der »autonomen Willensbildung« des Volkes und ihre Transformation zu »Gestaltern, Formierern, Schmeichlern und Züchtigern der Gesellschaft«[19], ohne daß dies damals Aufmerksamkeit gefunden oder politische Folgerungen nach sich gezogen hätte. In einem eher schleichenden Prozeß wurden die Parteien zu »Großagenturen informeller Stellenvermittler und personalpolitischer Kontrolle« vormals parteiferner Lebensbereiche.[20]

Als Folge dessen wurde darüber hinaus das Gleichgewicht der Gewalten im politischen System relativiert, wenn nicht aufgelöst. In diesem Wucherungsprozeß wurden die Parteien nach der Feststellung des Bundespräsidenten »zu einem ungeschriebenen sechsten Verfassungsorgan, das auf die anderen fünf [Bundespräsident, Bundesregierung, Bundestag, Bundesrat und Bundesverfassungsgericht, K. H.] einen immer weitergehenden, zum Teil völlig beherrschenden Einfluß hat«[21]. Aus der »*Mitwirkung*« bei der politischen Willensbildung des Volkes wurde eine *Dominanz* der Parteien, faktisch kleiner Oligarchien in den Partei- und Fraktionsführungen, im politischen Prozeß. Das hat längst auch die Funktion der Parlamente in Mitleidenschaft gezogen, sowohl das freie, an Weisungen und Aufträge nicht gebundene Mandat der Abgeordneten als auch die Kontrollaufgabe der Parlamente gegenüber Regierungen und Exekutive. Zumal in den Bundesländern werden die Fraktionen der regierenden Parteien mehr von der Regierung und Exekutive kontrolliert als umgekehrt. Hierzu dient nicht zuletzt das Instrument der »Parlamentarischen Staatssekretäre« in Bund und Ländern, das einst zur verstärkten Kontrolle der Ministerialbürokratie durch Parlament und Regierung eingerichtet wurde, heute jedoch vor allem als Belohnung für führungstreue Abgeordnete und damit zur Disziplinierung der Regierungsfraktionen durch die Regierung dient und die Kritik- und Kontrollfähigkeit der Fraktionen gegenüber der Regierung nicht stärkt, sondern schwächt.

Gleichzeitig vollzog sich der Ausbau der Organisation und der materiellen Grundlagen der Parteien. Staatliche Parteienfinanzierung und Wahlkampfkostenerstattung, Diäten und Pensionen, die materielle Ausstattung von Fraktionen und parteinahen Stiftungen lassen die deutschen Parteien im internationalen Vergleich wie im Schlaraffenland leben.[22] Das hat aber auch dazu geführt, daß die Parteien in der öffentlichen Beurteilung vor allem als Organisationen des Kampfes um Posten und Finanzen wahrgenommen werden. Nicht allein durch die Parteispenden-Prozesse ist verbreitet das Bild der Selbstbedienung und »Vorteilsnahme« durch die Inhaber von höheren Parteifunktionen und Mandaten entstanden.[23]

Diese Machtausdehnung der Parteien hat indessen ihre »Wahrnehmung der inhaltlichen und konzeptionellen Führungsaufgaben« nicht gefördert. Richard von Weizsäcker hat auf den paradoxen Vorgang der »Machtversessenheit« der Parteien auf Wahlsiege, Mandate und gesellschaftlichen Einfluß aufmerksam gemacht bei gleichzeitiger »Machtvergessenheit« hinsichtlich der ihnen obliegenden politischen Problemlösungen.[24] Natürlich wird man zur Erklärung dieses Widerspruchs auf die immer komplexeren Problemlagen moderner industrieller Massengesellschaften verweisen können sowie auf die zunehmenden Schwierigkeiten innerparteilicher Kompromißfindung in den großen, gegensätzliche Interessen umspannenden Volksparteien und auf die Tatsache, daß nach dem »Schwinden althergebrachter gesellschaftlicher Milieus« die Parteien heute vielfach in einem gewissermaßen gesellschaftlich luftleeren Raum agieren und Aufgaben übernommen haben, die früher ganz selbstverständlich von gesellschaftlichen Gruppen und Initiativen wahrgenommen wurden.[25] Die Krise von Parteien und Parteienstaat hat, mit anderen Worten, also gewiß mit tiefgreifenden gesellschaftlichen und geistig-kulturellen Strukturveränderungen in den Industriegesellschaften zu tun, mit jener »zahllosen Menge einander ähnlicher und gleicher Menschen, die sich ohne Unterlaß um sich selbst bewegen, um sich kleine und vulgäre Freuden zu verschaffen, die ihre Seele ausfüllen«, und über denen »sich eine ungeheure Vormundschaftsgewalt erhebt, die sich allein damit befaßt, ihnen Annehmlichkeiten zu sichern und über ihr Ergehen zu wachen ... vorausgesetzt, daß sie an nichts anderes denken«, wie Alexis de Tocqueville vor hundertfünfzig Jahren seine Zukunftsvision skizziert hatte.[26] In dieses gesellschaftliche Vakuum sind die Parteien andererseits aber auch bereitwillig hineingestoßen, bietet es ihnen doch erstaunliche Möglichkeiten der Einflußgewinnung und Machtausdehnung.

Auf diesem Hintergrund ist schließlich auch die enorm gewachsene Bedeutung der Vermittlung von Politik und des durch die Medien vermittelten Bildes der Parteien zu beurteilen. Die Funktion der Medien für den politischen Willensbildungsprozeß in der modernen Anspruchs- und Konsumgesellschaft wie auch die Abhängigkeit der Parteien von ihnen ist enorm gewachsen. Hierher gehört der ganze Problembereich der sogenannten »symbolischen Politik«[27] mit allen ihren Folgen unsachgerechter Personalisierung und Primitivisierung der politischen Prozesse und dem Vorrang des »News-Werts« politischer Aussagen, Ereignisse und Entscheidungen vor einer problemgerechten und differenzierenden Berichterstattung.

Allerdings hat der erwähnte Widerspruch zwischen Machtausdehnung und Problemlösungsschwäche der Parteien auch etwas mit der in den Parteien üblich gewordenen Personalauslese zu tun, die nicht selten einen pragmatisch-taktischen, »außengeleiteten«, anpassungsbereiten und mit rhetorischer Begabung ausgestatteten Persönlichkeitstypus bevorzugt und weniger Tugenden und Fähigkeiten der Prinzipientreue, Verläßlichkeit und differenzierten Argumentation. In den Sattel zu kommen und sich in ihm zu halten, wird dann häufig wichtiger als die Antwort auf die Frage, wohin der Ritt überhaupt gehen soll. Die Vorstellung von »Politik« erschöpft sich dann vielfach in innerparteilicher Betriebsamkeit um Mandate, Funktionen und »Macht«.

Mandate und Funktionen gewinnen einen vorteilsbehafteten Selbstwert, und der politische Betrieb erstarrt im »Leerlauf des Dabeiseins«[28] bei marginalem Einfluß auf die politischen Entscheidungen, die man kleinen Oligarchien überläßt. Die heute verbreiteten Aufstiegsmuster der Berufspolitiker, die ihre Karriere schon im zarten Alter planen und dann so stromlinienförmig und anpassungsbereit wie möglich »durchziehen«, der damit verbundene Mangel an Berufsbewährung und bürgerlicher Lebenserfahrung sowie die Dominanz der Vertreter des öffentlichen Dienstes und der Verbandsbürokratien in Parteien und Parlamenten – dies alles mündet in einer von der Basis der Gesellschaft abgehobenen »politischen Klasse« als einem wesentlichen Faktor der heutigen Krise des Parteienstaats.[29] Das Arrangement gegenseitiger »Vorteilsaufteilung zwischen Politik und Gesellschaft« wurde zum machtvollen Konsens der westdeutschen Wirtschaftsgesellschaft, die damit der ständigen Versuchung unterliegt, »auf Kosten der Zukunft zu leben, um sich die Gegenwart zu erleichtern« (Richard von Weizsäcker).

Geschichtsverlust und politischer Realitätsverlust

Johann Joseph von Görres, der rheinische Patriot, hat im Revolutionsjahr 1848 geschrieben: »Das Volk, welches seine Vergangenheit von sich wirft, entblößt seine feinsten Lebensnerven gegenüber allen Stürmen der wetterwendischen Zukunft. Wehe uns, wenn unsere ›Neue Gestalt‹ so neu würde, daß sie nur aus dem Bedürfnis der Gegenwart ihr Dasein schöpfte!«[30] Diese Sätze scheinen wie für heute und für die geistige Lage in Deutschland geschrieben. Hitler und der Nationalsozialismus wirken bis heute fort, vor allem durch die Monstrosität des Genozids an den Juden, aber auch deshalb, weil sie nicht nur zur Zerstörung des deutschen Nationalstaats von 1871, sondern auch zum Zusammenbruch des europäischen Mächtekonzerts und seiner Weltgeltung führten. Der Preis für den Sturz des nationalsozialistischen Totalitarismus war hoch: mindestens 55 Millionen Opfer im Zweiten Weltkrieg – Soldaten, Opfer des Rassenwahns und des Bombenkriegs, der Flucht und Vertreibung. Der deutsche Staatsverband wurde infolge der Niederlage mehrfach zerteilt, ganze Stämme wie die der Schlesier, Pommern, Ost- und Westpreußen sowie Sudetendeutschen mitsamt ihren einst blühenden Provinzen wurden ausgelöscht. Als Folge eines übersteigerten Nationalismus und rassistischen Totalitarismus war Europa bis zur Erschöpfung verblutet. »Was am 1. August 1914 begann und am 8. Mai 1945 endete, ist nichts anderes als der furchtbare Prozeß europäischer Selbstzerstörung.«[31]

Aus der Erfahrung mit dem totalitären Nationalsozialismus und seinen Verbrechen erwuchs eine tiefe Erschütterung des historisch-politischen Selbstverständnisses der Deutschen. Mit dem Jahr 1933 nahm jener »Ruin deutscher Geschichte und ihres Verständnisses«[32] seinen Lauf, der noch heute fortwirkt, sei es als heilsamer Schock, sei es aber auch als Ursache historisch-politischer Lähmung des Volkes in der Mitte Europas, dem der »braune Koloß der Nazizeit« (Wilhelm Kamlah)[33] seine Geschichte insgesamt zu verstellen und zu verdunkeln droht mit dem Ergebnis, diese von sich stoßen und auf einer Tabula rasa der Geschichtslosigkeit ganz neu und voraussetzungslos beginnen zu wollen.

Doch hier erweist sich, daß historisch-politischer Gedächtnis-, Traditions- und Identitätsverlust zum Verlust der geistigen und politischen Orientierung des Gemeinwesens führt, zu einem nachhaltigen politischen Realitätsverlust mit allen Folgen unberechenbarer irrationaler Ausbrüche. Ein ebenso kritischer wie konstruktiver Beobachter unserer Lage wie Martin Walser weist uns mit Recht darauf hin, »daß unsere nationale und gesellschaftliche Ratlosigkeit eine Folge der Entfernung von der Geschichte ist« und daß es dieses historische Erkenntnisdefizit letztlich sei, das uns unfähig mache »zur kritischen Einsicht in Prozesse, denen wir ausgesetzt sind«[34]. Im Ausland sind diese Defizite der alten Bundesrepublik, dieser »Ökonomie auf der Suche nach einer Nation«, deutlicher erkannt worden als von uns selbst. So schrieb etwa aus Anlaß des bundesdeutschen Verfassungstages am 23. Mai 1973 die Pariser Tageszeitung *Le Figaro* einsichtsvoll: »Die Bundesrepublik Deutschland bietet das seltene Beispiel eines Staates, der sich jeder geschichtlichen Verwurzelung verweigert. Diese fehlende lebendige Beziehung zwischen Vergangenheit und Gegenwart könnte sich im Fall einer schweren Krise für diesen Staat als überaus verhängnisvoll erweisen.«[35] Inzwischen ist zu fragen, ob wir uns nicht bereits inmitten dieser Krise befinden.

Im Zuge der sogenannten Bildungsreformen seit den sechziger Jahren war der Geschichtsunterricht in vielen Bundesländern zu einer gegenwartsbezogenen »Gesellschaftslehre« umfunktioniert worden. Ein neues Geschichtsbild rückte den Begriff einer »emanzipatorischen Demokratisierung« als Sinn und Ziel der Geschichte in den Mittelpunkt eines Unterrichts[36], der Geschichte zum »abrufbaren Sortiment von Stützmaterialien« für die eigenen politischen Dogmen und Ziele denaturierte[37] und in dem man das Kritisieren lernte, bevor man eine Ahnung von der Vielfalt und Widersprüchlichkeit der geschichtlichen Welt gewinnen konnte. Das Ergebnis hat dann Helmut Schoeck in den achtziger Jahren in der Feststellung zusammengefaßt: »Die heute in Politik und Medien tonangebende Generation ist historisch so ungebildet und verbildet wie keine mit der Hochschulreife ausgestattete Generation seit 1850. Sie kann mit den ersten 45 Jahren des 20. Jahrhunderts in den eigenen Köpfen nicht umgehen, glaubt aber ganz genau zu wissen, wie alle anderen, die damals lebten, hätten handeln sollen.«[38] Die geschichtliche Bühne wurde hier nur noch selektiv betrachtet, bestimmte Akteure wurden grell beleuchtet, andere im Dunkel des Nichtwissens und Nichtwissenwollens belassen. Anstatt geschichtliches Grundwissen zu vermitteln, Erklärungszusammenhänge zu überprüfen und das Netz von Bedingungen und Vorbedingungen freizulegen, in dem alles geschichtliche Handeln steht, war es natürlich bequemer, die Komplexität der Probleme moralistisch zu reduzieren mit allen Folgen von Frageverboten, Denkfaulheit und Dilettantismus im Umgang mit der Geschichte. Das Unvermögen der Schulen wuchs, den historisch-politischen Bewußtseinshorizont der heranwachsenden Generation über etwa 1960 hinaus auszudehnen. In diesem Vakuum gediehen die einfachen Formeln und Rezepte, dogmatische Enge und agitatorische Vergröberung.

Dieser »historische Analphabetismus« (Alfred Heuß)[39] führte dazu, daß die sogenannte Vergangenheitsbewältigung nicht als kritisches Erkenntnisinstrument und sittliche Gewissensschärfung wirkte, sondern mehr und mehr als Ritual und »Mehrzweckwaffe« in den politischen Auseinandersetzungen der Gegenwart mißbraucht wurde.[40] Sie wurde vor allem eine Domäne der politischen Linken und zu einem Instrument, um das politische

Koordinatenkreuz der Bundesrepublik nach links zu verschieben. Diese Operation war um so erfolgreicher, als sie von vielen Zeitgenossen gar nicht wahrgenommen und durch ständige Wiederholung mehr und mehr als alleingültige Wahrheit der Zeitgeschichte akzeptiert wurde. »Die Mitte, bis weit in das konservative Lager hinein, war sprachlos oder schwamm auf der Welle mit. Sie verlor die geistige Offensive, die noch unter Adenauer bei ihr gelegen hatte.«[41]

Diese Art von Vergangenheitsbewältigung wurde im Zuge ihres Transports durch Hochschulen und Schulen schließlich zu einem Selbstläufer in den deutschen Nachkriegsgenerationen. In der Studentenbewegung ab 1968 wurde deutlich, wie aus diesem Geschichtsbild heraus politische Motivationen und Positionen entstanden, die sich bis zu einem nationalen Selbsthaß steigern konnten. Äußerungen wie die der Grünen-Politikerin Antje Vollmer im Bundestag 1984, sie gehöre zu den »Töchtern und Söhnen *des* Volkes, das zwei Weltkriege zu verantworten hat«[42], wurden exemplarisch für eine ganze jüngere Politikergeneration, über alle Parteigrenzen hinweg. Hier wurden in historischen Meinungsbekundungen voller moralistischem Pathos, aber oft ohne Sachkenntnis stets erneut »Siege der Gesinnung über die Urteilskraft«[43] errungen. Seit dem Ausklang der Ära Adenauer wurden Politik und Politiker immer häufiger unter vergangenheitsbewältigenden Druck gesetzt, nicht selten bis zu vorauseilendem Gehorsam gegenüber einem bestimmten nationalen oder internationalen Meinungsklima.

Hitler bestimmte und bestimmt – gewissermaßen ex negativo – noch immer die Richtlinien deutscher Politik. Nicht selten verband sich hier Vergangenheitsbewältigung mit antifaschistischer Strategie. Bei der Abwehr des Terrorismus in den siebziger Jahren warf man dann der liberalen Bundesrepublik vor, sie enthülle ihr »wahres faschistisches Gesicht«. Und auch außenpolitisch wurde diese Symbiose von deutscher Vergangenheitsbewältigung und antifaschistischer Strategie mehr als einmal zu einem Instrument, damals besonders der Sowjetunion, die Bundesrepublik Deutschland daran zu hindern, ihre Interessen unbefangen wahrzunehmen. Mit dem Postulat der »Einzigkeit deutscher Verbrechen« konnte man immer wieder Politik machen, etwa die Berliner Mauer und die DDR-Grenzanlagen mitsamt allen Menschenrechtsverletzungen und Grausamkeiten als »antifaschistischen Schutzwall« rechtfertigen. Solche Agitation und Propaganda wurde verschiedentlich zur Grundlage sehr handfester Desinformation und »aktiver Maßnahmen« wie etwa der antisemitischen Hakenkreuzschmierereien in Köln und anderen europäischen Orten 1959/60, die das Fortbestehen des Nazismus suggerieren sollten, jedoch später von den verantwortlichen Akteuren selbst als Aktionen des tschechoslowakischen Geheimdienstes im Auftrag des KGB enthüllt wurden.[44] Und dieses blieb nicht das letzte Beispiel. In unseren Tagen wird Vergangenheitsbewältigung zu einem zentralen Motiv der Denk- und Handlungsblockade bestimmter politischer Gruppen gegenüber der Masseneinwanderung.

Nationalstaat und Europa

Die Bewegung zur europäischen Einigung hat nach dem Ersten und verstärkt nach dem Zweiten Weltkrieg unter dem Eindruck der Übersteigerungen und Exzesse des Nationalismus begonnen. Noch 1945 war es ein Ziel von höchster Priorität, die europäische Selbstzerfleischung in der Epoche der beiden Weltkriege zu beenden und durch die europäische Einigung zugleich Schutz zu finden vor dem Expansionismus der Sowjetunion. Diese Bewegung wurde von einem breiten Konsens der europäischen Völker, die westlich der Spaltungslinie von Jalta lebten, getragen. Daraus ist eine Europäische Gemeinschaft mit institutionalisierter Zusammenarbeit, wirtschaftlicher Integration und politischer Kooperation entstanden, die aus unserem wirtschaftlichen und politischen Leben nicht mehr wegzudenken sind. Aber gerade die Selbstverständlichkeit des fortschreitenden europäischen Einigungsprozesses ließ übersehen, daß die Vorstellungen von einer künftigen Europäischen Union vielfach unpräzise blieben. Eine idealistisch-visionäre Europaideologie verschleiert die Probleme und zum Teil gravierenden Unterschiede der europapolitischen Interessen und Zukunftsvorstellungen in den verschiedenen Ländern. »Man beschwört Europa und vermittelt die Hoffnung, daß schwierige innen- und außenpolitische Probleme im europäischen Rahmen schneller und effektiver gelöst werden könnten als auf nationaler Ebene.«[45] Ein ideologischer Schleier über der Europapolitik führt zu gefährlichen Erwartungen eines europäischen Wunders, »das uns von nationalen Anstrengungen befreit«[46].

Nachdem ihr eigener Nationalstaat vom nationalsozialistischen Totalitarismus zerstört worden war, neigten vor allem die Deutschen dazu, ihre politische Zukunft in einer Europa-Unmittelbarkeit zu sehen und zwischen »Region« und »Europa« die nationalstaatliche Ebene am besten gleich zu überspringen. Entsprechend neigen sie noch heute dazu, ihre europäischen Nachbarn zu belehren, daß auch sie Nation und Nationalstaat hinter sich lassen und sich ebenfalls einer »postnationalen« Zukunft zuwenden sollten. Die sehr unterschiedliche Zeitgeschichte der Deutschen auf der einen Seite und der Westeuropäer, die 1945 ihre Nationalstaaten nicht verloren, sondern gerade bewahrt hatten, auf der anderen, wirkt sich notwendigerweise auch in der heutigen Europadebatte aus und bringt die Deutschen in Gefahr, einen europapolitischen »Sonderweg« zu beschreiten.

Hinzu kommen die Auswirkungen des Umbruchs in Osteuropa und in der Sowjetunion seit 1989. Die beiden totalitären Systeme hatten sich ja gerade auch darin geglichen, daß sie die geschichtlich und national geprägten Herkünfte und Traditionen in Europa umpflügen und durch übernationale Herrschaftssysteme und Weltmachtansprüche ablösen wollten. Entgegen der marxistischen Prämisse, die »nationale Frage« sei an den »bürgerlichen Kapitalismus« gebunden und werde mit diesem gesetzmäßig untergehen[47], haben sich im multikulturellen Sowjetimperium die Nationen schließlich als die stärkeren geschichtlichen Kräfte erwiesen.

Seit 1989 ist nun auch und gerade den Deutschen noch einmal

die Chance gegeben, ihr Schicksal als im totalitären Zeitalter gescheiterte und verirrte Nation durch einen Neubeginn zu überwinden. Die hier nötige nationale Selbstbesinnung schließt Nationalismus als exzessive Bindung an die eigene Nation aus. Aber auch die heute gebotenen neuen europäischen und anderen übernationalen Bindungen können wir nur als Nation eingehen. »Niemand nimmt uns die Bürde ab, daß wir trotz allem immer noch Deutsche sind, daß zumal unsere Nachbarn uns nach wie vor als ›die Deutschen‹ sehen, nicht als ein vom Himmel gefallenes Häuflein chemisch reiner Weltbürger. Unsere Nachbarn treten als Nationen in die neuen umfassenderen Verbindungen ein und erwarten von uns gar nichts anderes. Das Übernationale setzt das Nationale voraus, und auch wir kommen um diese Voraussetzung nicht herum.«[48] Die Nation, ihre Geschichte, ihre Sprache und kulturelle Ausprägung bleibt ein wesentlicher Rahmen für die verantwortungsvolle Mitwirkung des einzelnen im Gemeinwesen.[49]

Heute sollte über Form und Inhalt der europäischen Vereinigung präziser als bisher gesprochen werden. Es müssen eindeutige Vorstellungen über die Abgrenzung der Zuständigkeiten zwischen den Mitgliedstaaten und der Gemeinschaft entwickelt werden. Ohne zureichende öffentliche und politische Kontrolle wurde die EG-Kommission in den letzten Jahren zu einem Motor der Zentralisierung, Gleichmacherei und Bürgerferne und hat den Handlungsspielraum der Mitgliedstaaten stetig weiter eingeschränkt. In demselben historischen Moment, da das Sowjetimperium nicht zuletzt an seinem Über-Zentralismus gescheitert ist, droht sich die Europäische Gemeinschaft in Geschichtsblindheit und bürokratischem Übermut auf einen ähnlichen Weg zu begeben mit der verwegenen Vorstellung, künftig eine Gemeinschaft von 340 Millionen Menschen von einem Zentrum aus regieren zu wollen.

Der Maastrichter Vertrag bekennt sich zwar verbal zum Subsidiaritätsprinzip in Europa. Die Zuständigkeitsverteilung zwischen der Gemeinschaft und den Mitgliedstaaten in eindeutiger und rechtlich brauchbarer Form steht aber noch immer aus.[50]

Maastricht täuscht auch über die Tatsache hinweg, daß ein Konsens über die Wirtschaftspolitik der Mitgliedstaaten bis heute nicht besteht.[51] Während zum Beispiel Frankreich eine historisch seit Colbert geprägte dirigistische und planifikatorische Industriepolitik praktiziert, sind die Prinzipien der deutschen Wirtschaftspolitik seit Ludwig Erhard liberal-marktorientiert, wenn auch mit zunehmend dirigistischen Tendenzen. Der Maastricht-Vertrag begünstigt die Ausdehnung der bisherigen europäischen Agrarpolitik, dieser »gigantischen Fehlentwicklung«, auf weitere wichtige Wirtschaftszweige. Im übrigen deutet gegenwärtig nichts darauf hin, daß insbesondere Großbritannien und Frankreich auf Kernbereiche ihrer nationalstaatlichen Souveränität zugunsten europäisch-parlamentarischer Mehrheitsentscheidungen verzichten werden.

Die weitgehende Handlungsunfähigkeit der Europäischen Gemeinschaft im Jugoslawien-Konflikt hat sehr deutlich gezeigt, daß die beiden westeuropäischen Mächte vor allem in der Außen- und Militärpolitik ihre Interessen nicht aufzugeben gedenken und nicht bereit sind, sich Mehrheitsentscheidungen im EG-Rahmen zu unterwerfen. Hier zeigt sich, daß man gerade an Seine und Themse die historisch gewachsenen Nationalstaaten auch weiterhin als natürliche Bauelemente Europas betrachtet. Aus alldem sollte die deutsche Europa-Diskussion die Folgerung ziehen, daß es einen supranationalen europäischen Bundesstaat in absehbarer Zeit nicht geben wird. Die Erfahrungen mit der bisherigen Agrar-, Regional-, Umwelt- und Entwicklungspolitik der EG zeigen zudem, daß die europäischen Aufgaben nicht eo ipso von suprastaatlichen Institutionen am besten gelöst werden. Ein flexibles »System der freiwilligen Interdependierung« und enger Regierungszusammenarbeit[52] wird Europa auf Dauer dienlicher sein als ein forcierter Integrations- und Egalisierungsprozeß, der die Vielfalt Europas als eine wesentliche Quelle seiner Kraft nur schwächen würde. Freiwilligkeit und Rücksicht auf unterschiedliche Interessen sind auch in der Europapolitik à la longue gesünder und damit lebenskräftiger als zentralistische und dirigistische Lösungen. Das gilt besonders auch im Blick auf die neuen Demokratien

Osteuropas vom Baltikum bis Ungarn und Kroatien, die europäischer Hilfe und Zusammenarbeit in vielfältigen Formen bedürfen. »Wir brauchen Europa und Europa braucht uns; aber es muß ein von allen akzeptiertes, bürgernahes, kein zentralistisches Europa sein, wenn es Bestand haben und unsere demokratischen Grundüberzeugungen bewahren soll«[53] und ebenso die Vielfalt seiner Traditionen, Kulturen und Identitäten.

Es gibt einen deutschen Denker, der uns in der Beschäftigung mit den geistigen Grundlagen der nationalen und übernationalen Elemente unserer kulturellen und politischen Existenz sehr aktuelle Orientierung zu geben vermag: Johann Gottfried Herders demokratisches Nationalbewußtsein war ideengeschichtlich angesiedelt zwischen »Weltbürgertum und Nationalstaat«, gleich weit entfernt von engstirnigem »Nationalwahn« und »kosmopolitischer Schwärmerei«, wie er im Blick auf deutsche Neigungen zu Extremen sagte, geprägt von den »Gefühlen der Billigkeit gegen andere Nationen« und einem »geläuterten Patriotismus« gegenüber der eigenen. Herders Aktualität ist um so stärker, als sein Nationalgefühl entstand aus dem entschiedenen Widerstand gegen die »wilde Vermischung der Menschengattungen und Nationen unter *einem* Zepter«, aus der Ablehnung übernationaler Zwangsimperien, die »in der Geschichte erscheinen wie jene Symbole der Monarchien im Traumbilde des Propheten [Daniel], wo sich das Löwenhaupt mit dem Drachenschweif und der Adlerflügel mit dem Bärenfuß zu einem unpatriotischen Staatsgebilde vereinigt«[54]. Herder ist auch deshalb aktuell, weil in unserer sich technisch und ökonomisch globalisierenden Welt, die mit ihrer grenzenlosen Expansion die Menschen zu überfordern und zu entwurzeln droht, auch die Nationen und ihre kulturellen Überlieferungen einen neuen Stellenwert erhalten als Elemente der »Melioration«[55] und Humanität. Die Auflösung des totalitären Sowjetimperiums wie die kulturellen, sozioökonomischen und politischen Entwicklungen in der Europäischen Gemeinschaft sind nicht zuletzt unter diesem Aspekt zu betrachten.

Der Weg zum Gesellschaftsstaat

Die Bundesrepublik Deutschland ist in der Folge des Zusammenbruchs des totalitären Nationalsozialismus und als Produkt des anschließenden Konflikts zwischen den beiden als Sieger aus dem Krieg hervorgegangenen Weltmächten entstanden. »Doch die Schaffung eines demokratischen Staates aus den westlichen Besatzungszonen beruhte auch auf dem Wunsch der übergroßen Mehrheit der Bevölkerung, aus den Ruinen des Hitlerreiches eine freiheitliche Demokratie westlichen Typs aufzubauen und nicht zu Untertanen einer neuen, diesmal kommunistischen Parteidiktatur zu werden.«[56] Nach dem Willen ihrer Gründungsväter und im Konsens einer breiten Mehrheit sollte sie aber auch den Auftrag des Kern- und Treuhandstaates der Deutschen in der Zeit der Teilung und mit dem Willen zu ihrer Überwindung wahrnehmen.[57]

Unter dem Schutzdach der westlichen Sieger- und Besatzungsmächte hatten die Väter des Grundgesetzes sich aber auch in der unvergleichlichen Lage befunden, eine Verfassung entwerfen zu können, ohne auf die Sicherheit des jungen Staates nach außen und innen Bedacht nehmen zu müssen, für die sich die Besatzungsmächte bis zum Inkrafttreten des Deutschlandvertrages im Herbst 1955 und teilweise noch bis zur Verabschiedung der sogenannten Notstandsverfassung im Grundgesetz 1968 die letzte Verantwortung vorbehalten hatten. Im Hinblick darauf hat Michael Freund die Grundgesetz-Schöpfer einmal »Weltraumfahrer des demokratischen Geistes in einer künstlichen Luft« genannt. Mit ihnen wollte sich nach der Katastrophe von 1945 eine Mehrheit der Deutschen künftig zu den auserwählten Völkern zählen, »denen ein höheres, verklärtes, gewalt- und machtloses Dasein vergönnt« sei.[58] Es lag in der Konsequenz dieses Beginns, daß sich ein breiter Widerstand des »Ohne mich!« gegen die Politik des ersten Bundeskanzlers erhob, der durch den Eintritt in das westliche Bündnis die junge Bundesrepublik auch militärisch zu sichern und ihre internationale Gleichberechtigung Schritt um Schritt wiederherzustellen suchte. Obwohl die sowjetische Siegermacht in der Mitte Europas und unseres Landes, an der Elbe, vor den Toren Hamburgs, am Thüringer und Bayerischen Wald stand, machten in Westdeutschland wohlmeinende Träume von einer deutschen »Großschweiz« in Mitteleuropa die Runde, mit »neutralem« Österreich- oder Finnland-Status. Der rasche wirtschaftliche Wiederaufstieg stabilisierte die Bundesrepublik auch politisch. Mit der Mitgliedschaft in den westlichen Verbundsystemen und im NATO-Bündnis fand man sich schließlich um so eher ab, als sie wesentlich zur Entfaltung jener Wirtschaftsgesellschaft und versorgungsstaatlichen Ordnung beitrugen, die zum Spezifikum der Bundesrepublik Deutschland wurden, eines Staates, der »primär an das ›friedliche Miteinander‹ als Normalsituation«[59] glaubte und dabei den »Ernstfall« der Existenzsicherung auf das Bündnis delegierte. Das Verständnis von Politik wurde hier gleichsam halbiert auf den Binnenbereich des Gemeinwesens, auf Wirtschaft und deren Wachstum, soziale Umverteilung und individuelle Selbstverwirklichung. Alte, auf Absolutismus und biedermeierlichen Obrigkeitsstaat zurückweisende Einstellungen und Mentalitäten[60] schlugen in der neuen Lage der staatlichen Teilung und beschränkten Souveränität wieder durch.

Hans-Peter Schwarz hat diese Entwicklung auf das Bild eines großen Pendelumschwungs von der vorherigen »Machtbesessenheit« der Deutschen seit 1890 und vor allem unter dem Nationalsozialismus zur »Machtvergessenheit« nach 1945 gebracht.[61] Das Pendel ist bis heute noch nicht wieder in die Normallage verantwortlicher Machtpolitik zurückgekehrt. Bei allem Verständnis für die zeitgeschichtlichen und politisch-psychologischen Ursachen war und ist dieses »Wegwünschen von Machtpolitik für die Erben der gescheiterten Großmacht Deutschland nichts als Verweigerung von Realität: ein Stück falsches Bewußtsein, dessen Verfechter beglückt sind ob ihres kritischen Erkenntniszustandes und außerstande, neue Gefährdungen zu diagnostizieren«[62]. Die Folge war und ist jene »ausschließliche Beschäftigung mit den deutschen Innenwelten der Vergangenheit und Gegenwart« im Zeichen einer Vergangenheitsbewältigung, die doch zur historischen wie aktuell-politischen Realitätserkenntnis so wenig beiträgt. Hier war dann auch die Einlaßpforte für die in der Geschichte der alten Bundesrepublik so charakteristische »pazifistische Verführbarkeit«, wie sie etwa in den euphorischen Erwartungen deutlich wurde, die man in den siebziger Jahren auf die Entspannungspolitik setzte, als man allzu früh verkündete, nun sei der Frieden sicherer geworden, und der Meinung huldigte, jetzt »könnten wir unsere Kräfte gänzlich den inneren Reformen zuwenden, ohne durch die Aufgaben des Schutzes nach außen allzu viel Zeit und Kraft verlieren zu müssen«[63]. In der sogenannten Friedensbewegung der achtziger Jahre aus Anlaß der Nachrüstung bei den Mittelstreckenraketen ist dieses Syndrom erneut aufgeflammt. Und in der aktuellen Diskussion um deutsche Beiträge zu internationalen friedenserhaltenden und friedenschaffenden Militäraktionen wiederholen sich fast bis in den Wortlaut hinein Argumente und Parolen des »Ohne mich« vor vierzig Jahren.

Epochenwechsel:
Vierzig Jahre Atempause der Weltgeschichte sind zu Ende

1989 sind für die Deutschen »vierzig Jahre Atempause der Weltgeschichte« zu Ende gegangen.[64] Der in diesen Jahrzehnten der Teilung und beschränkten Souveränität entstandene politische und geistige Ideenhaushalt reicht nicht mehr aus; Wähler und Gewählte, »trainiert nach den Regeln der letzten vierzig Jahre«, zeigen sich zur Bewältigung der neuen Herausforderungen wenig gerüstet. Die Schwierigkeiten sind vor allem in den Köpfen zu suchen: in einer zur Ideologie erstarrten pseudoliberalen Verwechslung der Freiheit mit prinzipienlosem Gewährenlassen; in der Vorstellung, die Freiheit des einzelnen lasse sich immer weiter vermehren und *zugleich* der Versorgungsstaat grenzenlos ausweiten. Das Lehrstück der jüngsten Zeitgeschichte zeigt: Der Widerspruch von Freiheit und Gleichheit läßt sich nur für eine begrenzte Zeit zur totalitären Gleichheit im sozialistischen Versorgungsstaat hin auflösen, der schließlich im Alptraum des gleichen Elends für die große Mehrheit endet. Das sowjetkommunistische Exempel ist widerlegt. Mit ihm wird heute aber auch jene westliche Playboy-Demokratie widerlegt, die zur Selbstzerstörung der freiheitlichen Demokratie führt, Wohlstand zum Danaergeschenk werden läßt, Freiheit ohne überindividuelle Bindungen zur Anarchie verkehrt und die Menschen eher zum Mißbrauch ihrer Freiheit verführt als an ihre Pflichten erinnert.[65] In Gesellschaft und Wirtschaft, Ethos und Erziehung meldet sich die Wirklichkeit wieder, die so lange durch Versprechungen und Ansprüche, Utopien und Illusionen verdunkelt wurde.

Jetzt werden die Deutschen auch wieder in die Realität der internationalen Arena zurückgeführt, einer Welt mit einem wachsenden ökonomischen, ökologischen, politischen, nationalen, kulturell-religiösen und rassischen Konfliktpotential. In dieser Lage nützt die Beschwörung des Diskussionsguts der siebziger Jahre, die Erwartung der baldigen Heraufkunft einer »Weltinnenpolitik« wenig.[66] Selbst wenn dem so wäre, würden die Konflikte nicht verschwinden, sondern eben als solche des »Weltbürgerkriegs« fortbestehen. »Es ist ja keineswegs wahr, daß wir am Beginn einer überschaubaren Periode der Weltgeschichte stünden. Erst recht wäre es eine Illusion zu glauben, wir seien in einen paradiesischen Zustand der Welt eingetreten, in dem Krisen, Unruhen, Aufstände, Kriege undenkbar geworden seien. Ganz im Gegenteil, Erschütterungen aller Art werden aufgrund des demographischen Drucks, sozialer und wirtschaftlicher Notstände in vielen Teilen der Welt während der nächsten Jahre und Jahrzehnte um sich greifen.«[67] Auch in unseren politischen Debatten wird wieder jener Ernst Platz greifen müssen, wie er etwa in Ländern wie Israel, USA oder Großbritannien zu spüren ist, wo die Verantwortung für das eigene Schicksal ganz selbstverständlich ist, während wir Deutschen diese Verantwortung 1945 abgeben mußten und inzwischen weitgehend vergessen zu haben scheinen, daß es so etwas wie eine Verantwortung für das Ganze überhaupt gibt.

Es ist Helmut Schmidt gewesen, der das Wort von den Deutschen als ökonomischen Riesen und politischen Zwergen geprägt hat. Waren wir aber nicht gern politische Zwerge und wollen es auch bleiben? Die neue Epoche, die 1989 begonnen hat, fordert von uns nichts Geringeres als die Einsicht, »daß wir mit unseren heutigen Vorstellungen, Werten, Wünschen und Hoffnungen, die wir seit dem letzten Krieg entwickelt haben, nicht über die nächsten Jahrzehnte hinwegkommen werden. Diese Gesellschaft wird zugrunde gehen, wenn sie sich auf den engen, wenn auch respektablen Kanon beschränkt.«[68] Auf uns Deutsche kommen mit den neuen Herausforderungen mehr Pflichten und neue Verantwortung zu. Je mehr wir versuchen werden, darauf unsere alten Antworten mit ihrer »seltsamen Mixtur von Libertinage und tabuisierten Zonen« zu geben, desto mehr werden wir in Gefahr geraten, »in ein Fellachendasein abzusinken«, in dem dann andere über unser Schicksal entscheiden. »Es geht um eine den neuen Herausforderungen angemessene Grundhaltung unseres Volkes. Es kommt alles darauf an, daß das Land ein anderes Bewußtsein bekommt – ernsthafter, wacher, tapferer, auch opferbereiter wird.«[69]

Der Weg dazu ist im freiheitlichen und nationalen Aufbruch von 1989/90 vorgezeichnet. Die Fahnen und Sprechchöre der Revolution in Berlin, Leipzig, Dresden oder Magdeburg symbolisierten die glückhafte Synthese demokratischer und nationaler Freiheit. Sie waren Symbole von großer Kraft, Ausdruck des Willens, die importierte Diktatur im halben Deutschland zu beseitigen und nach dem Unheil von zwei totalitären Diktaturen die Kontinuität der deutschen Geschichte wiederherzustellen. Solche Symbole weisen den einzelnen über den bloßen Augenblick hinaus und auf den historisch-politischen Gesamtzusammenhang hin.[70] Sie sind Kräfte der Orientierung. Ihrer *Zukunft* wegen bedürfen die Deutschen des sicheren Wissens um ihre *Herkunft*, der Klarheit, was mit ihnen und durch sie im totalitären Zeitalter geschah. Das Vermächtnis des Umbruchs von 1989 besteht für die Deutschen in der Erfüllung des *Sinns* der Freiheit und neuen Einheit. Es gilt, ein Deutschland und Europa zu bauen, die der Freiheit würdig sind.

NACHWORT

Unter dem Eindruck der damaligen neomarxistischen Welle in der Bundesrepublik, der weltrevolutionären Expansionspolitik der Sowjetunion in der Ära Breschnew und der wachsenden Resignation im Blick auf die Wiederherstellung der deutschen Einheit veröffentlichte ich 1978 den Band »Der faszinierende Irrtum – Karl Marx und die Folgen« (Verlag Herder, Freiburg). Seine Urteile und Folgerungen sind inzwischen von der Entwicklung bestätigt worden. Nach der staatlichen Wiedervereinigung unseres Landes steht nun die innere Einigung als Generationsaufgabe vor uns. Aber die großen materiellen Anstrengungen werden fruchtlos bleiben ohne historisch-politische Orientierung. Ohne Vergegenwärtigung unserer Geschichte im 20. Jahrhundert werden wir keinen sicheren Weg in die Zukunft finden.

In den Kapiteln dieses Buches steckt eine Generationserfahrung. Der Verfasser hat das »Dritte Reich« und den Zweiten Weltkrieg noch bewußt erlebt. An Kriegsdienst und Gefangenschaft 1944/45 schloß sich die glückliche Phase des Studiums in den Aufbaujahren der Nachkriegszeit an. Den Einschnitt des neomarxistischen Marsches durch die Hochschulen und sinnstiftenden Institutionen unserer Gesellschaft erlebte er im akademischen Lehramt hautnah. Manche Gedanken und Urteile auch dieses Buches sind damals entstanden, auch in Lehrveranstaltungen mit ihren oft hitzigen, manchmal auch fruchtbaren Debatten.

Hier ist der Ort, vielen Freunden, Kollegen und Gesprächspartnern aus langen Jahren zu danken. Von ihnen seien vor allem Hellmuth-Günther Dahms, Albrecht Jebens, Heinz Karst, Margarethe Kuppe, Paul Schmidt-Carell, Herbert Schneider, Dietmar

Schössler, Ruth Volhard und Michael Voslensky genannt. Dr. Rainer Zitelmann und Christian Seeger vom Verlag Ullstein/Propyläen haben die Veröffentlichung mit sachverständigem Engagement gefördert. Margarita Krause gebührt Dank für ihre Mitarbeit beim Schreiben der Manuskripte über Jahre hin. Meine Frau war – wie stets – die wichtigste Kraftquelle und Gesprächspartnerin. Ihr und unseren Töchtern ist daher auch dieses Buch gewidmet.

Januar 1993 – im Jahr drei der neuen deutschen Einheit
K. H.

ANMERKUNGEN

Einleitung

1 Alexis de Tocqueville: Über die Demokratie in Amerika, München 1976, S. 814.
2 Friedrich H. Tenbruck: Frieden durch Friedensforschung? Ein Heilsglaube unserer Zeit, in: *Frankfurter Allgemeine Zeitung* vom 24. Dezember 1974.
3 Arnulf Baring: Deutschland, was nun, Berlin 1991, S. 16.
4 Hellmut Diwald: Deutschland, einig Vaterland, Berlin und Frankfurt/M. 1991, S. 11.
5 Georg Wilhelm Friedrich Hegel: Grundlinien der Philosophie des Rechts, Vorrede, Stuttgart 1970, S. 58 ff.
6 Joachim Fest: Der zerstörte Traum. Vom Ende des utopischen Zeitalters, 3. Aufl. Berlin 1991, S. 11, 26.
7 Ebd. S. 42 ff., 85.
8 Ernst Nolte: Der europäische Bürgerkrieg 1917-1945. Nationalsozialismus und Bolschewismus, Berlin und Frankfurt/M. 1987.
9 Fest (Anm. 6) S. 82.
10 Ebd. S. 10.
11 *Die Zeit* vom 6. Dezember 1991, S. 65.
12 Herbert Kremp: Wer erlöst die Revolution?, in: *Die Welt* vom 9. November 1991, Geistige Welt S. I.
13 Text der Fernsehansprache in: *Frankfurter Allgemeine Zeitung* vom 27. Dezember 1991, S. 3.
14 Jelzins Erklärung im amerikanischen Fernsehsender CNN, in: ebd. S. 2.
15 Eduard Schewardnadse: Die Zukunft gehört der Freiheit, Hamburg 1991, S. 117.
16 Interview mit Jurij Afanasjew: Mit Lenin überhaupt brechen, in: *Der Spiegel* Nr. 14/1990, S. 46 ff.

17 Wjatscheslaw Daschitschew: Der Pakt der beiden Banditen, in: *Rheinischer Merkur* vom 21. April 1991.
18 Stalin. Triumph und Tragödie. Ein politisches Porträt, Düsseldorf 1989.
19 Kerstin Holm: Verbrecher Nummer eins. Die erste und bisher einzige sowjetische Hitlerbiographie, in: *Frankfurter Allgemeine Zeitung* vom 11. Dezember 1991, Beilage Geisteswissenschaften S. 3.
20 *Ogonjok*, Moskau, Nr. 4/1992, S. 9 f. Den Hinweis und die deutsche Übersetzung verdanke ich Prof. Dr. Kurt J. Reinschke, Dresden.
21 Günter Schabowski: Das Politbüro. Eine Befragung, Reinbek 1990, S. 163.
22 Vortrag an der Universität Jena am 12. Juni 1990 (unveröff. Manuskript).

Geistige Wurzeln und Triebkräfte der Epoche

1 Karl Dietrich Bracher: Zeit der Ideologien. Eine Geschichte des politischen Denkens im 20. Jahrhundert, Stuttgart 1982, S. 11 ff.
2 Eric Voegelin: Wissenschaft, Politik und Gnosis, München 1959; Walter Nigg: Das Buch der Ketzer, Zürich 1949; Herbert Grundmann: Religiöse Bewegungen im Mittelalter, 1935; Giselher Wirsing: Schritt aus dem Nichts. Perspektiven am Ende der Revolutionen, Düsseldorf und Köln 1951; Igor R. Schafarewitsch: Der Todestrieb in der Geschichte. Erscheinungsformen des Sozialismus, Frankfurt/M. Berlin-Wien 1980. Schafarewitsch unterscheidet den »chiliastischen Sozialismus« der Ketzerbewegungen und den »Sozialismus der Philosophen« in den großen frühneuzeitlichen Utopien und in den sozialistischen Romanen der Aufklärung; Richard Saage: Politische Utopien der Neuzeit, Darmstadt 1991 und ders.: Das Ende der politischen Utopie, Frankfurt/M. 1990.
3 Grundlegend hier noch immer Hanno Kesting: Geschichtsphilosophie und Weltbürgerkrieg. Deutungen der Geschichte von der Französischen Revolution bis zum Ost-West-Konflikt, Heidelberg 1959, S. VI ff. sowie die Kapitel 1 und 2.
4 Ebd. S. 14.

5 Platon hat dieses Bild in seiner Politeia gezeichnet, ohne daß freilich seine Philosophie insgesamt auf den Begriff der Utopie reduziert werden könnte.
6 Klaus J. Heinisch (Hrsg.): Der Utopische Staat (Morus, Campanella, Bacon), Reinbek 1960.
7 Zur Philosophie der »Natürlichen Ordnung« siehe Jacov L. Talmon: Die Ursprünge der totalitären Demokratie, Köln und Opladen 1961, S. 15.
8 Fest (Einleitung, Anm. 6), S. 17.
9 Wirsing (Anm. 2), S. 91.
10 Wilhelm Hennis: Motive des Bürgersinns, in ders.: Politik als praktische Wissenschaft, München 1968, S. 221.
11 Talmon (Anm. 7), S. 45 ff.
12 Jean Jacques Rousseau: Die Krise der Kultur, Stuttgart 1956, S. 77 ff.
13 Ebd. S. 255.
14 Dieter Oberndörfer: Volksherrschaft – Zur normativen Prämisse der Demokratie, in: W. Jäger (Hrsg.): Die neue Elite. Eine Kritik der kritischen Demokratietheorie, Freiburg 1975, S. 14.
15 Talmon (Anm. 7), S. 3 ff.
16 Ernst Fraenkel: Deutschland und die westlichen Demokratien, Stuttgart 1968, S. 70 ff., 81 ff.
17 Oberndörfer (Anm. 14), S. 14.
18 Talmon (Anm. 7, S. 73) zitiert hier aus Robespierres Schrift Défenseur de la Constitution.
19 Zitiert von Wirsing (Anm. 2), S. 96.
20 Dolf Sternberger: Grund und Abgrund der Macht. Kritik der Rechtmäßigkeit heutiger Regierung, Frankfurt/M. 1962, S. 118 ff.
21 Karl Marx: Zur Kritik der Hegelschen Rechtsphilosophie, in: Karl Marx/Friedrich Engels Studienausgabe, Bd. I: Philosophie, Frankfurt/M. 1966, S. 30.
22 Talmon (Anm. 7), S. 189 ff.
23 Erwin K. Scheuch: Das Gesellschaftsbild der »Neuen Linken«, in ders. (Hrsg.): Die Wiedertäufer der Wohlstandsgesellschaft, Köln 1968, S. 104 ff.
24 Sternberger (Anm. 20), S. 127 ff., 149 ff.
25 Scheuch (Anm. 22), S. 110.
26 Charles de Montesquieu: Vom Geist der Gesetze, Stuttgart 1984, S. 210.

27 Benjamin Constant: Über die Gewalt. Vom Geist der Eroberung und der Anmaßung der Macht, Stuttgart 1948.
28 Juan Donose Cortes: Drei Reden. Über die Diktatur. Über Europa. Über die Lage Spaniens, Zürich 1948, S. 36 ff.
29 Ralf Dahrendorf: Gesellschaft und Demokratie in Deutschland, München 1966, S. 432.
30 Tocqueville (Einleitung, Anm. 1) S. 109 und 812 ff.
31 Alexis de Tocqueville: Der alte Staat und die Revolution. Reinbek 1969, S. 173 f.
32 Neuausgabe von Ulrich Planitz, Zürich 1987.
33 Walter Bagehot: Kritik des Bonapartismus Napoleons III., zitiert bei Erik v. Kuehnelt-Leddihn: Freiheit oder Gleichheit. Die Schicksalsfrage des Abendlandes, Salzburg 1953, S. 67 f.
34 Lorenz von Stein: Geschichte der socialen Bewegung in Frankreich von 1789 bis auf unsere Tage, Leipzig 1850, in: E. Forsthoff (Hrsg.): Lorenz von Stein: Gesellschaft – Staat – Recht, Frankfurt/M.-Berlin-Wien 1972, S. 96 f. und 107 f.; vgl. Roman Schnur (Hrsg.): Staat und Gesellschaft. Studien über L. v. Stein, Berlin 1978.
35 Jacob Burckhardt: Briefe zur Erkenntnis seiner geistigen Gestalt, hrsg. von F. Kaphan, Leipzig 1935, S. 340, 349, 441, 447, 450 f., 458, 477, 486; vgl. Burckhardts Briefe an seinen Freund Friedrich von Preen, hrsg. von Emil Strauß, Stuttgart und Berlin 1922.
36 Michael Stürmer: Das ruhelose Reich. Deutschland 1866-1918, Berlin 1983, S. 52 ff.
37 Gerhard Ritter: Das deutsche Problem. Grundfragen deutschen Staatslebens gestern und heute, München 1966, S. 108 ff. (zuerst unter dem Titel: Europa und die deutsche Frage, München 1948).
38 Bracher (Anm. 1), S. 31 ff., 52 ff.
39 Ritter (Anm. 37), S. 110 ff.
40 Stürmer (Anm. 36), S. 41 ff., 55 ff, 85 ff.
41 Georg v. Rauch: Geschichte der Sowjetunion, 7. Aufl. Stuttgart 1987, S. X (Vorwort).
42 Ernst Nolte: Die faschistischen Bewegungen, 9. Aufl. München 1984, S.7.
43 Gerhard Schulz: Revolutionen und Friedensschlüsse 1917-1920, 5. Aufl. München 1980, S. 275 f.
44 Zu Mussolini und dem italienischen Faschismus s. Ernst Nolte: Der Faschismus in seiner Epoche, München 1963, S. 193 ff. sowie Renzo de Felice: Der Faschismus. Ein Interview mit Michael A.

Leen, Stuttgart 1977; Wolfgang Schieder (Hrsg.): Faschismus als soziale Bewegung. Deutschland und Italien im Vergleich, Hamburg 1976.

45 Martin Jänicke: Totalitäre Herrschaft. Anatomie eines politischen Begriffs, Berlin 1971; Konrad Löw (Hrsg.): Totalitarismus contra Freiheit. Begriff und Realität, Bayerische Landeszentrale für politische Bildungsarbeit, München 1987; Jens Petersen: Die Entstehung des Totalitarismusbegriffs in Italien, in: M. Funke (Hrsg.): Totalitarismus. Ein Studien-Reader zur Herrschaftsanalyse moderner Diktaturen, Düsseldorf 1978, S. 105 ff.; Walter Schlangen: Die Totalitarismus-Theorie. Entwicklung und Probleme, Stuttgart u. a. 1976, S. 11 ff.; Klaus Hornung: Die totalitäre Herrschaft. Schriftenreihe der Landesanstalt für Erziehung und Unterricht, Stuttgart o. J. (1967), Heft 1-3.

46 Luigi Sturzo: Das bolschewistische Rußland und das faschistische Italien, abgedruckt in: Ernst Nolte (Hrsg.): Theorien über den Faschismus, Köln und Berlin 1970, S. 221 ff.

47 Leonhard Shapiro: Artikel »Totalitarismus« in: K. Kernig (Hrsg.): Sowjetsystem und Demokratische Gesellschaft, Freiburg 1962, Bd. VI, S. 466 ff. Shapiro unterscheidet die fünf totalitären »Wesensmerkmale« Führersystem, Relativierung der Rechtsordnung, Einbeziehung der Privatsphäre, Rechtfertigungsideologie und »Aktivitätssyndrom«; als die drei wesentlichen »institutionellen Stützen des totalitären Regimes« nennt er den Apparat, die Ideologie und die Partei. Shapiro betont das Vorhandensein der »demokratischen Formel« zur Herrschaftslegitimation in allen totalitären Systemen, wenn auch in der defizienten Weise atomisierter Menschen in der modernen Massengesellschaft; vgl. William Kornhauser: The Politics of Mass Society, Glencoe, Ill., 1959.

48 Karl Dietrich Bracher, Wolfgang Sauer, Gerhard Schulz: Die nationalsozialistische Machtergreifung. Studien zur Errichtung des totalitären Herrschaftssystems in Deutschland 1933/34, Köln und Opladen 1960, S. 349.

49 Martin Draht: Totalitarismus in der Volksdemokratie. Einleitung zu Ernst Richert: Macht ohne Mandat. Schriften des Instituts für Politische Wissenschaft, Bd. 11, 2. Aufl. Köln und Opladen 1963, S. XXVII; wiederabgedruckt in: B. Seidel und S. Jenkner (Hrsg.): Wege der Totalitarismusforschung, Darmstadt 1968, S. 310 ff.

50 Hans-Ulrich Thamer: Verführung und Gewalt. Deutschland 1933-1945, Berlin 1986.
51 Robert Havemann: Rückantwort an die Hauptverwaltung »Ewige Wahrheiten«, hrsg. von H. Jäckel, Reinbek 1990.
52 Hans Rothfels: Die deutsche Opposition gegen Hitler, Neuausgabe Frankfurt/M. 1969, S. 126; Annedore Leber und Freya Gräfin Moltke: Für und Wider. Entscheidungen in Deutschland 1918-1945, Berlin und Frankfurt/M. 1961; die Autorinnen geben die Äußerung mit dem Satz wieder: »Herr Graf, eines haben das Christentum und wir Nationalsozialisten gemeinsam, und nur dies eine: Wir fordern den ganzen Menschen« (S. 227).
53 Karl Loewenstein: Verfassungslehre, Tübingen 1969, S. 55.
54 Carl Joachim Friedrich unter Mitarbeit von Zbigniew K. Brzezinski: Totalitäre Diktatur, Stuttgart 1967, S. 13.
55 Hans Herzfeld: Die Moderne Welt 1789-1945, Teil II: Weltmächte und Weltkriege, Braunschweig 1969, S. 207.
56 Richard Löwenthal: Totalitäre und demokratische Revolution, in: Seidel/Jenkner (Anm. 49), S. 359 ff.
57 Karl Dietrich Bracher: Artikel »Totalitarismus« in: P. Gutjahr-Löser/K. Hornung (Hrsg.): Politisch-Pädagogisches Handwörterbuch, 2. erw. Aufl. Percha 1985, S. 458 ff., sowie ders.: Die totalitäre Erfahrung, München und Zürich 1987.
58 Bracher: Artikel »Totalitarismus« (Anm. 57), S. 459.
59 Ebd.
60 Peter Christian Ludz: Entwurf einer sozialen Theorie totalitär verfaßter Gesellschaft, in: Studien und Materialien zur Soziologie der DDR, Sonderheft 8 der Kölner Zeitschrift für Soziologie und Sozialpsychologie, 1964; wieder abgedruckt in: Seidel/Jenkner (Anm. 49), S. 532 ff.
61 Martin Broszat: Der Staat Hitlers, München 1969, S. 363 ff. und 387 ff.; Klaus Hildebrandt: Monokratie oder Polykratie? Hitlers Herrschaft und das Dritte Reich, in: G. Hirschfeld und L. Kettenacker (Hrsg.): Der »Führerstaat«: Mythos und Realität. Studien zur Struktur und Politik des Dritten Reiches, Stuttgart 1981.

Das Wetterleuchten

1 Walter Grab (Hrsg.): Die Französische Revolution. Eine Dokumentation, München 1973 mit den Texten wichtiger Reden, Beschlüsse und Dekrete der Revolution sowie der Verfassungen von 1791, 1793, 1795 und 1799; als zuverlässige Übersicht über das Zeitalter der Französischen Revolution und Napoleons vgl. die Darstellung von Hans Herzfeld: Die Moderne Welt 1789-1945, Teil I: Die Epoche der bürgerlichen Nationalstaaten, 6. Aufl. Braunschweig 1969 mit weiterführender Literatur. Den neuesten Forschungsstand faßt souverän zusammen Ernst Schulin: Die Französische Revolution, München 1988.
2 Crane Brinton: Europa im Zeitalter der Französischen Revolution, 2. Aufl. Wien 1947; Hippolyte Taine: Die Entstehung des modernen Frankreich, Berlin und Frankfurt/M. 1954; Jacov L. Talmon: Die Ursprünge der totalitären Demokratie, Köln und Opladen 1961 und ders.: Politischer Messianismus, Köln und Opladen 1963; Friedrich Sieburg: Im Licht und Schatten der Freiheit, 3. Aufl. Stuttgart 1979.
3 Schulin (Anm. 1), S. 191 ff.; Brinton (Anm. 2), bes. die Kapitel 5 (Die revolutionäre Regierung) und 6 (Die Republik der Tugend).
4 Taine (Anm. 2), S. 122 ff. (3. Teil: Eroberung Frankreichs durch die Jakobiner).
5 Ebd. S. 126.
6 Brinton (Anm. 2), S. 264.
7 Herzfeld (Anm. 1), S. 27 ff.
8 Brinton (Anm. 2), S. 241 ff.
9 Ebd. S. 224 ff.
10 Ebd. S. 259.
11 Hans Freyer: Theorie des gegenwärtigen Zeitalters, Stuttgart 1955, S. 127.
12 Taine (Anm. 2), S. 118 ff.
13 Ebd. S. 120.
14 Herzfeld (Anm. 1), S. 29.
15 Brinton (Anm. 2), S. 206 ff.
16 Taine (Anm. 2), S. 111 ff.
17 Ebd. S. 124.
18 Ebd. S. 126 f.
19 Ebd. S. 130.

20 Brinton (Anm. 2), S. 342; vgl. Albert Mathiez und G. Lefebvre: Die Französische Revolution, 3. Band, Zürich 1950, S. 34 ff.
21 Jacov L. Talmon: Die Ursprünge der totalitären Demokratie, Köln und Opladen 1961, hier zu Babeufs Doktrin S. 163 ff.
22 Talmon (Anm. 2), S. 173.
23 Ebd. S. 184 ff., 189 ff.
24 Ebd. S. 191.
25 Ebd. S. 160 ff.
26 Ebd. S. 194.

Die Saat

1 Walter Theimer: Der Marxismus. Lehre - Wirkung - Kritik, 6. Aufl. München 1973, S. 237.
2 Arnold Künzli: Karl Marx - Eine Psychographie. Wien, Frankfurt/M. und Zürich 1966, S. 13.
3 Brigitte Seebacher-Brandt: Beitrag beim 15. Salzburger Humanismusgespräch, in: H. Spatzenegger (Hrsg.): Das verspätete Kapital?, Salzburg 1991, S. 25 ff.
4 Norbert Leser: Der Zusammenbruch des Kommunismus aus den Fehlerquellen des marxistischen Systems, in: Spatzenegger (Anm. 3), S. 111 ff.
5 Günter Rohrmoser: Marxismus - Ende oder Vollendung der Moderne?, in: Spatzenegger (Anm. 3), S. 187 ff.
6 Zitiert bei Künzli (Anm. 2), S. 79 ff.
7 Vgl. Klaus Hornung: Der faszinierende Irrtum - Karl Marx und die Folgen, 4. Aufl. Freiburg 1982, Kapitel 2: Der biographische Hintergrund, S. 55 ff. sowie Ernst Topitsch: Marx zwischen Mythos und Wissenschaft, in: Gerhard Szczesny (Hrsg.): Marxismus - ernstgenommen. Ein Universalsystem auf dem Prüfstand der Wissenschaften, Reinbek 1975, S. 11 ff.
8 Zitiert bei Künzli (Anm. 2), S. 407.
9 Carl Schurz: Lebenserinnerungen, Bd. 1, Berlin 1906, S. 143 f.
10 Zitiert bei Ernst Kux: Karl Marx - Die revolutionäre Konfession, Erlenbach-Zürich-Stuttgart 1967, S. 23.
11 Ebd.
12 Leszek Kolakowski: Drei Leitmotive der marxistischen Theorie, in: Kontinent. Eine Auswahl aus der Zeitschrift, o. J. (1977), S. 320

ff.; vgl. ders.: Die Hauptströmungen des Marxismus, 3 Bände, München 1976-1979.
13 Kux (Anm. 10), S. 25 ff., 31 ff.
14 Kolakowski (Anm. 12), S. 324 f.
15 Ebd. S. 325.
16 Auf die Beziehungen des jungen Marx zur romantischen Ideenwelt hat wohl als erster Franz Mehring hingewiesen: Karl Marx – Geschichte seines Lebens, 1918; Neuausgabe Ost-Berlin 1960; in unseren Tagen A. Künzli und E. Kux; vgl. Hornung (Anm. 7), S. 44 ff., 59 ff.
17 Ernst Topitsch: Gottwerdung und Revolution. Beiträge zur Weltanschauungsanalyse und Ideologiekritik, Pullach 1973 und ders.: Sozialphilosophie zwischen Ideologie und Wissenschaft. 2. Aufl. Neuwied 1966.
18 Marx-Engels-Werke Bd. 19, Ost-Berlin 1966, S. 335 ff.
19 Topitsch (Anm. 7), S. 11.
20 Wie Anm. 18.
21 J. L. Talmon: Politischer Messianismus, Köln und Opladen 1963, S. 181; vgl. dazu besonders auch: Karl Löwith: Von Hegel zu Nietzsche, 2. Aufl. Stuttgart 1950, bes. Teil II. S. 255 ff.
22 Zitiert bei Werner Blumenberg: Karl Marx in Selbstzeugnissen und Bilddokumenten, 5. Aufl. Hamburg 1967, S. 30 ff.
23 Marx-Engels Studienausgabe Bd. I (Philosophie), hrsg. von Iring Fetscher, Frankfurt/M. 1966, S. 17 ff.
24 Ebd. S. 18.
25 Ebd. S. 24.
26 Ebd. S. 26.
27 Ebd. S. 29.
28 Bernhard Sutor: Philosophisch-anthropologische Grundlagen der politischen Bildung, in: P. Gutjahr-Löser und H. H. Knütter (Hrsg.): Der Streit um die politische Bildung, München-Wien 1975, S. 60 f.; Alexander Schwan: Theorie als Dienstmagd der Praxis. Systemwille und Parteilichkeit – Von Marx zu Lenin, Stuttgart 1983, S. 198 ff. sowie Theodor Wilhelm: Jenseits der Emanzipation – Pädagogische Alternativen zu einem magischen Freiheitsbegriff, Stuttgart 1975.
29 Marx-Engels Studienausgabe Bd. I (Anm. 23), S. 30.
30 Karl Marx: Die Frühschriften, hrsg. von S. Landshut, Stuttgart 1953, S. 47 ff.

31 Ebd.
32 Hermann Lübbe: Aufklärung und Gegenaufklärung, in: M. Zöller (Hrsg.): Aufklärung heute – Bedingungen unserer Freiheit, Zürich 1980, S. 11 ff.
33 Wie Anm. 30; Marx fährt an dieser Stelle fort: »So ist die Demokratie das *Wesen aller Staatsverfassung* ... als eine besondere Staatsverfassung; sie verhält sich zu den übrigen Verfassungen wie die Gattung sich zu ihren Arten verhält ... Die Demokratie verhält sich zu allen übrigen Staatsformen als zu ihrem alten Testament.« Ausdrücklich sagt Marx hier auch, daß Demokratie »der sozialisierte«, also der »vergesellschaftete« Mensch sei und in der »wahren Demokratie der politische Staat untergehe« (S. 47 f.); vgl. Hornung (Anm. 7), S. 135 ff.
34 Marx-Engels Studienausgabe, Bd. II. (Anm. 23), S. 242.
35 Wie Anm. 30, S. 199. Marx betont auch hier die strikte Unterscheidung von »nur« politischer und »allgemein menschlicher« Emanzipation (S. 189 ff.).
36 Marx-Engels Studienausgabe Bd. III (Anm. 23), S. 59 ff.
37 Ebd. S. 76.
38 Ebd.
39 Karl Wittfogel: Die orientalische Despotie, Köln 1963.
40 Marx-Engels Studienausgabe Bd. IV (Anm. 23), S. 210 ff.
41 Fritz J. Raddatz: Karl Marx – Eine politische Biographie, Hamburg 1975, S. 340.
42 Talmon (Anm. 21), S. 197.
43 Wie Anm. 34.
44 Ebd.
45 Friedrich Engels: Die Entwicklung des Sozialismus von der Utopie zur Wissenschaft, Marx-Engels Studienausgabe Bd. I (Anm. 23), S. 175 ff.
46 Leszek Kolakowski: Das Schisma steht noch aus, in: *Der Spiegel* Nr. 19/1977.
47 Vgl. Wolfram Engels: Mehr Markt. Soziale Marktwirtschaft als politische Ökonomie, Stuttgart 1976; Wolfgang Jäger (Hrsg.): Die neue Elite. Eine Kritik der kritischen Demokratietheorie, Freiburg 1975, S. 121 ff.; Werner Becker: Kritik der Marxschen Wertlehre. Die methodische Irrationalität der ökonomischen Basistheorie des Kapitals, Hamburg 1972; Wilhelm Röpke: Die Lehre von der Wirtschaft, 9. Aufl. Erlenbach-Zürich-Stuttgart 1961, bes.

zum Grenznutzenprinzip S. 22 ff. und 35 ff.; Gesine Schwan: Die Gesellschaftskritik von Karl Marx, Stuttgart 1974.
48 Alexander Solschenizyn: Im Interesse der Sache. Erzählungen, Neuwied und Berlin 1970.
49 Marx-Engels Studienausgabe Bd. III (Anm. 23), S. 70.
50 Ebd.
51 Alexander und Gesine Schwan: Sozialdemokratie und Marxismus, Hamburg 1974, S. 170.
52 Kolakowski (Anm. 12), S. 334.
53 Blumenberg (Anm. 22), S. 8.
54 Es handelte sich um die von Rjazanov betreute Veröffentlichung des Briefwechsels in der vom Institut für Marxismus-Leninismus beim ZK der KPdSU herausgegebenen ersten russischen Gesamtausgabe der Werke von Marx und Engels, Bd. XXI-XXIV, Moskau 1929-31.
55 Isaiah Berlin: Karl Marx. Sein Leben und Werk, Frankfurt/M. und Berlin o. J.
56 Vgl. zur Bibliographie die vorausgegangenen Anmerkungen.
57 Künzli (Anm. 2), S. 9 ff.
58 Svetozar Stojanović: Kritik und Zukunft des Sozialismus, Frankfurt/M. 1972, S. 182.
59 Schwan (Anm. 51), S. 85.
60 Walter Bienert: Der überholte Marx. Seine Religionskritik und seine Weltanschauung kritisch untersucht, 3. Aufl. Stuttgart 1975, S. 60 ff.; vgl. Hornung (Anm. 7), S. 78 ff.
61 Helmut Gollwitzer: Die marxistische Religionskritik und der christliche Glaube, 3. Aufl. München und Hamburg 1970, S. 62 f.
62 André Glucksmann: Köchin und Menschenfresser, Berlin 1976, S. 33.
63 Adam Schaff: Marxismus und das menschliche Individuum. 2. Aufl. Reinbek 1970.
64 Stojanović (Anm. 58), S. 23.
65 Bienert (Anm. 60), S. 188 ff., 247 ff.; Gollwitzer (Anm. 61), S. 112 ff., Hornung (Anm. 7), S. 90 ff.
66 Hannah Arendt: Vita Activa, Stuttgart 1960, S. 312 ff.; zu einer abgewogenen Marx-Kritik vgl. auch Paul Tillich: Für und Wider den Sozialismus, München und Hamburg 1969 und Theodor Steinbüchel: Sozialismus, Tübingen 1950.
67 Zitiert bei Löwith (Anm. 21), S. 94.

68 Tillich (Anm. 66), S. 198 f.
69 Bienert (Anm. 65), S. 242 ff.; Gollwitzer (Anm. 61), S. 106 f.
70 Klaus Hornung: Die Dialektik von Emanzipation und Despotismus, in: Der Staat 3/1976, S. 315 ff.
71 Emanuel Hirsch: Zwiesprache auf dem Weg zu Gott, Düsseldorf und Köln 1960, S. 42.
72 Jürgen Moltmann: Mensch – Themen der Theologie Bd. 11, Stuttgart und Berlin 1971, S. 85 f.

Die Grundlegung

1 Ernst Nolte: Der europäische Bürgerkrieg 1917-1945. Nationalsozialismus und Bolschewismus, Frankfurt/M. und Berlin 1987, S. 20.
2 Georg von Rauch: Geschichte der Sowjetunion, 7. Aufl. Stuttgart 1987 (1.-4. Aufl. unter dem Titel: Geschichte des bolschewistischen Rußland); Karl-Heinz Ruffmann: Sowjetrußland, München 1967; Michail Heller und Alexander Nekrich: Geschichte der Sowjetunion (1. Band 1914-1939 von M. Heller), Königstein/ Taunus 1981.
3 v. Rauch (Anm. 2), S. 12.
4 W. I. Lenin: Ausgewählte Werke, Bd. I, Ost-Berlin 1959, S. 112 ff.; ders.: Aus den Schriften 1895-1923, hrsg. von Hermann Weber, München 1967, S. 33 ff.; Wolfgang Leonhard: Sowjetideologie heute, Bd. 2: Die politischen Lehren, Frankfurt/M. 1962, S. 34.
5 W. I. Lenin: Ausgewählte Werke, Bd. II, Ost-Berlin 1961, S. 176.
6 Robert Michels: Zur Soziologie des Parteiwesens in der modernen Demokratie, 2. Aufl. Stuttgart o. J. (1957), bes. S. 222 ff.
7 v. Rauch (Anm. 2), S. 20.
8 Rosa Luxemburg: Organisationsfragen der Russischen Sozialdemokratie, in dies.: Schriften zur Theorie der Spontaneität, Reinbek 1970, S. 69 ff.
9 Roger Garaudy: Die Alternative, Wien 1973, S. 233; vgl. René Ahlberg: Die sozialistische Bürokratie. Marxistische Kritik am etablierten Sozialismus, Berlin-Köln-Mainz 1976; Jacek Kuron und Karol Modzelewski: Monopolsozialismus, Hamburg 1969.
10 Lenin (Anm. 5), S. 357 ff.; Leonhard (Anm. 4), S. 60 ff.

11 Vgl. unten, Kapitel »Die Verschleierung«, S. 277 ff.
12 Abgedruckt bei Eberhard Schneider: Moskaus Leitlinie für das Jahr 2000. Die Neufassung von Programm und Statut der KPdSU, München 1987, S. 180 ff.
13 v. Rauch (Anm. 2), S. 1 ff.
14 Manfred Hellmann (Hrsg.): Die russische Revolution 1917. Von der Abdankung des Zaren bis zum Staatsstreich der Bolschewiki, 6. Aufl. München 1987; Dietrich Geyer: Die Russische Revolution. Probleme und Perspektiven, Stuttgart 1968; vgl. Alexander Kerenski: Memoiren. Rußland und der Wendepunkt der Geschichte. Reinbek 1989, ferner die Literatur in Anm. 2.
15 v. Rauch (Anm. 2), S. 53 ff. Hierzu Lenins Schriften im Zusammenhang mit dem Oktober 1917 (Briefe aus der Ferne, März 1917; April-Thesen; Über die Aufgaben der Revolution, Juli 1917; Marxismus und Aufstand September 1917; Thesen über die Konstituierende Versammlung, Dezember 1917; vgl. auch den farbigen subjektiven Bericht Leo Trotzkijs: Mein Leben. Versuch einer Autobiographie. Frankfurt/M. 1974.
16 v. Rauch (Anm. 2), S. 56 ff.
17 Ebd. S. 60 ff.
18 Ebd. S. 71; vgl. dazu Trotzkij (Anm. 15), S. 285.
19 Wortlaut der beiden Dekrete bei Hellmann (Anm. 14), S. 312 ff.
20 Ebd. S. 303 ff.; H. Altrichter (Hrsg.): Die Sowjetunion. Von der Oktoberrevolution bis Stalins Tod, München 1986, S. 19 ff.; v. Rauch (Anm. 2), S. 64 ff.
21 Hellmann (Anm. 14), S. 98, 101, 108, 114-121.
22 Adam B. Ulam: Rußlands gescheiterte Revolution, München 1985, S. 491 f.
23 v. Rauch (Anm. 2), S. 77 ff.
24 Die Lenin-Zitate bei v. Rauch, ebd. S. 81; Hellmann (Anm. 14), S. 29 ff.
25 v. Rauch (Anm. 2), S. 83 ff.
26 Die Äußerungen Lenins im September 1917 und im März 1918 zitiert Leonhard (Anm. 4), S. 53 f.
27 v. Rauch (Anm. 2), S. 82.
28 Ebd. S. 181 ff; vgl. Bernhard Marquardt: Der Totalitarismus - ein gescheitertes Herrschaftssystem, Bochum 1991, S. 105 f. sowie Georg Brunner: Politische Soziologie der UdSSR, Teil I, Wiesbaden 1977, S. 14.

29 Dietrich Geyer (Anm. 14), S. 123.
30 Marquardt (Anm. 28), S. 103; Geyer (Anm. 14), S. 122 f.; vgl. Oskar Anweiler: Die Rätebewegung in Rußland 1905-1921, Leiden 1958, S. 300 ff.
31 Statut der Russischen Kommunistischen Partei/Bolschewiki (RKP/b), angenommen auf der 8. Allrussischen Parteikonferenz 2./4. Dezember 1919, abgedruckt bei Hellmann (Anm. 14), S. 71 ff.
32 v. Rauch (Anm. 2), S. 146 ff.
33 Ebd. S. 149; Marquardt (Anm. 28), S. 132 ff.
34 v. Rauch (Anm. 2), S. 151; Marquardt (Anm. 28), S. 137 ff.
35 Resolution des X. Parteitags der RKP/b über die Einheit der Partei vom 16. März 1921, abgedruckt bei Hellmann (Anm. 14), S. 76 ff.; zum Gewerkschaftsproblem s. v. Rauch (Anm. 2), S. 154 ff.
36 Marquardt (Anm. 28), S. 115.
37 v. Rauch (Anm. 2), S. 152.
38 Die Dekrete des Rates der Volkskommissare über die Revolutionären Tribunale (4. Mai 1918), über das Gerichtswesen (10. Juli 1918) und über die Gerichtsverfassung sind abgedruckt bei Hellmann (Anm. 14), S. 108 ff., 114 ff., 122 ff.
39 Grundlegend Michel Garder: Die Geschichte der Sowjetarmee, Frankfurt/M. 1968 und Peter Gosztony: Die Rote Armee. Geschichte und Aufbau der sowjetischen Streitkräfte seit 1917, Wien-München-Zürich-New York 1980; über die Anfänge Carl-Gustaf Ströhm: Bolschewismus und Heer. Die Militärpolitik Lenins und der Bolschewiki 1917-1920. Diss. Tübingen 1965.
40 Vgl. das folgende Kapitel, S. 165 ff.
41 v. Rauch (Anm. 2), S. 149 ff.; Marquardt (Anm. 29), S. 137 ff.
42 Hans Jonas: Das Prinzip Verantwortung. Versuch einer Ethik für die technische Zivilisation, 5. Aufl. Bern und Stuttgart 1979, S. 205 f.
43 v. Rauch (Anm. 2), S. 197 ff.; Marquardt (Anm. 28), S. 139 ff.

Die Perfektion

1 Adam B. Ulam: Stalin. Koloß der Macht, Esslingen 1977.
2 Dimitrij Wolkogonow: Stalin – Triumph und Tragödie. Ein politisches Porträt, Düsseldorf 1989, S. 9.

3 Ebd.
4 Aus der großen Zahl der Darstellungen Stalins und seiner Epoche seien vor allem genannt: Walter Laqueur: Stalin. Abrechnung im Zeichen von Glasnost, München 1990; Adam B. Ulam (Anm. 1); Robert Payne: Stalin. Aufstieg und Fall, Stuttgart 1967; Roy Medwedjew: Die Wahrheit ist unsere Stärke, Frankfurt/M. 1973; Anton Antonow-Owssejenko: Stalin. Porträt eines Tyrannen, Berlin 1986 (zuerst in Rußland im Samisdat erschienen und auf viele sowjetische Quellen gestützt); Isaak Deutscher: Stalin. Eine politische Biographie, Stuttgart 1962; Leo Trotzkij: Stalin. Eine Biographie. Berlin 1952.
5 Antonow-Owssejenko (Anm. 4), S. 269.
6 Michael Voslensky: Sterbliche Götter. Die Lehrmeister der Nomenklatura, Erlangen 1989, S. 122 ff.
7 Antonow-Owssejenko (Anm. 4), S. 266 f., 268 ff.
8 Raissa Orlowa-Kopelew: Eine Vergangenheit, die nicht vergeht. Rückblicke aus fünf Jahrzehnten, München und Hamburg 1985, S. 74 ff.
9 Antonow-Owssejenko (Anm. 4), S. 287.
10 Orlowa-Kopelew (Anm. 8), S. 144 f.
11 Antonow-Owssejenko (Anm. 4), S. 65.
12 Ebd.
13 Vgl. unten, Kapitel »Der Krieg«, S. 251 ff.
14 Bernhard Marquardt: Der Totalitarismus – ein gescheitertes Herrschaftssystem, Bochum 1991, S. 171.
15 R. C. Tucker (Hrsg.): Stalinism. Essays in Historical Interpretation, New York 1977, S. 104.
16 Zur »Kontinuitätstheorie« vor allem M. Fainsod und A. Ulam; vgl. Marquardt (Anm. 14), S. 173.
17 In der Stalin-Literatur stehen sich die beiden Deutungen oft schroff gegenüber: Die eine betont die Kontinuität der Ziele und des Systems von Lenin bis Stalin, so etwa Merle Fainsod: Wie Rußland regiert wird, Köln und Berlin 1965; die andere hebt gerade die Abweichung vom Lenin-Kurs und Stalins pathologischen Charakter hervor. Vgl. dazu auch Laqueur (Anm. 4), bes. S. 295 ff.
18 St. F. Cohen: Bolshewism and Stalinism, in: Tucker (Anm. 15), S. 12.
19 Nikolai Berdjajew: Sinn und Schicksal des russischen Kommunismus, Luzern 1937, S. 154.

20 Georg v. Rauch: Geschichte der Sowjetunion, 7. Aufl. Stuttgart 1987, S. 214. Zur Industrialisierung und Kollektivierung der Landwirtschaft vgl. ebd., S. 205 ff., Marquardt (Anm. 14), S. 139 ff. Aus eigenem Erleben und jugendlichem Mitwirken berichtet darüber Lew Kopelew: Und schuf mir einen Götzen. Lehrjahre eines Kommunisten, 5. Aufl. München 1985.
21 v. Rauch (Anm. 20), S. 214.
22 Marquardt (Anm. 14), S. 143.
23 Voslensky (Anm. 6), S. 158 f. Zitiert hier aus der russischen Fassung von Chruschtschows Erinnerungen.
24 Robert Conquest: Ernte des Todes. Stalins Holocaust in der Ukraine 1929-1933, München 1988, S. 364 ff.
25 Laqueur (Anm. 4), S. 33 ff.; Wolkogonow (Anm. 2), S. 159 ff.; Antonow-Owssejenko (Anm. 4), S. 73 ff., 89 ff.; Marquardt (Anm. 14), S. 143.
26 Zitiert bei v. Rauch (Anm. 20), S. 184 f.
27 Ebd. S. 191 f.
28 Antonow-Owssejenko (Anm. 4), S. 44 ff.
29 Der Wortlaut bei H. Altrichter: Die Sowjetunion, Bd. 1: Staat und Partei, München 1988, S. 83 f.
30 Antonow-Owssejenko (Anm. 4), S. 46 ff.
31 Zur »Kislowodsker Plattform« vgl. Antonow-Owssejenko (Anm. 4), S. 39 ff.
32 Der Parteitag im Dezember 1925 stand bereits ganz im Zeichen des Machtkampfes Stalins gegen die angebliche »linke Plattform« seiner bisherigen Troika-Genossen Sinowjew und Kamenew. Diese wollten gegen Stalin ein Mißtrauensvotum einbringen, stießen jedoch auf eine überwältigende Mehrheit für Stalin: Mit 459 zu 55 Stimmen bei 41 Enthaltungen wurde die Plattform Stalin-Bucharin angenommen. Antonow-Owssejenko (Anm. 4), S. 56 ff., 200 ff.
33 v. Rauch (Anm. 20), S. 193 ff.
34 Antonow-Owssejenko (Anm. 4), S. 55.
35 Ebd. S. 100 ff. und v. Rauch (Anm. 20), S. 273 ff.
36 Antonow-Owssejenko (Anm. 4), S. 108 ff.; v. Rauch (Anm. 20), S. 274 ff.
37 Zitiert bei Theo Pirker (Hrsg.): Die Moskauer Schauprozesse 1936-1938, München-Zürich 1983, S. 209 ff.; vgl. Antonow-Owssejenko (Anm. 4), S. 133 ff.; v. Rauch (Anm. 20), S. 276; Laqueur (Anm. 4), S. 109 ff.

38 v. Rauch (Anm. 20), S. 278 ff.; Laqueur (Anm. 4), S. 109 ff., 129 ff.
39 v. Rauch (Anm. 20), S. 281.
40 v. Rauch (Anm. 20), S. 284 ff.; Laqueur (Anm. 4), S. 119 ff.; Antonow-Owssejenko (Anm. 4), S. 227 ff.; Wolkogonow (Anm. 2), S. 410 ff.; Marquardt (Anm. 14), S. 154 ff.; Peter Gosztony: Die Rote Armee, Wien-München-Zürich-New York 1980, bes. S. 210 ff.
41 v. Rauch (Anm. 20), S. 283; Laqueur (Anm. 4), S. 151 ff.; Wolkogonow (Anm. 2), S. 432 ff., 444 ff.
42 Antonow-Owssejenko (Anm. 4), S. 261 ff.; D. Dallin und B.N. Nikolajewski: Arbeiter oder Ausgebeutete. Das System der Arbeitslager in Rußland, München 1948 nennen die Zahl von 15 Millionen Lagerinsassen (Marquardt, Anm. 14, S. 152).
43 v. Rauch (Anm. 20), S. 282; Laqueur (Anm. 4), Marquardt (Anm. 14), S. 153 f.; ferner Hermann Weber: Weiße Flecken in der Geschichte. Die KPD-Opfer der Stalinschen Säuberungen und ihre Rehabilitierung, Frankfurt/M. 1989; Margarete Buber-Neumann: Kriegsschauplätze der Weltrevolution. Ein Bericht aus der Praxis der Komintern 1919-1943, Stuttgart 1967. Die Autorin war die Frau des KPD-Politbüro-Mitglieds Heinz Neumann, der als Komintern-Emigrant ebenfalls Stalins Mordmaschine zum Opfer fiel (S. 475 f.). Frau Buber-Neumann befand sich unter 500 von der Sowjetunion an Hitler-Deutschland ausgelieferten deutschen und österreichischen Kommunisten, die in der Sowjetunion Zuflucht gesucht hatten und ab 1936 in den Gulag eingeliefert wurden, von wo aus sie zwischen Ende 1939 und Juni 1940 an die Gestapo ausgeliefert wurden (S. 489 f.).
44 Alexander Solschenizyns monumentales Werk »Der Archipel Gulag«, deutsche Übersetzung, Bern 1974, stellt nach eigenem Bekunden den »Versuch einer künstlerischen Bewältigung« dieses epochalen Themas dar, beruht aber auf gründlichen Recherchen des Autors.
45 Antonow-Owssejenko (Anm. 4), S. 79 f.
46 Antonow-Owssejenko (Anm. 4, S. 191 f.) weist darauf hin, daß die Leute des NKWD 1939 die eigentlichen Privilegierten waren, die einschließlich ihrer Verwandten und Freunde in den besten Häusern wohnten, höchste Einkommen bezogen, über eigene Läden, Theaterlogen und Villen am Meer verfügten – eine »Gendarmenkaste«, wie Antonow den Dichter Majakowski zitiert.
47 v. Rauch (Anm. 20), S. 252; Ruffmann (Anm. 45), S. 56 ff.

48 Anton S. Makarenko: Ausgewählte pädagogische Schriften, 2. überarb. Aufl., Paderborn 1969.
49 Zum Personenkult Antonow-Owssejenko (Anm. 4), S. 278 ff.; Laqueur (Anm. 4), S. 235 ff.
50 Antonow-Owssejenko (Anm. 4), S. 284.
51 Ebd. S. 281 f.
52 Johannes R. Becher: Danksagung, in: *Sinn und Form,* 1953, Heft 2, S. 8 f.
53 Laqueur (Anm. 4.), S. 240.
54 Ebd. S. 236.
55 Antonow-Owssejenko (Anm. 4), S. 284 f.
56 Laqueur (Anm. 4), S. 240.
57 Orlowa-Kopelew (Anm. 8), S. 79.
58 André Glucksmann: Köchin und Menschenfresser, Berlin 1976, S. 33.
59 Laqueur (Anm. 4), S. 249.
60 Ebd. S. 251 f.
61 Ebd. S. 380.
62 *Nowyi Mir,* November 1984, zitiert bei Laqueur (Anm. 4), S. 331 f.
63 Alexander Tsipko in *Nauka i Schisn,* November/Dezember 1988 und Januar/Februar 1989, zitiert bei Laqueur (Anm. 4), S. 310 ff.
64 Wasili Seljunin: Istoki (Die Ursprünge), in: *Nowyi Mir,* Mai 1988, zitiert bei Laqueur (Anm. 4), S. 314 f.
65 Laqueur (Anm. 4), S. 308.
66 Ebd. S. 380.
67 Ebd. S. 309.
68 Ebd. S. 379.
69 Ebd. S. 309 f.
70 Antonow-Owssejenko (Anm. 4), S. 286.

Das Gegen- und Nachbild

1 Helmut Fleischer: Eine historisierende Betrachtung unseres Zeitalters. Zur Notwendigkeit einer epochenübergreifenden Betrachtung von Weltkrieg, Sowjetrevolution und Faschismus, in: Uwe Backes, Eckhard Jesse, Rainer Zitelmann (Hrsg.): Die Schatten der Vergangenheit. Impulse zur Historisierung des Nationalsozialismus, Frankfurt/M. und Berlin 1990, S. 71.

2 S. ebd. den einleitenden Beitrag der Herausgeber: »Was heißt ›Historisierung‹ des Nationalsozialismus?« S. 25 ff.
3 Ebd. S. 27.
4 Hans Rothfels: Zeitgeschichtliche Betrachtungen. Göttingen 1951, S. 9.
5 Hanno Kesting: Geschichtsphilosophie und Weltbürgerkrieg, Heidelberg 1959; Roman Schnur: Revolution und Weltbürgerkrieg. Studien zur Ouvertüre nach 1789 (Schriften zur Verfassungsgeschichte Bd. 35), Berlin 1983.
6 Karl Dietrich Bracher: Zeit der Ideologien. Eine Geschichte des politischen Denkens im 20. Jahrhundert, Stuttgart 1982.
7 Ernst Nolte: Der Europäische Bürgerkrieg 1917-1945, Frankfurt/M. und Berlin 1987, S. 3.
8 Winston Churchill: Der Zweite Weltkrieg, Bern-Stuttgart-München-Zürich 1954, S. 11.
9 Nolte (Anm. 7), S. 3.
10 David Shub: Lenin, Wiesbaden 1948, bes. Kapitel 9: Lenins Weg nach Petrograd, S. 207 ff.; Stefan Possony: Jahrhundert des Aufruhrs, München 1965. Die Entscheidung wurde von Reichskanzler v. Bethmann Hollweg getroffen in Absprache mit den Reichstagsabgeordneten Philipp Scheidemann (SPD) und Matthias Erzberger (Zentrum). Die Oberste Heeresleitung (OHL) Hindenburgs und Ludendorffs wurde erst nachträglich unterrichtet und leistete für den technischen Ablauf lediglich Amtshilfe. Die Idee stammte wohl von Dr. Alexander Helphand (genannt »Parvus«), einer schillernden Figur und eines langjährigen finanziellen Förderers Lenins, der sie über den deutschen Gesandten in Kopenhagen, Graf Brockdorff-Rantzau, den späteren Reichsaußenminister, an die Berliner Stellen herantrug. Lenin war zu dieser Zeit noch keine international bekannte Persönlichkeit. Die Berliner Politiker glaubten gleichwohl, durch Lenins revolutionäre Tätigkeit einen Sonderfrieden Rußlands mit den Mittelmächten erreichen zu können, da seine entschiedene Linie gegen den »imperialistischen Krieg« bekannt war, weniger wohl seine theoretisch-ideologisch begründete Gesamtstrategie. Bethmann Hollweg sprach gegenüber der OHL von Helphands »glänzendem Schachzug« (vgl. auch Günther Stöckl: Russische Geschichte, Stuttgart 1962, S. 640 f.).
11 Nolte (Anm. 7), S. 81 ff., 85 ff.; vgl. Sebastian Haffner: Die deut-

sche Revolution, München 1979; Werner Maser: Friedrich Ebert. Der erste deutsche Reichspräsident, München 1987 und Wolfram Wette: Gustav Noske. Eine politische Biographie. Düsseldorf 1987.
12 Wolfgang Michalka und G. Niedhart (Hrsg.): Die ungeliebte Republik. Dokumente zur Innen- und Außenpolitik der Weimarer Republik, München 1980 (die Wahlergebnisse zur Nationalversammlung am 19. Januar 1919 in der Tabelle S. 394).
13 W. I. Lenin: Werke, Bd. 29, S. 314 f. Lenins recht direkte Anweisungen waren in die Form von Fragen gekleidet wie: »Haben Sie die Arbeiter bewaffnet, die Bourgeoisie entwaffnet ..., den Wohnraum der Bourgeoisie in München für die sofortige Einweisung von Arbeitern in die Wohnungen der Reichen beschränkt ... und Geiseln aus der Bourgeoisie festgesetzt?«
14 Nolte (Anm. 7), S. 91.
15 Ebd. S. 95.
16 Ebd. S. 98 ff.
17 Ebd. S. 123 ff.
18 Stalins Brief wurde am 10. Oktober 1923 in der KPD-Zeitung *Rote Fahne* veröffentlicht, deren Nummern einen wichtigen Quellenbestand für diese Phase darstellen. Nolte (Anm. 7), S. 123 ff. stützt seine Darstellung ferner auf die Publikation von Werner Wollenberg: Der Apparat. Stalins fünfte Kolonne, Bonn 1952; Wollenberg war selbst einer der Leiter des M-Apparats.
19 Gerhard Schulz: Revolutionen und Friedensschlüsse 1917-1920, 5. Aufl. München 1967, bes. die Kapitel 3-5.
20 Zur westalliierten Intervention im russischen Bürgerkrieg vgl. u. a. Winston Churchill: The Aftermath (World Crisis Bd. V), London 1929; Leonid Strakhovsky: Intervention at Archangelsk. The Story of Allied Intervention and Russian Counterrevolution, Princeton 1944; W. Lacolm Carroll: Soviet Communism and Western Opinion 1919-1921, Chapel Hill 1965. Die westliche und besonders auch die britische Politik war gespalten zwischen der Auffassung, Deutschland müsse nach seiner Niederlage zu einem Bollwerk gegen den Bolschewismus gemacht werden, und der Meinung, die Aufnahme von Handels- und schließlich auch diplomatischen Beziehungen werde das neue revolutionäre Regime der Bolschewiki schließlich zu einem normalen Partner der internationalen Gemeinschaft machen, eine Auffassung, die angesichts der kriegsmüden öffentlichen Meinung sich durchsetzte.

21 Nolte (Anm. 7), S. 107.
22 Ebd. S. 110.
23 Ebd. S. 107 f. Die Kritik Plechanows, Martows und Axelrods wog um so schwerer, als alle drei frühe Mitstreiter Lenins und Redaktionsmitglieder der Parteizeitung *Iskra* (Der Funke) gewesen waren.
24 Ebd. S. 105 ff.
25 Maser (Anm. 11), S. 168 f.
26 Thomas Mann: Tagebücher 1918-1921, hrsg. von Peter de Mendelsohn, 2. Aufl. Frankfurt/M. 1981, S. 223.
27 Zitiert bei Nolte (Anm. 7), S. 111.
28 Nolte (Anm. 7), S. 112 ff.
29 James M. Diehl: Paramilitary Politics in Weimar Germany, Bloomington and London 1977; Klaus Hornung: Der Jungdeutsche Orden, Düsseldorf 1958.
30 Reinhard Kühnl: Formen bürgerlicher Herrschaft, Reinbek 1974.
31 Hierin stimmen Autoren sehr unterschiedlicher theoretischer und politischer Ausgangspositionen überein. Vgl. etwa David Schoenbaum: Die braune Revolution. Eine Sozialgeschichte des Dritten Reiches, Köln und Berlin 1968; Rainer Zitelmann (Anm. 34) sowie die in den Anm. 1-3 dieses Kapitels genannten Autoren; vgl. auch Horst Möller: Die nationalsozialistische Machtergreifung. Konterrevolution oder Revolution, in: Vierteljahrshefte für Zeitgeschichte 1983, S. 25 ff.
32 Ernst Nolte: Der Faschismus in seiner Epoche, München 1963, S. 356 ff.; vgl. Alan Bullock: Hitler. Eine Studie in Tyrannei, Düsseldorf 1960, der von den »Catalinas einer neuen Revolution« und einer »organisierten Verschwörung gegen den Staat« spricht (S. 172).
33 E. Nolte: Die faschistischen Bewegungen, München 1966, S. 55 ff.
34 Rainer Zitelmann: Hitler - Selbstverständnis eines Revolutionärs, 2. Aufl. Stuttgart 1989, bes. S. 116 ff.
35 Ebd. S. 195.
36 Schoenbaum (Anm. 31), S. 92.
37 Ebd. S. 100 ff.
38 Ebd. S. 98 (es handelt sich um ein Zitat des »Reichsarbeitsdienstführers« Konstantin Hierl).
39 Ebd. (Schoenbaum zitiert hier den »Reichsleiter« der »Deutschen Arbeitsfront«, Dr. Robert Ley, aus dem *Völkischen Beobachter* vom 29. September 1935).

40 Vgl. Ronald Smelser: Robert Ley. Hitlers Mann an der »Arbeitsfront«. Paderborn 1989.
41 Hugh Trevor-Roper: Hitlers letzte Tage, Zürich 1946 zitiert (S. 56) eine Äußerung von Goebbels aus den Tagen des Finale: »Der Bombenterror verschont weder die Wohnstätten der Reichen noch die der Armen; vor den Arbeitsämtern des totalen Krieges mußten die letzten Klassenschranken fallen.«
42 Zitelmann (Anm. 34), S. 171 f.
43 Ebd. S. 172.
44 Ebd. S. 476 ff.
45 Wortlaut bei Walter Hofer: Der Nationalsozialismus. Dokumente 1933-1945, Frankfurt/M. 1989, S. 55 f.
46 Ebd. S. 58 f.
47 Karl Dietrich Bracher/W. Sauer/G. Schulz: Die nationalsozialistische Machtergreifung, 2. Aufl. Köln und Opladen 1962; ders.: Stufen totalitärer Gleichschaltung. Die Befestigung der nationalsozialistischen Herrschaft 1933/34, in: Vierteljahrshefte für Zeitgeschichte 1956; detaillierte Länderstudien zum Beispiel von Waldemar Besson: Württemberg und die deutsche Staatskrise 1928-1933, Stuttgart 1959 und Karl Schwend: Bayern zwischen Monarchie und Diktatur, München 1954.
48 Hofer (Anm. 45), S. 60 f.
49 Erich Mathias und Rudolf Morsey (Hrsg.): Das Ende der Parteien 1933, Düsseldorf 1960; K. D. Bracher: Die Auflösung der Weimarer Republik, 4. Aufl. Villingen 1964.
50 Hofer (Anm. 45), S. 62.
51 Ebd. S. 63 f.
52 So Carl Schmitt: Staat, Bewegung, Volk, 2. Aufl. Hamburg 1933, S. 22 (zitiert bei Hofer, ebd. S. 64 f.).
53 Ernst Fraenkel: The Dual State, London und New York 1941; Besson (Anm. 47), S. 344 ff.
54 Hofer (Anm. 45), S. 63.
55 Bracher/Sauer/Schulz (Anm. 47), S. 348 ff., 358 ff.
56 Hofer (Anm. 45), S. 65 f.
57 Ebd. S. 71; die weiteren Dokumente des 30. Juni 1934 ebd. S. 66-72.
58 Ebd. S. 72.
59 Ebd. S. 82.
60 Ebd. S. 89 f.
61 Die »Verordnung des Führers über die Deutsche Arbeitsfront«

vom 24. Oktober 1934 bei Hofer ebd. S. 87; vgl. dazu Smelser (Anm. 40).
62 Hofer (Anm. 45), S. 87 f.; vgl. die Dokumentensammlung von Jutta Rüdiger (Hrsg.): Die Hitlerjugend und ihr Selbstverständnis im Spiegel ihrer Aufgabengebiete, Lindhorst 1983 sowie Arno Kloenne: Hitlerjugend. Die Jugend und ihre Organisation im Dritten Reich, Hannover und Frankfurt/M. 1960.
63 Adolf Hitler: Mein Kampf, Bd. 2, München 1939, S. 419.
64 Martin Broszat: Der Staat Hitlers. München 1969, S. 61 ff.; Karl Dietrich Bracher: Die Deutsche Diktatur, Köln und Berlin 1969, S. 251 ff.; Joachim C. Fest: Hitler. Eine Biographie, Frankfurt/M.-Berlin-Wien 1973, S. 347 ff.
65 So die Leitsätze für das nationalsozialistische Recht des »Reichsrechtsführers« Hans Frank vom Januar 1936 (Hofer, Anm. 45, S. 101 f.).
66 Reichskulturkammergesetz vom 22. September 1933 (ebd., S. 95 f.).
67 So die Begründung des Malverbots für Karl Friedrich Schmidt-Rottluff durch den Präsidenten der Reichskammer der Bildenden Künste im April 1941, der in dem Schreiben das Mitgliedsbuch des Künstlers in der Kammer zurückforderte (ebd., S. 97 f.); eine scheinlegale Grundlage bot das Gesetz über Einziehung von Erzeugnissen entarteter Kunst vom 31. Mai 1938 (ebd., S. 96 f.).
68 Ebd., S. 90 f.
69 Ernst Rudolf Huber: Verfassungsrecht des Großdeutschen Reiches, Hamburg 1939, S. 213 und 230 (zitiert bei Bracher, Anm. 64, S. 371).
70 Bracher (Anm. 64), S. 371 in Aufnahme E. R. Hubers.
71 Werner Best: Die deutsche Polizei, 2. Aufl. Darmstadt 1941 (zitiert ebd., S. 371).
72 Ebd.
73 Otto Koellreutter: Der deutsche Führerstaat, Tübingen 1934, S. 13 ff., Hofer (Anm. 45), S. 82 f.
74 Bracher (Anm. 64), S. 376; vgl. Broszat (Anm. 64) 9. Kapitel: Polykratie der Ressorts und Formen des Führerabsolutismus seit 1938, S. 363 ff.
75 Bracher S. 255 ff.; Broszat S. 252 ff.
76 Bracher und Broszat ebd.
77 Jürgen W. Falter: War die NSDAP die erste deutsche Volkspartei?,

in: Michael Prinz und Rainer Zitelmann (Hrsg.): Nationalsozialismus und Modernisierung, Darmstadt 1991, S. 91 ff.
78 Hofer (Anm. 45), S. 62 ff., Bracher (Anm. 64), S. 251 ff.
79 So im Dankschreiben Hitlers an den Reichswehrminister v. Blomberg vom 20. August 1934 nach der Bestätigung der Vereinigung von Präsidenten- und Kanzleramt durch die Volksabstimmung am 19. August (Hofer S. 72). Für den Gesamtzusammenhang dieses Abschnitts vor allem Heinrich Bennecke: Die Reichswehr und der »Röhmputsch«, München 1964; Georges Castellan: Le réarmament clandestin du Reich 1930-1935, Paris 1954; Klaus-Jürgen Müller: Das Heer und Hitler. Armee und nationalsozialistisches Regime 1933-1940, Stuttgart 1969; Adolf Heusinger: Befehl im Widerstreit, Tübingen und Stuttgart 1950.
80 Der Text des Erlasses vom 4. Februar 1938 bei Hofer (Anm. 45), S. 109.
81 Damit wurde dreieinhalb Jahre nach Hitlers Zusage an Blomberg (Anm. 79) auch diese gebrochen. Hofer (Anm. 45), S. 110 ff. Seit dem 4. Februar 1938 war der Diktator auch in Bezug auf die Wehrmacht jeder rechtlichen und politischen Rücksichtnahme ledig.
82 Vgl. Peter Hoffmann: Widerstand, Staatsstreich, Attentat. Der Kampf der Opposition gegen Hitler, München 1970; Bernhard R. Kroener: Auf dem Weg zu einer »nationalsozialistischen Volksarmee«, in: M. Broszat u. a. (Hrsg.): Von Stalingrad zur Währungsreform. Zur Sozialgeschichte des Umbruchs in Deutschland, München 1988, S. 651 ff.; ders.: Strukturelle Veränderungen in der militärischen Gesellschaft des Dritten Reiches, in: M. Prinz und R. Zitelmann (Hrsg.): Nationalsozialismus und Modernisierung (Anm. 76), S. 267 ff.
83 Die 25 Punkte des Programms der NSDAP bei Hofer (Anm. 45), S. 28 ff.
84 Ebd., S. 84 f.
85 Zum Gesamtzusammenhang vgl. bei Zitelmann (Anm. 34) das eingehende Kapitel IV: Revolutionierung des Verhältnisses von Politik und Ökonomie und Umgestaltung der Wirtschaft als zentrale Zielsetzung Hitlers, S. 228-305.
86 Broszat (Anm. 64), S. 370 ff.; vgl. A. Barkai: Das Wirtschaftssystem des Nationalsozialismus. Der historische Hintergrund 1933-1936, Köln 1977.
87 Zitelmann (Anm. 34), S. 254 ff., 262.
88 Bracher (Anm. 64), S. 360 ff.

89 Broszat (Anm. 64), S. 375 ff.
90 Hitler hat die planmäßige Führung der Wirtschaft durch den totalitären Parteistaat geradezu als ein Kernstück seiner Auffassung von »nationalem Sozialismus« betrachtet. (Zitelmann, Anm. 34, S. 259 ff.).
91 In seinen Tischgesprächen im Sommer 1941 äußerte Hitler: »Freilich läßt sich ein sinnvoller Einsatz der Kräfte eines Volkes nur mit der Planwirtschaft von oben erreichen ... Was die Planmäßigkeit der Wirtschaft angeht, stehen wir noch ganz in den Anfängen.« Am 5. Juli 1942: »Auch nach dem Kriege würden wir auf eine staatliche Lenkung der Volkswirtschaft nicht verzichten können ...« Zitelmann (Anm. 34), S. 265 f., 269, 273 f.
92 Jan Kershaw: Der NS-Staat. Geschichtsinterpretationen und Kontroversen im Überblick, Reinbek 1988, S. 165 ff.
93 Gesetz zur Änderung von Vorschriften des Strafrechts und des Strafverfahrens vom 24. April 1934 (Hofer, Anm. 45, S. 106 f.).
94 Gesetz »Zum Schutz des deutschen Blutes und der deutschen Ehre« sowie Reichsbürgergesetz, beide vom 15. September 1935 (Hofer, S. 284 ff.).
95 Die Dokumente bei Hofer (Anm. 45), S. 290 ff.
96 Kershaw (Anm. 93), S. 208.
97 Die Dokumente bei Hofer (Anm. 45), S. 279 ff.
98 Kershaw (Anm. 93), S. 197; vgl. Helmut Krausnick und Hans-Heinrich Wilhelm: Die Truppe des Weltanschauungskrieges. Die Einsatzgruppen der Sicherheitspolizei und des SD 1938-1942, Stuttgart 1981.
99 »Die Ausrottung des jüdischen Volkes – ein Ruhmesblatt unserer Geschichte« (Hofer, Anm. 45, S. 114).
100 Rainer Zitelmann: Die totalitäre Seite der Moderne, in: Nationalsozialismus und Modernisierung (Anm. 76), S. 1 ff.
101 Carl Joachim Friedrich: Totalitäre Diktatur, Stuttgart 1957, S. 15.
102 Hans Herzfeld: Die Moderne Welt 1789-1945, Teil II: Weltmächte und Weltkriege. Die Geschichte unserer Epoche 1890-1945, 3. Aufl. Berlin 1960, S. 207.
103 Alexis de Tocqueville: Über die Demokratie in Amerika, München 1976, S. 109.
104 M. Rainer Lepsius: Demokratie in Deutschland als historisch-soziologisches Problem, in: Theodor W. Adorno (Hrsg.): Spätkapitalismus oder Industriegesellschaft?, Stuttgart 1969, S. 199.

105 Karl Dietrich Bracher: Zeit der Ideologien, Stuttgart 1982, S. 18.
106 Melita Maschmann: Fazit. Kein Rechtfertigungsversuch, 4. Aufl. Stuttgart 1963; Lew Kopelew: Und schuf mir einen Götzen. Lehrjahre eines Kommunisten, München 1985.
107 Ralf Dahrendorf: Gesellschaft und Demokratie in Deutschland, München 1965, S. 431 ff. (Kapitel: Das nationalsozialistische Deutschland und die soziale Revolution).
108 Ronald Smelser: Die Sozialplanung der Deutschen Arbeitsfront, in: Prinz und Zitelmann (Anm. 77), S. 71 ff.
109 Ebd., S. 87.
110 Ebd., S. 91 ff.

Der Krieg

1 Wjatscheslaw Daschitschew: Der Pakt der beiden Banditen, *Rheinischer Merkur*, 21. April 1989.
2 Julien Freund: Friedensforschung – Kriegsforschung, in: G.-K. Kaltenbrunner (Hrsg.): Bereiten wir den falschen Frieden vor? Vom Gestaltwandel internationaler Konflikte, Freiburg 1976, S. 25.
3 Sven G. Papke: Weltrevolution als Friede, in: H.-E. Bahr (Hrsg.): Weltfrieden und Revolution. Hamburg 1968, S. 23; Klaus Hornung: Friede durch Revolution oder Gleichgewicht?, in: G. Jasper (Hrsg.): Tradition und Reform in der deutschen Politik, Gedenkschrift für Waldemar Besson, Frankfurt/M.-Berlin-Wien 1976, S. 409 ff.
4 Klaus Hornung: Friedensideologie als Instrument der Feindbestimmung, in: G.-K. Kaltenbrunner (Hrsg.): Illusionen der Brüderlichkeit, Freiburg 1980, S. 85 ff. und ders.: Der Politisch-Revolutionäre Krieg der Gegenwart, Freiburg 1976, S. 94 ff.
5 Marx-Engels-Werke Bd. 23, Ost-Berlin 1969, S. 779.
6 Reinhard Höhn: Die Armee als Erziehungsschule der Nation, Bad Harzburg 1963, S. 116.
7 W. I. Wollenberg (Hrsg.): Engels – Lenin. Militärpolitische Schriften, Offenbach-Frankfurt/M. 1953, S. 44 f.; vgl. Walter Grottian: Lenins Anleitung zum Handeln. Theorie und Praxis sowjetischer Außenpolitik, Köln und Opladen 1962.
8 W. I. Lenin: Sozialismus und Krieg. Ost-Berlin 1960, S. 5.

9 W. I. Lenin: Briefe, Bd. 9, Ost-Berlin 1974, S. 175. Geschrieben am 16. Februar 1922. Zum ersten Mal veröffentlicht nach der Handschrift.
10 W. I. Lenin: Clausewitz' Werk »Vom Kriege« - Auszüge und Randglossen, Ost-Berlin 1957, S. 23.
11 E. H. Carr: The Bolshevik Revolution, Bd. 1, London 1953, S. 33 ff.
12 Max Lenz: Kleine Historische Schriften, München 1931, S. 566.
13 Vgl. oben, Kapitel »Die Grundlegung« S. 122 ff.
14 John S. Reshetar, Stefan T. Possony, W.W. Kulski: Methodologie der Eroberung und des Herrschens, in: Joseph M. Bochenski u. Gerhard Niemeyer (Hrsg.): Handbuch des Weltkommunismus, Freiburg und München 1958, S. 155 ff.
15 Ebd., S. 122, 168.
16 Siehe unten, S. 251 ff.
17 Boris Meißner (Hrsg.): Das Parteiprogramm der KPdSU 1902-1961, Köln 1962, S. 143 ff.; vgl. Klaus Hornung: Artikel »Friedliche Koexistenz« in: P. Gutjahr-Löser/K. Hornung (Hrsg.): Politisch-Pädagogisches Handwörterbuch, 2. erw. Aufl. Percha 1985.
18 Margarete Buber-Neumann: Kriegsschauplätze der Weltrevolution, Stuttgart 1967.
19 Henry A. Kissinger: Kernwaffen und Auswärtige Politik, München 1959, S. 271 ff.
20 Programm der KPdSU von 1961 (wie Anm. 17), S. 143 ff.
21 Autorenkollektiv: Wissenschaftlicher Kommunismus, Ost-Berlin 1973, S. 173 f.
22 Jules Monnerot: Der Krieg, um den es geht, Köln und Berlin 1951.
23 Raymond Aron: Opium für Intellektuelle oder Die Sucht nach Weltanschauung, Köln und Berlin 1957.
24 Siegmund Neumann: Permanent Revolution, New York und London 1942, S. 257 ff., 282 ff.
25 Hermann Rauschning: Die Revolution des Nihilismus, Neuausgabe Zürich 1967, S. 179 f.
26 André Beaufre: Totale Kriegskunst im Frieden, Berlin 1964, S. 142 ff. sowie ders.: Die Revolutionierung des Kriegsbildes, Stuttgart 1973.
27 Karl Dietrich Bracher: Die Deutsche Diktatur, Köln und Berlin 1969, S. 313; vgl. Hans-Adolf Jacobsen: Nationalsozialistische Außenpolitik, Frankfurt/M. 1968.
28 Handschriftliche Aufzeichnungen des Generals Liebermann

(bei Walter Hofer, Der Nationalsozialismus, Frankfurt/M. 1989, S. 180 f.).
29 Bracher (Anm. 27), S. 313 ff.
30 Ebd. S. 313.
31 Niederschrift einer Besprechung Hitlers mit den militärischen Spitzen am 23. Mai 1939 (Hofer, Anm. 28, S. 226 f.).
32 Bracher (Anm. 27), S. 348 ff.; Jacobsen (Anm. 27), S. 252 ff.
33 Louis de Jong: Die deutsche Fünfte Kolonne im Zweiten Weltkrieg, Stuttgart 1959. Der Begriff meinte die Kräfte der gegnerischen Subversion im eigenen Land und ging auf einen Sprachgebrauch im Spanischen Bürgerkrieg zurück, als General Franco in vier Kolonnen auf Madrid marschierte und angeblich eine geheime »fünfte« Kolonne *in* der Stadt die Eroberung psychologisch und subversiv vorbereiten sollte.
34 Zitiert bei H. Rauschning: Gespräche mit Hitler, Zürich 1940, S. 74 f.
35 Wilhelm Ritter von Schramm: ... sprich vom Frieden, wenn du den Krieg willst, Mainz 1972.
36 Maurice Vaïsse: Der Pazifismus und die Sicherheit Frankreichs 1930-1939, in: Vierteljahrshefte für Zeitgeschichte Heft 4/1985, S. 590 ff.
37 Arnold Sywottek: Die sowjetische Kriegszielpolitik im Zweiten Weltkrieg 1941-1945, in: Gerd R. Ueberschär und W. Wette (Hrsg.): Der deutsche Überfall auf die Sowjetunion, Unternehmen Barbarossa 1941, Frankfurt/M. 1984, S. 211.
38 Ebd. S. 217 und 221.
39 Ernst Topitsch: Stalins Krieg. Die sowjetische Langzeitstrategie gegen den Westen als rationale Machtpolitik, Neuausgabe Herford 1990, S. 242.
40 Andreas Hillgruber und Klaus Hildebrand: Kalkül zwischen Macht und Ideologie. Der Hitler-Stalin-Pakt: Parallelen bis heute? Zürich-Osnabrück 1980, S. 10.
41 W. I. Lenin: Werke Bd. 31, Ost-Berlin 1964, S. 434 ff.; vgl. Dirk Kunert: Ein Weltkrieg wird programmiert. Vorgeschichte des 2. Weltkrieges nach Primärquellen, Kiel 1984, S. 19 ff.
42 Siehe oben, Kapitel »Das Gegen- und Nachbild«, bes. S. 187 ff.
43 Gustav Stresemann: Vermächtnis, Bd. II, Berlin 1932, S. 553 ff.
44 Richard Löwenthal: Geleitwort zu Thomas Weingartner: Stalin und der Aufstieg Hitlers. Die Deutschlandpolitik der Sowjet-

union und der Kommunistischen Internationale 1929-1934, Berlin 1970, S. IX.
45 Buber-Neumann (Anm. 18), S. 332 f.
46 Siehe oben, Kapitel »Die Perfektion«, Anm. 20.
47 J. W. Stalin: Werke, Bd. 7, Ost-Berlin 1952, S. 11 f.
48 Mein Kampf, München 1925/1928, zitiert bei Hofer (Anm. 28), S. 175.
49 Vertrag zwischen der Deutschen Reichsregierung und der Kaiserlich Japanischen Regierung über die gemeinsame Abwehr gegen die Kommunistische Internationale vom 25. November 1936 (Hofer, S. 188 ff.).
50 Sog. »Hoßbach-Niederschrift« vom 10. November 1937 (Hofer, S. 193 ff.). Oberst Hoßbach war Hitlers Wehrmachts-Adjutant.
51 Chruschtschow erinnert sich. Die authentischen Memoiren. Hrsg. von Strobe Talbott, eingel. und komm. von Edward Crankshaw, Reinbek 1992, S. 128.
52 Lothar Ruehl: Rußlands Weg zur Weltmacht, Düsseldorf 1981, S. 346.
53 Deutsch-Sowjetischer Nichtangriffspakt vom 23. August 1939 und Geheimes Zusatzabkommen (Hofer, S. 229 ff.).
54 Walther Hofer: Die Entfesselung des Zweiten Weltkrieges, 4. Aufl. Frankfurt/M. 1964, S. 121.
55 J. W. Brügel (Hrsg.): Stalin und Hitler, Pakt gegen Europa, Wien 1973, Dokument Nr. 282, S. 230 f.
56 Philipp W. Fabry: Die sowjetische Außenpolitik 1939-1941, in: Oswald Hauser (Hrsg.): Weltpolitik 1935-1945, Frankfurt/M. und Zürich 1975, S. 60 ff.
57 Topitsch (Anm. 39), S. 137.
58 Ebd. S. 93 ff.
59 Philipp W. Fabry: Die Sowjetunion und das Dritte Reich, Stuttgart 1971, S. 412.
60 Zum folgenden Topitsch (Anm. 39), S. 108 ff.
61 Victor Suworow: Der Eisbrecher. Hitler in Stalins Kalkül, Stuttgart 1989.
62 Siehe ebd. das Kapitel »Wann ist die Sowjetunion in den Zweiten Weltkrieg eingetreten?«, S. 56 ff.
63 Andreas Hillgruber: Der Zweite Weltkrieg 1939-1945, 3. Aufl. Stuttgart 1983, S. 59.

Offensive und Verschleierung

1 Für den Gesamtzusammenhang dieses Kapitels wird auf die beiden vorausgegangenen Kapitel und die dort aufgeführte Literatur verwiesen. Vgl. zum folgenden auch George F. Kennan: Sowjetische Außenpolitik unter Lenin und Stalin, Stuttgart 1961: Karlheinz Niclauss: Die Sowjetunion und Hitlers Machtergreifung. Eine Studie über die deutsch-russischen Beziehungen der Jahre 1929-1935, Bonn 1966; Thomas Weingartner: Stalin und der Aufstieg Hitlers. Die Deutschlandpolitik der Sowjetunion und der Kommunistischen Internationale 1929-1934, Berlin 1970; Bianka Pietrow: Stalinismus-Sicherheit-Offensive. Das Dritte Reich in der Konzeption der sowjetischen Außenpolitik 1933-1941, Kasseler Forschungen zur Zeitgeschichte Bd. 2, Melsungen 1983; Leonid Luks: Entstehung der kommunistischen Faschismustheorie. Die Auseinandersetzung der Komintern mit Faschismus und Nationalsozialismus 1921-1935, Stuttgart 1984; Ernst Topitsch: Stalins Krieg. Die sowjetische Langzeitstrategie gegen den Westen als rationale Machtpolitik, Neuausgabe Herford 1990.

2 Wolfgang Leonhard: Die Revolution entläßt ihre Kinder, Erstausgabe Köln und Berlin 1955, S. 365.

3 Der Stenographische Bericht wird zitiert bei Luks (Anm. 1), S. 84. Auszugsweise wird die Rede Bucharins auch zitiert in der Moskauer Monatszeitschrift Ogonjok, April 1992, vor allem mit dem Satz: »Es ist charakteristisch für die Methoden des faschistischen Kampfes, daß sie sich – mehr als jede andere Partei – die Erfahrungen der russischen Revolution zu eigen gemacht haben und in der Praxis anwenden« (*Ogonjok,* Nr. 4/1992, S. 9 f.).

4 Luks (Anm. 1), S. 46.

5 Ebd. S. 152.

6 Clara Zetkin(1986: Der Kampf gegen den Faschismus. Protokoll der Moskauer Konferenz der Erweiterten Exekutive der Kommunistischen Internationale, Moskau 12.-13. Juni 1923, zitiert bei: Ernst Nolte (Hrsg.): Theorien über den Faschismus, Köln und Berlin 1970, S. 88; Zetkins Rede auch teilweise bei Luks (Anm. 1), S. 47.

7 Nolte ebd. C. Zetkin unterschied hier zwischen dem »bürgerlichen Terror und weißen Schrecken«, etwa des Horthy-Regimes

in Ungarn, und dem (italienischen) Faschismus, dessen Träger »nicht eine kleine Kaste«, sondern »breite soziale Schichten, große Massen, die selbst bis in das Proletariat hineinreichen«, seien.
8 Ernst Nolte: Der europäische Bürgerkrieg, Frankfurt/M. und Berlin 1987, S. 125 f. Radek beschwor Scharnhorst und Gneisenau für die nationale Befreiung und für ein Bündnis der »kämpfenden Arbeiter« mit der nationalistischen Rechten; vgl. Friedrich v. Rabenau: Seeckt. Aus seinem Leben 1918-1936, Leipzig 1940, S. 360 ff.
9 Nolte (Anm. 8), S. 187 f. Die Komintern unterschied in ihrer agitatorischen Semantik zwischen dem »Nationalfaschismus« der NSDAP und dem »Sozialfaschismus« der SPD. Schon am Ende des Ersten Weltkriegs hatten die Kommunisten die Sozialdemokraten als »Sozialpatrioten« und »Sozialchauvinisten« difamiert. Im Januar 1924 nannte Sinowjew, der Vorsitzende der Komintern, die SPD einen »Flügel des Faschismus«.
10 Georg Stadtmüller: Sozialismus – Nationalsozialismus – Faschismus, Akademie für Zeitgeschehen der Hanns-Seidel-Stiftung, München 1981, S. 93.
11 Luks (Anm. 1), S. 149 ff.
12 Ebd. S. 152.
13 Ebd.
14 Ebd. S. 155 ff.
15 Ebd.
16 Ebd. S. 174 ff.
17 Ebd. S. 177.
18 Ebd. S. 177 ff. Der Wortlaut der Reden in: W. Pieck, G. Dimitroff, P. Togliatti: Die Offensive des Faschismus und die Aufgaben der Komintern im Kampf der Volksfront gegen den Krieg, VII. Kongreß der Komintern 1935, Ost-Berlin 1960. Schon hier wird mit der Volksfrontpolitik der »Kampf gegen den Krieg« verknüpft, wie das auch nach dem Zweiten Weltkrieg immer wieder nicht ohne Erfolg versucht wurde.
19 Stadtmüller (Anm. 10), S. 139 f.
20 Ebd.
21 Arthur Koestler, Ignazio Silone, Richard Wright, André Gide, Louis Fisher, Stephen Spender: Ein Gott der keiner war, Neuausgabe München 1962. Über die Abwendung von der Utopie in

den Biographien der Genannten und anderer vgl. Klaus Hornung: Der faszinierende Irrtum – Karl Marx und die Folgen, 4. Aufl. Freiburg 1982, S. 23 ff.
22 Dirk Kunert: Deutschland im Krieg der Kontinente. Anmerkungen zum Historikerstreit, Kiel 1987, S. 100; vgl. Erwin Hölzle: Geschichte der zweigeteilten Welt, Reinbek 1961.
23 Hug Seton-Watson: Die osteuropäische Revolution, München 1956, S. 157 ff. Vgl. Ernst Birke: Die Sowjetisierung Ost-Mitteleuropas, Berlin 1959; F. Feitö: Histoire des democraties populaires, Paris 1952; Stanislaw Mikolajzyk: The Patterns of Soviet Domination, London 1948; Ferencz Nagy: Behind the Iron Curtain, New York 1948; Milovan Djilas: Jahre der Macht. Kräftespiel hinter dem Eisernen Vorhang. Memoiren 1945-1966, München 1983; H. Ripka: Le coup de Prag, Paris 1949; Adam Ulam: Titoism and the Cominform, Harvard 1952.
24 Richard Löwenthal: Vom Kalten Krieg zur Ostpolitik, in: R. Löwenthal und H.-P. Schwarz (Hrsg.): Die zweite Republik. 25 Jahre Bundesrepublik Deutschland – eine Bilanz, Stuttgart 1974, S. 604.
25 Genannt seien hier die frühen grundlegenden Arbeiten über den deutschen Widerstand gegen Hitler von Hans Rothfels: Die deutsche Opposition gegen Hitler. Eine Würdigung, 2. Aufl. Krefeld 1951 und Gerhard Ritter: Carl Goerdeler und die deutsche Widerstandsbewegung, Stuttgart 1954. Im Bereich der Erziehungslehre und politischen Bildung sind die Arbeiten von Theodor Litt, Eduard Spranger, Theodor Wilhelm (»Friedrich Oetinger«), Heinrich Weinstock u. a. zu nennen.
26 Ullrich Rühmland: Mitteldeutschland – Moskaus »westliche Provinz«, 2. Aufl. Bonn-Röttgen 1963; Ernst Richert: Das zweite Deutschland. Ein Staat, der nicht sein darf, Frankfurt/M. 1966.
27 Das bekannte Diktum zuerst in dem Aufsatz: Die Juden in Europa, in: Zeitschrift für Sozialforschung Nr. 1/2/1939.
28 Reinhard Kühnl (Hrsg.): Texte zur Faschismusdiskussion I, Reinbek 1974.
29 Ders.: Formen bürgerlicher Herrschaft I: Liberalismus und Faschismus Reinbek, 1974. Hier ist Dimitroffs Komintern-Rede und Faschismusformel von 1935 ohne kritischen Kommentar abgedruckt (S. 57 ff.).
30 Heike Hennig: Zum Verhältnis von Industrie und Faschismus in Deutschland, in: Kühnl (Anm. 28), S. 142 ff.

31 Z. B. Jürgen Habermas: Legitimationsprobleme im Spätkapitalismus, Frankfurt/M. 1963.
32 Johannes Agnoli: Zur Faschismusdiskussion, in: Kühnl (Anm. 28), S. 76 ff., Zitat S. 84.
33 Walter Dirks: Der restaurative Charakter der Epoche, in: Frankfurter Hefte 9/1950, S. 942 ff.
34 Das »Modell DDR« spielte bei nicht wenigen Autoren im linken politisch-publizistischen Establishment in der Bundesrepublik eine zentrale Rolle.
35 Andreas Zehnter: Antifaschismus im politischen Tageskampf. Die Bedeutung der VVN für die kommunistische Bündnispolitik, in: Hans-Hellmuth Knütter (Hrsg.): Antifaschismus als innen- und außenpolitisches Kampfmittel. Studien und Berichte aus dem Seminar für Politikwissenschaft der Universität Bonn, Heft 2/1991, S. 24 ff.; hier auch Knütter: Antifaschismus als innen- und außenpolitisches Kampfmittel, S. 7 ff.
36 Bernhard Rabert: Terrorismus und Antifaschismus. Der Mißbrauch des Faschismusvorwurfs durch die deutschen Linksterroristen 1970-1976, in: ebd., S. 77 ff.
37 Hans-Hellmuth Knütter: Antifaschismus und politische Kultur, in: M. Funke u. a. (Hrsg.): Demokratie und Diktatur. Schriftenreihe der Bundeszentrale für politische Bildung Bd. 250, Bonn 1987, S. 365 ff.
38 Dr. Antje Vollmer, MdB, im Deutschen Bundestag, 29. September 1984.
39 Vgl. Jean-François Revel: So enden die Demokratien, 4. Aufl. München 1986, S. 116 ff.
40 Fritz Vilmar: Systematischer Entwurf zur kritischen Friedensforschung, in D. Senghaas (Hrsg.): Kritische Friedensforschung, Frankfurt/M. 1971, S. 389 f.
41 Dieter Senghaas: Abschreckung und Frieden. Studien zur Kritik organisierter Friedlosigkeit, Frankfurt/M. 1969.
42 Vilmar (Anm. 40), S. 372.
43 Ekkehard Krippendorff (Hrsg.): Friedensforschung, Köln und Berlin 1968, Einleitung S. 17 f. Ein junger Adept dieser sog. kritischen Friedensforschung hielt denn auch ganz unbefangen und symptomatisch ein »Plädoyer für eine revolutionäre Konfliktforschung«, in: W. Möller und F. Vilmar (Hrsg.): Sozialistische Friedenspolitik in Europa. Kein Friede

ohne Gesellschaftsreform in Ost und West, Reinbek 1972, S. 247 ff.
44 *Frankfurter Allgemeine Zeitung* vom 6. November 1991, S. 9 in einem Bericht über die Verhandlungen des Schalck-Untersuchungsausschusses des Bundestages; vgl. Manfred Schell und Werner Kalinka: Stasi und kein Ende. Die Personen und Fakten, Frankfurt/M. und Berlin 1991, bes. Kapitel 4: Der Westen im Fadenkreuz der Stasi, S. 177 ff. und 196 ff.
45 Brigitte Seebacher-Brandt: Die deutsch-deutschen Beziehungen. Eine Geschichte von Verlegenheiten, in: E. Jesse und A. Mitter (Hrsg.): Die Gestaltung der deutschen Einheit. Geschichte-Politik-Gesellschaft, Bonn und Berlin 1992, S. 38.
46 Hans-Hellmuth Knütter: Antifaschismus und politische Kultur in Deutschland nach der Wiedervereinigung, in: Aus Politik und Zeitgeschichte, Beilage zur Wochenzeitung *Das Parlament*, B 9/1991, S. 20.
47 Ebd.
48 Ebd. S. 21. Knütter zitiert hier aus einem Info-Extrablatt der PDS vom Juli 1990. Verfasser ist Kurt Fischer, Historiker an der früheren Pädagogischen Hochschule »Karl Liebknecht« in Potsdam. Zum folgenden Knütter ebd., S. 22 ff.
49 Ebd. S. 27.

Der Import des Siegers

1 Ullrich Rühmland: Mitteldeutschland – »Moskaus westliche Provinz«, Fünfzehn Jahre Sowjetzonenstaat, 2. Aufl. Bonn-Röttgen 1963; Ernst Richert: Das zweite Deutschland. Ein Staat, der nicht sein darf, Frankfurt/M. 1966.
2 Hans-Werner Schwarze: Die DDR ist keine Zone mehr, Köln und Berlin 1969; Eberhard Schulz: An Ulbricht führt kein Weg mehr vorbei, Hamburg 1967; Ernst Richert: Die DDR-Elite oder Unsere Partner von morgen, Hamburg 1968; Peter Bender: Zehn Gründe für die Anerkennung der DDR, Frankfurt/M. 1968; Joachim Nawrocki: Das geplante Wunder, Hamburg 1967. Zu der ganzen Thematik jetzt die gründliche Studie und Dokumentation von Jens Hacker: Deutsche Irrtümer. Schönfärber und Helfershelfer der SED-Diktatur im Westen, Berlin und Frankfurt/M. 1992,

über Publizistik, Literatur, politische Bildung und Schulbücher, hier bes. S. 278 ff.
3 Rüdiger Thomas: Modell DDR - Die kalkulierte Emanzipation, München 1972, Neuauflage 1981, S. 116; ders. auch: Materialien zu einer Ideologiegeschichte der DDR, in: Peter Chr. Ludz (Hrsg.): Wissenschaft und Gesellschaft in der DDR, München 1971.
4 Peter Chr. Ludz: Situation, Möglichkeiten und Aufgaben der DDR-Forschung, in: SBZ-Archiv Nr. 18/1967, S. 324; vgl. vor allem auch die damals einflußreiche Studie von Ludz: Parteielite im Wandel. Funktionsaufbau, Sozialstruktur und Ideologie der SED-Führung, Köln und Opladen 1968.
5 Konrad Löw: Die bundesdeutsche politikwissenschaftliche DDR-Forschung und die Revolution in der DDR, in ders.: Ursachen und Verlauf der deutschen Revolution 1981, Berlin 1991, S. 126 f. Man übernahm mit »wissenschaftsfeindlicher Courteoisie« (Löw) die ideologisch-demagogische Selbstbezeichnung als »Sozialismus« und blockte so jede kritische Erörterung der Systemanalyse ab.
6 Löw ebd.
7 Hermann Weber: Geschichte der DDR, 2. Aufl. München 1986, S. 7.
8 Ralf Georg Reuth: Wer nennt die Mauer noch Mauer? *FAZ* 6. Juli 1988. Seit Mitte der sechziger Jahre boten die Gespräche mit Studenten über »deutsche Frage« und »DDR« eine unerschöpfliche Fundgrube der Wirkungen »veröffentlichter Meinung«.
9 So Egon Bahr noch 1988 in seiner Schrift: Zum europäischen Frieden. Eine Antwort an Gorbatschow, Berlin 1988, S. 44 f.
10 Ulrich Schacht: Gewissen ist Macht. Notwendige Reden, Essays, Kritiken zur Literatur und Politik in Deutschland. München und Zürich, S. 75.
11 Günter Gaus: Wo Deutschland liegt. Eine Ortsbestimmung, Hamburg 1983, S. 234 ff.
12 *Frankfurter Allgemeine Zeitung* vom 28. 9. 1989, S. 2.
13 Schacht (Anm. 10), S. 72 ff.
14 Günter Kunert: Der Sturz vom Sockel, München und Wien 1992, S. 116.
15 Löw (Anm. 5), S. 139; vgl. Hermann v. Berg: Vorbeugende Unterwerfung. Politik im realen Sozialismus, München 1988.
16 Milovan Djilas: Gespräche mit Stalin, Frankfurt/M. 1962, S. 146 f.

17 Vgl. oben, Kapitel »Der Krieg«, S. 263 ff.
18 Hans-Peter Schwarz: Vom Reich zur Bundesrepublik. Deutschland im Widerstreit der außenpolitischen Konzeptionen in den Jahren der Besatzungsherrschaft 1945-1949. Neuwied und Berlin 1966, S. 217-269.
19 Hugh Seton-Watson: Die Osteuropäische Revolution, München 1956, S. 157 ff.
20 Seton-Watson zitiert hier Georgi Dimitroffs Rede beim 5. Kongreß der bulgarischen Kommunisten am 15. Dezember 1948: »Das sowjetische Regime und das volksdemokratische Regime sind zwei Formen ein und desselben Regierungssystems. Beide fußen auf der Diktatur des Proletariats. Das sowjetische Beispiel ist das einzige und beste Vorbild für den Aufbau des Sozialismus in unserem Land wie auch in den anderen Ländern der Volksdemokratien« (ebd. S. 157). Seton-Watson nennt die volksdemokratischen »Nationalen Fronten« »Schwindelkoalitionen«, da die führenden Leute der Koalitionspartner von den Kommunisten ausgesucht wurden. Das nächste Stadium war dann das »monolithische Regime« der Kommunisten (ebd. S. 160).
21 Ernst Deuerlein (Hrsg.): DDR. Geschichte und Bestandsaufnahme, München 1966, S. 47 f.
22 Ebd., S. 48 f.; vgl. Weber (Anm. 7), S. 20 ff.
23 Wolfgang Leonhard: Die Revolution entläßt ihre Kinder, Köln und Berlin 1955, S. 365, insgesamt S. 341 ff.; vgl. Thomas Neumann: Die Maßnahme. Eine Herrschaftsgeschichte der SED, Reinbek 1991.
24 Ebd., S. 30 ff.
25 Deuerlein (Anm. 21), S. 49 ff.
26 Vgl. oben, Kapitel »Die Verschleierung«, S. 283 ff.
27 Deuerlein (Anm. 21), S. 64.
28 Carola Stern: Porträt einer bolschewistischen Partei. Entwicklung, Funktion und Situation der SED, Köln 1957, S. 37 f.; vgl. Eckart Förtsch: Die SED, Stuttgart 1969.
29 Erich Gniffke: Jahre mit Ulbricht. Vorwort von Herbert Wehner, Köln 1966; Helmut Bärwald: Das Ostbüro der SPD. 1946-1971 – Kampf und Niedergang, Krefeld 1991.
30 Stern (Anm. 28), S. 23.
31 Kurt Schumacher: Nach dem Zusammenbruch, Hamburg 1948, S. 94 f.

32 Hermann Weber: Kleine Geschichte der DDR. 2. Aufl. Köln 1988, S. 26 f.; Deuerlein (Anm. 21), S. 50 f.
33 Deuerlein ebd., S. 51 ff.
34 Ebd.; Sontheimer-Bleek (Anm. 38), S. 200 ff.; Rausch-Stammen (Anm. 38), S. 31; Stefan Doernberg: Kurze Geschichte der DDR, Ost-Berlin 1968, S. 300 ff.
35 Deuerlein (Anm. 21), S. 51 ff.
36 Ebd. S. 60 ff.
37 Dokumente zur Geschichte der SED, Bd. 2: 1945 bis 1971, Ost-Berlin 1989.
38 Zum folgenden Bundesministerium für innerdeutsche Beziehungen (Hrsg.): DDR-Handbuch, Ausgabe 1985, Artikel »Geschichte der DDR«, Bd. 1, S. 535 ff., sowie Bd. 2, Artikel »SED«, S. 1160 ff.; Kurt Sontheimer/Wilhelm Bleek: Die DDR. Politik, Gesellschaft, Wirtschaft, 5. Aufl. Hamburg 1979; Heinz Rausch und Theo Stammen (Hrsg.): DDR. Das politische, wirtschaftliche und soziale System, 2. Aufl. München 1974; Georg Wehling: Das politische System der Deutschen Demokratischen Republik, in: P. Ackermann u. a. (Hrsg.): Politik. Ein einführendes Studienbuch, Hamburg 1980; Alexander Fischer (Hrsg.): Ploetz – Die Deutsche Demokratische Republik, Freiburg und Würzburg 1988; Stern (Anm. 28).
39 Wie Anm. 38 sowie Neumann (Anm. 23), S. 55 ff.
40 Wie Anm. 38 und 39.
41 Peter Chr. Ludz: Parteielite im Wandel (Anm. 4), S. 11 ff., 35 ff.
42 Siehe oben, Kapitel »Die Grundlegung«, S. 118 ff.
43 Georg Brunner: Politische Soziologie der UdSSR, Teil II, Wiesbaden 1977, S. 101 ff.
44 W. I. Lenin: Staat und Revolution, Ausgewählte Werke Bd. II, Ost-Berlin 1961, S. 176.
45 Programm und Statut der SED. Beschlossen vom IX. Parteitag der SED vom 18.-22. Mai 1976 (Seminarmaterial zur Deutschen Frage des Gesamtdeutschen Instituts Bonn), S. 2 f., 24 f.
46 Siehe die umfangreiche Ziffer 2 a-k des Statuts.
47 Die Verfassung der Deutschen Demokratischen Republik vom 6. April 1968 in der Fassung des Gesetzes zur Ergänzung und Änderung der Verfassung der DDR vom 7. Oktober 1974. Unveränderter Faksimiledruck aus dem Gesetzblatt der DDR (Seminarmaterial des Gesamtdeutschen Instituts, Bonn 1986).

48 Es werden u.a. aufgezählt: Bodenschätze, Bergwerke, Kraftwerke, Talsperren und große Gewässer, die Naturreichtümer des Festlandssockels, Industriebetriebe, Banken und Versicherungen, volkseigene Güter, Verkehrswege, Eisenbahn, Seeschiffahrt, Luftfahrt, Post- und Fernmeldewesen.
49 Karl Dietrich Bracher: Artikel »Totalitarismus« in: P. Gutjahr-Löser und K. Hornung: Politisch-Pädagogisches Handwörterbuch, 2. erw. Auflage Percha 1985, S. 460.
50 Als Grundliteratur u.a.: Ludwig Bress und Karl Paul Hensel (Hrsg.): Wirtschaftssysteme des Sozialismus im Experiment – Plan oder Markt, Frankfurt/M. 1972; Hannelore Hamel (Hrsg.): BRD – DDR. Soziale Marktwirtschaft und Sozialistische Planwirtschaft im Systemvergleich, München 1977; Werner Bröll: Die Wirtschaft der DDR, 3. Aufl. München und Wien 1974; Rainer Waterkamp: Das zentralstaatliche Planungssystem in der DDR, Berlin 1983; DDR-Handbuch (Anm. 38), Bd. 2, Artikel »Wirtschaft«, S. 1485 ff.; Walter Eucken: Grundsätze der Wirtschaftspolitik, Reinbek 1963.
51 Marx-Engels Studienausgabe Bd. III, Frankfurt/M. 1973, S. 77.
52 DDR-Handbuch (Anm. 38), Bd. 2, Artikel »Ministerrat«, S. 912 ff. Die Reihenfolge gab den »ideokratischen« Charakter und die Machtpyramide der Realverfassung der DDR exakt wieder.
53 DDR-Handbuch (Anm. 38), Bd. 2, Artikel »Volkskammer«, S. 1439 ff.
54 Ebd. Artikel »Zentralkomitee (ZK)«, S. 1540 ff. Günter Schabowski, zuletzt Bezirksparteisekretär von Ost-Berlin und jüngstes Politbüromitglied, hat anschaulich über den innersten Kreis der totalitären Oligarchie und Gerontokratie berichtet. Grundsatzdebatten habe es im Politbüro (PB) kaum gegeben, ebensowenig heftige Diskussionen, da man sich über Grundsätze und Generallinie fast immer einig zu sein meinte. Honecker wurde im Lauf seiner Herrschaft immer mißtrauischer, so daß es auch wenig privaten Kontakt der PB-Mitglieder untereinander gab. Gegen Ende gab es einen innersten Kreis mit Honecker, Mielke und Mittag, der den Kontakt zur Wirklichkeit immer mehr verlor. Nicht zufällig wurden so gerade die Bereiche der Wirtschaft und der »Staatssicherheit« zu Achillesfersen des Systems. Der Wirklichkeitsverlust der Machtzentralen in totalitären Systemen, in dem sich der Zusammenstoß der Utopie mit der Realität widerspiegelt, verdient eine

eigene vergleichende Untersuchung (Günter Schabowski: Das Politbüro. Ende eines Mythos, Reinbek 1990).
55 DDR-Handbuch (Anm. 38), Bd. 2, Artikel »ZK«, ferner die Darstellungen bei Förtsch, Stern, Ludz: Parteielite sowie Gert-Joachim Gläßner: Herrschaft durch Kader, Köln 1977.
56 Brunner (Anm. 43).
57 Roderich Kulbach und Helmut Weber: Parteien im Blocksystem der DDR, Köln 1969; Sontheimer-Bleek (Anm. 38), S. 88 ff.; Udo Wetzlaugk: Die unterschiedliche Bedeutung von Wahlen in beiden deutschen Staaten, Landeszentrale für politische Bildungsarbeit, Berlin 1980.
58 Text des Wahlgesetzes in wesentlichen Auszügen bei Thomas (Anm. 3), S. 202 ff.
59 DDR-Handbuch (Anm. 38), Bd. 2, Artikel »Wahlen«, S. 1447.
60 Gerd Holtweissig: Massenmedien in der DDR, Berlin 1983; DDR-Handbuch (Anm. 38), Artikel »Medienpolitik«, S. 879 ff.; Zahlenspiegel: Bundesrepublik Deutschland – Deutsche Demokratische Republik, hrsg. vom Bundesministerium für innerdeutsche Beziehungen, 2. Aufl. Bonn 1982, S. 76 (Grafik über die »Anleitung der Massenmedien in der DDR«).
61 DDR-Handbuch (Anm. 38), Bd. 1: Artikel »Politisch-ideologische bzw. Staatsbürgerliche Erziehung«, S. 365 ff.; vgl. die Gesamtdarstellungen bei Sontheimer-Bleek, Rausch-Stammen etc.; ferner Helmut Klein: Bildung in der DDR. Grundlagen, Entwicklung, Probleme, Reinbek 1974 (DDR-Standpunkt); Hans Lachs und Clemens Burrichter (Hrsg.): Produktivkraft Wissenschaft, Hamburg 1970.
62 Konrad Löw: Die Grundrechte. Verständnis und Wirklichkeit in beiden Teilen Deutschlands, München 1977; Georg Brunner (Hrsg.): Menschenrechte in der DDR, Baden-Baden 1989; Dietrich Müller-Römer: Die Grundrechte in Mitteldeutschland, Köln 1965 mit mehreren Neuauflagen; Ernst-Wolfgang Böckenförde: Die Rechtsauffassung in kommunistischen Staaten, München 1967. Theorie und Praxis kommunistischer Rechtsauffassung ließen jedenfalls an Eindeutigkeit nichts zu wünschen übrig. Recht war hier »ein bedeutendes Mittel, die Macht auszuüben. Die Arbeiter- und Bauernmacht verschafft den Klasseninteressen, die sie vertritt, Geltung durch ein sozialistisches Recht« (Honecker auf dem IX. Parteitag der SED, zitiert bei

Thomas, Anm. 3, S. 57). »Der revolutionären Dynamik des Rechts sind also keinerlei Grenzen gesetzt: es ist der ›formalen‹ und ›bürgerlichen‹ Fesseln ledig, zu seiner vollen Wirksamkeit, zu seiner Rolle als ›aktiver Kraft gesellschaftlicher Praxis‹ befreit.« (Klaus Sorgenicht u. a., Hrsg.: Verfassung der Deutschen Demokratischen Republik. Dokumente – Kommentare, 2 Bde., 2. Aufl. Ost-Berlin 1969, Bd. 2, S. 13).
63 Müller-Römer (Anm. 62), S. 45 f.
64 Schacht (Anm. 10) mit dem Text seiner Verurteilung zu sieben Jahren Freiheitsstrafe wegen »Zersetzungsarbeit« (S. 40 ff.); Erich Loest: Durch die Erde ein Riß. Ein Lebenslauf, Frankfurt/M. 1984; Siegmar Faust: Menschenhandel in der Gegenwart, Asendorf 1986; ders.: Ich will hier raus, Berlin 1983; Tina Östreich: Ich war RF (Republikflüchtling). Ein Bericht, 4. Aufl. Stuttgart 1978; dies.: Gleichheit, Gleichheit über alles – Alltag zwischen Elbe und Oder, Stuttgart 1978; Andreas Schmidt: Leerjahre. Leben und Überleben im DDR-Gulag, Stuttgart-Sindelfingen 1986.
65 Geschäftsübersicht der Zentralen Erfassungsstelle Salzgitter (hektographiert).
66 Karl Wilhelm Fricke: Politik und Justiz. Zur Geschichte der politischen Verfolgung 1945-1968. Bericht und Dokumentation, Köln 1979; ders.: Die DDR-Staatssicherheit. Entwicklung, Strukturen, Aktionsfelder, 2. Aufl. Köln 1984; F.C. Schroeder: Das Strafrecht im realen Sozialismus, Köln und Opladen 1983. Im DDR-Handbuch der Bundesrepublik suchte man den Artikel »Staatssicherheit« vergebens, statt dessen werden die einschlägigen Informationen hier unter dem Artikel »Staatsverbrechen« nach dem Strafgesetzbuch der DDR abgehandelt.
67 Schabowski (Anm. 54), S. 179 ff.
68 Ebd., S. 154 ff.
69 Günter de Bruyn: Zwischenbilanz. Eine Jugend in Berlin, Frankfurt/M. 1992, S. 372 ff.
70 Günter Kunert: Der neue Mensch blieb der alte oder Warum der Sozialismus nicht siegen konnte, MERIAN DDR-Extra (1990), S. 114 f.

Die Zukunft der Freiheit

1. Hartwig Bülck: Abhängigkeit und Selbständigkeit der Verwaltung in: F. Morstein-Marx (Hrsg.): Verwaltung – Eine einführende Darstellung, Berlin 1956, S. 60 f.
2. Václav Havel: Les hommes politiques doivent parler de valeurs, in: *Le Figaro*, Paris, vom 26. Oktober 1992.
3. Herbert Kremp: Der Kaiser verliert das letzte Kleid, in: *Die Welt* vom 19. September 1992, Geistige Welt, S. I.
4. Ebd.
5. Herbert Kremp: Leitartikel »Im Stich gelassen«, in: *Die Welt* vom 27. Mai 1987.
6. Vgl. Siegfried Thielbeer: Das Ende des Wohlfahrtsstaates (Schweden), in: *Frankfurter Allgemeine Zeitung* vom 28. November 1992, Beilage »Bilder und Zeiten«.
7. Referat von Finanzminister Gerhard Meyer-Vorfelder, Stuttgart (Manuskript).
8. Günter Schmölders: Der Wohlfahrtsstaat am Ende? Adam Riese schlägt zurück, München 1983, S. 8 passim.
9. Manfred Spieker: Legitimationsprobleme des Sozialstaates, Bern und Stuttgart 1986, S. 307 ff.
10. *Der Spiegel* Nr. 38/1992, S. 18 ff.; vgl. dazu Herbert Giersch u. a.: The Fading Miracle. Four decades of market economy in Germany, Cambridge, England, 1992.
11. Entwurf des Bundeshaushaltes 1993. Der Etat für Arbeit und Soziales beträgt danach 98,377 Milliarden D-Mark, die Bundesschuld 58,881 Milliarden, noch vor dem Verteidigungshaushalt und weit vor den Bundesausgaben etwa für Verkehr oder Forschung.
12. Bruno Bandulet: Die Rückseite des Wunders. Deutschland und seine Tabus, München 1990, S. 156 ff.
13. Ebd., S. 7 ff.
14. Ebd., S. 12 f.
15. Richard v. Weizsäcker im Gespräch mit Gunter Hofmann und Werner A. Perger, Frankfurt/M. 1992, S. 166.
16. Vgl. Uwe Grewe: Auf Biegen oder Brechen. Die CDU vor der größten Herausforderung ihrer Geschichte, in: *Criticón* Nr. 131/1992, S. 125 ff. und Nr. 132/1992, S. 192 ff.
17. v. Weizsäcker (Anm. 15), S. 167.

18 Gerhard Leibholz: Strukturprobleme der modernen Demokratie, 2. Aufl. Karlsruhe 1964.
19 Wilhelm Hennis u. a. (Hrsg.): Regierbarkeit – Studien zu ihrer Problematisierung, Stuttgart 1977, S. 192.
20 Joachim Raschke: Organisierter Konflikt im westeuropäischen Parteiensystem, Opladen 1977, S. 16.
21 v. Weizsäcker (Anm. 15), S. 140.
22 Ebd. S. 152.
23 Bandulet (Anm. 12), S. 99 ff. sowie jetzt Erwin K. und Ute Scheuch: Cliquen, Klüngel und Karrieren. Reinbek 1992.
24 v. Weizsäcker (Anm. 15), S. 164; der Bundespräsident nimmt hier Begriffe auf, die Hans-Peter Schwarz freilich in einem vor allem außenpolitischen Zusammenhang gebrauchte (Anm. 61).
25 Wolfgang Jäger: Sehnsucht nach der goldenen Demokratie. Zur Parteienkritik des Bundespräsidenten, *Frankfurter Allgemeine Zeitung* vom 19. Oktober 1992, S. 9.
26 Alexis de Tocqueville: Über die Demokratie in Amerika. München 1976, S. 814.
27 Ulrich Sarcinelli: Wahl und Wahlkampf in Rheinland-Pfalz, Opladen 1985, S. 6.
28 Ulrich Lohmar: Innerparteiliche Demokratie. Eine Untersuchung der Verfassungswirklichkeit politischer Parteien in der Bundesrepublik Deutschland, 2. Aufl. Stuttgart 1969, S. 90 f.
29 Vgl. Klaus Hornung: Quo vadis, CDU? Zur Lage und Herausforderung der Christdemokraten, in: G.-K. Kaltenbrunner (Hrsg.): Volksparteien ohne Zukunft? Die Krise des Parteienstaates, Freiburg 1988, S. 41-59.
30 Zitiert bei G.-K. Kaltenbrunner (Hrsg.): Die Zukunft der Vergangenheit, Freiburg 1975, Vorwort, S. 11.
31 Rede des Bayerischen Ministerpräsidenten Franz Josef Strauß am 28. April 1985, Bayerische Staatskanzlei, München 1985, S. 7.
32 Alfred Heuss: Versagen und Verhängnis. Vom Ruin deutscher Geschichte und ihres Verständnisses, Berlin 1984.
33 Wilhelm Kamlah: Probleme einer nationalen Selbstbesinnung, Stuttgart 1962, S. 10.
34 Martin Walser: Händedruck mit Gespenstern, in: J. Habermas (Hrsg.): Stichworte zur »Geistigen Situation der Zeit«, Frankfurt/M. 1979, Bd. 1: Nation und Republik, S. 47 f.
35 Die französischen Sätze lauten: »L'Allemagne fédérale offrele

rare exemple d'un Etat qui refuse tout enraciment historique. Cette absence de communication vivante entre le passé et le présent pourrait peut-être se reveler fatale pour L'Etat en cas de crise grave.«

36 Hermann Giesecke: Didaktik der politischen Bildung. Neue Ausgabe 7. Aufl. München 1972. Giesecke und andere »Theoretiker und Didaktiker der politischen Bildung« wandelten dabei ihr Verständnis von »Demokratisierung« nicht selten opportunistisch von liberalen zu neomarxistischen Prämissen der sogenannten Kritischen Theorie, die in Hochschulen und Schulen einen zeitweilig beherrschenden Einfluß ausübte.
37 Karl Jeismann und Ernst Kosthorst: Geschichte und Gesellschaftslehre, in: Geschichte in Wissenschaft und Unterricht 1973, S. 266.
38 Helmut Schoeck: Die 12 Irrtümer unseres Jahrhunderts, Berlin 1985, S. 309 ff.
39 Heuß (Anm. 32), S. 9 ff.
40 Bandulet (Anm. 12), S. 189 ff.
41 Ebd. S. 241.
42 Rede im Deutschen Bundestag am 29. September 1984.
43 Hermann Lübbe: Politischer Moralismus. Der Triumph der Gesinnung über die Urteilskraft, Berlin 1987.
44 Ladislas Bittman: Geheimwaffe D, Bern 1973 (D = Diversion).
45 Hans Schauer: Wir brauchen eine neue Europapolitik, in: Aus Politik und Zeitgeschichte, Beilage zur Wochenzeitung *Das Parlament*, B 42/1992, S. 3 ff.
46 Schauer (ebd., S. 8) zitiert hier Alain Minc: Die deutsche Herausforderung, Hamburg 1989.
47 Immerhin hatte das damalige Präsidiumsmitglied des Bundes der Kommunisten Jugoslawiens, Alexander Grlickow, auf dem Parteitag im Juni 1982 schon folgende treffende Prognose abgegeben: »Ich glaube nicht an die Entnationalisierung. Karl Marx ist mit seiner Behauptung, daß die nationale Frage ein Problem des 19. Jahrhunderts und des Kapitalismus sei, von der Geschichte dementiert worden. Die nationale Frage ist – wie man überall sehen kann – eine Frage des 21. Jahrhunderts, und sie ist ein Problem, mit dem sich sowohl Kapitalismus wie Sozialismus konfrontiert sehen. Ich meine sogar, daß die nationale Frage heute stärker ist als die Klassenfrage.«

48 Wilhelm Kamlah: Probleme einer nationalen Selbstbesinnung, Stuttgart 1962, S. 11; vgl. auch Schauer (Anm. 45), S. 4 und Thomas Nipperdey: Die Deutschen wollen und dürfen eine Nation sein, *Frankfurter Allgemeine Zeitung* vom 13. Juli 1990.
49 Klaus Hornung: Artikel »Nation/Nationalismus/Nationalstaat«, in: W. Mickel (Hrsg.): Handlexikon zur Politikwissenschaft, München 1983, S. 305 ff.; Schauer (Anm. 45), S. 4 f. Ähnlich hat sich kürzlich der SPD-Fraktionsvorsitzende im Bundestag, Hans-Ulrich Klose, vor der Historischen Kommission seiner Partei geäußert und Nation als »territoriale und hoheitliche Form des politischen Gemeinwesens« bezeichnet, die ein selbstverständliches Element auch der politischen Zukunft Europas bleibe und von einer »realitätsfähigen Linken« entsprechend gewürdigt werden müsse (Bericht von Eckhard Fuhr in der *Frankfurter Allgemeinen Zeitung* vom 10. November 1992).
50 Schauer (Anm. 45, S. 8), gibt hier einige Beispiele des »völlig unakzeptablen Drangs der Kommission zur Vereinheitlichung. Man darf sich doch wirklich fragen, ob wir einheitliche Normen für Fieberthermometer, die Innenausstattung von Kraftfahrzeugen, die Gaspedalstellung von Gabelstaplern oder eine Richtlinie über ›Säuglingsanfangsnahrung und Folgenahrung‹ brauchen, die die Kommission im November 1991 dem Ministerrat vorlegte.«
51 Ebd. S. 9 ff.
52 Vortrag von Dr. Tilman Mayer in der Sommerakademie der Konrad-Adenauer-Stiftung »Verändert sich Deutschland? Zur Identität der Deutschen nach der Einigung«, 30. August-2. September 1992 in Cäcilienhof/Potsdam (Manuskript).
53 Schauer (Anm. 45), S. 15.
54 Die Zitate stammen aus Herders »Briefen zur Beförderung der Humanität« und aus seinen »Ideen zur Philosophie der Geschichte der Menschheit«, in: Johann Gottfried Herder: Ein Lesebuch für unsere Zeit, Berlin und Weimar 1967, S. 215 und 244 ff.
55 Ralf Dahrendorf: Die neue Freiheit, München 1975, S. 13 ff.
56 Richard Löwenthal: Vom Kalten Krieg zur Ostpolitik, in: R. Löwenthal und H.-P. Schwarz: Die zweite Republik – 25 Jahre Bundesrepublik Deutschland, Stuttgart 1974, S. 604.
57 Ausdruck dieses Willens war die feierliche Präambel des Grund-

gesetzes wie auch Artikel 116 GG über die deutsche Staatsangehörigkeit, der trotz beträchtlichen Drucks von seiten Ost-Berlins, aber auch politischer und publizistischer Kräfte in der Bundesrepublik, von der Bundesregierung nicht preisgegeben wurde. Die Aufnahme der DDR-Flüchtlinge in die diplomatischen Vertretungen der Bundesrepublik in Drittländern wäre ohne diesen GG-Artikel völkerrechtlich nicht möglich gewesen.

58 Michael Freund: Demokratie – Wagnis des Vertrauens, in: Adolf Arndt: Notstandsgesetz – aber wie, Köln 1962, S. 69 ff.
59 Theodor Maunz/Günter Dürig/Roman Herzog: Grundgesetz-Kommentar, München und Berlin 1968 ff., hier Artikel 65 a, Randnr. 41 (Dürig).
60 Vgl. Johannes Gross: Über die Deutschen, Zürich 1992, bes. die beiden Kapitel »Deutsche Grundbegriffe« und »Der deutsche Michel«.
61 Hans-Peter Schwarz: Die gezähmten Deutschen. Von der Machtbesessenheit zur Machtvergessenheit, 2. Aufl. Stuttgart 1985, bes. S. 105 f. und 153 ff. (»Verantwortliche Machtpolitik«).
62 Michael Stürmer: Die deutsche Frage als europäisches Problem. Ein Sonderweg europäischer Geschichte?, in: K. Weigelt (Hrsg.): Heimat und Nation. Zur Geschichte und Identität der Deutschen Studien zur Politischen Bildung der Konrad-Adenauer-Stiftung Bd. 7, Mainz 1984, S. 293.
63 Richard v. Weizsäcker: Die deutsche Geschichte geht weiter, Berlin 1983, S. 13.
64 Arnulf Baring: Deutschland, was nun? Ein Gespräch mit D. Rumberg und W. J. Siedler, Berlin 1991, S. 125 ff.
65 Vgl. Heinz Dietrich Ortlieb: Die Playboy-Demokratie und ihre Überwindung, in: Klaus Hornung (Hrsg.): Mut zur Wende. Grundlagen und Auftrag einer Politik der Erneuerung, Krefeld 1985, S. 185 ff.
66 So Äußerungen des SPD-Vorsitzenden Björn Engholm im Sommer 1992.
67 Baring (Anm. 64), S. 208.
68 Ebd. S. 206.
69 Ebd. S. 34, 42.
70 Vgl. Ulrich Schacht: Gewissen ist Macht. Notwendige Reden, Essays, Kritiken zur Literatur und Politik in Deutschland, München 1992, S. 13 ff.

PERSONENREGISTER

Achmatowa, Arna 148, 174
Ackermann, Anton 321
Adenauer, Konrad 288, 299, 365
Afanasjew, Jurij 17
Alexander I., Zar 42
Alexander II., Zar 42, 117, 125
Alexander III., Zar 146
Andersen, Hans-Christian 182
Annenkow, Paul 84
Antonow-Owssejenko, Anton 151, 168, 172, 182 f.
Antonow-Owssejenko, Wladimir 161, 182
Axelrod, Paul 193

Babel, Isaak 174
Babeuf, François-Noël 76 ff., 103
Bagehot, Jeremy 36
Bahr, Egon 303 f.
Bakunin, Michail 43, 84
Barbusse, Henri 176, 281
Baring, Arnulf 11
Barrès, Maurice 40
Bauer, Bruno 89
Bauer, Otto 270 f., 276
Beaufre, André 249
Bebel, August 111
Becher, Johannes R. 172

Bentham, Jeremy 36
Berdjajew, Nikolaj 153
Berghofer, Wolfgang 296
Berija, Lawrentij 165, 173
Berlin, Isaiah 111
Bernstein, Eduard 111
Best, Werner 215
Blanc, Louis 79
Blanqui, Auguste 79
Bloch, Ernst 281
Blomberg, Werner von 221
Blumenberg, Werner 111
Borkenau, Franz 277
Boulanger, Georges 38
Bracher, Karl Dietrich 53, 185, 215 f., 231
Brandt, Willy 281
Braun, Volker 296
Brecht, Bertolt 281
Bredow, Hans von 208
Breschnew, Leonid 124, 288
Brutus 64
Buber-Neumann, Margarete 253 f.
Bucharin, Nikolai 19, 269 f., 274
Buonarotti, Philippe 79 ff., 92, 103
Burckhardt, Jacob 38, 46
Burgun, Ssamed 172
Burke, Edmund 20, 36

Campanella, Thomas 26
Chamberlain, Houston Stewart 40
Chamberlain, Joseph 39
Chruschtschow, Nikita 147 f., 156 f., 173, 182, 258, 322
Clausewitz, Carl von 238
Conquest, Robert 158
Constant, Benjamin 34
Corday, Charlotte 74
Cripps, Sir Stafford 260

Dahrendorf, Ralf 232
Danton, Georges-Jacques 59, 74
Darwin, Charles 40, 87
Daschitschew, Wjatscheslaw 17 f., 235
Deneke (Bischof) 296
Desmoulins, Camille 74
Deutsch, Felix 195
de Bruyn, Günter 349 f.
de Fiore, Joachim 23
Diderot, Denis 64
Dilke, Charles 41
Dimitroff, Georgij 278 ff., 284, 287
Djilas, Milovan 306
Dollfuß, Engelbert 51
Donoso Cortés, Juan 34
Dostojewskij, Fjodor 12 f., 42 f.
Draht, Martin 50, 56
Dserschinskij, Felix 131, 161, 346 f.

Ebert, Friedrich 124, 188, 194
Elm, Ludwig 20
Engels, Friedrich 16, 31, 84 ff., 87, 105 ff., 179, 236, 324 ff.
Erhard, Ludwig 355

Feuchtwanger, Lion 177 f., 281
Feuerbach, Ludwig 12, 89, 115
Fichte, Johann Gottlieb 86, 89, 231
Fischer, Ernst 281
Foch, Ferdinand 191
Fourier, Charles 13
Franklin, Benjamin 64
Freiligrath, Ferdinand 84
Freisler, Roland 50, 228
Freund, Michael 371
Friedrich, Carl-Joachim 230
Fritsch, Werner von 221
Frunse, Michail 163, 165

Galilei, Galileo 26
Garaudy, Roger 122, 325
Gaus, Günter 304
Genscher, Hans-Dietrich 304
Gerlach, Manfred 335
Gide, André 176 f.
Giolitti, Giovanni 45
Glucksmann, André 176 f.
Gniffke, Erich 312
Gobineau, Joseph Arthur Graf de 40
Goebbels, Josef 199, 203, 210, 214 f., 228, 314
Goethe, Johann Wolfgang von 9
Gorbatschow, Michail 16 f., 178, 259, 297, 354
Göring, Hermann 217, 224 f., 228
Görres, Johann Joseph 362
Götting, Gerald 335
Gracchus, Gaius 65
Grotewohl, Otto 312 f., 320
Gysi, Gregor 297

Habermas, Jürgen 287
Haffner, Sebastian 231
Hager, Kurt 295, 299
Hanfstaengl, Ernst 248
Havel, Václac 353
Havemann, Robert 50
Hegel, Georg Wilhelm Friedrich 11, 89 f., 94 ff., 112
Heine, Heinrich 85
Helfferich, Karl 195
Herder, Johann Gottfried 370
Herzen, Alexander 13
Herzfeld, Hans 230
Heß, Moses 84
Heß, Rudolf 205, 217
Heuß, Alfred 364
Heym, Stefan 16
Himmler, Heinrich, 230
Hindenburg, Paul von 208, 221
Hitler, Adolf 11, 14 f., 18, 40, 46, 167, 172, 187, 198-234, 255 ff., 268, 276, 282 ff.
Hobbes, Thomas 26
Hofer, Walter 259
Hölderlin, Friedrich 86
Honecker, Erich 294, 334 f., 345, 347 f.
Hoover, Herbert C. 140
Horkheimer, Max 287
Hoßbach, Friedrich 256 f.
Huber, Ernst Rudolf 215

Jacobsen, A. 270
Jagoda, Genrich 165
Jakowlew, Alexander 16
Jelzin, Boris 17
Jonas, Hans 145 f.

Kaganowitsch, Lasar 172 f.

Kalinin, Michail 149
Kamenew, Leo 151, 161, 164 f.
Kamlah, Wilhelm 363
Kant, Immanuel 89, 231
Kepler, Johannes 26
Kerenski, Alexander 128, 130, 132
Kesting, Hanno 185
Kipling, Rudyard 41
Kirow, Sergej 18, 163 f., 173
Kissinger, Henry A. 241 f.
Kljamkin, Igor 179
Koellreutter, Otto 216
Koestler, Arthur 176, 281
Kopelew, Lew 232
Kornilow, Lawrentij 128, 130
Kostikow, Wjatscheslaw 19
Krasnow, Peter 130
Krenz, Egon 296 f., 345, 348
Krupskaja, Nadeschda 160, 162 f.
Kühnl, Reinhard 287
Kuibyschew, Valerian 165
Kun, Bela 190, 284
Kunert, Günter 305, 351 f.
Künzli, Arnold 111
Kuusinen, Otto 276
Kux, Ernst 111

Lamettrie, Julien 27
Laqueur, Walter 178
Lavoisier, Antoine-Laurent 62
Leibholz, Gerhard 358
Lenin, Wladimir Iljitsch 14, 31 f., 44, 46 f., 82, 101, 103, 107, 111, 117-146, 150, 152, 154, 156 f., 160, 175, 179 f., 188 f., 208, 237 ff., 245, 251 ff., 254, 270, 297, 321 ff., 324 ff., 351

Lenz, Max 238
Leonhard, Wolfgang 309, 312
Leonow, Leonid 174
Levi, Paul 193
Ley, Robert 200, 231
Liebknecht, Karl 189, 303
Lloyd George, David 45, 191
Löwenthal, Richard 53
Ludz, Peter Christian 56
Luxemburg, Rosa 122, 189, 303

Mably, Gabriel Bonnot de 28, 92
Makarenko, Anton 171
Mallet du Pan 75 f.
Mandeville, John 26
Mann, Heinrich 281
Mann, Thomas 194
Manuilskij, Dimitrij 276
Mao Tse-tung 103
Marat, Jean-Paul 64, 74
Marcuse, Herbert 287
Martow, Julius 190, 193
Marx, Karl 12 f., 16, 31, 37, 41, 44 f., 70, 79, 81, 82-116, 118, 175, 179, 231, 236, 254, 324 f.
Maschmann, Melita 232
Maurras, Charles 40
Mazzini, Giuseppe 79
Mehring, Franz 111, 189
Melnikow, Daniel 18
Michelet, Jules 62
Michels, Robert 120
Mielke, Erich 347
Milner, Alfred Lord 191
Molière, Jean Baptiste 64
Molotow, Wjatscheslaw 156, 261 ff., 299
Moltke, James Graf 51

Monnerot, Jules 243
Montesquieu, Charles de 33 f., 231
Morelly 28, 92
Morus, Thomas 25 f.
Müller, Adam 86
Müntzer, Thomas 23
Münzenberg, Willy 281
Mussolini, Benito 19, 47 ff., 79, 246, 269 ff.

Nansen, Fritjof 140
Napoleon Bonaparte 34, 66, 262
Naumann, Friedrich 195, 197
Nekrasow, N. A. 155
Netschajew, Sergej 43
Neumann, Heinz 253 f.
Neumann, Sigmund 244
Neurath, Konstantin von 245
Newton, Isaac 26 f.
Nietzsche, Friedrich 70
Nolte, Ernst 117, 185
Noske, Gustav 189
Novalis 86

Ordschonikidse, Grigorij 165
Orléans, Louis-Philippe-Joseph Herzog von 62
Orlowa-Kopelew, Raissa 150, 175
Orwell, George 323

Pasternak, Boris 174
Payne, Robert 111
Pieck, Wilhelm 281, 299
Pinochet, Augusto 51
Platon 25
Plechanow, Georgij 44, 118

Poskrebyschew, Alexander 173
Proudhon, Pierre-Joseph 13

Racine, Jean 64
Raddatz, Fritz 111
Radek, Karl 164, 173, 189
Rákosi, Mátyás 190, 284
Raspail 79
Rauch, Georg von 131
Rauschning, Hermann 244
Reich, Wilhelm 287
Reinhold, Otto 295
Reuter, Ernst 194
Rhodes, Cecil 39, 41
Ribbentrop, Joachim von 245, 247, 256, 261
Rjazanov, David 111
Robespierre, Maximilian 30, 59, 69 f., 72, 74, 77, 81 f., 140, 216, 236
Röhm, Ernst 205, 208
Rokossowski, Konstantin 167
Rolland, Romain 281
Roosevelt, Franklin D. 278, 282 f.
Rosenberg, Arthur 287
Rothfels, Hans 185
Rousseau, Jean-Jacques 28 ff., 32, 42, 64, 69 ff., 77, 81 f., 97, 215 f., 231
Ruge, Arnold 84, 89
Rykow, Alexej 165

Saint Just, Louis de 67, 72, 74
Salomonsohn, Arthur 195
Sartre, Jean-Paul 86
Schabowski, Günter 20, 348 f.
Schacht, Ulrich 304
Schaff, Adam 114

Schdanow, Andrej 156
Schewardnadse, Eduard 17
Schirwindt, Jewsej 168
Schlageter, Albert Leo 190, 193
Schleicher, Kurt von 208, 221
Schmidt, Helmut 374
Schmitt, Carl 206
Schneider, Peter 297
Schnur, Roman 185
Schoeck, Helmut 364
Schumacher, Kurt 313 f.
Schurz, Carl 84
Schuschnigg, Kurt von 51
Schwarz, Hans-Peter 372
Seeckt, Hans von 273
Seljunin, Wassilij 179 f.
Seton-Watson, Hugh 307
Shaw, George Bernhard 193
Silone, Ignazio 176
Sinowjew, Grigorij 151, 161, 164 f., 174, 189 f.
Solschenizyn, Alexander 13, 148
Sorel, Georges 41
Speer, Albert 217
Stachanow, A. 226
Stadtler, Eduard 195
Stalin, Jossif Wissarionowitsch 18, 111, 137, 141, 143, 146, 147-183, 187, 190, 201 f., 239 f., 249 ff., 252 ff., 257 ff., 262 ff., 267 f., 276 f., 279, 282 ff., 299, 306 f., 333, 351
Stauffenberg, Claus Graf 296
Stein, Lorenz von 37 f.
Stinnes, Hugo 195
Stojanović, Svetozar 112, 114
Stolypin, Peter 126
Strasser, Gregor 208

Stresemann, Gustav 190, 253, 263, 267, 273 f.
Sturzo, Luigi 49
Suworow, Victor 262

Taine, Hippolyte 61, 72 f., 75
Tarnow, Fritz 276
Thalheimer, August 190, 287
Thälmann, Ernst 276
Thomas, Rüdiger 301
Tito, Josip (Broz) 306, 322
Tkatschew, Pjotr 42
Tocqueville, Alexis Graf de 34 ff., 49
Tolbuchin, Fjodor 167
Tomskij, Michail 164
Topitsch, Ernst 89, 107
Trotzkij, Leo 19, 32, 43 f., 46, 121 f., 129, 143, 151, 161, 163, 238
Tschernyschewskij, Nikolaj 42
Tschitscherin, Georgij 237 f.
Tschornaja, Ljudmila 18
Tuchatschewskij, Michail 166

Ulam, Adam 132

Ulbricht, Walter 309, 314, 318, 343, 347

Vögler, Albert 195
Vollmer, Antje 291, 365
Voltaire 64
Voslensky, Michael 149

Wagner, Richard, 40
Walser, Martin 363
Weber, Hermann 302
Weizsäcker, Richard von 358, 362
Wells, George Herbert 239
Weygand, Maxime 192
Wilson, Thomas W. 191
Witte, Sergej Graf 43
Wolf, Christa 296
Wolf, Markus 347
Wolkogonow, Dimitrij 18, 147 f.
Wollweber, Ernst 347
Woroschilow, Kliment 156, 165
Wyschinskij, Andrej 164

Zaisser, Wilhelm 347
Zehm, Günter 293
Zetkin, Clara 189, 270 ff., 279

ERNST NOLTE

DER EUROPÄISCHE BÜRGERKRIEG 1917–1945

Nationalsozialismus und Bolschewismus

616 Seiten, gebunden

»Noltes Buch ist nicht nur deswegen bedeutend, weil der Verfasser neue Quellen erschließt, sondern vor allem, weil er neue Interpretationsmöglichkeiten aufzeigt und neue Perspektiven eröffnet, die ein besseres Verstehen unserer Geschichte und unserer Gegenwart ermöglichen.«

Alfred-Maurice de Zayas, DIE WELT

Was der Autor an Fakten und (mehr noch) an Interpretation im Hinblick auf Parallelen und Unterschiede zu den Strukturen der beiden Einparteienstaaten ausbreitet, ... das ist vielleicht das Beeindruckendste, was jemals über totalitäre Staaten geschrieben wurde, zumal die Differenzierung besticht.

Eckhard Jesse, SÜDDEUTSCHE ZEITUNG

PROPYLÄEN

THOMAS NIPPERDEY
ANSELM DOERING-MANTEUFFEL
HANS-ULRICH THAMER (HRSG.)

WELTBÜRGERKRIEG DER IDEOLOGIEN

Antworten an Ernst Nolte

600 Seiten, gebunden

Aus Anlaß des 70. Geburtstags von Ernst Nolte setzen sich renommierte Historiker, Philosophen, Politikwissenschaftler und Soziologen aus dem In- und Ausland mit dem Werk des Berliner Historikers auseinander und unterziehen es einer kritischen Würdigung.

Der Leser erhält zugleich einen aktuellen Überblick zum Stand der zeitgeschichtlichen Forschung und der derzeitigen Kontroversen zu Faschismus, Nationalsozialismus und Kommunismus.

PROPYLÄEN

KARLHEINZ WEISSMANN

RÜCKRUF IN DIE GESCHICHTE

Die deutsche Herausforderung

192 Seiten, Broschur

»Einer sucht Streit. Ein junger Historiker rechnet ab mit der politischen Klasse der alten Bundesrepublik und mit den im Streit der Intellektuellen tonangebenden Generationen ... Er schont in seiner Kritik niemanden, weder links noch rechts, nicht Kohl, Genscher, Geißler, Strauß und schon gar nicht die Sozialdemokraten; jenen, die nachträglich die Politik Konrad Adenauers gerechtfertigt sehen, bescheinigt er unhistorisches Denken.«

Karl-Heinz Janßen, DIE ZEIT

»Ein Musterprodukt der intellektuellen Rechten ... Man kann dem flott geschriebenen Traktat nicht vorhalten, seine Ziele zu verheimlichen.«

Jürgen Gottschlich, die tageszeitung

ULLSTEIN